조선 왕실 문화의
제도화 양상 연구
5

왕실의 연말 문화, 나례(儺禮)

유교 제도화 과정과 왕실의 연말 문화

본 저서는 2013년 대한민국 교육부와 한국학중앙연구원(한국학진흥사업단)의 한국학 총서(왕실문화총서) 사업의 지원을 받아 수행된 연구임(AKS—2013—KSS—1230006)

왕실의 연말 문화,
나례(儺禮)

윤아영 지음

국학자료원

　　"채붕(과 나례)을 맺어서 영명(迎命, 조서를 맞이함)하는 것은 본국
(조선)의 풍속이니..." 조선 문종 즉위년 나례의 고유성에 대해 평가한
말이다. "신이 군기제조로 있을 때, 화산대를 보았을 때, 이것은 우리나
라의 장기(長技)의 업적으로서..." 중종 때 화희(火戲)의 독창성에 대한
평가이다. 나례와 화희 이 두 가지 모두 조선의 고유한 문화였다. 이 나
례나 화희와 같은 고유한 왕실문화는 대외 의전을 위해 설치되었으나,
평소에는 연말에 궁정내에서 시행되었던 것이다. 특히 폐쇄적인 왕실
이 민간과 교류하며 민간문화를 흡수한 때는 유일하게 연말 나례 때 뿐
이었으므로, 한마디로 왕실의 연말 의식과 공연은 우리나라의 독창성
과 장기가 가장 잘 녹아있는 대표적인 왕실문화라고 할 수 있다.

　　조선전기보다도 조선 중기, 후기로 갈수록 점차 조선왕조와 왕실은
성리학적 유교 질서에 의해 정립되었고, 예악이 완비되어 감에 따라 고
려말 조선 초 성행했던 비유교적 문화나, 상무적 내지는 오락문화 같은
것들은 배격될 수밖에 없었다. 이 과정에서 그나마 이와 같은 전통이
유지될 수 있었던 때는 연말에 한정된 단 며칠 정도였다.

그런데 이 연말 문화는 평시의 그것과는 유독 이질적인 특성을 띠고 있는 것들이 많았다. 특히 왕의 개인적인 취향이 반영된 것이라든가, 비이성적이기는 하지만 누습(陋習), 즉 오래된 전통으로서 지속된 것들도 있었기 때문이다. 따라서 우리에게 잘 알려진 조선왕조의 정치, 사상, 경제, 과학 등과는 달리 이 분야의 문화에 대해서는 제대로 설명되지 않았던 것이다. 이의 가장 중요한 원인 중 하나가 바로 이 '난장(亂場)'의 날에는 사관조차도 입시(入侍)는 하였으나 기록은 하지 않았던 전통 때문이었다. 아이러니 한 것은, 사관의 기록은 없지만 이날을 전후해 나례시 광대와 여기의 참여를 반대하던 사관과 대신들이 조목조목 비판한 덕분에 당일날의 전모가 드러난다는 것이다.

비유교적 연말 문화의 큰 특징 중 하나는 즐기기는 하되 마지못해 즐기는 것처럼 해야 한다는 것이었다. 왕도 드러내놓고 이와 같은 연말 문화에 참여하는 것은 삼가해야 하는 것이었으므로, 따라서 정좌하지 않고 편전의 북쪽 월랑(마루)에서 서서 구경하였으며, 이마저도 "공자도 섬돌에 서서 (광대회를) 구경하였다!"는 유래 때문에 허용된 것이었다. 이처럼 궁정 나례라고 하는 것은 한편으로는 드러내놓고 즐길 수 없었던 것이기는 하나, 신하들과 함께 즐긴다든가, 헐벗고 굶주린 백성들을 위해, 혹은 대비나 아이들이 보고 싶어 하여 시행한다는 애민과 효심의 왕도정치에 부합하여 지속될 수 있었다.

물론 조선왕조가 제도화 되어 가는 과정에서 왕실의 연말 문화 또한 제도화에 속도를 맞춰가야한다는 논의는 꾸준히 제기되었다. 그러다 왕실의 연말 문화는 조선 중기 이후로는 유교주의 국가 이념이 극에 달하면서 점차 쇠퇴하여 더 이상 궁 안에서는 치러지기 어려운 지경에 이르게 되었다. 따라서 왕실의 연말 문화는 조선 후기로 갈수록 왕실에서는 소략해지고, 영접의식으로서 도상(途上), 즉 야외에서는 더욱 성대해졌다. 비록 조선 후기에 이처럼 더 이상 왕실의 유연했던 연말 문화는 쇠퇴하게 되었지만, 이때에 갈고 닦여진 각종 문화들은 도상에서 더욱 꽃을 피웠고, 더 나아가서는 세련된 형태로 국가 영접 의례나 서민 문화에 파고들게 되었다. 이처럼 왕실의 연말 문화는 융합과 발전을 거듭해 조선의 독창적인 문화를 형성하는데 큰 역할을 한 것으로 가치가 있다.

요즘 한국 대중 음악 및 영상 문화는 계속 발달을 거듭하고 있고, 특히 한국 아이돌의 춤과 노래 그리고 사극류의 드라마나 영화는 탄탄한 구성과 재미로 세계로부터 사랑을 받고 있다. 따라서 왕실의 연말 문화에 관한 소개는 기본적으로 사료에 기초하지만, 대중들이 이해하기 쉽도록 각종 대중 문화를 인용하여 이해를 돕고자 했다. 원고의 제 IX장 도상나례 부분을 제외하고는 모두 2018년 초에 완성한 것이라 시의성이 떨어지는 부분도 있을 것이다. 차후 한국문화 컨텐츠와 관련해 지속적으로 보충할 기회가 있기를 바랄뿐이다.

책의 일부 내용은 저자의 이전 출판물인 『왕의 서커스』에 수록된 내용을 보강하였고, 나머지 왕실의 연말 문화와 관련하여 확장이 필요한 부분은 추가하였다. 이 왕실문화총서 시리즈는 이미 훌륭한 성과물들이 여러편 출판되었다. 기존의 걸작들과 함께 출판 할 수 있도록 기회를 주신 한국학 진흥 사업단과 선후배 교수님들에게도 무한한 감사를 표하는 바이며, 누가 되지 않도록 최선을 다하고자 하였다. 또한 함께 시작하면서 격려를 해주신 동료 교수님들을 비롯해서 교정 및 도판자료의 편집을 힘껏 도와주신 국학연구원 관계자 분들에게도 감사를 전한다.

2022년 3월 저자 윤아영

차 례

책을 내며

들어가며　　왕실의 연말 문화　　　　　　　　　11

1장　　왕실의 연말 의식　　　　　　　　　39

2장　　왕실의 연말 오락　　　　　　　　　109

3장　　왕실의 연말 공연　　　　　　　　　185

4장　　중국의 연말 문화　　　　　　　　　299

나가며　　남아있는 나례(儺禮)의 전통　　　385

참고문헌 _ 407
찾아보기 _ 419

왕실의 연말 문화

1. 왕실의 비유교적 연말 문화, 나례(儺禮)

1) 왕실의 연말은?

우리의 일상 중에서도 연말 연초는 연중 다른 때와는 의미와 분위기가 다르다. 조선시대에도 이와 마찬가지였으며, 왕실도 예외는 아니었다. 그중에서도 가장 비유교적인 성격의 왕실문화를 꼽자면 이 연말 일련의 의식과 오락, 공연 등을 꼽을 수 있을 것이다. 왕실의 연말 문화는 여타 왕실문화보다 더욱 유연하여 창의성, 개방성 및 다양성이 허용되었다. 그럼에도 불구하고, 지금까지는 이와 관련된 왕실 문화에 대한 설명은 부족한 편이었다. 그것은 막상 『조선왕조실록』에 수록된 당일의 기사가 거의 실려 있지 않기 때문이다. 이는 매우 이례적인 경우이다. 잘 알려져 있다시피 『조선왕조실록』은 세계에서 그 유래를 찾아 볼수 없을 만큼 자세하고 치밀한 왕실 기록물이기 때문이다. 그럼에도 불구하고 이처럼 왕실의 연말 기록이 부재한 이유는 바로 '사관은 입시(入侍)하였으나, 기록하지 못하게 하였다.'는 사실 때문이다.

그렇다면 과연 조선왕실의 연말 문화는 어떻게 알 수 있을까? 실록에 없는 이야기를 과연 믿을 수 있을까? 하는 의문이 들 것이다. 그러나 실록에는 연말의 특정일의 기록만 없을 뿐, 이 연말 행사를 전후해 논쟁한 기록들은 남아있다. 아이러니하게도 당시에 오락성이나 이질성, 혹은 비유교성이 두드러질수록 조목조목 비판한 글들은 더욱 많이 나타난다는 것이다. 즉, 이와 같은 꼼꼼한 비판문을 통해 오히려 현대인들은 비유교적 왕실의 연말 문화를 더욱 잘 알게된다는 즐거운 아이러니가 생긴다. 이 외에도 어느 시대나 마찬가지로 당시에도 남다른 문화적 식견을 갖고 문화사를 꼼꼼히 기록한 문인들이 존재했다. 여말 선초의 대표적인 인물을 꼽자면, 바로 이색(李穡, 1328~1396)과 성현(成俔, 1439~1504)을 들 수 있다. 이 두 사람은 고려말과 조선초를 대표하는 대학자로도 잘 알려져 있으나, 왕실 공연문화를 가까이서 보고 기록한 거의 유일한 학자이기도 하다. 이색은 고려말에 펼쳐졌던 불꽃놀이라든가 연말 궁정 공연의 모습을 여러 편의 시로 남겼으며, 성현은 조선초 예악을 집대성한 왕실총서인 『악학궤범』을 저술하여 유교 국가의 위상에 맞는 궁중 의식과 공연문화를 정립하였을 뿐 아니라, 전 시대부터 지속된 온갖 민간 풍습이나 전통문화도 자신의 문집에 남겼다. 따라서 고려말 조선초 우리나라의 고유문화를 소개할 때 이 두 사람의 글을 빼놓을 수 없다. 여기서 또 한가지 흥미로운 사실은 이색과 성현의 관계이다. 이색(李穡)의 손녀가 성현의 부인인 한산 이씨이기 때문이다. 어쩌면 두 사람이 공연문화를 대했던 태도와 성향이 가문의 결합으로까지 이어진 것은 아닐까 생각해보게 된다.

본 저서에서 다루는 내용은 비유교적 민간 문화가 조선시대에 어떤 과정을 거쳐 유교적 왕실 연말 문화로 수용되는 지에 관한 것이다. 따라서 대상이 되는 연말 문화의 시대적 범위는 더 높이 올라갈 수도 있을 것이나, 주요한 시점은 고려말부터 조선중기까지가 된다.

전체적으로 내용은 크게 다섯 부분으로 구성된다. 제1부에서는 왕실의 연말 잔치와 의식에 관한 내용이다. 단, 조선시대 왕실의 연말에는 의식 외에도 공연 및 연향 등도 있었는데, 이와 같은 행사들의 불교나 도교, 혹은 무속과 관련된 여러 철학적 배경을 첫부분에서 다루고자 하였다. 이성을 강조하던 성리학의 나라에서 비이성적으로 여겨지던 무속의식을 비롯해 불교적, 도교적 의식들의 존재와 사멸에 초점을 맞추었다.

제2부에서는 왕실 제왕들의 연말 놀이와 오락에 관한 이야기를 다루었다. 주요 대상은 격구(擊毬, 말타고 장치기)와 척윤목희(擲輪木戲, 윤목 던져 하는 내기)와 관화(觀火, 불꽃놀이)이다. 다루는 대상들은 오락적 성격이 짙었으므로 유교주의 국가에서는 배격 대상 중 제1순위가 되었던 것들이었다. 이와 같은 배경하에 유교제도화 과정에서 제왕들의 향유 형태와 이후의 변천 양상을 제시해 보겠다.

제3부는 연말에 펼쳐졌던 각종 공연문화와 여기서 펼쳐졌던 공연 종목들에 관한 이야기이다. 왕실의 서커스에 해당하는 나희(儺戲, 광대들의 광대회)를 비롯해 연극의 초기 형태인 내농작(內農作, 농사연출 묘사극) 및 도상에서의 펼쳐진 영접의식으로서의 나례를 다루었다. 광대들의 공연 양상과 공연문화의 자생력 및 국가가 대외적으로 내세운 광대들의 공연을 소개하고자 하였다. 공연문화의 자생력에 대해 다시 한번 생각해 볼 만한 주제들을 다루었다.

제4부는 중국 궁정의 나문화(儺文化)와 이때 펼쳐졌던 백희(百戲)에 관한 이야기이다. 우리나라는 중국과 고대부터 일부 문화를 공유해왔으므로 비교연구는 필수적이다. 따라서 조선 왕실의 연말 문화에 상응하는 중국 궁정의 연말 나문화는 따로 한 부분을 독립시켜 소개할 수밖에 없었다. 더불어 중국의 백희잡기의 역사적 변천과정도 다루었는데, 이것은 다음 장에서 언급할 한국 백희의 현대화 과정에서 중국과의 차별성이 나타나게 된 원인을 짐작할 수 있는 중요한 근거가 되기 때문이다.

마지막 부분에서는 비록 왕실은 사라졌지만 나례의 전통으로 남아 있는 것과 가늘게나마 선을 그어보았다. 더불어 나례의 현대화 진행 양상이라는 측면에서 현대 궁궐에서 재현되고 있는 문화 상품을 살펴보고 이의 재현 방향을 조심스럽게 제안하고자 하였다. 사라져가는 광대희의 보존 정책 및 방법에 대해서도 생각해볼 만한 이야기들을 언급하는 정도에서 마무리 하겠다.

2) 나례(儺禮)란?

책에 전반적으로 등장하는 나례(儺禮)라고 하는 용어는 매우 낯선 용어인데, 그 전통이 유구하기도 하지만, 유교제도화 과정에서 마구 혼용하여 쓰거나 변형이 일어났다. 따라서 나례의 용어 풀이가 선행되어야 여타 내용들도 쉽게 이해될 수 있을 것이다.

나례는 본래 중국의 '나(儺)'문화에서 시작되어 우리나라에 전래된 것이다. 중국의 나문화도 초기에는 '예(禮)'의 격식을 갖추지 않았으므로 '나(儺)'로만 기록하다가, 당나라 이후 점차 예의 격식을 갖추면서

'나례'로 칭하게 되었다. 이후 이를 받아들인 우리나라에서도 고려말부터 나례라는 용어를 사용하기 시작했다.

나례에 관한 이야기를 하기에 앞서 나례의 용례가 워낙 넓기 때문에 먼저 계정(界定)이 필요하다. 우리나라 왕실문화로서의 '나(儺)'와 관련된 양상은 장소에 따른 정의가 가장 이해하기 쉬운 편이다. 장소는 크게 둘로 나눌 수 있는데, 궁정안과 궁정밖으로 구분하는 것이다. 이에 따라 궁정안에서 펼쳐졌던 나관련 행사는 '궁정나례'로, 궁정밖에서 펼쳐지기는 하였으나 국가 주도로 진행된 행사는 '도상나례'로 구분 지을 수 있다. 여기서 다시 그 행사의 성격이나 목적, 내지는 공연내용 및 절차 등의 여러 가지 복합적 요소를 고려하고, 당대에 통용되었던 명칭으로 구분하면 궁정나례는 관나, 관화, 구나, 관처용으로, 도상나례는 부묘의나례와 영조의나례로 나눌 수 있다. 이 중 궁정나례에 해당하는 4종의 의식은 실록과 『악학궤범』 등의 관찬 문서에 명시되어 있어서 그대로 사용하는데 문제가 없다. 그러나 부묘의나례와 영조의나례는 필자가 조합해서 지칭할 수밖에 없었다. 비록 필자가 도상나례의 명칭을 임의로 사용하였지만, 이 두 도상나례는 해당 의식에 필수불가결한 것으로 배타적 특수성을 지녔기 때문에 이처럼 수렴이 가능해 보였다. 이를 간단하게 도표화 하면 다음과 같다.

〈도표 1〉 한반도 나(儺)의식의 분화

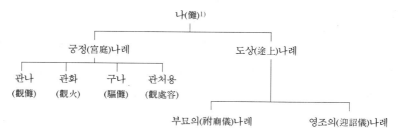

나례의 계정은 이와 같고, 나례의 구체적인 내용에 대해서는 사실 한마디로 정의하기는 어려운 것이 사실이다. 그러나 어렵다고 실체에 대한 설명을 포기할 수는 없으므로, 하나 하나 그 성격에 맞추어 분리해 보았다. 먼저, 궁중에서의 나례라고 하는 것은 일단 연말에 축역(逐疫, 연말에 혹시라도 있을지 모르는 역귀(疫鬼)를 가상으로 몰아내는 행사) 및 이후에 펼쳐졌던 광대들의 각종 잡희(雜戲, 써커스) 관람과 왕실 의식 및 연향이 핵심이 되는 행사를 말한다. 물론 조선 중후기로 갈수록 이 나례라고 하는 용어의 범위는 더욱 확대되어, 연말이 아닌 때에도 도상(途上, 길)에서 영조의(迎詔儀, 중국 황제의 조서를 맞이하는 의식) 때나, 부모 후 환궁(祔廟後還宮, 조상의 3년상을 마치고 어가가 궁으로 돌아오는 의식)시에 펼쳐졌던 각종 광대들의 잡희도 나례로 부르게 되었다.

나례의 시초가 되는 축역의식인 구나(驅儺)는 중국 주(周)나라 때부터 내려온 오래된 전통이며 우리나라에는 고려시대 정종 때(1040)부터

---

1) 사진실, 1996, 「나례의 변별양상에 관한연구」, 『구비문학연구』 3집. 사진실은 나례를 설명할 때에 관나(觀儺), 구나(驅儺), 설나(設儺)로 변별하기도 한다. 이 중 관나와 구나는 궁정나례에 속하는 것이며, 설나는 도상나례에 해당하는 것이다.

시작된 것으로 알려져 왔다. 중국 나문화 전통은 주나라까지 올라가지만, 나(儺)의 풍습이, 나례(儺禮)라는 명칭을 얻어 예식화 된 것은 앞서 언급한 것처럼 당(唐)나라 때 와서이고, 역시 당나라 때 가장 완성형이 나타난다. 이후로는 궁중문화로서의 나문화는 쇠퇴하여 점차 사라지게 되었고, 송나라 이후로는 지방 각 군현, 내지는 민간에만 전하는 향토 민속으로 남게 되었다. 중국의 '나(儺)' 관련 용어 변천을 소개하면 다음 <표 1>과 같다.

〈표 1〉 중국의 '나(儺)' 관련 용어 변천

시대	출전	용어
주나라	『주례(周禮)』, 卷31	나(儺)
한나라	『후한서(後漢書)』卷10, 15	대나(大儺), 대나축역(大儺逐疫)
제나라	『수서(隋書)』卷8	나(儺), 대나(大儺)
당나라	『신당서(新唐書)』예악지(禮樂志), 卷6	대나지례(大儺之禮)
	『문헌통고(文獻通考)』卷88	대나지례(大儺之禮)
송나라	『송사(宋史)』卷3	대나(大儺)
	『몽양록(夢梁錄)』卷6	대나구의(大驅儺儀)
	『흠정속통지(欽定續通志)』卷117	시나(時儺), 나례(儺禮), 대나의(大儺儀), 구의(驅儺)

반면 우리나라 궁정의 나문화는 고려시대에 당나라의 나문화를 받아들였던 것으로 보이는데, 초기의 용어는 예의 개념보다는 하나의 의식으로 여겨졌던 때문인지 나의(儺儀)로 기록되어 있다. 이후 조선시대에 들어서면서 더욱 그 범위가 확대되고, 여러 왕대를 거치면서 점차 유교주의적 관념과 결합하기 시작하였다. 따라서 조선 성종 때 예악을 집대성한 음악 백과사전인 『악학궤범(樂學軌範)』(성종 24년(1493))에는 나문화에서 파생된 관나(觀儺), 관처용(觀處容)이 나례의 하나로서 예연(예법에 맞춘 잔치)으로 간주되었다. 이처럼 비록 『악학궤범』에

기록된 나례는 4종 중 2종 뿐이나 실록 등의 다른 기록을 참고해보면 실제로는 구나(계동대나의(季冬大儺儀)라고도 한다)를 비롯해, 관화(觀火)도 병연되고 있었다. 이처럼 4종의 의식 중 단 2종만이 『악학궤범』에 수록된 것은 바로 예악(禮樂)을 중시했던 조선의 유교사상과 관련이 깊다. 존재했으나 악(樂)을 수반하지 않았던 의식인 관화, 구나는 『악학궤범』에는 기록될 수 없었기 때문이다. 한반도의 '나(儺)' 관련 용어 변천을 소개하면 다음 <표 2>와 같다.

〈표 2〉 한반도의 '나(儺)' 관련 용어 변천표

시대	출전	용어
고려	이규보(1168~1241), 『동국이상국후집(東國李相國後集)』卷第8, 卷第8, [차운이시랑상진양공여동시정령공병서 次韻李侍郎上晉陽公女童詩呈令公 幷序]	세나(歲儺)
	이규보, 『동국이상국후집(東國李相國後集)』卷第8, 「복차운이시랑소저여동시(復次韻李侍郎所著女童詩)」	납나(臘儺)
	최자(1188~1260), 『동문선(東文選)』卷18, 「차이수교방소아시운(次李需敎坊少娥詩韻)」	나(儺)
	이색(1328~1396), 『목은시고(牧隱詩稿)』卷2, 524a, 「제야(除夜)」	구나(驅儺)
	이색, 『牧隱詩稿』卷7, 詩, 「무오정단후이일(戊午正旦後二日)」	구나(驅儺)
	이색, 『목은시고(牧隱詩稿)』卷13, 詩, 「절구(絶句)」	나례(儺禮)
	이색, 『목은시고(牧隱詩稿)』卷21, 詩, 「구나행(驅儺行) 聞之」	구나(驅儺)
	원천석(1330~?), 『운곡행록(耘谷行錄)』卷3, 「제야(除夜)」	나(儺)
	정총(1358~1397), 『복재선생집(復齋先生集)』上, 詩, 「병인년제야(丙寅년除夜)」	구나(驅儺)
	『고려사(高麗史)』예지(禮志) 정종(靖宗) 6년 12월	나례(儺禮), 대나례(大儺禮)
	『고려사(高麗史)』예지(禮志) 군례(軍禮)	계동대나의(季冬大儺儀), 대나(大儺)
	『고려사(高麗史)』예지(禮志) 군례(軍禮)	계동대나의(季冬大儺儀), 나례(儺禮), 대나지례(大儺之禮)

	『고려사(高麗史)』 열전(列傳) 반역(叛逆) 정중부(鄭仲夫)	나레(儺禮)
	『고려사절요(高麗史節要)』卷10, 인종공효대왕(仁宗恭孝大王)	나레(儺禮)
	『고려사절요(高麗史節要)』卷21	나(儺)
조선	태종 8년(1408) 12월 20일	구나(驅儺)
	태종 14년(1414) 12월 30일	구나(驅儺)
	세종 즉위년(1418) 12월 29일	관나레(觀儺禮)
	세종 1년(1419) 12월 28일	나레(儺禮)
	세종 7년(1425) 12월 29일	진나희(進儺戲)
	세종 16년(1434) 12월 25일	나레(儺禮), 진나희(陳儺戲)
	세종 22년(1440) 12월 27일	나레(儺禮)
	서거정(1420~1488),『사가시집(四佳詩集)』卷44 ○第20, 詩類, 二十八日°「관나시연(觀儺侍宴)」	관나(觀儺)
	『세종실록』五禮	계동대나의 (季冬大儺儀)
	세조 10년(1464) 12월 24일	관나(觀儺), 관나축역(觀儺逐疫)
	세조 10년(1464) 12월 25일	관나(觀儺)
	세조 10년(1464) 12월 28일	관나(觀儺)
	『세종실록』「오례의(五禮儀)」	계동대나 (季冬大儺)
	성현(1439년~1504),『용재총화』	구나지사(驅儺之事), 처용지희(處容之戲)
	성현,『허백당집』	관나(觀儺)
	성종 8년(1477) 12월 22일	관나(觀儺)
	성종 9년(1478) 11월 18일	관나(觀儺)
	성종 10년(1479) 12월 6일	축역관나(逐疫觀儺)
	성종 12년(1481) 12월 17일	나레(儺禮)
	성종 16년(1485) 10월 15일	나레(儺禮)
	성종 21년(1490) 12월 12일	축역(逐疫), 나레(儺禮), 관나(觀儺)
	성종 21년(1490) 12월 24일	관나(觀儺), 관나축역(觀儺逐疫),

	관나관화(觀儺觀火)
성종 21년(1490) 12월 25일	관나(觀儺), 관화(觀火)
성종 21년(1490) 12월 26일	관나(觀儺)
성종 21년(1490) 12월 27일	나례(儺禮)
성종 24년(1493), 성현 외, 『악학궤범』	관나(觀儺), 관처용(觀處容)
이자(1480~1533), 『陰崖先生集』卷之三, 日錄	관나관화(觀儺觀火)
권벌(1478~1548), 『冲齋先生文集』卷之三, 日記	관나윤목희 (觀儺輪木戲)
상진(1493~1564), 『泛虛亭集』卷之二, 啓辭	관나(觀儺)
연산 1년(1495) 3월 10일	나례(儺禮)
연산 4년(1498) 閏11월 30일	나례잡희(儺禮雜戲)
연산 4년(1498) 12월 22일	나례(儺禮)
연산 5년(1499) 12월 19일	나례(儺禮)
연산 5년(1499) 12월 23일	관나(觀儺), 나례(儺禮)
연산 5년(1499) 12월 28일	관나(觀儺), 관화(觀火)
연산 7년(1501) 12월 18일	나례잡희(儺禮雜戲)
연산 8년(1502) 1월 2일	관나(觀儺)
연산 8년(1502) 11월 3일	나례(儺禮)
연산 11년(1505) 12월 29일	나례(儺禮)
중종 元년(1506) 11월 20일	관나(觀儺)
중종 元년(1506) 11월 21일	축역(逐疫), 관나즉잡희 (觀儺則雜戲)
중종 4년(1509) 11월 8일	관나(觀儺)
중종 4년(1509) 12월 18일	관나(觀儺)
중종 5년(1510) 11월 30일	나례(儺禮)
중종 6년(1511) 10월 24일	나희급화산대 (儺戲及火山臺)
중종 8년(1513) 11월 1일	정조나례(正朝儺禮)
중종 9년(1514) 10월 24일	나례(儺禮)
중종 16년(1521) 12월 14일	관나(觀儺)

중종 39년(1544) 10월28일	관나(觀儺), 관화(觀火)
허봉(1551~1588) 撰, 『해동야언(海東野言)』[三] 中宗 上	관나관화(觀儺觀火)
명종 16년(1561) 10월 14일	나례(儺禮)
선조 37년(1604) 10월 29일.	계동나례(季冬儺禮)
광해 12년(1620) 12월 17일	계동나례(季冬儺禮)
광해 14년(1622) 10월 30일	계동나례(季冬儺禮)
숙종 18년(1692) 12월 18일	계동대나지례 (季冬大儺之禮)
안정복(1712~1791), 『동사강목(東史綱目)』(1776) 第7上	나(儺), 나례(儺禮)
박용대 외(1907), 『증보문헌비고』	구나지사(驅儺之事)

이 4종의 나례를 간단히 설명하기에는 매우 복잡하나, 한마디로 개념을 정리한다면, 관나는 왕 이하 세자, 종친 등이 참여한 예연으로서 연향을 비롯해 각종 놀이 참여 및 공연 관람, 특히 연화대무(蓮花臺舞)의 감상 등을 포함한 의식을 말하며, 관화는 왕이 외빈(外賓) 및 사절들에게 불꽃놀이 및 광대화희 등의 장관을 연출하고 주연을 베풀었던 것을 말한다. 구나는 나의식의 시초라 할 수 있는 것으로 '계동대나의'라고도 하며, 궁 안에서 4대문 밖까지 역귀를 쫓는 연극적 행위를 말한다. 마지막 관처용은 왕 이하 대비, 세자, 종친 등이 모두 함께 모여, 학연화대처용무합설(鶴蓮花臺處容舞合設) 정재나 처용무(處容舞)를 관람하고 왕실의 안녕을 빌었던 새해맞이 의식이자 연향이었다. 이 4종의 나례가 모두 정착된 때는 성종 때이므로, 처음 나문화가 들어온 이후 조선 왕실의 연말 문화로 정립되기까지 약 500년의 시간이 걸렸다. 정립되는 과정에서 왕실 연말 문화는 다양한 사상과 전통들이 융합되고 정제되었다.

3) 4종 나례(儺禮)의 성립

앞장에서 언급한 바와 마찬가지로 구나의식의 앞뒤에 병연되었던 행사들은 일정한 형식 없이 때에 따라 자유롭게 구성되었다. 고려시대 구나의식 전에 왕이 참관하는 가운데, 두 대로 나뉘어 창우(倡優), 잡기(雜技), 외관유기(外官遊技)들이 각종 재기를 다투어 펼치는 부분을 필자는 '쟁기부(爭技部)'로 명명했는데, 이는 『고려사』 기록에 "왕이 보는 가운데, 두 대로 나뉘어 쟁이정기한다."는 기록에 따른 것이다. 이후 이 '쟁기부'를 시작으로 밤부터 구나(驅儺)하는 '구나부(驅儺部)'에 해당하는 '계동대나의'와, 이어서 군신(君臣) 등이 참여한 가운데 나희를 감상하는 '나희부(儺戱部)'의 순서로 된 것이 고려시대 궁정 나례의 총체적인 모습이었다.[2]

이러던 것이 조선시대에 들어와서는 관처용이 분리 확립됨에 따라 4종으로 확대되고 양식화 되었다. 이 중 조선의 관나는 그 연행절차나 내용에 비추어 고려시대의 '쟁기부'가 양식화된 것이며, 조선의 관화는 고려시대 연등회 때 병연되었던 광대불꽃놀이가 세종 무렵 세말 문화에 편입된 것이다. 구나는 고려시대부터 지속된 계동대나의가 이어진 것으로 구나, 구나의, 혹은 구나의식 등으로 불렀다. 마지막 의식 절차인 관처용은 고려시대의 구나의식 이후에 각종 나희를 감상하던 나희부 중 특히 처용무와 관련된 의식이 분리 발전된 것이다. 이 4종의 나례는 때에 따라 가감되거나 혹은 중복되기도 하였으나, 대체로 이 순서로 진행되었다. 나례가 연행되었던 장소는 정전의 뒤편에 위치한 편전(便殿)이었으며, 이것은 조선 성종 때까지도 유지되었던 묵시적 관습이었다.

---

2) 윤아영, 2009, 『고려말 조선 초 궁정나례의 변천양상과 공연사적 의의』.

관나는 궁중에서 섣달 그믐에 행해지던 일련의 나례 중 가장 먼저 시작되는 행사였다. 관나 때 왕은 종친들과 격구희(擊毬戲), 척투자희(擲骰子戲), 척윤목희(擲輪木戲), 작시(作詩) 등의 내기를 격식 없이 겨루며 즐겼고, 대비를 비롯해 세자 이하, 종친(宗親), 재추(宰樞), 승지(承旨) 등과 모여 각종 광대들의 잡희 및 연화대(蓮花臺) 정재를 감상했다. 한마디로 관나는 친목도모를 위한 자유로운 오락문화행사였다.

관나는 이처럼 격식에 구애받지 않았기 때문에 당대에도 나례, 나희, 관나희 등으로 그 명칭이 혼재되어 있었다. 심지어 『조선왕조실록』의 한 기사 내에서도 동일한 행사인 관나를 지칭하면서 서로 다른 두 개의 명칭으로 부르고 있기도 하다. 이처럼 이 의식을 지칭하는 명칭이 정립되지 않았던 원인은 관나라고 하는 것이 처음부터 예연으로 출발한 것이 아니기 때문이다. 고려시대에는 세말에 '광대잡희를 본다.'는 술어로서의 '관나희'가 점차 '관나'로 축약되어 쓰이다가, 조선 성종 때 『악학궤범』의 예연 '관나(觀儺)'로 명사화되었다. 그러나 성종 이후 공식 명칭과 의식이 정립되었음에도 불구하고, 여전히 '관나희사(觀儺戲事)', '나례(儺禮)' 혹은 '관나례(觀儺禮)' 등도 혼용되었다.3)

이 관나의 전신은 앞에서도 언급한 것처럼 고려 예종 11년(1116)까지 거슬러 올라간다. 섣달그믐 구나의식 전에 두 대로 나뉘어 왕 앞에서 재기(才技)를 겨룬 것이 이어진 것이다. 또한 이때에 여기(女妓) 및 교방소아(敎坊小娥)는 합해서 연화대희(蓮花臺戲)를 연출하였는데, 이 때문에 연화대정재는 관나의 대표 정재가 되었다. 연화대정재만이 유일하게 관나에 편성되었던 이유는 아마도 교방소아, 즉 연화대인(蓮花

---

3) 『성종실록』 12년(1481) 12월 17일; 16년(1485) 10월 15일.

臺人)⁴⁾의 편성 때문이었을 것이다. 연화대희라고 하는 것은 연꽃에서 여아(女兒)가 나오는 형상을 구현한 것인데, 이것은 묵은 것을 털어 버리고 새해와 새 생명을 맞이한다는 의미를 상징하는 것이었다. 따라서 자연스럽게 연말 연초 의식의 성격에 부합하여 관나의 정수가 될 수 있었던 것이다. 한편 연화대는 중국의 자지무(柘枝舞)에서 전래된 것으로 기록되어 있으나, 연화대의 하이라이트라고 할 수 있는 연꽃 안에서 여동(女童)이 나오는 연출은 고려 후기 고종 무렵에 창작된 것으로 우리나라의 고유한 창작 무용이다. 한마디로 궁중의 관나를 정리하면 연화대희를 포함한 각종 볼거리들이 왕 앞에서 경쟁적으로 연출되었던 의식이라고 할 수 있다. 나례의 근본이 되는 구나의, 즉 축역 의식 전에 시행된 전야제 성격의 의식이다.

관화는 전정에 산대(山臺, 산모양 무대)가 꾸며지고, 그 주변에서 각종 폭화(爆火, 불꽃놀이), 설화산대회(設火山臺戲, 광대잡희) 및 방포(放砲, 포탄이나 불화살 쏘기) 등이 연출되었던 의식을 말한다. 그런데, 이 관화의 전신이라고 할 수 있는 '설화산대(設火山臺)'는 본래는 연말에 시행되었던 것은 아니다. 고려시대 충렬왕 때 기록에 의하면 설화산대는 고려말까지도 주로 1월 연등회(燃燈會)와 수시로 후원(後苑)에서 연출되던 것이었다. 그러던 것이 조선시대 태종이 계동에 불꽃놀이인 화희를 성대하게 벌이게 하였고, 이후 세종은 상왕인 태종이 애호하던 화희에 화산대(火山臺)를 추가하여 '관화산대(觀火山臺)'로 양식화하였다. 이로써 화희와 화산대에서 관화산대를 거쳐 완성된 관화는 조선시대 계동나례에 추가된 또하나의 전통이 되었다.

---

4) 이혜구, 2000, 『(신역)악학궤범』. 『악학궤범』에는 교방소아를 연화대인으로 특별히 구분하여 칭하고 있다.

그런데 관화는 그에 소요되는 비용이 많았을 뿐 아니라, 상무(尙武), 숭불(崇佛)했던 고려와는 차별을 두고자 했던 조선에서는 폐지의 대상이 될 수밖에 없었다. 그럼에도 불구하고 관화는 조선시대 일정기간 지속될 수 있었는데, 그 이유는 바로 관화야말로 우리나라의 고유한 장기(長技)라는 저변화된 인식이 있었기 때문이다. 즉, 관화는 비록 관나나 구나보다도 왕실 세말 문화에 늦게 편입되었지만, 한편으로는 가장 고유한 의식으로 간주되었다. 불교적, 상무적 및 제의적 성격까지 모두 융합된 조선의 장기로 여겨졌기 때문이다.

그러나 이처럼 조선의 고유한 장기로 여겨졌던 관화는 『악학궤범』에는 수록되지 못하였다. 예악을 총망라한 규범서인 『악학궤범』에는 예연만을 기록했기 때문에, 의례절차와 음악을 수반하지 않았던 관화는 누락될 수밖에 없었을 것이다. 비록 관화의 명칭으로 기록될 수는 없었지만, 관화는 왜인, 혹은 야인들을 위한 연회에 필수적으로 연출되었으므로 『악학궤범』에 수록된 '사정전왜야인접견(思政殿倭野人接見)' 과 '선정전왜야인접견(宣政殿倭野人接見)'의 의식 절차와 규모가 비슷했을 것으로 추측된다.

구나는 나례의 대표적인 의식이었던 만큼 제의성(祭儀性)이 두드러지는 의식이었으며, 중국에서 들어온 나문화가 바로 이것이다. 『고려사』에 수록된 의식내용은 중국 『신당서(新唐書)』의 내용과 대동소이하여 일견 중국의 나문화를 그대로 들어온 것으로 여겨질 수도 있을 것이다.

고려시대의 구나의식은 우리나라 실정에 맞게 편성되었다. 기존 연구에 의하면, 소위 '우리식 나문화'라고 하는 것은 성종 때에야 비로소 이루어진 것으로 보았으며, 참여자의 변화나, 축역도구의 변화 및 진자의 역할변화 등이 핵심 요소로 제시된 바 있다.

그러나 이와 같은 것들은 해석상의 오인에서 온 것이거나 지엽적인 것들이다. 우리나라 구나의식의 특징은 자국의 상황에 맞게 합리적으로 재편된 형태라고 할 수 있다. 특히 중국의 축역 절차가 다소 혼란스러웠다면, 고려시대 구나의식은 궁 안에서는 2대(隊)로, 궁부터 4대문 밖까지는 4대(隊)로 축역하는 형식으로 현실화된 점을 꼽을 수 있다. 또한 조선 세종 때부터는 이와 같은 변화 외에도, 진자의 수(집사자(執事者)의 역할 포함) 및 공인(工人)의 수를 정확하게 배수(倍數)화 하였으며, 관원(官員)을 일원화 시키는 등 더욱 체계적으로 개편한 점 또한 우리식 구나의 특징이라고 하겠다.

마지막 관처용은 구나의식 이후 이어진 군신 및 종친이 함께했던 연회로서 『악학궤범』에 최초로 그 정식 명칭이 나타난다. 관처용은 왕이 대비 등과 함께 송구영신했던 의식이라는 점에서는 같으나, 관나가 우희(優戲) 등의 잡희 및 연화대 등을 감상하고 직접 오락을 즐겼던 유희적인 의식이었다면, 관처용은 승도(僧徒) 등이 참여한 가운데, 학연화대처용무합설 정재(혹은 처용무만)와 같은 불교적 정재를 감상하고 주연을 베푸는 등의 종교적 성격이 짙었던 의식이라는 점에서 차이가 있다. 즉, 관나가 참여성과 오락성이 높았던 의식이라면, 관처용은 관람성 및 제의성이 중시된 의식이었다. 관처용은 송구영신(送舊迎新) 및 왕실안녕(王室安寧)을 비는 불교적(佛敎的), 무속적(巫俗的) 제의성이 강조되었기 때문이다. 또한 관나가 섣달 그믐 일련의 나례 의식들 중 가장 먼저 실시되어 그 시작을 알렸다면, 관처용은 나례의 마지막을 마무리하는 의식이라는 상징성도 대비된다. 관처용은 『악학궤범』에서야 그 정식 명칭이 나타나기 때문에 여타 나례 의식들 중에서도 가장 늦게 확립되었다. 하지만, 예연으로서의 요건을 갖추었던 왕실의식이었으므로 『악학궤범』에 '창경궁관처용'과 '창덕궁관처용'으로 규모를 달리한 두 개의 예연으로 구분되어 기록되었다. 이 관처용의 확립으로 인해 비로소 궁정 나례는 4종의 거편(巨篇)으로 기승전결을 갖춘 의식이 완성되었다. 성종 때 '관나'와 '관처용'을 비교하면 다음 <표 3>과 같다.

〈표 3〉 성종 때 '관나(觀儺)'와 '관처용(觀處容)'

	관나(觀儺)	관처용(觀處容)
시기	12월 그믐 하루 전날 좀 이른 시각부터 날이 저물 때까지	대체로 12월 그믐 하루 전날 5경초에 연행되어 새벽까지
장소	창경궁	창경궁, 창덕궁
참여자	왕, 대비, 종재, 승지, 사관 등	왕, 대비, 동궁, 제군, 부마 등
담당자	영우(伶優), 우인(優人), 악사(樂士)와 악공(樂工)합해서 15인, 여기(女妓)16인, 연화대동녀(蓮花臺童女)2인 등	창경궁관처용: 악사2인, 여기16인, 악공33인, 무동10인, 학2인, 연화대동녀2인, 처용5인 등 창덕궁관처용: 악사1인, 처용5인, 가동6인 등
잡희 참여	각종 격구희(擊毬戲, 격봉(擊棒)), 척윤목희(척투자희(擲骰子戲)), 작시(作詩) 등의 내기	없음.
연행 종목	연화대(蓮花臺), 여기(女妓)들의 주악과 기타 영우(伶優)들의 잡희인 우인희(優人戲)	창경궁관처용: 학연화대처용무합설정재 외에 기타 잡희 창덕궁관처용: 처용무와 기타 잡희
하사 절차	차등에 따른 하사 절차	차등에 따른 하사 절차

비록 중국으로부터 나문화가 들어왔고, 이후로도 일부 영향을 받은 바 있으나, 우리나라의 나문화(儺文化)는 체계적, 합리적, 독자적으로 발전되어 색다른 '나례'로 확립되었다. 이것은 중국의 나문화가 미처 거편의 나례로 제도화 되지 못하고 민간 풍습으로 이전된 것과는 차별화 된다. 우리나라에서는 유희적인 나희감상뿐 아니라, 제의적인 나의

식 모두 조선 중기까지 독자적으로 지속된 점에서 오히려 왕실의 나문화는 중국보다 더욱 다양하게 발전된 것으로 볼 수 있을 것이다.

4) 왕실문화로서 나례(儺禮)

한반도의 나문화가 고려시대에는 3종이었다가 조선시대에 4종으로 확립된 과정은 앞에서 대략 언급하였다. 여기에서는 왕실문화로서 나례가 갖는 의미를 제시해보겠다.

먼저 관나는 단순히 광대희(나희)를 보고 즐겼던 것으로 해석될 수도 있으나, 실제로는 관나는 시작 전부터 군신이 어울려 친목을 다졌던 행사도 포함한다. 제왕의 기호에 따라 격구희(擊毬戲, 격봉(擊棒)), 척윤목희(擲輪木戲), 작시(作詩) 내기 등 다양한 종목이 행해졌다. 이날만큼은 군신 모두 원초적 놀이나 오락과 내기 등을 통해 자유롭게 소통할 수 있었다.

관나에 사관(史官)이 입시는 하였으나 기록할 수는 없었다고 앞서 언급하였는데, 이는 조선왕조사에서 매우 예외적인 상황이었다. 사관은 조선 초기부터 왕이 가는 곳이면 어느 곳이나 따라다니면서 그 일거수일투족을 모두 기록했다. 예를 들어, 태종은 낙마한 후 사관에게 이를 기록하지 말라고 명을 내린 바 있는데, 사관은 그 '기록하지 말게 하라.'는 말까지 그대로 옮겨 적었다. 또한 왕은 이 그림자처럼 따라 다니던 사관을 따돌린 줄 알았으나, 실제로는 병풍 뒤에 몰래 숨어서까지 적고 있었으니 얼마나 사관들이 그 역할에 충실하였는지는 짐작 가능하다.

그렇다면 왜 이처럼 사관의 기록으로부터 자유로울 수 있었을까? 그것은 바로 관나의 전통과 특수성에서 기인한다. 연말의 '관나'에서 만

큼은 왕과 종친, 신하들이 모두 모여 경쟁적 오락을 맘껏 겨루었고, 군
신들은 광대회를 감상하면서 가장 계급이 낮았던 광대들과도 직접 대
면할 수 있었다. 또한 이 자리에서는 언로(言路)가 트이게 되어 다른 때
에는 감히 언급할 수 없었던 윗전들 및 정치의 실정 등에 관한 신랄한
풍자가 극으로 연출될 수 있었다. 광대들의 세태 풍자극인 골계희(滑稽
戲)를 통해 당시 백성들의 시각도 접할 수 있었기 때문이다. 이날만큼
은 광대들의 작은 무례함이 용서될 수 있었고, 이를 통해 군왕은 천인
과의 극단적 소통도 일부 가능했을 것이다. 또한 궁안에 머무는 부녀자
와 아이들도 특별히 민간문화를 접하게 되는 때였다. 평생을 궁정에서
살 수밖에 없는 이들이 이날만큼은 자유롭게 민간 광대들의 각종 잡희
관람이 가능했다.

　관나에 이어지기도 하였던, 관화가 독창적인 왕실문화로 승화될 수
있었던 것은 태종이 설화산대희(設火山臺戲)를 전격적으로 계동(季冬)
에 채택하고 폭화(爆火)를 개발하게 한 것에서부터 출발한다. 이후 아
들 세종은 여기에 방포까지 추가하여 관화로 제도화하였으므로 이것
은 우리나라 고유한 창작물이라고 할 수 있다. 관화의 확립은 단순히
볼거리를 추가한 것뿐 아니라 우리나라의 나문화가 중국의 그것과 달
라지게 되는 전환점을 제시한 것으로 볼 수 있다. 또한 이 관화는 왕실
공연문화 공간을 확대했다는 점에서도 의의를 가진다. 나례의 다른 의
식인 관나와 관처용이 주로 편전(便殿)에서, 구나가 정전(正殿)을 중심
으로 궐안에서 이루어졌다면, 관화는 후원(後苑)뿐 아니라 경회루(慶會
樓)와 멀리 동원산(東遠山)에까지 확대되었다. 따라서 연말 왕실 나례
는 궁(宮) 안에서부터 궁(宮)의 외곽, 혹은 성문(城門) 밖 등에서 다각도
(多角度)로 관람 가능한 입체적인 의식으로 완성될 수 있었다.

4종의 나례 중 중국 나문화의 영향이 가장 강하게 남아 있는 것이 바로 구나의식이고, 이와 같은 전통으로 인해 나례라고 하면 구나, 즉 계동대나의가 연상될 정도이다. 비록 중국에서 이 구나의식이 유입되었다고는 하나 이후로는 우리식으로 변모되었다. 이미 중국에서는 당나라의 의식을 마지막으로 궁중 구나의식의 흔적은 찾아볼 수 없다. 하지만, 우리나라에서는 세종이 구나의식을 재편한 이후 숙종 때까지 실시된 기록이 남아있을 뿐만 아니라, 당시에 연출되었던 각종 공연들이 각 지역의 전통문화로 전파되어 남아있다. 따라서 구나의식은 우리화 및 문화의 확대 재생산이라는 측면에서 중국의 것과 견주어도 재평가 될 만한 것이다.

　나례의 가장 마지막 의식인 관처용의 공연 문화사적 의의는 '학연화대처용무합설' 정재의 탄생으로 대표된다. 관처용은 한마디로 말해 이 '학연화대처용무합설'을 보며 연말연초 왕실의 안녕과 복을 기원하던 불교적 성격이 강한 행사였다. 관처용과 이 합설정재의 선후관계는 닭이 먼저인지, 달걀이 먼저인지에 비유될 만한 일인데, 합설정재의 출현이 관처용 의식의 시작보다 앞섰는지는 미지수이다. 이후 성종 때에야 비로소 관처용이라고 하는 의식명이 기록되기는 하였으나, 의식을 위해 세조가 기존 정재를 합설하였을 가능성도 있기 때문이다.

　특히 합설정재 중 처용무는 신라시대 '처용설화'에서 발생한 고려시대 잡희인 '처용희'가 '1인처용무'로 발전하였고, 이것이 세종 무렵 '오방처용무'로 변한 것이다. 또한 학연화대무는 새생명의 탄생을 상징하는 의미로 고려시대 최우에 의해 창작된 것으로 추정된다. 즉, 신라시대 제의적인 성격의 설화에 고려시대 새 생명의 탄생과 장수를 기원하는 의미가 담긴 정재가 합하여진 것이다. 비록 조선 왕조의 국시(國是)

가 유교사상이라고는 하나, 불교는 왕실의 사적인 종교로서 공공연히 지속된 바 있다. 따라서 연말연초 왕실 문화를 대표할 그 무엇이 필요하다고 한다면, 학연화대처용무합설이 가장 적합했을 것이다. 비록 왕실이 사라지고 관처용 의식은 지속되지 않지만, 이를 위해 만들어진 학연화대처용무합설 정재는 현재에도 우리나라의 대표적인 전통 무용의 하나로 전승되고 있다는 점에서 그 의의가 적지 않다.

관처용의 확립이 갖는 또 하나의 문화사적 의의는 바로 나례의 종합적 완성에 마침표 역할을 했다는 것이다. 구나의식을 중심으로 앞부분에는 관나와 관화로 축제의 전야제와 같은 분위기가 조성되었다면, 이후 이어진 경건한 관처용은 이 모든 난장 및 제의를 마무리 하는 것이었다. 따라서 이 관처용의 확립은 연말 거편의 왕실 문화의 완성이라는 점에서 그 의미가 크다고 하겠다.

이처럼 나례는 개별적 의미뿐 아니라, 종합적으로도 궁중 공연 문화사에서 적지 않은 의미를 갖는다. 조선이 점차 성리학적 문치주의 사회로 확립되어 가는 과정에서 유교 제도화에 초점이 맞추어짐에도 불구하고, 난장(亂場)에 해당하는 나례는 허용되었기 때문이다. 이는 세말이후 다시금 궁중 본연의 근엄하고 위계질서가 분명한 사회로 돌아가기 전에 허용된 유일한 숨구멍이었을 것이다. 실제로 인간 본성에 비추어 보았을 때, 이 나례의 확립은 계급간, 계층간의 벽을 허물고 군왕(君王) 이하 천민에 이르기까지 인간 본연의 기쁨과 이의 발산이라는 궁극적인 만족에 가장 가까운 의식이었던 까닭에 왕실의 연말 문화로 굳건히 지속될 수 있었다. 이와 같은 전반적인 내용을 바탕으로 궁정나례의 형성과정을 정리하면 다음 <도표 2>와 같다.[5]

〈도표 2〉 궁정나례(宮庭儺禮)의 전승과정

시기				
고려 전반		나(儺) (세나, 납나, 제석나, 구나, 대나 등)		
고려 예종 11년(1116)	쟁기부		구나부	
고려 충렬왕	↓	설화산대(연등회)	↓	
고려 공민왕	↓	설화산(〃)	↓	
고려 이색의 시	나례(절구)	폭화(산대잡극)	구나부(구나행)	나희부(구나행)
고려사 군례(단종 1년)	↓	↓	계동대나의	↓
조선 태조 즉위, 2년	(도상나례)	설화희	↓	↓
조선 정종 1년	↓	장화희	↓	↓
조선 태종 1년	↓	장화희(계동)	↓	↓
조선 태종 7년	↓	설화산대(계동)	↓	↓
조선 태종 8년	↓	↓	↓	↓
조선 태종 10년	↓	장화희	↓	↓
조선 태종 12년	↓	진화희	↓	↓
조선 세종 즉위년	관나례	관화산대	↓	↓
조선 세종 오례 군례		↓	대나지사	↓
조선 세종 7년	진나희	방포	구역	진처용무
조선 세종 9년	관나희	↓	↓	↓
조선 단종 2년	관나희	관화산붕	↓	↓
조선 세조 10년	관나	관화, 관방포화	↓	↓
조선 세조 12년	관나희	↓	↓	↓
조선 성종 3년	관나	↓	↓	↓
조선 성종 8년	↓	관화	↓	↓
조선 성종 9년	↓	화산대	↓	↓
조선 성종 10년	관나	↓	축역	↓
조선 성종 21년	관나	관화	축역	↓
조선 성종 『용재총화』	↓	화산지희	구나지사	처용지희
조선 성종	관나	↓	↓	관처용

『악학궤범』

조선 연산 5년	관나	관화	↓	↓
조선 연산 10년	관나례	관방포	↓	관처용무
조선 연산 12년	↓	↓	구나(축역)	↓
조선 중종 원년	관나	↓	축역	↓
조선 중종 4년	관나	견화산대	↓	↓
조선 중종 6년	나희(정조)	화산대(정조)	↓	↓
조선 중종 8년	관나	↓	↓	↓
조선 중종 10년	↓	↓	↓	양재처용(정조)
조선 중종 19년	↓	↓	↓	관처용, 양재처용
조선 중종 22년	관나	↓	↓	관처용
조선 중종 32년	관나	↓	↓	
조선 중종 38년	↓	↓	↓	처용지희, 관처용
조선 중종 39년	관나정지	관화정지	↓	
조선 숙종 20년			계동대나의 정지	

5) 연말 문화, 나례(儺禮)뿐일까?

왕실의 연말 문화는 과연 온전히 나례밖에 없었을까?에 대한 답으로 나례의 범위를 먼저 언급하지 않을 수 없다. 나례를 어디까지 볼 것인가에 따라 달라지기 때문이다.

나례의 의미를 좁게 해석하면, 관나, 관화, 구나, 관처용 같이 전통적인 의식만을 지칭하는 것으로 한정할 수도 있을 것이다. 그러나 실제로 조선시대의 나례라고 하는 것은 관나, 구나와 같은 의식만을 지칭하는 것뿐 아니라 연말에 즐겼던 각종 오락, 내기, 광대 잡희 등을 포함하는

---

5) 윤아영, 2009, 192쪽.

의미로도 사용되었다. 관나 때에는 군신들이 모여 격봉(擊棒, 지상격구), 작시(作詩), 척윤목희(擲輪木戲)와 같은 것들을 밤새도록 즐기기도 했기 때문이다.

또한 후반부에서 거론할 내농작(內農作)의 경우 나례의 오락성에 대한 반발로 한때는 더욱 중시되기도 했다. 비록 나례에 대한 반발적 성격으로 부상한 것이기는 하지만, 이 또한 광의의 나례 범주에서 벗어날 수는 없는 의식이었다. 나례에 참여했던 광대들이 내농작에도 참여하였고, '나희단자(儺戲單子)'에 내농작의 내용을 수록하기도 했기 때문이다.6) 또한 내농작의 설치는 관나에서 비롯된 것으로7) 세말에 시행된 적도 있기에, 범의로서 이 내농작도 모두 나례와 관련된 왕실의 연말 문화에 포함되는 것으로 볼 수밖에 없다.

나례는 중국에서 전래된 이후 오랜 세월 동안 적층(積層)되면서 다양한 사상이 수용되었다. 예를 들어 관처용의 핵심 잡희인 처용희는 신라 처용고사와 관련된 것으로 여기에 정화와 신비의 상징이 되는 학을 등장시킴으로써 영원불멸 사상이 가미된 것이다. 또한 여기에 불가의 '미신사(微臣詞)' 노랫말과 연꽃의 등장으로 불교사상까지도 결합되었다. 따라서 이 또한 하나의 잡희에 각종 사상이 결합되어 나례의 종목으로 승화된 것이므로, 나례는 사상적 측면에서도 어느 하나로 한정될 수 없는 거대 문화라고 할 수밖에 없다. 이처럼 다양한 사상이 반영된 조선시대 왕실의 연말 연초 문화 일지를 정리하면 다음 <표 4>와 같다.

---

6) 『중종실록』 16년(1521) 12월 14일; 30년(1535) 10월 15일.
7) 『중종실록』 22년(1527) 12월 23일.

〈표 4〉 조선왕실의 연말연초 문화

연대	12월 연대	연중	25일	26일	27일	28일	29일	30일	연초
태종	12년					진화회			
태종	14년						구나		
세종	1년					나례			
세종	7년						진나희, 방포, 구역, 진처용무	하사	
세종	9년							관나희	
세종	16년		관나례 (진나희 관지)						
세종	22년				진나례	관나희			
세종	24년			관나희		관나희			
세종	25년								나례8)
단종	2년						관나희	관나희, 관화산붕	
세조	4년					관나희			
세조	7년			관나희					
세조	10년	격봉		관나 (취소)	풍정 (취소)	관나, 축역, 우인회	소연, 격봉, 관화(관 방포화)		관나희9)
세조	11년				관나		관나		
세조	12년	격봉					관나희		
세조	13년			관나희 (우인작 잡희)		관나희			
성종	3년					관나			
성종	4년						관나		
성종	5년					관나			
성종	6년						관나		
성종	7년						관나		
성종	8년						관나		

구분	연도					
	9년				관나	
	10년				관나	
	11년				관나	
	12년			관나		
	13년			관나10)		
	17년				관나희, 척윤목, 작시	
	18년				관나, 척대렵도 투자	
	20년				관나	
	21년				나례11)	
	22년			관나		
	23년				관나	
	25년				구나12)	
연산군	3년			관나, 관처용희		
	6년			관나		
	8년				관나	
	9년			관나		
	10년	관나13)	방포		관나례, 관처용무	
	11년			관나		관처 용무, (관)무학 희등
중종	2년		관나, 척윤 목회14)		관나	
	8년			관나, 척윤목회		
	18년			관나례		
	22년				관나	관처용
	23년				관나	

	30년		관나
	37년	관처용15)	
선조	36년	나례, 축역16)	
숙종	18년	계동대 나지례17)	
영조	30년	계동 대나의 정파18)	

---

8) 『세종실록』 25년(1443) 1월 25일, "○ 辛巳/傳旨義禁府: 今後正朝儺禮, 除女樂, 皆用
男樂."에 의해, 정조에 나례가 있었음을 알 수 있다.

9) 『세조실록』 10년(1464) 1월 1일; 10년(1464) 1월 2일; 10년(1464) 1월 17일.

10) 성종 13년의 관나에 관한 기록은 서거정(徐居正, 1420(세종 2)~1488(성종 19))의
시 「관나시연(觀儺侍宴)」에 수록된 내용으로 더욱 보충될 것으로 보이는데, 이는
성종 13년(1482) 12월 28일에 관나 참여자로서 서거정이 있었다는 실록의 기록에
의해서이다.

11) 『성종실록』 21년(1490) 12월 12일; 21년(1490) 12월 24일; 21년(1490) 12월 25일;
21년(1490) 12월 26일; 21년(1490) 12월 27일 나례(관나, 관화 포함)를 폐지할 것이
계속 건의되었으나, 끝내는 받아들여지지 않았던 것으로 보인다.

12) 『성종실록』 25년(1494) 12월 2일, 흉년으로 인해, 나희는 정지되고, 구역만 실시하
기로 하였다.

13) 『연산군일기』 10년(1504) 12월 21일, 예외적으로 급히 광대와 현수를 모아 실시하
였다.

14) 권벌(權橃, 1478년(성종 9)~1548년(명종 3)), 『충재선생문집(冲齋先生文集)』 卷3.

15) 『중종실록』 38년(1543 癸卯) 1월 7일, 중종 38년 초의 상소문에 의해 중종 37년
세말에 처용지희(관처용)이 있었음을 알 수 있다. 다만 날짜는 정확히 알 수 없으
나, 중종 37년 12월의 마지막 날은 28일이었으므로 이와 같이 표기하였다.

16) 『선조실록』 37년(1604) 10월 29일.

17) 『숙종실록』 18년(1692) 12월 18일, 인조 정축년 난리 이래로 오랫동안 폐지되었던
계동대나례를 숙종조에 크게 복원하면서 예외적으로 12월 18일에 시행하였다.

18) 『영조실록』 35년(1759) 12월 26일(壬寅), 갑술년에 제거하였다.

1장

왕실의 연말 의식

1. 왕실 종교와 연말 문화

1) 불교식 연말 의식, 관처용(觀處容)

(1) 관처용(觀處容)이란?

관처용과 관련된 기록은 '창경궁관처용(昌慶宮觀處容)'과 '창덕궁관처용(昌德宮觀處容)'이라는 명칭으로 『악학궤범』 권2 <정전 예연 악공배립> 항목 아래 소개된 것이 최초이다. 비록 조선 성종 때에 와서야 양식화된 명칭이 나타나지만, 고대부터 처용 설화에서 비롯된 1인 처용희[1]가 고려시대에 있었고, 여기서 더욱 발전된 정재인 오방처용무가 조선 초부터 존재했다.

조선시대 『악학궤범』에 수록된 관처용은 의식명인데, 이때의 연행

---

1) 이색(李穡, 1328(충숙왕 15)~1396(태조 6)), 「구나행(驅儺行)」, 『목은시고(牧隱詩稿)』 卷21, 詩, 제13행 이후.

절차에 대한 기록은 없으나, 참여 인원과 복식에 관한 간접적인 기록을 통해 그 의식의 모습을 구성해 볼 수 있다. 먼저 이를 좀 더 쉽게 이해하기 위해 『악학궤범』에 기록된 '창경궁관처용'과 '창덕궁관처용'에 참여했던 인물들과 인원수를 소개하면 다음 <표 1>과 같다.2)

〈표 1〉『악학궤범』소재 [창경궁관처용]과 [창덕궁관처용]의 인원수

	창경궁관처용	창덕궁관처용
악사(樂師)	2	1
학(鶴)	2	없음
처용(處容)	5	5
무동(舞童)	10	없음
가동(歌童)	없음	6
연화대동녀(蓮花臺童女)	2	없음
여기(女妓)	16	없음
악공(樂工)	33	12

위의 해당 표에서 일견 알 수 있듯이 관처용의 의식도 장소에 따라서 두 가지가 있었으며, '창경궁관처용'이 '창덕궁관처용' 보다 큰 규모였다. 또한 '창경궁관처용'의 주된 공연은 '학연화대처용무합설' 정재이며, '창덕궁관처용'의 주된 공연은 '처용무'로 차이가 있다.

먼저 좀 더 규모가 컸던 창경궁관처용의 정재는 연화대 안에서 나오는 동녀 2명 외에 여기 16인과 무동 10인에 의해 연출된 연화대무가 이어지고, 연이어 오방처용무가 연출되는 형태이다. 다만, 처용인의 인원수에 대해서는 확실치 않은데, 보통 5명이 5방무를 추는 것이 기본이나, 『악학궤범』의 오방처용무 기록에는 협무(挾舞)까지 10인이 추기도

---

2) 윤아영, 2013, 『왕의 서커스—고려와 조선 왕들의 오락과 문화』.

하고, 조선 후기 의궤에는 5인이, 혹은 10인이 추기도 하였으므로 인원수는 연향의 규모에 따라 달리 했을 가능성이 있다.

이 공연의 모습에 관해 더 자세한 내용은 이들의 복식을 설명한 부분을 통해 보충될 것 같다. 원서에는 고어와 전문용어로 설명되어 있어서 이해하기 어려운 면이 있지만, 다음 해석이 병기된 것을 참조해 보면 좀 더 이해하기가 쉬울 것이다. 다음 <표 2>와 <표 3>은 『악학궤범』 소재 '창경궁관처용'과 '창덕궁관처용'의 연행자들의 수와 복식에 관한 설명을 풀이하여 표로 정리한 것이다. 먼저 다음 <표 2>는 '창경궁관처용' 연행자의 수와 복식에 관해 풀이하여 정리한 것이다.

〈표 2〉『악학궤범』소재 [창경궁관처용]의 연행자와 복식

	인원수	복식
악사(樂師)	2	1인은 집박(執拍)이고, 1인은 집동발(執銅鈸)이다.3) 집박악사는 향당악공을 이끌고 정재반주를 담당하고, 집동발악사는 여기, 학, 처용인, 무동 등을 이끌고 정재를 지휘하는 역할을 한다.4) 집박악사와 집동발악사가 있는데, 정재의 집박악사의 경우에는 복두에 녹초삼에 오정대를 띠고 흑피화를 신는다고 언급되어 있으나, 집동발악사의 경우는 복식에 관해 언급되어 있지 않다.
학(鶴)	2	학 하나는 청색, 또 하나는 흰색이다. 청색학은 청색치마에 녹색발, 녹색부리이고, 흰색학은 홍색치마, 홍색발 청색 부리이다.
연화대동녀 (蓮花臺童女)	2	우엽황홍장미(羽葉黃紅薔薇)(깃으로 만든 잎사귀에 황홍장미)의 수화(首花)(머리에 꽃)를 꽂고, 홍라(紅羅)(붉은색)의 단장(丹粧)(화장)과 홍초말군(紅綃抹裙)(붉은색 생사를 바른 치마)과 홍초보로(紅綃甫老)(붉은색 생사를 바른 보로)를 입고 홍초대(紅綃帶)(붉은색 생사를 바른 띠)를 띠고, 홍초수사지(紅綃首沙只)(붉은색 생사로 만든 머리 장식)를 드리운다. 홍초말액(紅綃抹額)(붉은 생사로 만든 끈)을 쌍으로 드리운 남단합립(藍段蛤笠)(남색 비단의 합립)을 쓰고 합립(蛤笠)(모자의 일종)좌우에 금령(金鈴)(금방울)을 달고 혜아(鞋兒)(비단신)를 신는다.
무동(舞童)	10	모두 가면이 달린 동연화관(銅蓮花冠)5)을 쓰고 각색 비단 상의와 흑연백초중단(黑緣白綃中單)(검은 선을 두른 백초중단)과 흑연홍단의 치마(黑緣紅段裳)(검은 선을 두른 홍단의 치마)를 입고, 두석녹정대(豆錫綠鞓帶)(주석으로 만든 녹색 허리띠)를 띠고, 화아흑단화(花兒黑短靴)(꽃을 그린 검은 색 단화)를 신는다.

여기(女妓)	16	모두 단장(丹粧)(붉은 화장)을 하고, 수화(首花)(머리에 꽃장식)·칠보잠(七寶簪)(칠보로 된 비녀)과 금차(金金乂)(금으로 된 머리장식)를 머리에 꽂고, 보로(甫老)(치마)와 홍대(紅帶)(붉은 허리띠)를 두른다. 모두 금박의 화문(花紋)(꽃 무늬)을 찍는데 그것을 도다익(都多益)이라고 한다. 백말군(白袜裙)(흰색 바지)을 입고 단혜아(段鞋兒)(비단신)를 신는다. 나이 어린 기생은 금차(金金乂)를 빼고 칠보 대요(臺腰)(보석장식 머리띠)를 머리에 쓰고 자흑초(紫黑綃)(자주색과 검은색의 생사)의 수사지(首沙只)(머리 장식)를 드린다. 각종 잡식(雜植)을 한다.
처용(處容)6)	5	모두 가면을 쓰고, 꽃을 그린 5색의 사모(紗帽)에 모란꽃과 복숭아가 달린 가지를 꽂는다. 청색·홍색·황색·흑색·백색의 비단 상의에 여러 부분에 금(金)을 붙인 홍정대(紅鞓帶)(붉은 허리띠)를 두르고, 백주한삼(白紬汗衫)(흰명주로 된 한삼)에 백포말(白布襪)(흰 베로된 버선)과 백피혜(白皮鞋)(흰 가죽 신)를 신는다.

다음 <표 3>은 『악학궤범』 소재 창덕궁관처용의 연행자의 수와 복식에 관한 설명을 풀이하여 정리한 표이다.7)

---

3) 이혜구, 2000, 334쪽. 악사가 동발을 잡고, 여기, 집박 악사 등을 인도한다고 하였으므로 악사 두 명 중 1인은 집동발악사이고, 다른 한명은 집박악사임을 알 수 있다. 이하 『악학궤범』의 해석은 모두 이 책에 의한다.

4) 이혜구, 2000, 345~346쪽. 후도에서 등장하는 순서와 연주하는 절차에 의함.

5) 이혜구, 2000, 534쪽. "동연화관(銅蓮花冠)은 구리로 얇게 만들되 위는 연꽃을 엎어 놓은 모양으로 하고, 아래는 연잎을 드리운 모양으로 하며, 가면은 옻칠한 베[柒布]로 껍데기를 만드는데, 모두 채색한다. 무동이 쓰는 가면을 가리킨다."

6) 『세종실록』 25년(1443) 1월 25일. "○傳旨慣習都監 今後≪處用舞[處容舞]≫除女妓 用男夫" 세종 25년의 기록에 의하면 관습도감(慣習都鑑)에 명하여 이후로는 처용무(處容舞)에 여기(女妓)를 없애고 남부(男夫)로 대치할 것을 명했는데, 이로 인해 당시까지는 여기(女妓)가 처용무(處容舞)를 추었고 이후로는 남부들이 대신했음을 알 수 있다.

7) 이혜구, 2000, 140쪽. "창덕궁관처용(昌德宮觀處容)은 악사가 1인, 처용인 5인, 가동이 6인. 가동은 가면을 쓰지 않는다. 악공이 12인이다. 처용만 5색의 명주옷을 입고 그 나머지는 위와 같다.(위와 같다는 창경궁관처용(昌慶宮觀處容)과 같다는 뜻.)"

	인원수	복식
악사(樂師)	1	악사가 1인일경우에는 집박악사인지 집동발악사인지는 미상이다.[8] 정재의 지휘로서 집박악사가 참여했을 경우 복식은 복두에 녹초삼에 오정대를 띠고 흑피화를 신는다.
처용(處容)	5	모두 가면을 쓰고, 꽃을 그린 5색의 사모(紗帽)에 모란꽃과 복숭아가 달린 가지를 꽂는다. 청색·홍색·황색·흑색·백색의 명주 상의에 여러 부분에 금을 붙이 홍정대(紅鞓帶)(붉은 가죽 띠)를 두르고, 백주한삼(白紬汗衫)(흰 명주로 된 한삼)에 백포말(白布襪)(흰 베로 된 버선)과 백피혜(白皮鞋)(흰 가죽신)를 신는다.
가동(歌童)	6	가면(假面)을 쓰지 않는다.
악공(樂工)	12	녹주두건(綠紬頭巾)(녹색명주로 된 두건)을 쓰고 흑단령(黑團領)을 입는다.

위 표에 의하면, 다른 이들의 의상보다도 학과 연화대동녀, 처용 가면의 특징이 주목된다. 즉, 학은 위에서 청학과 백학으로 각각 의상을 갖춘다고 하였는데, 보통 흰학은 신선사상이나 영원 불멸 사상을 나타내는 상징적인 동물인데, 흰학 외에 청학이 추가된 것은 푸른 젊음을 대비하는 상징성을 나타내는 것으로 해석되기도 한다.

연화대는 잘 알려져 있다시피 불가를 상징하는 꽃인데, 여기에서는 새 생명을 탄생시키는 매개물로서의 역할도 하고 있다. 이 연화대 안에 앉아 있다가 학이 쪼는 것과 동시에 탄생되는 연화대동녀는 말 그대로 새로운 생명을 상징한다. 따라서 이 동녀는 생명의 성성함을 상징하는 붉은색으로 전신을 꾸미고 있다.

처용이 벽사의 대표적인 인물임은 앞에서도 설명한 바이다. 벽사(辟邪)의 의미로서 처용이 등장하는 것은 신라시대의 설화에서부터이며,

---

8) 다른 의식에서 집박악사는 악공을 지휘하는 역할을 하였다고 하나, 이 의식에는 집동발악사가 있기 때문에 알 수 없다.

신라 설화에 등장하는 처용은 바다 용왕의 아들로 자신의 아내를 탐했던 역귀를 우회적인 노래와 춤으로 물리친 인물로 알려져 있다. 설화 속 역귀는 처용의 관용에 탄복하고, 앞으로는 처용의 초상화만 보여도 나타나지 않겠다고 맹세하고 사라졌다. 따라서 이와 같은 설화에 근거하여 조선시대말까지도 민간에서는 연말에 처용의 초상화를 그려 대문에 붙이던 풍습이 지속된 것이다. 이로써 우리나라의 대표적인 벽사적 인물은 바로 처용이 된 것이다.

고려시대의 처용희는 신라시대에 설화에만 머물던 이야기를 구체화하였다는 점에서 발전적이다. 벽사적 성격을 나타내는 1인이 탈을 쓰고 잡희를 행했다는 점에서 구체화 되었기 때문이다. 당시에 이 처용희가 완전히 양식을 갖춘 무용이었는지는 의문이지만 주로 밤에 추었다고 하며, 예술적 수준에 대한 평가 기록도 있는 것으로 보아 어느 정도 규식은 갖추었던 것으로 짐작된다.

조선시대에 들어와서도 세종 이전의 처용희는 여전히 1인이 추던 잡희였다. 이후 구체적인 기록은 없지만, 당시 궁중의 악가무를 정비하면서 이 '1인 처용희'를 궁중 정재 '오방처용무'로 양식화 하였을 가능성이 있다. 이후 세조는 그 이전 어느 시기에 확립된 5방처용무에 학무와 연화대무를 덧붙여 '학연화대처용무합설정재'를 완성했다. 성종 때『악학궤범』에 소개된 관처용 중 '창경궁관처용'이 바로 세조 때 완성된 학연화대처용무합설정재를 테마로 한 연말 의식인 것이다.

관처용은 승도가 참여하는 등 불교적 성격 외에, 여기서 연출된 처용탈에는 귀신을 물리친다는 복숭아가 달려있어 벽사성도 포함하고 있다. 이처럼 비유교적 특성이 짙은 의식이었음에도 불구하고 조선시대 예연의 하나로서『악학궤범』에 수록되었다는 점은 이색적이다.

(2) 관처용(觀處容)의 확립과정

신라 시대 처용설화에서 기원한 고려시대 연말 잡희인 처용희가 처용무를 거쳐 궁중 의식에 채택되어 관처용의식으로 형성되기까지의 경위는 간단치만은 않았다.

먼저 조선시대 연말 처용무의 최초 기록은 세종 7년에 전악서에서 처용무를 올렸다는 내용이 가장 앞선다.[9] 이전부터 처용희는 있었을 것이나 이때에 전악서에서 올린 처용무는 이전과는 달라진 새롭게 양식화한 처용무였을 것이다. 또한 관처용의식의 또 다른 핵심 정재인 '학연화대처용무합설' 역시 세조가 합하여 대합악(大合樂)하여 만들었다고 하는 기록[10]에 의해, 신라시대의 고사가 궁중정재로 양식화되기 시작한 것은 조선 초에 와서임을 알 수 있다.

이와 같은 핵심 정재뿐 아니라 의식의 형성도 조선 초기부터 발아되기 시작한 것으로 보인다. 관처용의 전신으로 보이는 '처용지희(處容之戲)'가 이미 세조 무렵 성현의 글에 묘사되어 있기 때문이다. 이 '처용지희'는 제목만 보아서는 처용희라는 단일 잡희에 대한 설명일 것 같으나 실은 그렇지 않다. 전체적으로는 세말에 궁정에서 송구영신 의식에 오방처용무가 연출되었고, 여기에 왕실가족과 함께 참여한 신 성현 본인이 당일의 행사에 대한 기록을 남긴 것이기 때문이다. 다만 『용재총화』

---

9) 『세종실록』 7년(1425) 12월 29일.

10) 성현(1439(세종 21)~1504(연산 10)), 『용재총화』. ○ 처음에는 한 사람으로 하여금 검은 베옷에 사모(紗帽, 비단 모자)를 쓰고 춤추게 하였는데, 그 뒤에 오방처용(五方處容)이 있게 되었다. 세종(世宗)이 그 곡절을 참작하여 가사(歌辭)를 개찬(改撰, 고쳐 편찬)하여 봉황음(鳳凰吟)이라 이름하고, 마침내 묘정(廟廷)의 정악(正樂)으로 삼았으며, 세조(世祖)가 이를 확대하여 크게 악(樂)을 합주(合奏)하게 하였다.("初使一人黑布紗帽 而舞其後有五方處容 世宗以其曲折改撰歌詞 名曰鳳凰吟遂爲廟廷正樂")

의 '처용지희'가 『악학궤범』의 '관처용'과 다른 점은 시대적으로 앞선 까닭에 양식적으로 소략한 부분들이 보이는 것 뿐이다.

관처용 의식의 전체적인 모습은 위의 두 기사뿐 아니라, 『악학궤범』에 수록된 '학연화대처용무합설' 정재에 관한 기록을 통해 보충된다. 『악학궤범』에 수록된 '학연화대처용무합설' 정재의 내용은 단순히 하나의 무용을 설명하는 것이 아니다. 오히려 이 정재가 펼쳐졌던 의식에 대한 설명인데, 이 정재가 펼쳐졌던 의식은 유일하게 관처용뿐이기 때문이다. 관처용의 의식을 절차를 소개하고 있는 『용재총화』의 '처용지희'와 『악학궤범』의 '학연화대처용무합설' 정재를 비교 정리하면 다음 <표 4>와 같다.

〈표 4〉 『용재총화』의 '처용지희'와 『악학궤범』의 '학연화대처용무합설'의 비교

	『용재총화』'처용지희'	『악학궤범』'학연화대처용무합설'
특징	㉠ 합설무로 한차례만 연행됨. ㉡ 학연화대처용무합설의 형태로 최초로 등장. ㉢ 세조는 그 제도를 이어 붙여 모두 합하여 연주하게 하고 처음으로 승도(僧徒)들로 하여금 불공(佛供)드리게 하였다는 것이 명시됨. ㉣ 학의 개화절차가 언급은 되어 있으나 '학무'로 명명하지 않고, 단순히 곡절을 따라 빙빙돈다 정도로 묘사됨. ㉤ 학이 쌍학으로만 묘사되어 있어, 청학과 백학의 체제가 아니었을 수 있음. ㉥ 학의 퇴장과 처용무의 시작이 이어짐.	㉠ 전도(처용무)와 후도(합설무)의 두 차례에 걸쳐 연행됨. ㉡ 향악정재항목에 포함되어 계동대나의시 연행되는 것으로 정의됨. ㉢ 승도의 등장 및 나무아미타불사는 생략됨. 단 불교적인 성악곡은 포함되어 있음. ㉣ 학연화대처용무의 각 정재가 유기적으로 합설된 것을 명시하고 있음. ㉤ 동서방을 대표하는 색으로 청학과 백학을 설정하고 있음. ㉥ 학무의 퇴장 후 연화대를 연행한 후 처용무를 추는 순서로 각각 구분되어 있음.

의식절차	① 전도에 해당하는 오방처용무 없음.	① 전도: 학·연화대·회무 등이 없다. 악사는 동발을 잡고 청홍황흑백의 오방 처용 및 여기 집박악사 향악공을 인도한다. 처용만기(여기16인은 처용가노래)를 연주한다. 이어 봉황음중기(악공연주, 여기16인은 노래), 봉황음급기, 삼진작(악공연주, 여기16인은 노래), 정읍급기(여기 16인은 노래), 북전급기(여기16인은 노래)를 연주한다. 여기, 악사, 악공이 차례로 나가면 음악이 그친다.
	② 외정에서부터 손을 맞잡고 들어온다. 이어 곧 연화대회(蓮花臺戲)를 시작한다. 연화대는 먼저 (침)향산 지당(판)에 설치하고, 두루 갖가지 색 꽃을 한길 높이나 꽂고, 좌우에도 또한 등롱(燈籠)을 그려놓고, 그 사이에는 유소로 가려놓았다. 못의 앞동서편에 큰 연꽃봉오리를 두고 그 안에 작은 기녀를 앉혀놓는다. 보허자를 연주하면 쌍학이 곡절을 따라서 빙빙 돌고 날아다니며 춤을 추다가 날아가서 연꽃 봉오리를 쪼으면 두 명의 어린 기녀가 연꽃봉오리를 젖히고 나온다. 혹은 서로 마주보기도 하고 혹은 서로 등지기도 하면서 뛰어오르며 춤을 춘다. 이를 일컬어 동동이라 한다.	② 후도: 학·연화대의 의물 등 제구를 갖추어 진설한다. 청학과 백학이 그 다음에 따르고 오방처용이 다음에 따르고 인인장, 정절, 개, 꽃을 든 무동이 그 다음에 따르고 여기가 그 다음에 따르고, 집박악사, 향당악공이 각각 차례로 따른다. 악관이 영산회상만기를 연주하고 여기와 악공은 사(詞)를 제창, 영산회상 영을 연주, 오방처용무 및 여기 악공및 의물을 든 가면무동도 족도 요신하고 음악이 그친다. 악관이 보허자를 연주하면 쌍학은 춤추다가 연화를 쪼고 음악이 그치면 제자리로 돌아간다. 두 동녀는 지당판에 내려가 정재하고 끝난다.(연화대)
	③ 이때에 쌍학은 물러나고 처용이 들어온다. 처음에는 만기(慢機)를 연주하며 처용은 줄을 지어 선다. 이때에는 소매를 접고 춤을 춘다. 다음은 중기(中機)인데 처용오인은 각각 5방으로 나누어 서고 소매를 떨치면서 춤을 춘다. 계속해서 심방곡(心方曲)이 이어지고 너울거리며 어지럽게 춤을 춘다. 마침내 북전을 연주하고 처용은	③ 처용만기(여기는 처용가부름)를 연주하면 처용무가 시작된다. 미타찬연주(여기 두사람 도창, 제기 화창)하고 회선(처용과 꽃을 든 무동은 환무하고, 나머지는 모두 요신족도한다.)

	줄지어 물러가서 자리에 선다.	
	④ 이때에 기녀 한명이 나와 남무아미타불을 노래하고 나머지 무리들이 이에 화답하여 노래한다. 또 관음찬을 세 번 반복하여 노래하고 두루 돌면서 나간다.	④ 본사찬까지는 도창하고, 화창한다. 관음찬은 제기가 제창한다. 차례로 나가고 음악이 그치면 끝난다.
편성악곡	만기, 중기, 심방곡, 북전 연주 후 퇴장, 여기의 남무아미타불 노래, 관음찬 3회	전도: 처용만기, 봉황음중기, 봉황음급기, 삼진작, 정읍급기, 북전급기 후도: 영산회상만기, 영산회상영, 보허자, 처용만기, 미타찬, 본사찬, 관음찬
담당악인	승도, 처용무와 함께 가면무인 10인. 악사, 창덕궁(가동담당), 창경궁(여기담당)	악사, 여기 16인, 집박악사, 처용5인, 향악공
연행장소	창경궁(昌慶宮), 창덕궁(昌德宮)	(창경궁, 창덕궁)의 내정(內庭)
연행일시	매 제야, 즉 새해의 하루 전	12월 그믐 하루 전날 5경(五更, 새벽 3~5시)초

위 두 기록은 성현이 관람한 관처용에서의 '처용지희'와 왕실 문서에 기록된 관처용의 '학연화대처용무합설' 기록이다. 두 기록은 같은 의식의 절차를 기록하고 있지만, 후자의 것이 더욱 격식에 맞게 양식화 된 것을 볼 수 있다. 이는 시대적으로 선후관계로서의 차이뿐 아니라, 개인문집과 왕실문서로서의 양식화된 형태로 정착된 차이를 보여준다고 할 수 있다. 다만, 성종 때 이미 의식명으로서 관처용이 정립된 이후에도 '관처용희(觀處容戲)' 혹은 '관처용무(觀處容舞)' 등의 여러 다른 명칭도 혼용되었다.

요약하면, 『용재총화』의 '처용지희'에 이어 『악학궤범』에 기록된 '학연화대처용무합설' 정재는 마치 그것이 단순히 하나의 정재를 묘사하는 것으로 오해될 수도 있으나, 실제로는 하나의 잡희나 정재에 대한 설명이 아닌 연말 의식의 전체 절차와 관련된 이야기로서, 연말 궁정나례 중 관처용의 양식화 과정을 보여준다.

(3) 관처용(觀處容)의 불교적 성격

관처용은 성종조 악(樂)을 집대성한 『악학궤범』에 수록되어 유교적 예연으로서만 간주될 수 있으나 실제로는 여러 사상과 종교가 통합된 것이다. 처용무에 담긴 벽사진경뿐 아니라 오방무로 변하는 과정에 영향을 준 오행사상과, 학희가 상징하는 정화와 신선사상까지 결합되어 있기 때문이다. 여기에 세조 이후부터는 불교적 색채까지 가미되었다. 세조대로 추정되는 성현이 기록한 '처용지희'에는 승도가 참여하여 불공을 드리는 부분이 추가되었고, 이후 성종 때 『악학궤범』에 기록된 '학연화대처용무합설'에는 승도의 참여는 배제되었으나 여전히 불가적 성악곡은 포함되어 있기 때문이다.

관처용시 연출되었던 정재는 처용무만 추는 전도와 합설무까지 추는 후도의 두 가지가 있다는 것은 이미 위 표에서 소개한 바 있다. 이 중 후도인 학연화대처용무합설 정재의 노래를 주목해 보면 전도에서는 부르지 않았던 곡들이 보이는데, 바로 영산회상(靈山會上) 만기, 영산회상(靈山會上) 영, 보허자(步虛子), 처용(處容) 만기, 미타찬(彌陀讚), 본사찬(本師讚), 관음찬(觀音讚)과 같은 곡들이다. 이 중 영산회상은 그 가사가 '영산회상불보살(靈山會上佛菩薩)'이라는 7자를 노래한 곡으로서 당연히 불교 성악곡이며, 미타찬, 본사찬, 관음찬 같은 곡들도 모두 불교적인 내용의 경기체가였다. 본래 '처용지희'에는 여기(女妓)들이 남무아미타불과 관음찬 3회를 외던 것이 다였는데, 이후 이것이 불교 성악곡으로 완성되는 과정에서 삽입된 것으로 추측된다.

각각의 노래를 살펴보면, 먼저 미타찬은 조선 초 기화가 지은 경기체가로서 전체 10장으로 되어 있고, 아미타불이 중생을 제도, 교화, 인도함을 비롯해 중생이 아미타불을 흠모, 감화하여 해탈, 극락왕생, 증득하는 내용을 적고 있다. 본사찬도 역시 불교적 내용의 한시로서 모든 인간을 비롯해 세상이 석가모니를 존엄한 존재로 모시고 받드는 내용을 담고 있으며, 관음찬은 14행의 5언 한시로서 온 마음으로 관세음보살을 외면 인간세계의 모든 재앙이 없어진다는 내용으로 되어 있다.

노래의 내용 외 이 노래를 부르는 방식도 마치 불가의 노래인 범패를 부르는 방식과 유사하다. 먼저 미타찬을 연주할 때에는 여기 두 사람이 먼저 도창(導唱)으로 이끌고, 나머지 여기들이 화창(和唱)한다고 하여서, 마치 범패 중 짓소리를 부를 때 독창자인 짓소리 승려가 독창으로 도창하고 나머지 승려들이 이에 화창하는 형식과 동일하다. 이어지는 본사찬의 형식도 이처럼 도창과 화창으로 되어 있다. 나머지 관음찬만은 모든 여기들이 제창하는 형식으로 되어 있다.

또한 결정적으로 후도를 시작하는 방법에 있어서도 여기 등이 손을 맞잡고 들어와서 원의 형태를 그리며 빙빙 돈다고 하는데, 이것은 전형적인 불교의 재를 드리는 것과 합치된다. 『악학궤범』에는 '학연화대처용무합설' 정재와 관련되어 두 장의 그림이 실려 있는데, 이 중 첫 번째 '초입배열도'는 이 정재에 참여하는 모든 이들이 들어와서 설 때의 위치를 그린 것으로 본격적으로 정재를 시작하기 전의 그림이다. 두 번째 '오방작대도'의 경우는 정재가 진행될 때의 한 장면을 묘사한 것인데, 이것을 보면 바로 불교의 재를 올릴 때의 모습을 비롯해 민간에서 오방진을 치는 것과 유사한 성격을 띠는 것을 알 수 있다.

후도를 마치는 방법도 또한 회선(回旋)한다고 하여, 빙빙 돌면서 처용인들과 꽃을 든 무동은 환무(環舞)하고, 나머지는 모두 요신족도(搖身足蹈)한다고 하여 역시, 불교식 환무의 형태를 띠었다. 이 외에도 동발의 사용이나, 무동의 연화관과 가면을 비롯해 배열도의 등, 꽃, 화무동, 동발의 구성이 불교적 요소를 간직했던 것으로 알려져 있다.[11] 이와 관련된 그림을 소개하면 다음 <그림 1>, <그림 2>와 같다.

〈그림 1〉『악학궤범』 학연화대처용
무합설 초입배열도

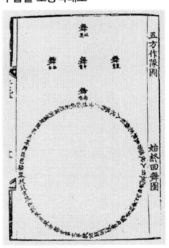

〈그림 2〉『악학궤범』 학연화대처용
무합설 오방작대도

이처럼 전체적인 의식 구성에서도 불교적 성격을 띠었을 뿐 아니라, 각각의 정재도 불교적 성격으로 만들어졌다. 예를 들면 연화대의 경우, 『고려사』악지의 기록에 의하면 본래 중국에서 자지무(柘枝舞)라고 하는 것이 우리나라에 전해진 것이 연화대라고 하는데, 중국에서는 이처

---

11) 송혜진, 2014,「조선 전기 왕실 불사(佛事)의 전승과 음악문화 연구」,『한국음악연구』56, 258쪽.

럼 연꽃에서 동녀가 탄생하는 형태의 정재는 존재하지 않았고, 오히려 이것은 우리나라 고려시대말 최우가 연말 공연에 동녀를 편입시켜 만든 우리나라의 창작품이다.[12] 그런데, 이와 같은 창작과정에서 새로운 생명으로 탄생한다고 하는 것은 불교의 윤회사상의 반영과도 관계가 깊다. 따라서 고려시대말 창작된 우리나라의 연화대정재는 불교사상을 바탕에 두고 만들어졌을 가능성을 배제할 수 없을 것 같다. 특히 불교음악과 승도가 참여한 관처용은 왕실의 연말 문화 중 대표적인 불교의식이라고 할 수 있다.

2) 도교식 연말 전통, 수경신(守庚申)과 교년(交年)

도교의 대표적인 연말 전통은 수경신(守庚申)이다. 말 그대로 경신일(庚申日)을 지키는 것을 말하는데, 경신일은 1년 중 6번 돌아오고, 이 중 마지막 경신일을 가장 중요하게 여겨 특별하게 지내는 풍습을 말한다. 매해 좀 다르기는 하지만, 매년 음력 12월 19일 전후가 되기 때문에 음력 세말과는 크게 멀지 않은 날짜가 되었다. 또한 수경신 외에도 도교에서는 교년(交年)이 있어서 음력 12월 24일로 지정하고 부엌신에게 악귀를 쫓아주고 복을 줄 것을 빌었다. 따라서 수경신(19일)과 교년(24일) 및 음력 말일(대략 29일)까지의 꽤 오랜 기간 동안 도교식 연말 분위기가 이어지곤 했다.

수경신 때에는 몸에 있던 세 가지 벌레, 즉 삼시충(三尸蟲)이라고 하는 가상의 벌레가 천제(天帝, 지고신(至高神))에게 기생하고 있는 사람의 잘못을 알린다고 하여, 이를 막기 위해 밤새 잠을 자지 않고 지새워

---

12) 윤아영, 2013a, 63쪽.

야 하는 것이 전통이었다. 즉, 경신일에는 그날 신시(申時, 십이시(十二時)의 아홉째 곧, 오후(午後) 3시에서 5시까지)부터 다음날 신시까지 꼬박 하루 24시간에 해당하는 동안 잠을 안자고 지내야 했던 것이다. 따라서 이를 무사히 넘긴다는 것을 명분으로 군왕과 종친 등은 주연(酒宴)과 가무(歌舞)를 비롯해 내탕(內帑, 내기의 상품으로 걸린 물건)13)이 걸린 내기로 시간을 보내곤 했다. 이 수경신의 전통과 관련해 조선시대에는 태종 때 기록이 가장 앞서고, 이후 세종 때에도 지속되었으며14) 성종 이후로도 비록 지속적인 비판론은 제기되었으나 여전히 지속되었다.

제왕들이 밤을 지새우며 즐겼던 오락의 종목도 다양했다. 세종과 세조 때에는 기상상황에 따라 달랐지만, 경신일에는 대체로 타구(打毬, 격봉(擊棒)), 즉 지상격구(地上擊毬)를 즐겼으며, 각종 내기를 했다. 특히 이때에는 내탕의 공물을 후하게 하고, 기생과 악공의 가무를 곁들였다. 이후 성종도 재위 10년의 기록에 의하면 경신일에 공궤(음식을 하사)와 선온(술을 하사) 등의 하사의식을 통해 자비를 베풀었으며, '수경신종일목단(守庚申終日牧丹)'이란 제목을 내어 사운율시(四韻律詩)로 작시(作詩) 내기를 걸고 포상하기도 했다.15)

그러나 이 수경신의 연말 전통에 대해서는 조선 초부터 무수한 반대론이 제기되었다. 밤에 여악을 베풀어 줌으로써 서로 얽히게 되는 것이 걱정스럽다는 것뿐만 아니라, 일국의 군주가 도교의 허황됨을 지킨다는 것 때문이었다. 간간히 반대론이 제기되다가 드디어 성종 17년에는

---

13) 내탕의 본래의 뜻은 조선 시대에, 왕실의 재물을 넣어 두던 창고 내지는 그 재물을 가리키는 것이나 실록에서 내기와 관련된 용어로서 사용될 때에는 내기의 상품이라는 의미로 사용되었다.

14) 『세종실록』 14년(1432) 11월 5일.

15) 『성종실록』 13년(1482) 11월 26일.

대사헌 이경동 등이 수경신을 철회할 것을 대대적으로 간하는 사건이 있었다.16) 당시 이경동이 반대한 근거는 도교의 황망함뿐 아니라, 윗전으로서 또한 역사적 성군으로서 모범을 보여야 하는데, 주연(酒宴)을 비롯해 주악(奏樂)을 내려주는 폐단이 아래로는 재직한 장수에게까지 미친다는 것 때문이었다. 또한 이로 인해 이후 이어지는 교년(交年)과 제야(除夜)의 풍습도 문란해질 것이 두려우며, 한밤중에 주연을 위해 아랫사람들이 고생하는 것과 흥청망청 취한 사체는 왕실의 권위를 상하게 할 수 있다는 걱정 때문이었다.

그럼에도 불구하고 성종은 고집스럽게 경신일을 지켰는데, 성종은 대간들의 그만두라는 답에 매번 폐하겠다고 약속하였음에도 불구하고 2경(更, 저녁 9~11시)까지 윤목희를 지속하다가 드디어 일기가 나빠져서야 어쩔 수 없이 폐할 수 밖에 없었다. 성종은 그날 폐하면서도 수경신의 주연, 주악을 중지한 것은 대간이 반대해서라기보다는 날씨 때문에 그만둔 것이라는 말을 덧붙였다.

이처럼 이미 조선 초부터 경신일에 대한 반대가 있었으나, 이 전통은 꽤 오랫동안 지속될 수 있었다. 성종 이후 연산군 때는 물론이고,17) 중종 28년18)까지도 시행되었기 때문이다. 완전히 폐지된 것은 영조 때로 보이는데, 영조는 미신에 해당하는 것은 모두 폐하고자 하였으므로 역시 이 경신, 교년과 같은 것도 폐지를 명했다. 이로써 조종조부터 지켜온 전통인 경신일과 교년의 전통은 완전히 폐지되었다. 다음은 영조가 이의 폐지를 명한 기록이다.

---

16) 『성종실록』 17년(1486) 11월 19일.
17) 『연산군일기』 3년(1497) 11월 23일; 11년(1505) 12월 10일.
18) 『중종실록』 28년(1533) 11월 22일.

영조 35년(1759 기묘) 12월 26일(임인): 임금이 하교하기를, "옛부터 나례(儺禮)가 있었으니, 이것은 공자(孔子)께서 '시골 사람들이 나례를 <행할 때에는> 조복(朝服)을 입고 섬돌에 서 있었다.'고 하는 것으로, 이 예(禮)는 주(周)나라 때부터 있었다. 지난 갑술년에 제거하도록 명하였고, 또 춘번(春幡)과 애용(艾俑)의 등속이 있어 그 유래가 오래 되었는데, 석년(昔年)에 역시 제거하였으니, 아! 거룩하도다. 그러나 단지 세말(歲末)에 행하는 정료(庭燎)가 있는데, 한갓 공인(貢人)에게 폐단을 끼칠 뿐만이 아니라 푸른 대나무를 사용하였다가 일시에 태워버리므로 내가 역시 지나간 해의 성의(盛意)를 따라 그것을 제거하도록 명하였다. 그러나 오히려 교년(交年)과 경신(庚申) 같은 것은 본래의 일을 알지 못하여 승선(承宣)에게 명하여 상고(詳考)하도록 하였더니, 비록 고문(古文)에 있었으나 모두 정도(正道)에 어긋나 부엌신에게 아첨하는 데[媚竈]에 가깝다. 옛날에 조변(趙抃)은 하루 동안 행한 바를 향을 피우고 하늘에 고하였다고 하는데, 혹 이런 뜻을 모방하여 일년 동안에 행한 바를 가지고 하늘에 제사하고 고한다면 그것은 오히려 가하겠지만, 만약 날마다 경계하고 두려워하여 옥루(屋漏)에 부끄러움이 없다면 어찌 신(神)에게 기도한 일이 있겠는가? 그렇지 않으면 비록 부엌신에게 제사를 지낸다 하더라도 무슨 이익이 있겠는가? 이것은 복(福)을 구하기를 사특한 데 하지 아니한다는 것이 아니다. 그리고 경신(庚申)에 이르러서는 주공(周公)이 앉아서 아침이 되기를 기다린 뜻으로써 잠을 자지 아니한다면 어찌 특별히 경신일(庚申日)뿐이겠는가? 더러는 두려워하여 과실을 사뢴다 하더라도 역시 부엌신에게 제사를 지낸다는 뜻일 것이다. 설혹 그 밤에 고하여 면한다 하더라도 날마다 감림(監臨)함이 여기에 있으니 내 마음의 선(善)하고 불선(不善)함은 저 푸른 하늘 아래에서 도망하지 못할 것이며, 한갓 정도에 어긋날 뿐만이 아니라 '성(誠)'의 글자에도 매우 흠이 되는 것이다. 아! ≪주례(周禮)≫에 있는 바의 나례(儺禮)도 지나간 해에 오히려 제거하도록 명하였는데, 더구나 삼대(三代) 이후의 오하(吳下)의 풍속을 버리지 아니하고 어떻게 할 것인가? 지금 이후로는 경신일에 촛불을 올리는 것과 교년일(交年日)에 거행하는 일은 모두 그만두게 하여 내가 정도를 지키며 지나간 해를 체득하는 뜻을 보이고 한결 같이 오하(吳下)의 비루한 풍속을 씻어버리도록 하라. 그리고 현재 부효(浮曉)하고 조경(躁競)함이 이와 같으니, 이런 등속의 사람이 그 과실을 두려워하는 바가 어찌 특별히 이 두 날뿐이겠는가? 3백 60일이 모두 경신일일 것이다. 이 구속(舊俗)을 없애는 것도 또한 말세(末世)를 힘쓰도록 하는 것이다."하였다.[19]

도교의 연말 풍습인 수경신과 교년의 전통은 이처럼 조선초부터 영조 때 폐지 될 때까지 조선의 세말 나례로 이어지는 왕실문화의 전통이었다. 역시 나례와 마찬가지로 무수한 폐지론에도 불구하고 어느 정도 지속될 수 있었던 것은 군신 간의 친목 도모를 위해, 전통의 지속이라는 명분 때문에 가능한 것이었다. 비록 도교 사상에서 유래하여 유교주의 국가인 조선에서 황망함으로 인해 배격되었으나 이 또한 엄연히 조선시대 세말의 궁중 문화 중 하나였음은 분명하다.

3) 무속적 연말 풍습, 현수(絃首)와 양재처용(禳災處容)

(1) 나례(儺禮)에 참여한 현수(絃首)

2013년 방영되었던 화제의 드라마 '해를 품은 달'에는 비록 가상의 조선 시대를 배경으로 했다고는 하나 궁중에 성수청(星宿廳)이라고 하는 신당(神堂)과 여기에 속한 왕실 무당(巫堂)인 국무(國巫)가 있었던 것으로 설정되었다. 당시 조선시대 왕실에 이와 같은 신당과 무당이 상주(常住)하고 있었을까에 대한 논의가 다시 일어나기도 했다. 이에 대해 성종 때 왕실에 무당이 공공연히 출입하였다고 하였으며, 비록 궐 밖이기

---

19)『영조실록』 35년(1759) 12월 26일.

는 하였으나 신당도 있었던 것이 확인되면서 일단락되었다.[20] 특히 연말에는 역귀를 쫓는다는 차원에서 특별히 무녀(巫女)를 들이기도 했다.

그런데, 무녀와 함께 거론된 인물이 있으니, 바로 현수(絃首)이다. 자의(字意)로만 보면 현수는 현악기를 연주하는 이들 중에 우두머리, 혹은 현수(絃手)[21]로도 기록하고 있으므로 현악기를 연주하는 전문가[手]로 해석된다. 이 외에도 좀 더 자세히는 무녀를 따라다니며 현가(絃歌, 현악기와 노래)를 업(業)으로 하는 여자를 부르는 속칭(俗稱)이거나,[22] 양민(良民)과 천민(賤民)의 여인으로 음악을 아는 자를 통틀어 지칭하는 것,[23] 무녀를 도와서 신사(神祀)를 하는 자,[24] 혹은 관기의 우두머리[25] 등으로 정의된 바 있다. 최근 연구에 의하면 종합적으로 현수는 조선 시대 무의식이나 연향 등에서 활동했던 민속음악인이었으며 특히 현악기를 전문적으로 연주하던 집단으로 조선 후기에는 궁정내 연향 등에도 차출되어 공연을 했던 이들을 말하는 것으로 파악되었다.[26] 이들은 특별히 나례 때 광대들과 함께 차출되어 활동했으므로 왕실의 연말 문화인 나례를 이야기할 때 빼놓을 수 없는 집단이기도 하다.

현수는 세종 때 이미 외방관기의 혁파에 대한 대안으로 고려 되었으며, 조선 초기부터 차출되어 특정 행사에 입궁했다. 구체적으로 현수의

---

20) 『성종실록』 8년(1477) 9월 9일.

21) 『중종실록』 1년(1506) 11월 19일; 20년(1525) 3월 14일; 26년(1531) 1월 11일; 『숙종실록』 27년(1701) 9월 27일; 28년(1702) 9월 28일.

22) 『중종실록』 23년(1528) 윤10월 15일 [註 863]

23) 『중종실록』 5년(1510) 11월 1일.

24) 『숙종실록』 27년(1701) 9월 27일.

25) 『성종실록』 15년(1484) 8월 17일 [註 677]. "현수(絃首) : 관기(官妓)의 우두머리".

26) 윤아영, 2017, 「조선시대 현수(絃首)의 신분과 활동에 관한 연구」, 『역사민속학』 53집, 129~157쪽.

차출경위와 역할에 대해서는 연산군 때의 기록을 통해 방증 가능하다. 비록 연산군 때는 이례적인 상황이 많이 연출된 때이기는 하지만, 다음 기록은 현수와 나례에 관해 전반적인 내용을 알 수 있게 해준다.

연산군 1년(1495) 3월 10일: 월성군(月城君) 이철견(李鐵堅)이 아뢰기를, "대간이 신을 탄핵하기를 '현수(絃首)를 위협하여 정을 통하였다.'하나, 신이 그때에 안접사(安接使)로 평안도에 있다가 이듬해 3월에 돌아왔으니, 나례(儺禮)에는 신이 참예하지 않았는데, 어찌 현수를 협박할 수 있겠습니까. 그때의 동료(同僚)와 문서가 모두 있으니, 어찌 속일 수 있겠습니까. 다만 대간에게 탄핵받은 바가 되어 감히 스스로 변명하지 못합니다. 신의 용렬하고 어두운 인품으로 임금의 은덕을 지나치게 입었사오나, 비록 신이 아니더라도 어찌 의금부를 맡을 사람이 없겠습니까. 조정에서 다 신을 그르다 하오니, 사직을 청합니다." 하였으나, 듣지 않았다.[27]

연산군 10년(1504) 12월 21일: 전교하기를, "아이들로 하여금 관나(觀儺)의 정재(呈才)를 보게 하고 싶으니, 재주 있는 남자와 여자 전원, 현수(絃首) 10명을 즉시 인정전 동쪽 뜰 위로 모아 대령하도록 하라." 하였다.[28]

연산 10년(1504) 12월 27일: 전교하기를, "관나(觀儺)에 운평악, 광희악을 모두 쓰지 말고 현수(絃首)만 쓰며, 회례연(會禮宴)과 진풍정(進豊呈)에는 모두 홍청악(300인)을 쓰라."하였다. 전교하기를, "오늘 방포(放炮)하는 것을 관람할 터이니, 모든 기구를 가지고 와 대령하라."하였다.[29]

위 연산군 때의 기록들은 모두 세말 궁정나례와 관련된 내용들이

---

27)『연산군일기』1년(1495) 3월 10일.
28)『연산군일기』10년(1504) 12월 21일.
29)『연산군일기』10년(1504) 12월 27일.

다.30) 위 기록을 통해 세말 나례 중 관나 때 현수가 남녀 광대와 함께 입궁하여 공연했다는 사실과, 연산군 당시 대규모 조성된 여기집단인 운평, 광희와는 다른 부류로 구분되었다는 두 가지 사실이다. 이후 중종 때에도 세말 나례 때 현수가 재인과 함께 입궐하여 공연을 올렸음을 알려주는 간접적인 기록도 남아있다.

그러나 중종반정 이후로 연산군의 실정과 광대 및 여악에 대한 반감은 극에 달했다. 따라서 현수도 자신의 출신지로 돌아간 후 예전처럼 연말 나례 때 입궁하기는 쉽지 않았을 것이다. 그럼에도 불구하고 반정 이후 적습이 바로 없어지지는 않았던 것 같다. 다음 중종 1년의 기록에 의하면 연말 관나 때를 맞이하여 이전까지의 습관대로 출입하던 재인, 즉 광대와 현수를 금하고자 하는 건의가 올려졌으나, 중종은 의외로 윤허하지 않았다. 이와 같은 사실을 보여주는 기록은 다음과 같다.

> 중종 1년(1506) 11월 19일: 헌부가 아뢰기를, "사어전(私魚箭)은 세금을 거두어 관에 납부하는 것이고 관어전(官魚箭)은 진상품을 봉진(封進)하는 것으로 모두 국용에 관계되는데, 이제 재상에게 주니 심히 옳지 못합니다. 청컨대 명하여 도로 거두소서. 또 폐조에서 각도 어전을 대부분 내수사에 소속시켜 내수사 위차(委差) 등이 왕래하며 작폐가 심히 많았습니다. 청컨대 아울러 본도 관찰사에 소속시켜 봉진하는 것을 고찰하게 하소서. 또 세시(歲時)나 역질(疫疾)을 쫓는 것과 같은 것은 오히려 괜찮지만 관나(觀儺)는 즉 잡희이며 현수(絃手)와 재인

---

30) 사료상에 기록된 나례는 다양하게 해석된다. 궁정 세말 의식 전체를 통틀어 나례라고 하기도 하고, 관나나 구나의식 하나를 특별히 지칭해서 부르기도 하며, 도상에서 영접의식으로 펼쳐진 광대회를 나례라고 지칭하기도 하였다. 심지어는 같은 기사에서도 하나의 의식을 두고 나례, 혹은 관나 등으로 서로 다르게 부른 경우도 있다. 따라서 나례는 그 맥락에 따라서 대상을 정확하게 파악할 필요가 있다.

(才人)이 궁금을 출입하는 것은 일이 무례한 듯하니, 보아서는 안됩니다."하니, 윤허하지 않았다.31)

현수는 단순히 궁정나례에서만 활동했던 것은 아니었다. 나례가 궁정(宮庭)과 도상(途上)에서 모두 펼쳐졌듯이 현수도 궁정뿐 아니라 도상에서도 주악을 담당했다. 이는 다음 기사를 통해 알 수 있다.

> 연산군 12년(1506) 8월 27일: 전교하기를, "개성부 유생(儒生)들도 어가를 맞이하게 하고 또 현수(絃首)와 공인(工人)은 각기 향속(鄕俗)대로 주악(奏樂)하게 하라."하였다.
>
> 중종 23년(1528) 윤10월 15일: 의금부(義禁府)가 나례(儺禮)의 전례(前例)에 관한 단자(單子)를 입계(入啓)하면서 아뢰기를, "정국(靖國) 이후는 문적(文籍)이 있으므로 상고할 수 있으나, 정국 이전의 일은 문적이 없어져서 상고하여 아뢰지 못합니다. 다만 기해년(1479, 성종 10년)·을사년(1485, 성종 16년)·기미년(1499, 연산군 5년)의 전례는 다른 문서 가운데에 있으므로 상고하여 아룁니다."하니, 전교하였다. "근래 흉년이 들었으므로 나례 때에 정재(呈才)하는 사람을 경중(京中)에 사는 자만으로 하였으나 올해에는 곡식이 조금 잘되었으니, 조종조(祖宗朝)의 전례에 따라 경기(京畿)의 각 고을과 경중의 정재하는 사람을 아울러서 하라. 그러나 그 사이에 실농(失農)한 각 고을이 있거든 그곳에 사는 재인(才人)은 올라오지 말게 하라. 또 공인(工人)과 여기(女妓)는 해야 하겠으나, 현수(絃首)는 전례가 있더라도 이번에는 하지 말도록 하라."32)

위 두 기사는 모두 도상에서의 나례와 관련된 내용이다. 도상의 나례

---

31)『중종실록』1년(1506) 11월 19일.
32)『중종실록』23년(1528) 윤10월 15일.

는 크게 두 가지 경우에 설치되는데, 하나는 어가환궁 때이며, 다른 하나는 중국의 조서나 칙서와 같은 외교 문서를 들고 오는 중국 영조칙사의 영접의식 때였다.

먼저 첫 번째 기사인 연산군 12년의 기록은 전자인 어가의 환궁시 주악했던 관습에 관해 이야기이다.[33] 이 기록을 통해 현수는 어가 환궁 때 나례에 참여한 공인[34]들과 함께 향속, 즉 민간의 음악을 공연했음을 알 수 있다.

두 번째 기록은 중종 23년의 기록이다. 이때는 나례의 준비를 맡은 기관으로 의금부가 거론되고 있으므로 중국의 조사나 칙사를 맞이하는 영접의식으로서의 나례와 관련된 내용임을 알 수 있다.[35] 이에 의하면 중종 23년의 도상나례 준비 과정에서 전례인 성종 때와 연산군 때에 실시된 영접의식의 예를 상고하여 도상나례에 현수가 참여하였으나 이번에는 배제한다는 것이다. 이것은 당시 사정상 실농(失農)민들이 많았기 때문에 근교의 경기(京畿)와 실농하지 않은 광대들까지는 들이고 현수는 들이지 않기로 한 것이다. 즉 이때에는 비록 현수가 참여하지 않았지만, 이전까지는 광대와 함께 도상나례에 참여해왔다는 것이다.

이처럼 나례에 참여하여 현악기를 위주로 한 공연을 했다는 것은 어느 정도 입증되지만, 연말 굿의식에도 참여하였을까에 대해서는 확실치 않다. 일단, 굿의식을 행했는지에 대한 정확한 기록도 부족하기 때문이다. 그런데, 만약 궁중에서도 연말에 굿의식을 행했다고 한다면 확

---

33) 윤아영, 2013, 「조선 환궁의식(還宮儀式)과 중국 환궁의식(還宮儀式)의 변별에 관한 연구」, 『한국음악연구』 54, 253~277쪽.
34) 여기서 말하는 공인은 광대를 지칭하는 것으로 추정된다.
35) 윤아영, 2012, 「나례(儺禮) 준비 기관의 변천과 양변(兩邊)의 전통」, 『국악원논문집』 26, 243~264쪽.

실히 현수는 참여하였을 것이다. 숙종 때 기록에 의하면 장희빈이 인현
왕후를 해하고자 저주하는 굿을 하기 위해 무당과 현수를 불러들였던
사건이 있다. 여기서 굿의식에는 의례 무당과 함께 현수가 필수적으로
동반되었음을 알 수 있다. 다음은 숙종 때 관련 기사이다.

　　숙종 27년(1701) 9월 27일: "갑술년(1694 숙종 20년)부터 장희재의
첩이 큰 무수리[大水賜] 두백(頭白)한 자와 함께 신사(神祀)를 행하였
고, 매 시절(時節)마다 또한 기도하였으나, 국가의 태평(太平)을 바라
는 데에 지나지 아니하였습니다. 그들과 더불어 일을 함께 한 자는 현
수(絃手) 【세속에서 무녀를 도와서 신사(神祀)를 하는 자를 현수라고
한다.】 자근녀(者斤女) 【한 사람의 이름이다.】 이며, 이른바 신선방(神
仙房) 【무녀(巫女)의 호(號)이다.】 이란 자가 바야흐로 기도하는 일을
주관하였습니다. 이 사람들이 장희재의 첩과 자근례(者斤禮)와 더불
어 일찍이 장 대장(張大將)의 누이가 중전(中殿)이 되도록 축원(祝願)
하였습니다."36)
　　숙종 27년(1701) 9월 28일: "지난해 4월에 장희재(張希載)의 첩과
새 무녀(巫女)와 차씨(車氏) 성의 궁인(宮人)이 가마를 타고 와서 신사
(神祀)를 같이 행하였는데, 축원한 내용은 민 중전(閔中殿)이 승하(昇
遐)하고 희빈(禧嬪)이 다시 중전(中殿)으로 되며 사도(使道)가 석방되
어 돌아오는 것이었습니다. 이어서 '사도(使道)가 석방되어 돌아오도
록 우리가 쉽게 도모하자. 사도가 석방되어 돌아오면 희빈이 다시 중
전이 되는데, 무슨 어려운 일이 있겠는가?'라고 하였으니, 자근례(者斤
禮)에게 물어보면 알 수 있을 것입니다. 또 그 기도를 축원할 때 차씨
성의 궁인과 나이 어린 궁인이 붉은 옷을 입고 일어나 춤을 추었는데,
새 무녀가 활과 화살을 잡고 마구 쏘면서 '내가 이미 민 중전(閔中殿)
을 쏘아 맞혔다. 금년 8, 9월에 사도가 마땅히 돌아올 것이며, 또 좋은

---

36) 『숙종실록』 27년(1701) 9월 27일.

일이 많을 것이다.'라고 하니, 여러 사람들이 손뼉을 치면서 '참으로 다행이다. 참으로 다행이다.'라고 하였습니다. 새 무당이 숙정(淑正)과 두 궁인과 현수(絃手) 등과 더불어 방문(房門)을 걸어 잠그고 암암리에 기도하고 축원하였으나, 저는 정말 그 말한 내용을 들을 수가 없었습니다."[37]

즉, 현수는 조선 전기부터 궁정 나례를 위해 남녀광대들과 함께 차출되어 입궁하였으며, 비단 궁정 관나 때뿐 아니라 도상에서 펼쳐졌던 어가환궁의식과 조칙사 영접의식을 위한 도상나례에서도 광대와 함께 참여하여 현악기 위주의 공연을 했다. 나례 때 무의식을 행했는가에 대해서는 구체적인 기록은 보이지 않지만, 만약 무당이 하는 신사를 연말에 행했다고 한다면, 현수는 여기서도 무당을 도와 굿음악을 연주했을 것이다.

(2) 궁중 푸닥거리, 양재처용(禳災處容)

궁중에서 무속과 관련된 세말 문화는 약식으로 행하는 양재처용이라는 것이 있다. 양재처용은 말 그대로 양재하는 처용인데, 양재란 재앙을 쫓기 위한 푸닥거리를 말한다. 양재처용에 관해서는 직접적인 설명은 없고 중종 때 다음과 같은 간접적인 기록만 있을 뿐이다.

> 중종 10년 12월 22일: 전교하였다. "정조일(正朝日)의 양재처용(禳災處容)은 하지 말라."[38]
> 중종 19년 12월 10일: 전교하였다. "정조의 회례연은 이미 멈추게

---

37) 『숙종실록』 27년(1701) 9월 28일.
38) 『중종실록』 10년(1515) 12월 22일.

하였거니와, 자전(慈殿)께서도 '평안도에서 여역이 매우 치성하니 진풍정(進豊呈) 등의 일도 멈추어야 한다.'고 분부하였다. 그러나 내 생각으로는 세시(歲時)를 헛되이 넘길 수 없으므로, 곡연(曲宴) 만을 베풀기를 청하였으니, 진풍정과 관처용(觀處容) 등의 일을 멈추고 곡연과 양재 처용(禳災處容)만을 베풀도록 하라."39)

위에서처럼 중종 때에 언급된 양재처용이라고 하는 것은 정조일, 즉 정월 1일에 시행한다고 하여 매우 이질적으로 느껴지기도 한다. 보통 역귀를 쫓는 의식은 세말에 시행되는 것이 통상적이나, 해를 넘겨서까지 시행되었다는 사실 때문이다.

그러나 이와 같은 정초에 시행된 양재처용은 사실 정조일을 염두에 두고 시행되었다고 하기에는 무리가 있다. 기사에서도 '세시'에 양재처용이 베풀어진다는 것을 알 수 있고, 또한 나례의 일련의 의식들 중 유독 처용 관련 의식은 제일 마지막이었으므로 당연히 해를 넘겨서까지 지속되었기 때문이다. 따라서 여기서 말하고 있는 양재처용도 정초인 1월 1일 저녁이 아닌 12월 말일과 1월 1일 사이의 모 시간에 시행되었을 것이다.40) 다음 <표 5>는 나례의식들이 시행된 시간대를 정리한 것이다.

〈표 5〉 나례(儺禮)의 절차와 연행 시간

	관나 (觀儺)	관화 (觀火)	구나 (驅儺)	관처용 (觀處容)	양재처용 (禳災處容)
고려시대	선시(先是), 즉 대나의식 전	연등회나 각종 연회시 설화산대	오경, 즉 새벽 3시~5시 사이41)	구역 후 잔치가 밤부터	×

39) 『중종실록』 19년(1524) 12월 10일.
40) 윤아영, 2013a, 197쪽.

					새벽까지42)
조선 태종		계동	초혼(초저녁) 부터 야반(한밤중) 까지의 시간		×
조선 세종	내연 이후, 깊은 밤까지.43) 야반까지44)	관나희 이후	방포 이후	구역 이후	×
조선 단종	관화산붕 전45)	저녁 때 관화산붕			
조선 세조	축역전46)에 밤에 파함47)	저녁 때 관방포화48)	밤 2鼓(밤 10~11사이) 에 시작.	우인인희 (優人因戱)	×
조선 성종	아침부터 인정[人定:밤 10시에 종을 28번 쳐서 통행금지를 하던 것]까지49)	관나와 함께 행해졌으나 정확한 시간은 미상50)	관처용 전51)	구나의식 후52)	창덕궁관처용은 창경궁관처용과 마찬가지로 제석에 행해짐
조선 연산군	관처용희 전, 날이 저물무렵 파함53)		입춘일에도 축역확대54), 봄[季春], 가을[仲秋], 겨울[季冬] 세차례로 확대55)	관나와 같은 날 밤에	정조일56)
조선 중종	정조57)	정조			정조일58)

41) 이색의 시에 의하면 오경(五更), 즉 새벽 3시~5시 사이에 축역(逐疫)하였다.

42) 이시랑(李侍郎), 「차운(次韻)」, 『동국이상국후집(東國李相國後集)』 卷第8.

43) 『세종실록』 16년(1434) 12월 25일.

44) 『세종실록』 22년(1440) 12월 27일.

45) 『단종실록』 2년(1454) 12월 30일.

46) 『태종실록』 14년(1414) 12월 30일, 이전까지의 제도에 대해 태종은 법식에 어그러 졌다고 하여 태종 4년에 '除夜日初昏始行 至夜半而止'로 즉 초혼(초저녁)부터 야반

양재처용이 시행된 대략적인 시간대는 이와 같고, 양재처용 의식에 대해서는 다음 내용을 통해 어느 정도 추측가능하다. 다음은 양재와 관련된 중종 때의 기록이다.

중종 1년(1506) 12월 26일: ○ 전교하기를, "현재 폐되는 일은 되도록 개혁하려고 한다. 관처용(觀處容) 같은 일도 폐가 있으니 정지하라. 그러나 양재지사(禳災之事)는 행하지 않아서는 안 된다."하였다.[59]

중종 19년(1524) 12월 10일: ○ "정조의 회례연은 이미 멈추게 하였거니와, 자전(慈殿)께서도 '평안도에서 여역(염병)이 매우 치성하니 진풍정(進豊呈) 등의 일도 멈추어야 한다.'고 분부하였다. 그러나 내 생

(한밤중)까지의 시간으로 바꾸었다.

47) 『세조실록』12년(1466) 12월 29일.

48) 『세조실록』10년(1464) 12월 29일.

49) 『성종실록』10년(1479) 12월 29일.

50) 『성종실록』8년(1477) 12월 22일.

51) 이혜구, 2000, 334쪽. "12월 그믐 하루 전날 5경(更) 초에 악사·여기·악공 등이 대궐에 나아간다. 이날 나례(儺禮) 때에 악사가 여기·악공을 거느리고 음악을 연주한다. 구나(驅儺)뒤에 내정(內庭)에 지당구를 설치하고 악사는 두 동녀를 거느리고 들어가 연화(蓮花)가운데 앉히고 <내정에서>나와 절차를 기다린다."

52) 이혜구, 2000, 334쪽. 『악학궤범』에 학연화대처용무합설을 설명하는 항목에 위 각 주의 시간순서가 나타난다. 학연화대처용무합설정재(鶴蓮花臺處容舞合設呈才)가 관처용(觀處容)은 아니나, 관처용(觀處容)에 연행된 주된 정재이고, 관처용 때 외의 의식에는 이 학연화대처용무합설정재(鶴蓮花臺處容舞合設呈才)가 연행된 적이 없으므로 위와 같은 시간 추정이 가능하다.

53) 『연산군일기』3년(1497) 12월 28일.

54) 『연산군일기』11년(1505) 12월 29일.

55) 『연산군일기』12년(1506) 1월 11일; 12년(1506) 1월 11일.

56) 『연산군일기』8년(1502) 1월 2일; 11년(1505) 12월 16일.

57) 『중종실록』6년(1511) 10월 24일; 8년(1513) 11월 1일.

58) 『중종실록』10년(1515) 12월 22일.

59) 『중종실록』1년(1506) 12월 26일.

각으로는 세시(歲時)를 헛되이 넘길 수 없으므로, 곡연(曲宴) 만을 베
풀기를 청하였으니, 진풍정과 관처용(觀處容) 등의 일을 멈추고 곡연
과 양재처용(禳災處容) 만을 베풀도록 하라."[60]

위의 기록을 통해 세시의 관처용은 폐가 되므로 정지하게 하였으나,
양재[61]의 일은 폐하지 않았던 것으로 알 수 있다. 즉, 세시의 관처용은
준비와 시행시 용력이나 물력 등이 많이 소용되는데 비해, 양재처용은
간단하게 시행되므로 그만한 폐가 없다는 것으로 해석된다.

더욱 자세히는 위의 두 번째 기록을 통해 알 수 있다. 중종은 당시 여
역(전염병)이 성행하여 세시에 모든 행사를 치루는 것은 어렵기 때문에
최소한의 것만 베풀 것을 지시하였다. 여기서 관처용과 양재처용은 유
사하지만 그 규모는 달랐던 것 같다. 관처용과 양재처용의 차이점은 진
풍정과 곡연에 빗대어 유추 가능하다. 진풍정이 격식과 규모를 갖춘 성
대한 연향[62]인 반면, 곡연은 이보다 작은 규모의 임의적인 잔치[63]라는
점에 비추어 '관처용'과 '양재처용'의 규모도 짐작 가능하기 때문이다.
즉, 진풍정과 곡연의 예와 마찬가지로 관처용과 양재처용이 동일한 목
적이나 성격을 띠었던 의식이나, 규모와 비용면에서 크게 차이가 나는
것임은 알 수 있다.

---

60) 『중종실록』 19년(1524) 12월 10일.
61) 『중종실록』 10년(1515) 閏 4월 18일.
62) 김종수, 2001, 『조선시대 궁중연향(宴饗)과 여악(女樂)연구』, 민속원. "즉 부묘하고
    나서 음복연과 진풍정을 같이 행하기는 어려우므로, 음복을 하고 양 대비에게 곡연
    을 올리겠다는 것이니, 진풍정은 곡연과 달리 격식과 규모를 갖춘 성대한 연향을
    뜻한다."; "중종대에는 다음과 같이 진풍정을 대비전에 1년에 한 차례 올리는 것으
    로 인식했고, 대체로 그렇게 시행했다."
63) 이혜구, 2000, 135쪽. 『악학궤범』에 곡연은 무과전시, 관사, 관나, 사신동궁연 등과
    함께 여기 100인이 포함된 연향으로 기록되어 있다.

또한『악학궤범』에는 관처용만을 장소와 규모에 따라 창경궁관처용과 창덕궁관처용으로 나누고 해당하는 연행자의 수와 복식을 규정하고 있다. 따라서 아마도 양재처용은 여기와 악공 등이 포함되지 않았던 의식으로 판단된다. 아래 <표 6>은 관처용과 양재처용을 비교한 것이다.

〈표 6〉'관처용'과 '양재처용'의 비교

	관처용(觀處容)	양재처용(禳災處容)
	창경궁관처용 (昌慶宮觀處容)	창덕궁관처용 (昌德宮觀處容)
시기	12월 그믐 하루 전날 5경초에 구나의식 뒤에 연행됨,[64] 새벽까지 이어짐	미상
장소	창경궁	창덕궁
참여자	왕, 대비, 동궁, 부마 등이 참여한 의식	미상
담당자	악사2인, 여기16인, 무동10인, 악공33인, 학2인, 연화대동녀2인, 처용5인 외 기타	악사1인, 가동6, 처용5인, 악공12 외 기타
연행 종목	학연화대처용무합설정재 외 기타	처용가, 처용무 외 기타

기존에는 관처용이나 양재처용 등이 모두 처용무를 지칭하는 것으로 해석되거나, 혹은 관처용과 양재처용 모두 '처용희(處容戱)를 구경하거나 푸닥거리하는 처용희'[65]로 혹은 '관(觀)'이나 '양재(禳災)'가 술

64) 이혜구, 2000, 334쪽,『악학궤범』학연화대처용무합설정재 항목에, 이 합설정재가 연행된 시각이 12월 그믐날 하루전날 5경초 구나의식 뒤에 연행된 바 있고, 이 학연화대처용무 합설 정재는 성종조까지만 하더라도 다른 의식에는 포함되지 않았고, 오직 유일하게 그믐날에만 창덕궁과 창경궁에서 연행되는 것이었으므로, 따라서 이 합설정재가 연행된 시각이 관처용의 의식이 시작된 시각이 될 것이다. 비록 학연화대의 합설정재가 임금의 환궁 시에 도상에서 연행된 기록이 있기는 하나, 이는 처용무가 포함된 것이 아니므로『악학궤범』에 따로 '교방가요' 정재로 분류 되고 있다.

65) 이혜구, 2000, 135쪽, "정전<연향>이 아니더라도 모든 예연(禮宴)과 처용구경[觀

어로 해석되기도 하였다. 그러나 성종 무렵에는 이미 이 양자 모두 진풍정이나 곡연 등과 같이 의식명을 지칭하는 고유명사화 되었다.

또한 양재지사와 관련해서는 비단 양재처용만 있었던 것은 아니었을 것으로 추측된다. 양재처용의 구체적인 절차는 정확히 밝혀진 바 없으나 궁중 푸닥거리로서 시행되었다고 한다면 무녀의 신사를 비롯해 현수의 반주도 병연되었을 수 있다. 즉, 드라마 '해를 품은 달'에서 무녀가 등장하여 신사를 행하는 내용이 아주 가능성이 없는 이야기만은 아닌 것이다.

4) 유교식 연말 잔치, 곡연(曲宴)

나례의 복합적인 성격은 점차 유교 제도화 차원에서 정비되기 시작했다. 관나와 관처용 같은 의식도 초기에는 불교적, 무속적, 오락적인 성격이 더 짙었지만, 성종 때 이후로는 유교제도화과정에 맞게 양식화되면서『악학궤범』에 수록되는 수순을 밟았다.

유교 제도화는 왕도정치 사상을 바탕으로 예와 악을 갖추면서 정착되어 갔다. 이에 따라 의식은 효의실행 및 군신화합과 애민정신을 드러낼 수 있도록 제도화되었고, 이에 맞는 음악을 갖추면서 양식화되었다. 특히 백성들의 어버이인 군주는 그들을 돌보는 것을 상징적으로 표현하기 위해 나례 때에도 광대와 여기 등에게 차례대로 선온(宣醞, 아랫사람들에게 차등 있게 음식을 하사하는 일)과 하사품을 내렸다. 특히

處容], 중궁(中宮) 연향에는 모두 단장을 입고 잡식(雜飾)을 한다."고 하여 관처용(觀處容)이 '처용구경'으로 해석되어 있으나 실은 곡연(曲宴), 진풍정(進豊呈) 등과 같은 의식명이다.

세말에는 궁중대신을 비롯해 아래로는 광대인 천인에 이르기까지 모두 하사품을 내려주어 인군의 선정을 알렸다. 따라서 세말 왕실 문화의 기록 중 비록 본 의식에 관한 내용은 생략되더라도, 참여한 이들에게 어떤 하사품이 내려졌는지는 기록되기도 한다.

의식 후의 하사 절차는 궁정나례가 상식화된 세종 이후부터 기록이 보이는데, 세종 7년의 기록에 의하면 여기(女妓), 악사(樂師), 고자(瞽者), 즉 궁중에서 악을 담당했던 이 세 부류에게는 연폐(宴幣, 잔치 후 기생 등에 내린 하사품)를 내렸고, 나인(儺人, 구나의식 참여자)과 처용인(處容人) 등에게는 면포(綿布)를 내렸던 것을 알 수 있다. 이들이 참여한 나례는 관나로 애민 사상을 상징하는 하사절차는 대체로 관나가 끝난 후 이루어졌을 것이다. 이 외에도 세종 8년, 세조 10년, 『용재총화』 및 성종조의 기록에도 이와 같은 하사 절차에 관해 소개되어 있다. 이를 정리하면 다음 <표 7>과 같다.

〈표 7〉 나례(儺禮)의 하사 절차의 등급별 하사 물품

	하사 대상	하사 물품
태종 7년[66]	군기감(軍器監)의 화약장(火藥匠), 제색장인(諸色匠人)	각 쌀 1섬[米一石]과 거친 베 50필[麤布五十匹]
세종 7년[67]	여기(女妓)·악사(樂師)·고자(瞽者)들	연폐(宴幣)를 차등별로 하사
나인(儺人)과 처용(處容) 연기자들	면포를 차등별로 하사	
세종 8년[68]	잡기(雜伎)와 나인(儺人)들	목면 1백 50필, 넓은 비단 35필, 정포(正布) 4백 필, 저포(苧布) 9필, 동전(銅錢) 15관(寬)을 차등 있게 하사
세조 10년[69]	우인(優人)	베 50필을 하사
『용재총화』[70]	영인(伶人)과 기녀(妓女)	포물(布物)(베)을 하사

일런의 나례 절차에는 항상 이와 같은 차등 하사 절차가 있었으며, 위 표에 나타난 것 외에도 세말에는 특히 인군의 선정을 나타내는 하사 의식이 더욱 두드러졌다. 중국의 나의식 중 하사 절차는 한나라때에도 있었는데, 『후한서(後漢書)』에 대나 축역이 끝나고 일이 마쳤음을 왕께 아뢰면, 갈포(葛布), 즉 거친 베를 차등 있게 하사 하였다[71]고 한다.

관나 때는 또한 인군으로서뿐 아니라, 아들로서 부모에 대한 효심을 표현하는 기회가 되기도 했다. 관나에 출입하는 광대들의 광대회는 매번 비판의 대상이 되었는데, 그럼에도 불구하고 지속될 수 있었던 것은 대왕대비, 혹은 대비를 위해서 베풀고자 한다는 취지가 설득되었기 때문이다.

이 외에도 왕을 비롯해 대비와 제신, 종친들이 마음껏 즐길 수 있도록 연향도 베풀어졌다. 관나 때의 연향은 격식을 갖춘 예연 대신에 비격식 잔치인 곡연으로 베풀어졌다. 곡연은 조선 전기에 예연이 아닌 임의성을 띠었던 각종 연향을 지칭하는 용어로서 소규모의 잔치를 말한다.[72] 먼저 다음 <표 8>은 조선시대 실시되었던 곡연의 일지이다.

---

66) 『태종실록』 7년(1407) 12월 30일.
67) 『세종실록』 7년(1425) 12월 29일.
68) 『세종실록』 8년(1426) 12월 30일.
69) 『세조실록』 10년(1464) 1월 17일.
70) 『용재총화』, 卷1, '驅儺之事', "各賜伶妓布物".
71) 『후한서』, 卷10 上, "[一]大儺逐疫.
72) 김종수, 2002. 「外宴과 內宴의 의례구성과 특징－19세기～20세기 초 의궤를 중심으로－(I)」, 『한국음악사학보』 29, 149～176쪽; 2003, 「外宴과 內宴의 의례구성과 특징－19세기～20세기 초 의궤를 중심으로－(II)」, 『한국음악사학보』 30, 251～269쪽.

〈표 8〉 조선시대 곡연(曲宴)의 시행 일지

제위년 (서기)	월일	장소	주체(主體)/주빈(主賓)(장소)/ 시연(侍宴)(장소)	목적	기타
태종	미상	미상	정종(공정대왕)/태종/ 참찬 탁신 등	미상	세종 8년(1426) 기록
세종 즉위년 (1418)	미상	풍양이궁 (豊壤離宮)	태종, 세종, 허조 등	미상	세종 21년(1439) 기록
세종 13년 (1431)	8월 3일	미상	미상	미상	
세종 14년 (1432)	8월 6일	내전	창성(昌盛)과 장정안(張定安), 우의정 권진(權軫)·병조 판서 최사강(崔士康)· 좌부대언(左副代言) 유상지(兪尙智), 노한(盧閈) 등	전송연	
	12월 29일	내전	미상	세말	
세종 20년 (1438)	8월 8일	강녕전 (왕의 침전)	미상	미상	
세종 23년 (1441)	5월 15일	사정전 (편전)	왕/승정원·집현전·춘추관· 서연/좌동	미상	
		강녕전	미상	미상	
	9월 28일	강녕전	왕/왕비/미상	왕비의 탄일	
세종 27년 (1445)	1월 1일	미상	2품 이상 관원, 나이 많은 문무 신하들	원일	남쪽 월랑에서 왜인들에게도 음식하사.
	9월 28일	미상	미상	왕비의 탄일	
세종 30년 (1449)	1월 1일	내전	왕/종친(宗親) 2품 이상	원일	술과 안주 하사. 품계에 따라 장소 달리.
	6월 30일	내전	왕/관원	미상	제사(諸司)에 술과 안주 하사.

	8월 15일	내전	왕/우찬성(右贊成) 김종서(金宗瑞)와 예조 판서(禮曹判書) 허후(許詡) 외	추석	
	11월 17일	내전	왕/종친(宗親) 2품 이상	미상	문무 2품 이상은 의정부에서 사연(賜宴).
단종 2년 (1454)	**12월 21일**	**사정전**	**왕, 종친(宗親)·부마(駙馬)와 우의정(右議政) 한확(韓確)·좌찬성(左贊成) 이사철(李思哲)·우찬성(右贊成) 이계린(李季疄)·승지(承旨) 등**	**내기**	**전날 격구의 패자가 풍정을 올리기 위해.**
세조 6년 (1460)	12월 16일	교태전 (왕비의 침전)	미상	미상	
세조 7년 (1461)	1월 16일	교태전	왕/종친(宗親)·재추(宰樞) ·승지(承旨)	미상	
	9월 28일	강녕전 (왕의 침전)	″	미상	
세조 8년 (1462)	1월 17일	양의전 (구 인정전, 정전)	왕/왕세자(王世子), 내종친(內宗親)·양녕 대군(讓寧大君)이제(李禔)·효령 대군(孝寧大君)이보(李補)·임영 대군(臨瀛大君)이구(李璆)·영응 대군(永膺大君)이염(李琰)· 영의정(領議政) 정창손(鄭昌孫)·좌의정(左議政) 신숙주(申叔舟)·우찬성(右贊成) 구치관(具致寬)과 육조 참판(六曹參判) 이상과 승지(承旨) 등	미상	
세조 10년 (1464)	11월 14일	경선전에서 경회루까지	왕/효령 대군(孝寧大君)·이보(李補) ·임영 대군(臨瀛大君)이구(李璆) ·영응 대군(永膺大君)이염(李琰) ·하동 부원군(河東府院君) 정인지(鄭麟趾)·봉원 부원군(蓬原府院君)정창손(鄭昌孫) ·영의정(領議政)	미상	공인이 평호악(平胡樂) 을 연주

			신숙주(申叔舟)·상당부원군(上黨府院君)한명회(韓明澮)·좌의정(左議政) 구치관(具致寬)·우의정(右議政) 황수신(黃守身)·인산군(仁山君)홍윤성(洪允成)·좌찬성(左贊成) 박원형(朴元亨)·좌참찬(左參贊) 최항(崔恒)·도승지(都承旨) 노사신(盧思愼) 등 재추 및 승지, 영중추(領中樞) 심회(沈澮)		
세조 11년 (1465)	8월 8일	강녕전	미상	전송연 (영중추원사 (領中樞院事) 심회 (沈澮))	
성종 8년 (1477)	음력 2, 5, 8, 12월	정전 외.	공신/임금	공신중삭연	공신이 임금에게 바치는 잔치
성종 11년 (1480)	2월 28일	경회루	왕/종친	미상	종친으로 하여금 사후(射侯) 하게 함.
성종 12년 (1481)	11월 11일	내정	왕/대왕대비(내정)/제장, 병조 당상(兵曹堂上), 홍문관(弘文館)·승정원(承政院)의 관원 등(빈청)	대왕대비 탄일	
성종 16년 (1485)	5월 12일	내전	왕/양전(내전)/헌관이하, 집사, 종재 등(명정전 뜰에서 연악(宴樂)).	부묘 후	
성종 17년 (1486)	1월 1일	대비전	왕/양전(대비전)/미상	원일	
	9월 12일	대비전	왕/양전(대비전)/미상		
성종 21년 (1490)	2월 22일	후원	왕/양전(후원)/종묘 난장 도감 제조(宗廟欄墙都監提調)와 입직(入直)한 병조(兵曹)·도총부(都摠府)의 여러 장수, 홍문관(弘文館)· 예문관(藝文館)의 감선(監膳),		종친 사후(射侯)와 투호(投壺) (후원)

			사옹원제조(司饔院提調) 및 승지(承旨) 등 사주악(賜酒樂)(북소(北所))		
성종 23년 (1492)	8월 15일	후원	왕/양전(후원)/종친(宗親) 이품(二品) 이상과 영돈녕(領敦寧) 이상, 그리고 의정부(議政府)·충훈부(忠勳府)·의빈부(儀賓府)·도총부(都摠府)·육조(六曹)·한성부(漢城府)의 당상(堂上)과 홍문관(弘文館)·예문관(藝文館) 및 입직(入直)한 제장(諸將)(미상)	추석	
성종 24년 (1493)	9월 21일	미상	왕/양전(미상)/의정부(議政府) 및 영돈녕(領敦寧) 이상, 육조(六曹)·한성부(漢城府)·승정원(承政院)·대간(臺諫)·입직 제장(入直諸將)·홍문관(弘文館)·예문관(藝文館)의 관원들 궤(饋)(명정전 뜰)		
연산 3년 (1497)	2월 12일	인수대왕 대비전	왕/인수대왕대비(인수대비전)/종실·재상·2품 이상 및 실록청원(實錄廳員)·입직 경연관·사관과 여러 장수들에게 사연악(賜宴樂)(명정전(明政殿) 뜰)	부묘 후	
연산 4년 (1498)	10월 17일		왕/삼전		
연산 7년 (1501)	9월 9일			중양절	박판(拍板) 1개, 현금(玄琴) 3개, 적(笛) 2개, 아쟁(牙箏) 3개, 초적(草笛) 2개, 장고(杖鼓) 1개, 당비파 (唐琵琶) 3개, 가야금 (伽倻琴) 3개, 혜금(嵇琴)과

					율적(篥笛) 2개, 노래 잘하는 사람 6명과 북[鼓] 1개
연산 8년 (1502)	9월 9일	내전	왕/양대비전(내전)/종친과 재상에게 궤(饋), 사이등악(賜二等樂)(명정전 뜰)	중양절	
	12월 30일	**대비전**	**왕/양전(대비전)/미상**	**세말**	
연산 9년 (1503)	5월 6일	대비전	왕/양전(대비전)/미상	단오 후	
	9월 9일	후원	왕/양전(대비전)/미상	중양절	
연산 10년 (1504)	6월 5일	대비전	왕/자순 대비 등(대비전)/미상		여기(女妓)에게 짧은 옷 [短衣] 착용 명(命)
	9월 9일			중양절	여기(女妓) 100명에게 붉은 화장[紅粧] 명(命)
	11월 18일		왕/?/의정부와 승정원, 입직(入直)한 제장(諸將)과 육조 판서를 공궤(供饋)(명정전(明政殿) 뜰)		복식을 빗대 상하신분이 바뀐 것을 풍자.
연산 11년 (1505)	1월 12일	경회루			내농작(경복궁) 에 이어 곡연 실시
연산 12년 (1506)	1월 2일	경회루			북편에 채붕설치.
	1월 4일	경복궁			흥청악500여인 아상복(迓祥服) 이 학춤등 정희.
	1월 9일	경복궁	왕/?(경복궁)/?운평악(運平樂) 공궤(경회루서남쪽언덕)		
	3월 12일	경복궁			의녀50여인을 영추문부터 대내로 들임.
	3월 15일	경복궁			
	3월 19일	경복궁			

연도	날짜	장소	상세	명칭	비고
	3월 20일	경복궁			족친의 여인들의 참석여부확인
중종 7년 (1512)	1월 1일			원일	
중종 8년 (1513)	1월 1일	내정	왕/자전(내정)/미상	원일	
	3월 26일			친잠 (親蠶)	
	12월 30일	**대비전**	**왕/대비(대비전)/승정원에 선온(宣醞)(미상)**	**세말**	
중종 11년 (1516)	9월 9일	후원	왕/자전(후원)/종친 1품과 재상 2품 이상 및 대간·입직 제장(諸將) 등에 1등 선온(宣醞)(궐정)/기영에 선온(宣醞)(훈련원)/ 경영관(모화관)	중양절	
중종 12년 (1517)	12월 16일		왕/자전/홍문관, 승정원에 선온(宣醞)		
중종 15년 (1520)	8월 15일	경회루 아래		추석	
중종 16년 (1521)	9월 9일	대비전	왕/대비(대비전)/종재2품이상,승정원, 홍문관 대간, 입직제장, 사관에게 사악, 사연(전정)	중양절	
중종 19년 (1524)	5월 5일	경회루 아래	왕/대비	단오	
	12월 세말		**왕/자전**	**세말**	
중종 29년 (1534)	8월 중		세자/왕(홍제원)	환궁 시	진풍정의 대가 되는 소연의 의미로 쓰임.
중종 36년 (1542)	1월 1일	대내(大內)	왕/?(대내)/세자,종재 등에 공궤	원일	
명종 6년 (1551)	8월 15일		왕/자전	추석	8월 6일 기사

명종 6년 (1551)	10월 20일	경회루아래	공의왕대비/삼전(경회루아래)	원자 탄생
명종 15년 (1560)	9월 19일	서총대	왕/우의정, 좌의정 외 무신 등	작시(作詩), 사곡(射鵠)
명종 17년 (1562)	3월 10일	후원 은행정	2백여인, 상진·윤원형·이준경·심통원· 정유길 등	왕세자 가례
선조 7년 (1574)	10월 21일	대내		

　　세말에 시행된 잔치로서의 곡연 기록은 겨우 5회만 사서에 보인다.
하지만, 곡연은 특성상 임의적이고 비격식의 잔치였기 때문에 기록이
부재한 것이고, 실제로는 더 자주 시행되었다. 당시 곡연에 관한 기록
은 없지만, 같은 날 곡연에 쓰였던 물품에 관한 기록은 존재하기 때문
이다.73)

　　조선시대 연향은 유교제도화 과정에서 차등별로 정리 되었다. 연향
의 규모와 등급은 태종 때 대부분 정비 되었지만, 더 구체적으로는 성
종조『악학궤범』권2 여기 및 악공의 배립과 관련된 항목에 의하면 곡
연은 비록 여기의 참여는 있었으나 예연에는 속하지 못하는 연향으로
분류되어 있다.74)『악학궤범』에는 가장 높은 등급의 정전예연을 비롯
해, 관처용, 중궁 예연에서 여기들은 단장(丹粧, 붉은 옷을 입고 곱게 치
장)을 했던데 비해, 곡연의 여기들은 흑장삼(黑長衫, 검은색의 소매가

---

73)『연산군일기』7년, 8년의 9월 9일 중양절의 곡연은 각각 7년 9월 7일, 8년 9월 7일,
　　8일 등의 기록에 의해 간접적으로 알 수 있다.
74) 이혜구, 2000, 103쪽.

긴 겉옷 상의)과 남저고리(藍赤古里, 남색 저고리)를 입는 것으로 구분하고 있기 때문이다.75) 여기의 반주악을 맡았던 악공들도 이에 맞게 복식의 차등을 두고 있다.76) 따라서 곡연은 유교 제도화에 따라 구분한 연향의 등급 중 가장 비격식의 잔치였다.

비록 조선 중기 이후로는 곡연도 규모가 커져서 대비나 대왕대비의 탄일(誕日),77) 혹은 부묘후(祔廟後),78) 원자탄생(元子誕生),79) 왕세자가례(王世子嘉禮)80) 등의 큰 경사에 시행되는 연향으로 격상되었으나, 조선 전기까지만 하더라도 곡연은 중국 사신의 방문 때, 혹은 각종 경사가 있는 수시뿐 아니라, 다양한 세시, 즉 정월 초하루날인 원일(1월 1일)81)을 비롯해, 친잠례(3월 중)82)를 시행한 이후 및 단오(5월 5일)83)와

---

75) 이혜구, 2000, 135쪽. 이처럼 단장을 할 수 없었던 연향으로는 무과전시, 관사, 관나, 사신동궁연 이하 각 연향 및 주봉배, 유관, 모든 사악, 예조후대왜연이었고, 예조왜야인연의 여기는 흑장삼보다 더 평범한 옷인 상복을 입는 것으로 되어 있어서 곡연의 등급은 각종 예연이나, 관처용 및 중궁 예연보다는 낮은 급이었으나, 예조왜야인연보다는 높은 급으로 취급되었음을 알 수 있다.

76) 『악학궤범』의 관현맹인들도 옷은 녹색 비단으로 된 두건을 쓰고(綠紬頭巾), 둥근 목선의 압두록색(오리 머리 녹색) 면으로 된 옷(鴨頭綠木棉團領)을 입었으며, 주석 갈고리가 달린 붉은 가죽띠의 홍정대(豆錫紅鞓帶)를 맨다고 하였다. 이와 같은 차림은 여타 공인들과는 다른 복장으로 관현맹인들의 복식은 이처럼 색상이 녹색이었다. 이 외에 버선이나 신발에 대한 설명은 없으나, 아마도 백포말(白布襪)에 오피리(烏皮履)를 신었을 가능성이 있다. 왜냐하면 『악학궤범』에 소개된 공인들의 신은 크게 두 가지로 나뉘는데, 흑피화와 오피리이다. 이 중 흑피화는 종묘, 문소전 전정헌가의 악사가 신을 수 있었고, 무공과 7품 이하의 악공은 음악연주 때 외에는 가죽 장화를 신지 못하였다고 하는 것으로 보아, 관현맹인은 오피리를 신었을 것으로 보인다.

77) 『세종실록』 23년(1441) 9월 28일; 27년(1445) 9월 28일; 『성종실록』 12년(1481) 11월 11일.

78) 『성종실록』 16년(1485) 5월 12일.

79) 『명종실록』 6년(1551) 10월 20일.

80) 『명종실록』 17년(1562) 3월 10일.

추석(8월 15일),[84] 중양절(9월 9일)[85] 그리고 세말(12월 말)[86] 등의 명절 때에 소소하게 시행되는 예연보다는 급이 낮은 연향이었다.

곡연의 주악규모는 임의로 정한다고 되어 있어서[87] 정확히는 알 수 없지만, '천사접대시곡연'과 그 주체가 같은 '사신유관(使臣遊觀)'의 구성원은 기록되어 있으므로 어느 정도 유추는 가능하다. 『악학궤범』에 기록된 '사신유관'의 악대는 (집박(執拍))악사가 1인, 여기가 20인, 악공이 10인으로 총 31명이다.[88] 이와 같은 구성 인원은 특히『악학궤범』의 '관처용'이나 '1등 사악'과 유사한 것으로 아마도 곡연의 규모는 이와 유사한 총 30여인 정도로 구성되었을 것으로 추정된다. 다음 <표 9>는『악학궤범』에 수록된 각 연향별 구성 인원이다.

81)『세종실록』27년(1445) 1월 1일; 30년(1448) 1월 1일;『성종실록』17년(1486) 1월 1일;『중종실록』7년(1512) 1월 1일; 8년(1513) 1월 1일; 36년(1542) 1월 1일.
82)『중종실록』8년(1513) 3월 26일.
83)『연산군일기』9년(1503) 5월 5일;『중종실록』19년(1524) 5월 5일.
84)『세종실록』30년(1448) 8월 15일;『성종실록』23년(1492) 8월 15일;『중종실록』15년(1520) 8월 15일;『명종실록』6년(1551) 8월 15일.
85)『연산군일기』7년(1501) 9월 9일; 8년(1502) 9월 9일; 9년(1503) 9월 9일; 10년(1504) 9월 9일;『중종실록』11년(1516) 9월 9일; 16년(1521) 9월 9일.
86)『세종실록』14년(1432) 12월 29일;『연산군일기』8년(1502) 12월 30일;『중종실록』19년(1524) 12월 29일.
87) 이혜구, 2000, 138쪽. "대비전을 위한 진풍정 및 중궁예연의 여기와 관현맹인의 수는 임시로 정한다."로만 명시되어 있다.
88) 이혜구, 2000, 138쪽.

〈표 9〉『악학궤범』 소재 연향의 구성 인원

	악사(樂師)	여기(女妓)	악공(樂工)	총 인원
정전예연(正殿禮宴)	3	100	60 (18인은 전후고취)	163
후원종친연(後苑宗親宴)	2	40	20	62
사정전(思政殿) 왜야인접견(倭野人接見)	2	40	20	62
선정전(宣政殿) 왜야인접견(倭野人接見)	2	20	14	36
창경궁관처용(昌慶宮觀處容)	2	16 (학2, 처용5, 무동10, 동녀2)	33	70
후원(後苑) 종친관사(宗親觀射)			15	15
종친관사(宗親觀射)	2	90	30	122
관나(觀儺)		16 (연화대동녀2)	15	15+16
모화관친열(慕華館親閱)			15 (+임시가동)	15+
강무(講武), 행행(行幸)			15 (+임시가동)	15+
사신동궁연(使臣東宮宴)	2	60	45	107
사신종친연(使臣宗親宴), 의정부육조연(議政府六曹宴)	1	40	30	71
사신주봉배(使臣晝奉杯)	1	30	15	46
사신유관(使臣遊觀)	1	20	10	31
예조왜야인연(禮曹倭野人宴)	1	12	10	23/45
은영연(恩榮宴), 봉명사신전별연(奉命使臣餞別宴)	1	10	10	22
1등 사악(賜樂)	1	20	10	31
2등 사악(賜樂)	1	15	10	26
3등 사악(賜樂)	1	10	7	18
4등 사악(賜樂)	1	1	5	7
친경적전(親耕籍田)	3		100	103

대사례(大射禮)	3		79	82
중궁전(中宮殿) 친잠(親蠶)		51+74		125
개성부천사영명(開城府天使迎命)	1	10	7	18
창덕궁관처용(昌德宮觀處容)	1	처용5, 가동6	12	13+11

이후 곡연의 규모와 구성을 가늠해 볼 수 있는 기록이 하나 더 있는
데, 바로 연산군 7년의 기록이다. 다음 인용문은 연산군 7년 곡연 관련
기사이다.

연산군 7년(1501) 9월 7일: 어서(御書)를 내려 이르기를, "박판(拍
板) 1개, 현금(玄琴) 3개, 피리[笛] 2개, 아쟁(牙箏) 3개, 초적(草笛) 2개,
장고(杖鼓) 1개, 당비파(唐琵琶) 3개, 가야금(伽倻琴) 3개, 혜금율적(嵇
琴蘴笛) 2개, 노래 잘하는 사람 6명과 북[鼓] 1개를 대내[內殿]로 들여
보내라."하고, 이어 전교하기를, "고사(瞽師)를 제외하고는 모두 기녀
(妓女)들로 하여금 들어와 연주하게 하라."하였으니, 초9일에 곡연(曲
宴)이 있기 때문이다.[89]

위 기록은 연산군이 9월 9일 중양절의 곡연을 위해 악대편성을 구체
적으로 지시한 것인데, 비록 구체적이기는 하나 모호한 부분이 몇 군데
있어서 먼저 정확한 해석을 요한다.

일단 위 편성의 구성인원에 관하여, 혜금율적이 2개[90]라는 부분은
오기(誤記)로 보인다. '혜금율적'이라고 하는 악기는 없으며, 혜금(해금)
과 율적은 각각 독립된 다른 악기로서, 이는 세종, 성종, 기타 연산군 때

89) 『연산군일기』 7년(1501) 9월 7일.
90) 『세종실록』 12년(1430) 3월 18일; 15년(1433) 5월 5일; 『성종실록』 10년(1479) 1
월 20일; 『연산군일기』 8년(1502) 8월 16일; 12년(1506) 1월 8일.

의 기록 등에 의해 증명된다. 다만, 혜금과 율적 두 악기를 합해서 각 1
개씩으로 총 2개인 것인지, 아니면 각 악기별 2개씩 총 4개라는 것인지
가 불분명하다. 이와 같은 변수를 감안하여 계산하면 당시의 악대의 규
모는 27~29정도의 30인 이내의 편성이었을 것은 추정 가능하다.

또한 관악기로서 적(笛), 초적(草笛), 율적(篥笛)의 적의 종류가 3가지
가 기록되어 있다. 이 세 가지의 악기는 여타 기록에 의해 각각 대금, 세
피리, 향피리(당피리)에 해당하는 것으로 판단된다. 대체로 대금을 적
이라고 표현한 경우가 많고, 초적은 우리말로 하면 풀피리인데, 피리의
종류 중에서 가장 가는 피리로서는 세피리가 있기 때문이다. 율적은 피
리를 보통 율(篥)로 표기했기 때문에[91] 향피리나 당피리에 해당될 것
으로 보인다. 이와 같은 해석을 바탕으로 연산군 때 곡연의 규모를 악
기 편성에 따라 분류해보면 다음 <표 10>과 같다.

〈표 10〉 연산군 7년(1501) 곡연(曲宴) 연주 악기

	당악기	향악기
현악기	당비파(唐琵琶) 3 아쟁(牙箏) 3	가야금(伽倻琴) 3 현금(玄琴) 3
관악기	혜금(嵇琴) 1(2)	율적(篥笛) 1(2) 적(笛) 2 초적(草笛) 2
타악기	박판(拍板)1 장고(杖鼓)1 북[鼓]1	
노래	노래[歌] 6	
총	총 27~29인	

그런데 과연 이와 같은 연산군 때의 곡연이 일반적인 곡연의 규모였

---

91) 『세종실록』 12년(1430) 3월 18일; 15년(1433) 5월 5일;『성종실록』 8년(1477) 1월
8일.

을까? 하는 문제에 대해서는 짚고 넘어가야 할 것인데, 이는 연산군은 기행을 일삼았고 연향을 특별히 즐겼던 군주였기 때문이다. 특히 연산군은 곡연 때 참여했던 여기(女妓) 등에게 하사하는 물품을 직접 챙겨 양을 늘렸으며,[92] 여기의 복식이나 화장 등을 지정하기도 하였고,[93] 여기의 수를 500인까지 늘리는 등의 파격적인 행보도 일삼았다.[94] 또한 이 외에도 의녀(醫女) 50인을 들이기도 하였고,[95] 곡연 시 경회루 북편에 일시적으로 보고 없애버릴 채붕을 설치하게 하는 등의 기행[96]을 행했다. 특히 음악과 관련된 부분에 있어서는 동년(연산군 7) 8월 28일 기록에 "일본 사신을 접견할 때에 여기 3백 명을 화려하게 꾸미고 머리를 단장하도록 하여 동서(東西)로 대열을 나누어 보허자(步虛子)를 빠른 박자로 연달아 연주하게 하라."고 하여, 무리한 편성을 준비하게 한 일도 있다. 따라서 연산군 때에 비록 곡연의 규모가 위와 같다고는 하나, 일반적이었는지에 대한 결정은 뒤로 미뤄 질 수밖에 없을 것이다.

곡연의 편성에 관해서는 연산군 이후에도 여전히 '소규모의 현관위주의 편성'이 유지되었을 것 같다. 이는 중종 11년 자전을 위한 곡연을 들어 살펴볼 만하다. 이 곡연에서는 2품 이상 재상 및 대간과 입직한 제장 등이 참여하였으며, 이 중 1등 선온(宣醞)만을 궐정에서 베풀고, 기영들에게는 훈련원에서, 경영관은 모화관에서 각각 선온했다.[97] 당시

---

92) 『연산군일기』 8년(1502) 9월 7일; 9년(1503) 5월 8일; 9월 8일.
93) 『연산군일기』 10년(1504) 6월 5일; 6월 14일; 9월 9일.
94) 『연산군일기』 12년(1506) 1월 4일.
95) 『연산군일기』 12년(1506) 1월 10일.
96) 『연산군일기』 12년(1506) 1월 2일.
97) 『중종실록』 11년(1516) 9월 8일. 세종 때에도 이와 같은 구분은 이미 있었으나, 시연자들을 공궤할 장소를 달리하여 명확하게 구분하기 시작한 것은 이 무렵에 확립된 것으로 보인다.

에는 시연자들의 공궤하는 장소만 달리 구분하였던 것이 아니라, 각 시연자들에게도 사연(賜宴), 사주악(賜酒樂) 등을 엄격히 구분하였던 때였다.[98] 따라서 중종 때의 곡연은 1등 사악과 2등 사악으로 구분되어 시행되었을 것이고,[99] 이는 『악학궤범』의 규정에 따랐을 것으로 추정된다. 『악학궤범』에 소개된 1등사악과 2등사악의 각 구성 인원은 각각 31명과 26명으로 앞의 천사접대 시 곡연의 규모와 대동소이하다.

　이후 명종 때의 곡연의 악대 규모도 이와 대동소이했던 것 같다. 명종 15년(1560) 9월 19일에 '서총대에서 곡연을 행하다.'[100]라는 기록이 있는데, 다행스럽게도 이때의 광경을 기록한 <서총대 시연도(瑞葱臺侍宴圖)>를 통해 어느 정도 알 수 있기 때문이다. 먼저 서총대 시연도를 제시하면 다음 <그림 1>과 같다.

---

98) 『중종실록』 8년(1513) 12월 30일; 11년(1516) 9월 8일; 11년(1516) 9월 9일; 12년(1517) 윤12월 16일; 16년(1521) 9월 9일.
99) 『중종실록』 11년(1516) 9월 9일. 1등 사악에 대한 직접적인 언급은 없으나, 1등선온이 내려진 적이 있으므로 이때의 사악은 아마도 1등 사악이었을 것으로 추측된다.
100) 『명종실록』 15년(1560) 9월 19일.

〈그림 1〉 명종 때 〈서총대 시연도(瑞葱臺侍宴圖)〉

위 그림에 의하면, 집박 악사로 보이는 1인이 제일 오른쪽 아래 부분에 서 있고, 바로 이어서 집기자(執旗者) 3인, 그리고 악공이 10인 앉아서 연주를 하고 있으며, 바로 그 앞 줄에 여기(女妓) 12인이 앉아 있다. 그 외에 악사 5인으로 보이는 이들이 진행을 돕고 있는 것으로 보인다. 악공이 잡고 있는 악기들은 가야금이나 거문고, 대금, 해금 내지는 비파, 피리로 보이고, 이들 편성을 도표로 나타내면 다음 <도표 1>과 같다.

〈도표 1〉 명종 때 〈서총대 시연도(瑞葱臺侍宴圖)〉의 악공 및 여기 배치도

악사(樂師) 악사(樂師)

악사(樂師) 악사(樂師) 악사(樂師)

妓 妓 妓 妓 妓 妓 妓 妓 妓 妓 妓 妓
絃 大笒 簫 絃 奚琴 簫 簫 琵琶 絃 大笒 旗 旗 旗 執拍樂士

위 편성 중 가야금과 거문고는 구별하기 힘들고, 해금과 비파도 확언하기는 어렵지만, 대체로 당시 곡연의 구성 규모는 30여인 안팎이었으며, 주로 현과 관악기로 이루어진 반주악에 여기들의 가무가 곁들여졌을 것으로 추정된다. 종합해보면, 곡연의 시행 상황에 따라 약간의 규모 차이는 있으나, 대략 30여인 내외의 인원으로 구성되었을 것이며, 악사 1인에 악공 10인과 여기는 10인에서 15인, 많게는 20여인까지 추가되는 형태였던 것으로 보인다.

세말 곡연에 관한 많은 미상의 모습들 중에 하나 확실한 것이 있다면, 노래의 종류와 관련된 것이다. 성종 때의 기록에 의하면 곡연 때의 노래는 다른 때와는 달리 남녀상열지사(男女相悅之詞)도 가능했다. 당시 남녀상열지사에 해당하는 곡으로는 후정화(後庭花)·만전춘(滿殿春)과 같은 것이 있었으며, 성종 이후 점차 이런 종류는 궁정악으로 금지되었으나[101] 여전히 연말에는 허용되었던 것 같다.

2. 왕실의 귀신쫓기, 구나(驅儺)

1) 왕실에서도 귀신쫓기를?

드라마 '해를 품은 달(MBC, 2013)'은 비록 가상의 왕실을 대상으로 삼았으나, 궁 안에 국무(國巫)가 상주하면서 미래를 예견하거나 병을 치료하기도 하는 등의 역할을 한다. 이를 보면서, 과연 왕실에서 저런 존재가 실제로 있었을까 하는 의문이 드는 것은 당연할 것이다. 사실 반은 맞고 반은 틀린 이야기이다. 왕실 내에서 국무청과 같은 공공연한

---

101) 『성종실록』 19년(1488) 8월 13일.

무속 관청은 없었으나, 왕실 밖에 왕실의 무속을 담당했던 성수청은 있었고, 궁안에 상주하던 무당은 없었으나 세말이나 신년 초에 궁에 출입하여 양재(禳災), 즉 축역과 비슷한 의식을 행했던 무당은 있었기 때문이다. 이와 같이 사사로이, 소수의 무당을 불러서 푸닥거리를 행한 것 외에도 체계적으로 궁 안의 있을지 모르는 역귀나 병귀를 몰아내는 의식이 있었는데, 이것이 바로 구나(驅儺)이다.

이 구나는 구나의(驅儺儀), 구나의식(驅儺儀式), 계동대나의(季冬大儺儀), 대나지사(大儺之事), 축역의식(逐疫儀式), 제석나(除夕儺), 세나(歲儺), 납나(臘儺) 등으로도 불렸다. 이 구나의식은 중국에서 들어와 고려 정종(靖宗) 6년(1040)[102] 때 실시된 이후 대략 숙종 때까지 약 700여 년간 지속된 왕실 정례 행사였다. 특히 나례의 여타 의식 중 가장 먼저 도입된 구나는 중국에서도 그 기원이 중국 주(周)나라(BC. 1046~BC 771.)까지 거슬러 올라가며, 한(漢)나라(B.C. 202~A.D. 220), 제(齊)나라(550~577), 당(唐)나라(618~907) 때까지 대략 1100여 년간 지속된 궁중 세말 의식이었다.

요약하면, 이 구나의식은 세말에 궁중 내 있을지 모르는 역귀(疫鬼, 병 등을 일으킬 수 있을 것으로 가정한 잡귀 등을 통칭한 것)를 쫓는 벽사(辟邪) 의식을 모의 연극으로 연출한 것이다. 왕의 명령 하에, 궁전의 각 곳에서 가상으로 역귀의 역할자들(피축역자(被逐疫者))과 역귀를 쫓는 이들(축역자(逐疫者))을 정한다. 그리고 이 역할을 맡을 배우들은 어린 아이들과 고각군, 악공, 관원, 군인이었다. 연극의 내용은 간단하다.

---

102) 『고려사』, 禮志 靖宗 6년 12월. "靖宗 六年 十二月 戊人詔曰, … 歲終儺禮 磔五鷄 以驅疫氣 朕甚痛之 可貸以也物 司天臺奏 瑞禮之云 季冬之月 命有司大儺禮旁磔 土牛以送寒氣 …".

가상의 역귀를 가시화한 역귀역할자들을 궁성에서 두루 몰아서 결국에는 궁성문 밖으로 몰아낸다. 역귀를 몰아낸 후 달래는 의미로서 양물을 묻고, 제를 지내주는 것으로 궁성안의 정화와 안녕을 비는 것으로 마무리 한다. 한마디로 묵은 역귀를 쫓아내고 새해를 맞이하기 위한 일종의 무속적이고 상징적인 의식이었다.

2) 귀신쫓기, 구나(驅儺)란?

먼저 구나라고 하는 것은 앞 장에서도 잠깐 소개한 바 있으나, 좀 더 자세한 설명이 필요할 것으로 보인다. 구나의 자의(字意)는 일단 '몰아낼 구(驅)'에 '역귀 쫓을 나(儺)'가 결합된 것이다. 즉, 역귀를 쫓아내는 의식이라는 뜻이다. 구나의는 주로 12월 말일에 시행되었기에, 『고려사』 등에는 계동대나의(季冬大儺儀)로 기록되었으며, 단순히 나(儺), 구나(驅儺), 대나(大儺), 세나(歲儺), 납나(臘儺), 제석나(除夕儺) 등으로 명명되기도 했다. 혹은 연말의 각종 관나, 관화, 구나, 관처용의 의식을 통틀어 조선시대부터는 나례라고 하였는데, 이 구나의식의 전통이 가장 오래되어 나례의 대표격으로 여겨지곤 했다.

그 의식의 절차는 왕이 "축역 하라!"고 명하면, 승지(왕명을 전달하는 인물)가 이 말을 준비된 역할자들(나자(儺者))에게 전달하면서 시작한다. 역귀라고 하는 것이 눈에 보이지 않는 것이기에, 역귀의 역할을 위해 역귀자(피축역자)에 해당하는 이들을 선발하여 의상을 갖추어 입히고 가시화하여 연극적 상황을 만들어 낸다. 또한 역귀를 쫓아내는 이들(축역자)도 등장하는데, 주로 이 축역자들은 큰 소리를 내면서 피축역자들을 몰아서 궁성문 밖으로 내보내는 역할을 맡는다. 즉, 성안의 나쁜 귀신들을 청소하기 위해서 역귀를 구체화 하고 이를 말 몰듯이 몰아가며 내보내는 한편의 연극을 했던 것이다.

이때 역귀의 역할을 하는 이들(피축역자)은 12~16세 사이의 아이들 중에서 뽑았으며, 역귀를 쫓는 이들(축역자)은 공인(工人, 악기연주자)들이 담당하였다. 다시 이 공인들은 각각 역할을 나누어 맡는데, 큰소리로 외치며 무리를 이끌어가는 창수(唱帥, 우두머리)를 비롯해, 4개의 눈을 가진 무시무시한 탈을 쓴 방상시(方相氏)와, 기타 큰 소리를 내는 악기를 연주하며 창수를 따라 역귀를 몰아내는 고각군(鼓角軍) 들로 변신한다.

이렇게 큰 소리를 내면서 역귀를 몰아나간 후에는 궁성문 밖에서 구덩이를 파고 몰아낸 역귀를 매립하는 상징적인 의식을 치룬다. 다만, 역귀자들을 실제로 묻을 수는 없었기에 술과 수리부엉이나, 수탉, 황토로 만든 소 등 양물로 바치고 제사를 잘 지내 줌으로써 모든 역귀가 없어지길 바랬다. 이 구나의식의 마지막 절차인 양물로 제사를 지내주는 것을 책양이라고 했다.

책양에 관해서는 중국의 기록들간에 양물의 차이는 있으나 구나의식 후에는 필수적인 절차였다. 우리나라의 『고려사』와 『세종실록』에 전하는 구나의식에도 모두 수탉을 찢고 술과 함께 묻는 것으로 묘사되어 있다. 그런데, 성종조 『용재총화』 시기부터는 이 책양이 보이지 않는다. 성종 때에는 승도들로 하여금 기양의 의미로서 내정에서 구나의식 후에 불경을 읽는 것으로서 책양을 대신했기 때문이다. 이후 인조 때부터는 구나의식도 점차 없어지게 되었으나, 불양(祓禳)하는 물건을 관상감이 담당하도록 했다[103]는 기사에 의해 대규모 의식 대신에 간단한 푸닥거리로 축약되었을 것으로 추측된다.[104] 이후 구나의식은 숙종 때 다시 한번 크게 시행되었지만, 영조 30년(1754) 정파가 공식화된 이후로는 완전히 폐지되었다.

3) 구나의식(驅儺儀式)의 제도화

구나의식은 영조 때 완전히 정파될 때까지 제의적, 무속적인 성격으로 인해 끊임없는 폐지론이 있었다. 잦은 폐지론에도 불구하고 조선 후기까지 지속되었는데, 이처럼 지속력을 가질 수 있었던 것은 제도화과정에서 왕실문화로 자리 잡을 수 있었기 때문이다.

먼저 구나가 유입되었을 때에는, 명칭에서 조차 의례의 형태를 갖추지 않았음이 드러난다. 구나의식은 초기에는 구나, 세나, 납나 등으로 불리다가, 조선시대에 들어와서야 '의(儀)'나 '사(事)', '례(禮)' 등의 명칭을 얻어 정착되었기 때문이다. 이를 증명하는 구나의 명칭 변천은 다음 <표 11>과 같다.

〈표 11〉 구나의식의 전승과정

고려 전기~후기	나(儺)(세나(歲儺), 납나(臘儺), 제석나(除夕儺), 구나(驅儺), 대나(大儺) 등)
고려 예종 11년(1116)	구나(驅儺)
고려 이색의 시	제일(除日), 구나행(驅儺行)
고려사 군례(단종 1년)	계동대나의(季冬大儺儀)
조선 태종 8년	구나(驅儺)
조선 세종 오례 군례	대나지사(大儺之事)

---

103) 『증보문헌비고』, 券 64, 인조 원년(1623), 儺條.
104) 황경숙, 2000, 『한국의 벽사의례와 연희 문화』. 기존 견해에 의하면, 축역의식은 없어졌다 하더라도 이 책양의식 만큼은 중히 여겨져 생략될 수 없는 것으로 간주되었다고 평가되기도 하였다.

조선 세종 7년	구역(驅疫)
조선 성종 10년	축역(逐疫)
조선 성종 21년	축역(逐疫)
조선 성종 『용재총화』	구나지사(驅儺之事)
조선 연산 12년	구나(驅儺), 축역(逐疫)
조선 중종 원년	축역(逐疫)
조선 중종 10년	양재처용(禳災處容)(정조(正朝))
조선 중종 19년	양재처용(禳災處容)
조선 숙종 18년	계동대나지례(季冬大儺之禮)
조선 숙종 20년	계동대나의(季冬大儺儀) 정지(停止)
조선 영조 24년	계동대나의금파(季冬大儺儀今罷)'

구나의식은 내용면에서도 시대와 함께 점차 제도화되고, 이것은 문
헌을 통해 확인된다. 궁정 구나의식의 양상은 고려말 이색의 시 '제석',
'구나행'을 비롯해 『고려사』의 '계동대나의', 『세종실록』 오례의의 '계
동대나의'에 실려 있는데, 먼저 고려말 이색(李穡, 1328~1396)의 시 두
편 '제석(除夕)'과 '구나행(驅儺行)'의 내용은 다음과 같다.

〈이색, '제석'〉
屛障群英進九重 병풍과 장막안의 여러 영웅들은 구중궁궐로 나가고,
五更鉦鼓振晴空 새벽 4시경(오경)에 징과 북은 맑은 하늘에 울려대니,
黃門伈子聲相應 황문진자는 서로 소리를 이어 화답하고,
十有二神追惡凶 12지신은 악흉을 쫓는데,
騰簡由來食不祥 등간은 상서롭지 못함을 먹어 없애고
諸凶急去後爲糧 모든 흉한 것이 간 뒤에 풍성함이 남을 것이며
明朝鳳獻三山壽 밝은 왕조를 나타내는 봉황은 삼신산의 영속함을
　　　　　　　　바치니
坐見仁風動四方 어진 풍속이 사방으로 퍼짐을 앉아서 보는 구나[105]

〈이색, '구나행'〉

天地之動何冥冥　천지가 움직이는데 어찌하여 어두우며

有善有惡紛流形　선과 악이 있으나 어지러워 그 분간을 할 수 없고,

或爲禎祥或祅蘖　혹은 상서로움이 있고, 혹은 재앙도 있는데,

雜糅豈得人心寧　섞여있으니, 어찌 사람마음의 평안함을 얻겠는가.

辟除邪惡古有禮　사악함을 없애는 오래된 예가 있으니,

十又二神恒赫靈　12지신의 붉은 영령은 항식(恒式)이고,

國家大置屛障房　국가에서는 크게 병장방을 설치하고

歲歲掌行淸內庭　매년의 행사로 내정을(역귀를 몰아내어) 깨끗이 하는구나.

黃門侲子聲相連　황문진자들은 서로 소리를 이어 내며

掃去不祥如迅霆　불상(不祥)한 것을 쓸고 가는 것이 빠른 천둥과 같고,

司平有府備巡警　관리는 평소 각 맡은바가 있어, 각 관청을 돌며 경계를 강화하니,

烈士成林皆五丁　열사들은 숲을 이루는데, 모두 5개의 정이되는 구나.106)

　고려시대 위의 두 시의 내용을 조합해보면 구나의식은 매년 '항식(恒式)'으로 새벽 4시경(오경)에 시작하는데, 진자들이 크게 소리지르며 불상한 것들을 몰아내었다. 아마도 5대로 나뉘어 축역했던 것으로 보인다. 5개의 편대로 나누어 징과 북을 치고 큰 소리를 내면서 궁안의 역귀를 쫓아내는 모습으로 상상해 볼 수 있다.

　이보다 좀 더 구체적인 기록은 조선 문종 때 완성된 고려시대사를 담은『고려사』「군례」에 기록된 '계동대나의'이다. 여기에는 참여한 인물 외에도 참여자의 수와 역할까지도 자세하게 묘사되어 있다. 다음은

---

105) 이색, 「제일(除日)」, 『목은시고(牧隱詩稿)』卷13.

106) 이색, 「구나행(驅儺行)」, 『목은시고(牧隱詩稿)』卷21.

『고려사』에 수록된 '계동대나의'의 기사이다.

『고려사』 '계동대나의(季冬大儺儀)'

○ 대나(大儺)의 예(禮)는 1일전에 주문(奏聞)하여 나이 12세 이상 16세 이하의 사람을 뽑아 진자(侲子: 역귀의 역할을 하거나, 역귀를 쫓는 역할을 하였던 아이들)로 삼고 가면(假面: 역귀나 축역자의 가면)을 씌우고 적포(赤布: 붉은 저고리)와 고습(袴褶: 주름진 바지)을 입힌다. 24인을 1대(一隊)로 하고 6인을 1행(一行)으로 하여 2대(二隊)로 한다. 집사자(執事者: 일을 주관하는 인물) 12인은 적책(赤策: 붉은 채찍)에 구의(構衣: 소창으로 된 옷)를 입고 편(鞭: 채찍)을 잡는다. 공인(工人: 대체로 악공들이었음)은 22인으로, 그 중 한 사람은 방상시(方相氏)가 되어 가면(假面)을 쓰고 황금빛 사목(四目: 4개의 눈)을 하고 웅피(熊皮: 곰가죽)를 덮어 쓰고 현의(玄衣: 검은 옷)와 주상(朱裳: 붉은 치마)을 입고 오른손에는 창을 잡고 왼손에는 방패를 잡는다. ◎ (공인 22인 중)또 한 사람은 창수(唱帥: 독창으로 소리를 이끄는 우두머리)가 되어 가면(假面)을 쓰고 가죽 옷을 입고 막대기를 잡는다. 고각군(鼓角軍, 군인으로서 군악을 담당했던 이들) 20인(공인 22인 중 나머지)이 1대(一隊)가 되어 집기(執旗: 깃발을 드는 사람) 4인, 지고(持鼓: 북치는 사람) 12인으로 금중(禁中, 궁전 안)에서 악귀(惡鬼)를 쫓는다.

유사(有司: 행사를 준비하는 관리)가 앞서 의봉문(儀鳳門), 광화문(廣化門), 주작문(朱雀門), 영추문(迎秋門), 장평문(長平門)에다 주과(酒果: 술과 과일)와 양물(禳物: 제사의식에 쓰일 제물)을 설비(設備, 미리 준비함)하고 또 예요(瘞塪: 제물을 묻기 위해 파둔 구덩이)를 동문(冬門)의 우방(右方)에 마련하되 깊이를 알맞도록 하여둔다.

◎ 1일전 저녁에 나자(儺者, 구나의식에 참여하는 이들)는 각각 집합소(集合所)로 가 지정된 기복(器服: 기구와 의복)을 갖추고 악차(幄次: 휘장 덮인 막사)에 의(依)하여 진포(陳布: 진열하여 있다)하여 행사(行事: 계동대나의 본의식)를 기다린다. 당일(當日) 미명(未明: 새벽)에 제위(諸衛: 각각의 역할을 맡은 이들의 우두머리들)는 정해진 시각[定

刻]에 부서(部署)를 이끌고 문(門)에 주둔(駐屯)하여 의장(儀仗: 의식에 쓰이는 도구)을 펼치고 들어가 계하(階下: 계단 아래)에 진열(陳列: 줄지어 섬)하기를 당시(當時: 시간에 맞추어)의 의식(儀式)대로 한다.

◎ 나자(儺者: 의식에 직접 참여하는 모든 이들)는 각각 궁문(宮門) 밖에 집합(集合)하고 내시(內侍)는 왕이 거동 하시는 어전(御殿) 앞으로 나아가 "진자(侲子: 역귀자 및 축역자의 역할을 맡은 아이들)가 갖추어졌으니 청컨대 역(疫: 역귀)을 쫓으소서."라고 아뢰고 나와 나자(儺者)들에게 명(命)하여 차례로 들어가게 하면 북을 치며 떠들썩하게 나아간다. 방상시(方相氏)는 창을 잡고 방패를 들고 창수(唱帥)는 진자(侲子)를 거느리고 소리를 합쳐 "갑작(甲作)은 흉(匈)을 먹고 혁위(赫胃)는 역(疫)을 먹고 웅백(雄伯)은 매(魅)를 먹고 등간(騰簡)은 불상(不祥)을 먹고 남제(覽諸)는 구(咎)를 먹고 백기(伯奇)는 몽(夢)을 먹고 강량(强梁) 조명(祖明)은 함께 책사(死) 기생(寄生)을 먹고 위수(委隨)는 관(觀)을 먹고 착단(錯斷)은 거(巨)를 먹고 궁기(窮奇) 등근(騰根)은 함께 고(蠱)를 먹으니 무릇 12신으로 하여금 악귀(惡鬼) 흉혁(凶赫)을 쫓는다. 너의 몸이 잡히면 너의 간(肝)을 마디마디 내고 너의 살을 도려내고 너의 폐장(肺腸)을 꺼낼 것이니 네가 빨리 달아나지 않으면 쫓는 자의 밥이 될 것이다.(중국 문헌에 전하는 천적의 관계를 나열한 것임)"라고 하여 두루 다니며 소리친 후 앞뒤로 떠들썩하게 나간다.

◎ 제대(諸隊)가 각각 문으로 가서 나가는데 성곽(城廓)을 나오면 중지한다. 나자(儺者)가 나오려면 대축(大祝: 축문 읽는 사람)이 신석(神席: 신을 모시는 자리)을 중문(中門)에 마주하여 남향으로 펴고, 나가고 나면 재랑(齋郎: 제사를 돕는 관리)이 술을 떠 대축(大祝)이 받아 이를 드리고, 축사(祝史)가 축판(祝版: 축문을 적은 판)을 가지고 신좌(神座)의 오른 쪽으로 가서 꿇어 앉아 축문(祝文) 읽는다.【대음신(大陰神)을 제(祭)하고 축판(祝版)은 대축(大祝)이라 한다.】 일어나 축판(祝版)을 자리에 놓고 이에 양물(禳物: 축역 후 제사에 쓰이는 제물)과 술을 들어 구덩이에 묻고 나면 물러간다.107)

---

107)『고려사(高麗史)』, 禮志, 軍禮. 季冬大儺儀.

위의 내용은 매우 복잡해 보이나 사실은 간단한 내용이다. 성 안을 돌아다니며 나쁜 역귀들을 청소해 성 밖으로 몰아낸다는 내용의 모의 연극이다. 본 의식 전의 준비 과정과 의식 절차 및 축역시 외치는 대사까지 수록되어 있는 점에서 앞의 두 시에 나타난 것보다 자세하다.

먼저 대나를 치루기 하루 전에 각각 역할을 맡을 이들을 정하고 의상을 갖추게 하여 준비한다. 이 과정에서 각 역할자의 수와 의상 등의 파악이 가능하다. 당일날은 왕의 명에 따라 축역하는데, 궁전 안에서의 축역 절차는 둘로 나뉜다. 먼저 첫 번째 축역은 왕이 위치했던 대전 안에서 2대로 나뉘어 실시되고, 다음 축역은 대전 밖부터 궁문 전까지 4대로 재편되어 시행된다. 즉, 전내에서는 2대, 전밖부터 궁안까지는 4대로 축역하였음을 알 수 있다. 이 내용을 재구성하면 다음 <그림 2>와 같이 될 것이다.108)

---

108) 우리나라의 축역의식은 중국 당나라의 그것과는 매우 유사하나 대를 나누어 축역하는 방식에서는 약간 다르다. 이는 후반부에서 더 상술하게 될 것인데, 간단히 말하면 우리나라의 실정에 맞게 전밖부터 궁안까지는 중국의 6대와는 달리 4대로 변화된 것으로 보인다. 또한 고려시대의 기록끼리도 차이가 있는데, 이색의 시에는 5개의 정(丁), 즉 5개의 편대로 축역하였다고 한 반면, 고려사에서는 전에서 2개의 편대, 전 밖에서는 4개의 편대로 나누어지는 것으로 묘사되어 있기 때문에 점차 확대되었을 가능성이 있다.

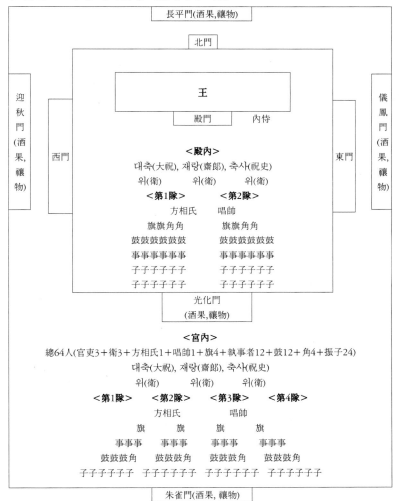

〈그림 2〉『고려사』예지 군례 '계동대나의' 복원도

이후 조선시대에도 구나의식은 지속되었는데, 이 의식의 내용은 『세종실록』 오례의에 자세히 기록되어 있다. 내용은 『고려사』의 그것과 대동소이하지만, 세종 때의 구나의식은 전조인 고려시대의 구례(舊禮)

나 중국의 예를 그대로 답습하지만은 않았다.[109] 먼저 『세종실록』에 수록된 내용을 옮기면 다음과 같다.

『세종실록』 '◎ 계동대나의(季冬大儺儀)'

기일(期日) 전 1일에 서운관(書雲觀)에서는 나이 12세 이상으로부터 16세 이하의 사람들을 뽑아서 진자(侲子) 48인으로 만들고, 2대(隊)로 나누어서 매 대마다 24인으로 하여, 6인을 한 줄로 만들어 가면(假面)을 쓰고, 적의(赤衣)를 입고, 채찍[鞭]을 쥐게 한다. 공인(工人) 20인은 적건(赤巾)을 쓰고 적의를 입게 하며, 방상시(方相氏) 4인은 가면 황금 사목(假面黃金四目)을 쓰고 웅피(熊皮)의 현의(玄衣)와 주상(朱裳)을 덮어 입고, 오른손에는 창[戈]을 쥐고 왼손에는 방패[楯]를 쥐게 한다. 창수(唱帥) 4인은 몽둥이[棒]를 쥐고, 가면을 쓰고, 적의를 입으며, 집고(執鼓) 4인과 집쟁(執錚) 4인과 취적(吹笛) 4인은 모두 적건(赤巾)을 쓰고 적의를 입는다. 서운관(書雲觀)의 관원 4인은 공복(公服)을 입고 각각 관할 부서(部署)를 감독한다. 봉상시(奉常寺)에서 먼저 수탉[雄鷄]과 술을 준비하고, 광화문(光化門)과 성(城)의 사문(四門)에 흥인문(興仁門)·숭례문(崇禮門)·돈의문(敦義門)·숙청문(肅淸門)이 사문(四門)이 된다. 예감(瘞坎)을 만드는데, 각각 그 문의 오른쪽에 깊이가 물건을 용납할 만한 정도로 한다.

기일(期日) 하루 전에 저녁에 나자(儺者)가 각각 무기와 제복을 갖추고 광화문 안에 나아가 집합하여 차례대로 포열(布列)해서 기다린다. 그날 이른 새벽에 서운관(書雲觀)의 관원이 나자(儺者)를 거느리고 나아가서 근정문 밖에 서면, 승지가 역질(疫疾)을 쫓기를 계청(啓請)하고는, 서운관의 관원에게 명한다. 서운관의 관원이 나자를 인도하여 북을 치고 함성을 지르면서 내정(內庭)으로 들어가고, 방상시(方相氏)는 창을 쥐고 방패를 들면서 소리를 지르고, 진자(侲子)가 모두 화답한다. 그 부르는 말은, "갑작(甲作)은 흉(凶)을 없애고, 필위(胇胃)는 역

---

109) 윤아영, 2009b, 102쪽.

(疫)을 없애고, 웅백(雄伯)은 매(魅)를 없애고, 등간(騰簡)은 불상(不祥)을 없애고, 남저(覽諸)는 구(咎)를 없애고, 백기(伯奇)는 몽(夢)을 없애고, 강량(强梁)과 조명(祖明)은 책사(磔死)와 기생(奇生)을 함께 없애고, 위수(委隨)는 관(觀)을 없애고, 착단(錯斷)은 거(巨)를 없애고, 궁기(窮奇)와 등근(騰根)은 함께 고(蠱)를 없앤다. 무릇 12신(神)으로 하여금 악귀(惡鬼)와 흉귀(凶鬼)를 내쫓고, 네 몸뚱이를 불태우고, 네 간(肝)을 끌어내고, 네 살을 갈가리 찢고, 네 간장(肝腸)을 뽑아낼 것이니, 네가 급히 가지 않으면, 뒷사람의 양식이 될 것이다."고 한다.

돌아다니면서 부르고, 이를 마치면, 여러 대(隊)가 북을 치고 함성을 지르면서 각각 광화문(光化門)으로 달려가 나와서는 4대로 나누는데, 대(隊)마다 각각 방상시(方相氏)가 1인, 진자(侲子)가 12인, 집편(執鞭)이 5인, 창수(唱帥)·집봉(執棒)·집쟁(執錚)·집고(執鼓)·취적(吹笛)이 각각 1인이다. 매 대마다 횃불[炬]을 가진 10인이 앞에서 행진한다. 서운관(書雲觀)의 관원 각각 1인이 이들을 거느리고 마침내 사문(四門)의 곽외(郭外)에 이르러 그친다.

나자(儺者)가 나가려고 하면, 축사(祝史)가 문 복판에 와서 신석(神席)을 남향하여 펴고, 재랑(齋郎)이 생(牲)의 가슴을 쪼개어[膈]<벽(膈)은> 박(拍)과 픱(逼)의 반절(反切)이니, 쪼개는 것이다. 신석(神席)의 서쪽에서 이를 찢고[磔]<책(磔)은> 척(陟)과 격(格)의 반절이니, 찢는 것이다. 그 생(牲)을 헤쳐 찢는 것이다. 돗자리를 깔고 북쪽으로 머리를 둔다. 제관(祭官) 이하의 관원이매 문(門)의 제관은 축사(祝史)·재랑(齋郎)이 각각 1인이니, 모두 서운관(書雲觀)의 관원이다. 북향하고 서쪽을 상(上)으로 하여 두 번 절한다. 재랑(齋郎)이 술을 따르면, 제관이 꿇어앉아 받아서 이를 드린다. 축사(祝史)가 동향하여 꿇어앉아 축문(祝文)을 읽고, 이를 마치면, 제관(祭官) 이하의 관원이 또 두 번 절한다. 축사(祝史)가 축문과 닭고기를 취하여 구덩이에 묻고, 이내 물러간다.110)

---

110)『세종실록』五禮, 軍禮儀式, 季冬大儺儀.

위 『세종실록』에 수록된 계동대나의의 전문111)은 매우 자세하다. 기존 중국문헌에 소개된 나의식은 물론, 『고려사』에 수록된 것보다도 더욱 구체적이며, 광화문 안에서는 물론 성 밖까지 정확히 배수를 이루고 있기 때문이다. 또한 여기에 참여했던 나자의 편대구성도 치밀하게 짜여져 있고, 악기를 들었던 공인들이 추가되었으며, 지거(持炬, 횃불을 든 사람), 집편(執鞭, 채찍을 든 사람) 등 실제 축역시 참여했을 모든 이들이 빠짐없이 언급되어 있는 점도 주목된다. 이를 그림으로 나타내면 다음 <그림 3>과 같다.112)

---

111) 『세종실록』五禮, 軍禮儀式, 季冬大儺儀.

112) 윤아영, 2009b, 107쪽. 세종 때의 기록을 참고하여 배치도로 나타낸 것이다. 『세종실록』의 구나의식의 편대를 약자로 표기하기 위해 필자는 진자(侲 子) 중 채찍을 잡지 않은 이들은 '子'로 표기하였고, 진자(侲 子) 중에 채찍을 잡은 이들은 '侲'으로 표기하였다. 서운관(書雲觀)의 관원(官員)은 '官'으로, 횃불을 든 이들인 지거(持炬)는 '炬'로, 방상시(方相氏)는 '方'으로, 창수(唱帥)는 '唱'으로 표기하였다. 연주하는 공인(工人)들 중 북을 치는 이들인 집고(執鼓)는 '鼓'로, 쟁을 들고 치는 이들인 집쟁(執錚)은 '錚', 적을 들고 부는 이들인 취적(吹笛)은 '笛'으로 표기하였다. 예감(瘞埳)은 양물 등을 묻는 구덩이, 혹은 구덩이에 역귀를 묻고 수탉과 술 등으로 제사 지내주는 곳을 말한다.

〈그림 3〉『세종실록』오례의 '계동대나의' 복원도

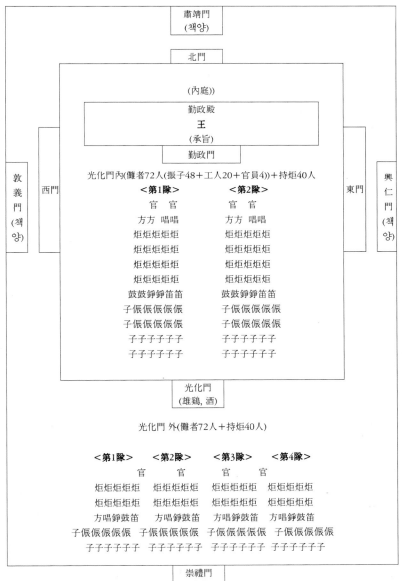

세종 때의 구나의식은 한마디로 체계화된 의식이라는 것이다. 이전 『고려사』에 수록된 축역의식도 각 편대에 맞게 대체로 배수를 이루고는 있으나, 방상시와 창수가 각 1인뿐이어서 각각의 편대가 다른 방향으로 나가게 될 때에는 동시에 모든 편대와 함께 할 수 없는 단점이 있었다. 세종 때의 구나의식 편대는 이 점이 개선되었다. 즉, 방상시(채찍 들고 축역) 및 창수(봉을 들고 축역)의 수가 각 4인으로 증편되어 궁안에서도 각 편대에 1인씩 배치될 수 있었다. 또한 방상시와 창수의 역할을 보조하는 이들로서 집편자도 이에 맞게 정확한 4배수를 이루고 있다.113)

또한 구나의식은 새벽에 진행되었으므로 현실적으로 지거도 참여하였을 것인데, 이도 꼼꼼히 기록되어 있다. 심지어 이들의 수까지도 정확하게 4배수로 되어 있어서 편대에 어긋남이 없다. 횃불을 든 이들은 단순히 앞길을 밝히는 역할자로 간주될 수도 있으나, 이처럼 세심하게 기록된 것은 제의적인 성격도 겸하였기 때문일 것이다.

이 밖에 또 하나 주목할 점은, 고각군들이 이전보다 다양해졌다는 점이다. 이전까지만 하더라도, 고각군들이 들었던 악기라고 하는 것은 뿔피리(각(角))와 북(고(鼓))같은 무율 악기 뿐이었는데, 세종 때는 뿔피리는 제거하고 쟁(錚)과 피리(笛)를 추가하면서 좀 더 음악적인 효과를 내기 시작했다.

이처럼 『세종실록』에 수록된 '계동대나의'는 세종 때의 여타 합리적 정비사업에 발맞추어 축역절차도 양식화되고 음악적, 연극적 효과도

---

113) 이 집편자들은 진자의 역할을 맡았던 이들 중 20인을 선별하여 역할을 맡긴 것으로 보인다. 집편자들은 진자들 중 일부가 맡았던 것으로 보이기에 도표에서는 진자(侲子)의 자(子)대신에 진(侲)자로 표시하였다.

강조된 의례로 정착되었다. 세종대 전조의 각종 전통을 이어 받으면서도 정비하던 경향과 궤를 같이 하는 것이었다. 세종은 일부분 미신에 해당하는 누습(陋習)은 폐지시켜야 할 것으로 보기도 하였으나, 한편으로는 이 또한 중국 및 고려를 거쳐 조선에 전해진 왕실문화이기에 없애버리는 대신에 제도화를 통해 구현했던 것으로 보인다.

이후 세조 이후 또 한번 이 구나와 관련된 기록이 등장하는데, 성현의 『용재총화』에 전하는 '구나지사'가 그것이다. 그런데, 이때부터의 구나의식은 『고려사』나 『세종실록』의 그것과는 크게 달라진다. 먼저 원문을 소개하면 다음과 같다.

『용재총화』 '구나지사'

○ 구나(驅儺)의 일은 관상감(觀象監)이 주관하는 것인데, 섣달 그믐 전날 밤에 창덕궁과 창경궁의 뜰에서 한다. 그 규제(規制)는 붉은 옷에 가면을 쓴 악공(樂工) 한 사람은 창수(唱師)가 되고, 황금빛 네 눈의 곰 껍질을 쓴 방상인(方相人) 네 사람은 창을 잡고 서로 친다. 지군(指軍) 5명은 붉은 옷과 가면에 화립(畫笠)을 쓰며 판관(判官) 5명은 푸른 옷과 가면에 화립을 쓴다. 조왕신(竈王神, 부엌 신) 4명은 푸른 도포·복두(幞頭, 머리 두건)·목홀(木笏, 나무 패)에 가면을 쓰고, 소매(小梅, 무당) 몇 사람은 여삼(女衫)을 입고 가면을 쓰고 저고리 치마를 모두 홍록(紅綠)으로 하고, 손에 긴 장대[竿幢]를 잡는다. 12신(神)은 모두 귀신의 가면을 쓰는데, 예를 들면 자신(子神)은 쥐 모양의 가면을 쓰고, 축신(丑神)은 소 모양의 가면을 쓴다. 또 악공 10여 명은 복숭아나무 가지를 들고 이를 따른다. 아이들 수십 명을 뽑아서 붉은 옷과 붉은 두건(頭巾)으로 가면을 씌워 진자(侲子)로 삼는다. 창수가 큰 소리로, "갑작(甲作)은 흉(凶)먹고, 불주(佛冑)는 범을 먹으며, 웅백(雄伯)은 매(魅)를 먹고, 등간(騰簡)은 불상(不祥)을 먹고, 남제(攬諸)는 고백(姑伯)을 먹고, 기(奇)는 몽강양조(夢强梁祖)를 먹으며, 명공(明公)은 폐사

기생(殪死寄生)을 먹고, 위함(委陷)은 츤(櫬)을 먹고, 착단(錯斷)은 거궁기등(拒窮奇騰)을 먹으며, 근공(根共)은 충(蟲)을 먹을지니, 오직 너희들 12신은 급히 가되 머무르지 말라. 만약 더 머무르면 네 몸을 으르대고 너의 간절(幹節, 뼈대와 마디)을 부글부글 끓여 너의 고기를 헤쳐서 너의 간장을 뽑아 내리니 그때 후회함이 없도록 하라."하면 진자(侲子)가, "예"하고 머리를 조아리며 복죄(服罪)하는데 여러 사람이, "북과 징을 쳐라." 하면서 이들을 쫓아낸다.114)

위 기록은 이전의 내용과 비교해 보았을 때, 세 가지 내용, 즉 축역준비과정, 축역절차, 축역내용 중 축역준비과정은 소개는 되어 있으나 소략화되었고, 축역절차는 빠졌으며, 축역내용은 대동소이하게 실려있다. 따라서 배치도를 구성하는 것은 불가능하므로, 인원만 나열해 보면 대략 다음 <그림 4>와 같이 된다.115)

〈그림 4〉 『용재총화』와 『증보문헌비고』의 '구나지사' 참여인

<전체 나자(儺者):
방상시4,창수1,소매4,조왕신4,지군5,관관5＋진자수십＋공인십여명＋12지신>

子子子子子　　　唱方方方方　　　子子子子子
子子子子子　　小小小小竈竈竈竈　　子子子子子
子子子子子　　　軍軍軍軍軍　　　子子子子子
子子子子子　　　判判判判判　　　子子子子子
子　丑　寅　卯　辰　巳　午　未　申　酉　戌　亥

즉, 위에서 보는 바와 같이, 세조 이후 구나의식은 진자의 수도 정확

---

114) 성현, 「구나지사(驅儺之事)」, 『용재총화(慵齋叢話)』 卷1.
115) 축역의 동선이나 편대에 관한 이야기는 『용재총화』에는 기록되어 있지 않다.

히 알 수 없고, 공인의 수도 불분명하다. 다만 세종 때에는 등장하지 않던 12지신이 등장한다는 점은 고려말 이색의 시에 소개된 것과 같다. 이후 영조는 축역을 비롯해 미신으로 여겨지는 궁중 관습을 모두 없애면서 구나의식도 정폐했다.[116] 영조가 구습이나 미신으로 여긴 것은 춘번(春幡)[117]이나 애용(艾俑),[118] 교년(交年), 경신(庚申)과 같은 것들이며, 이것들을 모두 금지하도록 하였고,[119] 특히 계동대나의는 정파를 따로 명[季冬大儺儀今罷]할 정도로 확실히 제거했다.[120] 즉, 계동대나의는 세조 이후 성종 무렵에는 이미 쇠퇴하기 시작하였고, 조선 후기에는 사라지게 되었다.

4) 연말 귀신쫓기도 체계적으로!

우리나라의 구나의식은 비록 중국에서 전래되었으나, 앞에서 언급한 것처럼 중국의 예를 그대로 답습하지만은 않았다. 일단 『신당서』예

---

116) 조선왕조실록에 기록된 풍습의 개량은 영조 자신의 생활에서 취한 미신적 행동과는 다르게 나타난다. 이는 혜경궁홍씨의 『한중록』과의 비교를 통해 알 수 있다.

117) 입춘(立春)에 사대부의 집에서 채단(綵緞)을 재단하여 기(旗)를 만들어 춘번이라 하고 이를 집안 사람의 머리에 달아주기도 하고 혹 꽃가지에 걸기도 하였던 것을 말한다.

118) 단오(端午)에 쑥으로 인형을 만들어 문 위에 걸어서 악한 기운을 쫓았던 일을 말한다.

119) 『영조실록』 35년(1759) 12월 26일.

120) 윤아영, 2009, 「고려시대 儺戲 담당자에 관한 再考」, 『온지논총』 21, 311~335쪽. "즉 계동대나례는 이미 숙종조에 정파되어 국조오례의가 편찬된 때에는 정파되어 연행되지 않는 상황이 기술되어 있는 것이고, 영조 24년에 제거한 것은 춘번(春幡)(봄에 올리는 족자)과 애용(艾俑)(악한 기운을 쫓는다는 쑥으로 만든 인형) 등의 무속적인 관습인 것이다. 따라서 계동나례가 폐지된 것은 이미 숙종 20년(1694)이라고 하겠다."하였는데, 실제로는 숙종 이후로 영조 24년 사이에도 풍습이 있었던 것으로 보이며 여기에서 정정하는 바이다.

악지에 소개된 대나지례(大儺之禮)를 참고하여 작성한 것으로 보이는 『고려사』 예지의 계동대나의는 이전과 큰 차이는 없어 보인다.

그러나 세종 때에 이르면, 계동대나의의 의식은 체계적으로 정착된다. 즉 중국의 나의식이나, 고려의 나의식과는 달리 광화문 안에서는 물론 광화문 밖까지 정확히 2배수에서 4배수로 나누어 축역하도록 정비된 것이다. 또한 여기에 참여했던 진자와 공인의 숫자도 합리적으로 구성되었을 뿐 아니라, 나자의 편대구성도 치밀하게 재편되었다. 따라서 구나의식은 좀 더 구체적이며 연극적인 성격을 갖출 수 있었다. 이는 오히려 원발생지인 중국에서 행해졌던 것보다 더 정교한 구성을 이룬 형태였다.

그런데, 이와 같은 노력에도 불구하고 구나의식은 지속적인 비판의 대상이 되었다. 그것은 구나의식이 갖고 있는 본질적인 제의성 때문이었는데, 즉 비이성적이라고 할 수 있는 역귀의 존재를 인정하고 있었기 때문이다. 따라서 이성이 발달한 조선에서는 당연히 비판의 대상이 될 수밖에 없었다. 그럼에도 불구하고 세종은 기존의 누습에 해당하던 몇몇 전통들을 정비하는데 있어서 폐지만을 답으로 보지는 않았다. 전통을 정비하고 지켜내는 데 있어서 세 가지를 염두에 두고 추진해 나갔는데, 첫째는 새로운 시도를 두려워하지 않았다는 것이고, 두 번째는 이 시도를 구체화 했다는 것이며, 마지막 세 번째는 체계적인 완성형을 추구했다는 것이었다.

특히 새로운 시도라고 하면, 조선의 고유성과 주체성을 고려하여 시도한 작업들인데, 뒷장에서 자세히 언급하겠지만 중국 시경 빈풍시의 우리식 재창작이라든가, 환궁의식에 나례잡희를 첨입한 것이라든가, 화희에 방포를 추가한 것 등과 같은 것들이다. 이와 같은 새로운 시도들은 그 자체만으로도 매우 신선한 것이었고, 이후 후속작업을 통해 더욱 완벽에 가깝게 정비되었다.

구나의식도 세종 때에 체계적으로 재편되지 않았다면 조선 초에 이미 무용지물로 전락했을 지도 모른다. 이와 같은 업적은 고려시대 대성아악(大成雅樂)이 전래된 이후에 지지부진하게 답습되다가 사라질 뻔한 것을 세종이 연구, 일신하여 현재까지도 우수한 문화유산으로 남게 된 것에 비견될 만하다.[121] 즉 조선 세종의 구나의식 재편은 더불어 나례가 왕실문화로서 일정기간 지속될 수 있는 계기가 되었다는 점에서 의의가 있다.

---

121) 고려 대성아악은 예종 11년(1116)에 수입되었다. 그러나 이후 각종 전란 및 중국 내에서도 왕조의 교체로 인해 음고의 변화 등으로 인한 혼란이 생기게 되어, 우리나라에서는 그 형식 및 내용이 대부분 어그러져 답습되어 왔다. 그러던 것을 세종이 박연으로 하여금 새롭게 고쳐서 만들게 하였다. 이로 인해 오히려 대만에 전해지고 있는 문묘제례악보다도 더욱 원전에 가깝게 보존되고 있다.

2장

왕실의 연말 오락

1. 왕실의 스포츠, 격구(擊毬)

1) 격구(擊毬)란?

먼저 격구라고 하는 것은 드라마 "다모(MBC, 2003)"를 비롯해 "궁(MBC, 2006)", "태왕사신기(MBC, 2007)", "성균관 스캔들(KBS, 2010)", "해를 품은 달(MBC, 2012)", "무신(武神, MBC, 2012)", "마의(MBC, 2012~2013)"와 "대풍수(MBC, 2013)" 등 많은 대중매체물에 삽입되면서 일반인들에게도 널리 알려진 마상 혹은 지상 경기이다.

격구는 고구려 벽화 중 대렵도에 격구 그림이 있어 삼국시대에도 이미 시행되었을 것이며, 『고려사』에 격구희(擊毬戲), 혹은 격구희마(擊毬戲馬)[1] 등의 기록이 있다. 조선시대에는 실록에 의하면 고려 중기 이후 원나라에서 들어온 것이 후기에는 매우 성행하였다고 하며, 조선시

---

[1] 『고려사』, 世家 毅宗, 원년 9월.

대에도 격구 관련 내용들은 실록[2]을 비롯해서 『용비어천가』[3]라든가, 『경국대전』[4] 등에서 자세히 소개되고 있다. 고려말 성행했던 격구는 조선시대에도 왕실을 중심으로 조선 후기까지 비교적 꾸준히 지속되었고, 민간에서는 장(杖)치기로 전래되었다고 한다.

격구는 그 경기 방식에 따라 마상격구와 지상격구(보행격구)로 나뉘고, 다시 지상격구는 와아투입형(窩兒投入形, 우묵한 곳에 공 넣기),[5] 구문통과형(毬門通過形, 문안에 공 통과하기),[6] 그리고 심지어 오재미를 던져 넣는 궁중 무용인 포구락(抛毬樂)[7]도 이의 일종[8]에 속하는 것이라고 한다.[9]

---

2) 『성종실록』 22년(1491) 3월 25일; 『중종실록』 20년(1525) 3월 25일.
3) 『용비어천가』, "고려시대 매년 단오절에 예선에서 뽑힌 무관 중 나이 젊은 사람이나 의관자제(衣冠子弟)들이 한길가 넓은 뜰에 구규(九竅, 9개의 구멍)에 용봉장전(龍鳳帳殿, 용과 봉황이 그려진 장막이 쳐진 궁궐)을 설치하고, 장막 앞 좌우에 각 200보를 허용하는 그 길 가운데 구문을 세우고, 길 양편에 오색 금단으로 장식한 부녀의 막에 명화(名畵)로 수놓은 방석을 간다. 격구자는 성대한 복장과 온갖 꾸밈을 다하여 궁극의 사치가 화려하였다. 안장 하나의 비용이 중인 열집의 재산값과 맞먹었다. 2대로 나뉘어 좌우에 섰다가 기생 한명이 공을 잡고 걸어가는 중 주악이 그치면 공을 길 가운데로 던진다. 좌우에 있던 대오 모두가 말을 달려 공을 다투는데, 먼저 집는 자가 수격이 되고, 나머지 모두 물러난다. 구경하는 자 산적해 있다.".
4) 『경국대전』, "장시(杖匙)의 길이는 9치이고, 너비가 3치이며, 자루의 길이는 3자 5치이고, 공 둘레는 1자 3치이다. 출마표(出馬標)는 구표(毬標)와 50보를 띠어둔다. 구표와 구문(毬門)은 200보 거리를 둔다. 구문 내의 거리는 5보이다. 쳐서 구문을 빠져나가면 15푼 점을 주고 빗나가는 자는 10점을 준다."
5) 우묵한 곳을 파고 공을 넣는 방식.
6) 골문을 만들고 공을 통과시키는 방식.
7) 여기들이 음악에 맞추어 춤을 추다가, 돌아가면서 포구문(문 모양의 궁중 무용 도구)에 뚫린 구멍(포구안)에 오재미를 던져 넣고, 통과하면 꽃을 받고, 통과하지 못하면 얼굴에 먹을 칠하는 내용의 궁중 무용으로 고려시대부터 전한 당악계통의 정재이다.
8) 포구락의 수양수(垂揚手: 손을 흔드는 동작) 하는 대목을 격구의 일종으로 본 시각으로 보이나, 실제로 수양수는 공을 손으로 포구안에 던져 넣는 것으로서 격구로 확대 해석하기에는 무리가 있다.

마상격구는 말 그대로 말을 타고 공을 치는 형태이고, 지상격구는 말을 타지 않고 공을 움직이는 것이다. 앞서 언급한 대중매체에 소개된 각종 격구 관련 내용들 중 대부분은 마상격구를 재현한 것이고, 이 중 드라마 "궁"이나, "성균관스캔들"과 "해를 품은 달"에 등장하는 격구는 지상격구를 재현한 것이다. 마상격구는 고려시대의 역사물을 다룬 사극에서는 자주 등장해 익숙한 반면, 지상격구는 마치 골프나 게이트볼 경기처럼 재현되어서 더욱 대중들로 하여금 조선조에 과연 이와 같은 지상격구가 시행되었을까 하는 의구심을 갖게 한다.

결론부터 이야기 하자면, 마상격구 뿐 아니라 지상격구도 모두 우리나라에서는 한때 성행했는데, 마상격구는 고려시대에, 지상격구는 조선 초기에 성행한 왕실 문화라고 할 수 있다. 특히 이 두 가지 형태의 격구 모두 연말에 집중적으로 실시되었다. 따라서 왕실의 연말 문화를 이야기 할 때 이 격구 또한 중요하게 거론될 만한 종목이라고 하겠다.

2) 격구(擊毬)의 전통, 의종부터 정조까지

(1) 대형 오락화: 무신정권의 격구 애호

먼저 우리나라에서 격구는 『고려사』를 비롯해 조선 『정종실록』[10]

---

9) 나현성, 1969, 「韓國蹴鞠·擊毬考」, 『민족문화연구』 3, 141~179쪽; 조성환, 1989, 「조선 전기 궁중놀이에 관한 연구: 격구놀이의 변화과정을 중심으로」, 『한국문화연구원논총』 55, 549~573쪽; 박건병, 1995, 「擊毬에 관한 小考」, 『공주대학교 산업개발연구』 2, 161~167쪽; 정형호, 1999, 「한국 격구(擊毬)의 역사적 전승과 변모 양상」, 『제3회 국제아세아민속학회 국제학술대회 발표논문집』, 149~170쪽; 박문영, 2001, 『조선 초기 왕실의 체육활동 연구 : 격구와 격봉놀이를 중심으로』; 정형호, 2010, 「동아시아 격구의 전승 양상과 비교 연구」, 『비교민속학』 41, 253~285쪽.
10) 『정종실록』 1년(1399) 5월 1일.

및『세종실록』[11] 등의 기록에 의하면, 고려시대 원나라의 풍습에서 유래한 것이라고 한다. 고려시대 격구 관련 가장 빠른 문헌 기록은『고려사』예종 5년(1109)에 신기군(神騎軍)들의 격구 사열(査閱)했다는 것이다. 예종은 정월과 9월에 신기군사(神騎軍士), 즉 호위 기마병들의 격구를 사열하고, 예물을 하사하였다고 한다. 이 격구를 담당했던 신기군이라고 하는 이들은 날랜 말을 타고 다니는 호위 무사들인데, 예종 때는 정월과 9월에, 인종 때(1109~1146)는 5월 단오에 이들이 격구로 사열했다.[12] 즉, 무재(武才)로서 마상격구가 국가차원에서 시행되었던 것이다.[13]

그런데 예종과 인종 이후로 왕이 사열하던 격구는 의종(1127~1173) 때에 와서는 완전히 다른 양상으로 바뀌었다. 의종은 격구를 매우 애호하여, 격구를 검열하는 차원에서 관람한 것 뿐만 아니라, 자신이 직접 격구하며 놀라운 기량을 뽐내기도 했다.[14] 또한 의종은 격구의 시행도 빈번하게 하였는데, 일 년에 한두 번 시행하던 것을 거의 매달 실시하도록 했다. 기록을 검토해보면, 의종은 음력 2월, 7월을 제외하고는 한 달에 한 번 이상 이 격구를 관람하거나 친히 참여하였으며, 특히 가을에는 더욱 빈번히 격구를 즐겼다. 게다가 의종은 한번 격구를 시작하면 며칠동안 지속했을 정도로 격구 애호가였다.[15] 의종이 함께 격구를 즐겼던 이들은 신기군(사)(神騎軍(士)), 견룡(牽龍, 왕의 호위 무사), 환자(宦者, 내관) 등이었으며, 이들과 자주 격구를 겨루었던 것은 아마도 그

---

11)『세종실록』7년(1425) 11월 20일.
12)『고려사』, 世家 仁宗 5년 5월.
13)『고려사』, 世家 睿宗 5년 정월; 5년 9월.
14)『고려사』, 世家 毅宗 원년 5월.
15)『고려사』, 世家 毅宗 원년 10월. ○ 丁酉, 御西樓, 觀擊毬凡四日.

자신이 치마(馳馬, 말달리기)와 격구에 뛰어났기 때문이었을 것이다.16)

이 밖에도『고려사』의 열전에 의하면 격구 관련 내용이 더 보이는데, 주로 높은 격구 기술을 덕에 여러 가지 이득이 생겨났다는 내용들이다. 예를 들면 격구를 잘해 면죄(免罪)를 받거나, 관직(官職)을 받거나, 포상 (褒賞)을 받았다는 등의 일들이다. 의종 때 기탁성(奇卓誠)이란 인물이 격구를 잘해 관직을 받았다고 하며, 공민왕 때의 최종(崔宗)과 현사덕 (玄思德)은 왕 앞에서 격구하여 면죄 받기도 하였다는 것이다.17) 특히 격구는 기탁성이란 인물의 출세 과정에서 중요한 역할을 해서 흥미롭다. 궁술과 마술에 능했다는 기탁성은 먼저 의종의 호위무사가 된 이후, 점차 관직을 더하여 최후로는 위장군, 참지정사까지 올랐다고 하는데, 이 과정에서 격구가 큰 역할을 했다.18) 이 외에도 격구는 왕실과 친밀한 연을 맺기 위한 좋은 도구로서 활용되었다.19)

특히 의종 때 격구를 함께 즐겼던 이들 중에 자주 거론된 집단이 있는데, 바로 견룡, 혹은 견룡대라고 하는 호위무사들이다. 이들은 영화 "쌍화점"에서 '견룡'이란 명칭으로 등장하였다. 견룡대는 고려 인종 무렵에 처음 제정된 집단으로 조선 세종 13년까지 유지되고 사라진 왕의 호위 무사단을 말한다.20) 이들은 왕을 호위하는 임무가 주였으나 왕과 함께 혹은 그들끼리 격구를 겨루는 것도 또 하나의 중요한 임무였다.21)

격구는 고려 중후기 최씨 집안의 무신정권기에 더욱 성행하였는데,

---

16)『고려사』, 世家 毅宗 원년 5월.
17)『고려사』, 世家 恭愍王 원년 6월.
18)『고려사』, 列傳 諸臣 奇卓誠.
19)『고려사』, 列傳 后妃 忠宣王; 列傳 嬖幸 尹秀 尹吉甫; 列傳 叛逆 林衍【惟茂】.
20)『세종실록』13년(1431) 6월 24일.
21) 윤아영, 2012c, 243~264쪽.

특히 무신정권의 수장이라 할 수 있는 공신 최충헌은 격구에 큰 포상을 걸었던 것으로 유명하다. 포상품으로는 옥대(玉帶, 옥으로 만든 허리띠) 1요(腰), 통천대(通天帶, 허리띠의 일종) 1요(腰), 남정(南錠, 은화) 15근(斤), 향(香) 담는 금루은반(金鏤銀盤, 금장식 은쟁반) 2개 등이었다.[22]

최충헌의 후대에 격구는 더욱 대형 오락화되었다. 고종(1192~1259) 때 최이(崔怡, 미상~1249(고종 36))는 최충헌의 아들로서 개명(改名)하여 최우(崔瑀)란 이름으로 알려진 인물인데 아버지와 마찬가지로 격구를 애호하였다. 최우는 도방이라고 하는 기관까지 세우고, 관리를 임명하는 등 실질적으로 제2의 정부를 갖추고 국정을 운영하였으며, 드라마 '무신'에서 주인공으로 등장하는 인물이 바로 이 최이, 즉 최우(정보석 분)이다. 최우는 심지어 전용 격구장을 세우기도 하였는데, 당시 경기장은 민가 100여채를 허물고 지었다고 하니, 그 규모를 짐작할 만하다. 이 격구장의 규모에 관해 더 자세히는 동서(東西)로 수백보에 달한다고 하였고, 땅을 다진 것이 매우 평탄하여 바둑판같다고도 묘사되어 있다. 실제로 드라마 '무신'에서도 전용 경기장에서 격구가 역동적으로 재현되었다.

그러나 최우는 이와 같은 큰 규모의 격구장에도 만족하지 않았는데, 주변의 인가를 헐어 더욱 큰 규모의 격구장을 조성하도록 하였으며, 이를 위해 무력으로 빼앗은 집이 수백채나 되었다고 한다.[23] 이 외에도 마을 사람들로 하여금 일일이 물을 뿌려 격구장을 다지게 하였으며, 근 매일 재추(宰樞, 재부와 중추원) 및 기로(耆老, 원로)들을 맞아 잔치하고 격구 관람을 하였던 것이 심지어는 56일에 이르기도 했다. 또한 격구장

---

22) 『고려사』, 列傳 叛逆 崔忠獻 怡·沆.
23) 『고려사』, 列傳 叛逆 崔忠獻 崔怡.

의 구정(毬庭)에는 본래 3층짜리 누각이 있었는데 하룻밤 사이에 3층을 더하여 증축하게 하였으니, 당시의 격구는 성대하였던 만큼 민폐도 심각했을 것이다.[24] 이와 같은 화려한 격구 시행은 충렬왕(재위 1274~1308) 때까지도 지속되었는데, 충렬왕 역시 포상품으로 포(布, 면포)[25]를 비롯해 채백(綵帛, 비단)[26]이나 은병(銀瓶, 고려시대 은화폐) 등 귀한 물건들[27]을 하사하며 장려하였다.

그러나 이처럼 민생에 해를 끼친 역사(役事)와 사행(射倖)은 민심에 반하는 것이었으므로, 격구에 대한 반대론도 더불어 제기되었고, 결과적으로는 공민왕 때 일시 정지되기도 했다.[28]

(2) 단오의 전통: 고려말의 세시 전통

단오 때 격구를 관람했던 풍습은 일찍이 인종 때(1127년 5월 6일(음))[29]부터 보이지만, 당시에는 한시적이었다. 그러던 것이 고려말 충렬왕 때(재위 1274~1308)에 이르러서는 완전히 단오전통으로 자리잡게 되었다.[30]

조선『태조실록』총서에 의하면, 고려시대 단오절을 대비해 무관의 자제와 의관의 자제들을 뽑아 격구의 기예를 익히게 하였다고 하며, 왕은 임시로 만들어진 용(龍)과 봉황(鳳凰)이 그려진 장전(帳殿, 장막으로

---

24)『고려사』, 列傳 叛逆 崔忠獻 崔怡.
25)『고려사』, 世家 忠惠王 후4년 11월.
26)『고려사』, 世家 熙宗 4년 윤3월.
27)『고려사』, 世家 忠烈王 8년 5월.
28)『고려사』, 世家 恭愍王 23년 5월.
29)『고려사』, 世家 仁宗 5년 5월.
30)『고려사』, 世家 忠烈王 15년 5월.

처 만든 임시 전각)에서 이들의 격구를 구경하였다고 전한다. 당시 격구장은 사방으로 뻗은 큰 길에 세워졌는데, 규모도 매우 웅장했던 것으로 묘사되고 있다. 격구장의 길 복판에는 공을 넣는 구문(毬門)이 만들어졌으며, 왼쪽과 오른쪽에 걸쳐진 장막은 부녀자들이 비단조각들을 덧대어 장식함으로써 더욱 화려해졌다. 화려함은 비단 장소에 국한된 것은 아니었던 것 같은데, 격구에 참가했던 이들의 복식은 매우 사치스러웠고, 말을 꾸미는데 있어서도 경쟁적으로 화려하게 하였는데, 말 안장 하나의 비용이 심지어는 중인(中人)의 집 열채에 해당되었다[31]는 점으로도 짐작 가능하다. 격구가 끝난 후에는 연회와 여악이 수반되었다. 다음 <표 1>은 고려시대 격구의 시행일지를 정리한 것이다.

〈표 1〉 고려시대 격구 시행일시

왕대	일시
예종 1년	1106년 1월 미상(음)
예종 5년	1110년 1월 21일(음)
예종 5년	1110년 9월 14일(음)
인종 5년	1127년 5월 6일(음)
의종 1년	1147년 5월 25일(음)
의종 1년	1147년 10월 5일(음)
의종 1년	1147년 10월 7일(음)
의종 1년	1147년 11월 24일(음)
의종 2년	1148년 12월 8일(음)
의종 3년	1149년 2월 17일(음)
의종 3년	1149년 3월 15일(음)
의종 3년	1149년 8월 미상(음)
의종 3년	1149년 8월 24일(음)
의종 3년	1149년 9월 4일(음)

---

31)『태조실록』1권 총서, "○ 高麗 恭愍王 五年丙申【至正 十六年°】

의종 3년	1149년 9월 6일(음)
의종 3년	1149년 9월 6일(음)
의종 3년	1149년 9월 8일(음)
의종 3년	1149년 9월 14일(음)
의종 3년	1149년 9월 17일(음)
의종 4년	1150년 11월 24일(음)
의종 5년	1151년 8월 20일(음)
의종 6년	1152년 4월 17일(음)
의종 18년	1164년 9월 13일(음)
희종 4년	1208년 3월 미상(윤)
희종 4년	1208년 10월 19일(음)
고종 8년	1221년 10월 19일(음)
고종 12년	1225년 4월 22일(음)
고종 16년	미상
고종 41년	미상
원종	미상
충렬왕 6년	1280년 5월 5일(음)
충렬왕 8년	1282년 5월 3일(음)
충렬왕 9년	1283년 5월 5일(음)
충렬왕 13년	1287년 5월 5일(음)
충렬왕 15년	1289년 5월 5일(음)
충렬왕 29년	1303년 5월 3일(윤)
충렬왕 30년	1304년 5월 5일(음)
충숙왕 5년	1318년 1월 4일(음)
충숙왕 7년	1320년 5월 중 미상(음)
충혜왕 1년	1331년 4월 중 미상(음)
충혜왕(후) 3년	1342년 4월 28일(음)
충혜왕(후) 3년	1342년 5월 5일(음)
공민왕 15년	미상
우왕 5년	1379년 5월 5일(음)
우왕 14년	1388년 5월 갑술일(음)

(3) 왕의 오락용: 조선 왕들의 격구 참여

앞장에서 격구는 고려시대 후기부터 매우 성행하였고, 고려말 충렬왕 때에는 단오의 전통이 되었음을 확인했다. 그렇다면 조선시대 격구는 어떤 모습으로 전개되었을까? 조선은 고려시대의 즐겼던 격구를 폐지하고자 하였으나 한번에 없앨 수는 없었다. 덕분에 격구는 단오와는 무관한 것이 되었지만 여전히 인기 있는 오락이었으며, 특히 태조, 정종, 태종의 초기 3대왕 시기에는 개인의 오락으로 성행했다.32) 『태조실록』 총서에는 이 격구 관련 규칙 등이 따로 기록되어 있을 정도이다.

『태조실록』 총서에 기록된 격구 관련 내용은 크게 두 가지로 요약된다. 하나는 조선 초 마상격구의 경기 방식에 관한 내용이고, 다른 하나는 마상격구의 격구장(擊毬杖, 격구채)을 움직이는 방법에 관한 것이다. 먼저 마상격구는 두 팀으로 나뉘어 선 다음 기생의 다음과 같은 노래로 시작된다. 그 내용은 다음과 같다.

> "온 장내의 퉁소와 북은 공을 따라 모여 들고, 비단으로 장식한 장대(사간(絲竿))과 붉은색 그물망(홍망(紅網))에 구경꾼의 머리 쏠리누나[滿庭簫皷簇飛毬, 絲竿紅網總擡頭]"33)

위 짧은 노래를 통해 구문은 비단으로 장식된 기둥사이에 붉은 그물을 엮어서 만들었고, 북과 퉁소로 경기의 진행을 도왔음을 알 수 있다. 이 노래가 끝나면 기생은 공을 길 한복판에 던지면서 시작을 알리는데,

---

32) 『태조실록』 1년(1392) 9월 26일; 1년(1392) 11월 9일; 2년(1393) 4월 4일; 2년(1393) 10월 23일; 2년(1393) 12월 1일; 4년(1395) 12월 7일; 7년(1398) 5월 18일.
33) 『태조실록』 1권 총서.

공이 던져지면 양 팀은 공을 먼저 치기 위해 동시에 달려 나왔다.

격구의 규칙 중 공격권은 공을 가장 먼저 친 사람이 가졌으며, 이 공격권을 가진 사람은 공을 3번 들어 올린 후에, 몰아서 구문에 넣을 수 있었다. 이렇게 하면 점수를 획득하는 것이었다.

공을 3번 들어 올리는 방법에는 두 가지가 있었다. 먼저 격구채는 숟가락처럼 생겨서 우묵하게 패인 부분이 있는데, 이를 격구채의 비(장지비(杖之匕))라 하고, 이 비(匕)로 공을 안쪽으로 들어 올리는 방법(배지(排之))34)과 공을 바깥쪽으로 들어 올리는(지피(持彼)35))라는 방법이 있었다. 어떤 방법이든 무관하게 3번을 들어 올려 친 후에 말을 달려서 공을 몰아 나갈 수 있었다고 한다.

다음, 공을 몰아갈 때에는 처음부터 격구채를 내려 공을 몰아나갈 수 있었던 것은 아니고, 처음에는 격구채를 말귀와 나란하게 하고 있다가(비이(比耳)36)) 공에 가까워지면 비로소 장대를 아래로 내려 공을 몰아(수양(垂揚)) 골문으로 통과시킬 수 있었다. 즉 말을 달릴 때에는 공을 바로 칠 수 있는 자세를 취할 수 없었으며, 공에 가까워졌을 때에야 비로소 격구채를 아래로 내릴 수 있다는 난이도 높은 규칙이 있었다. 이처럼 『태조실록』 총서의 설명이 비록 자세하기는 하나, 정확히 알기 어려운데, 다행히도 조선 후기 정조 때 편찬된 『무예도보통지』에 수록된

---

34) 이덕무 등에 의해 간행된 『무예도보통지』(1790년(정조 14))에 의하면, 배지(排之)는 말을 달려 공이 놓인 곳까지 이르러 격구채(杖)의 안쪽으로 비껴 공을 높이 쳐드는 것을 말한다.

35) 『무예도보통지』에 의하면, 지피(持彼)는 격구채(杖)의 바깥으로 공을 밀었다가 끌어(推引毬) 들어 던지는 것을 말하며, 혹은 도령(挑鈴)이라고도 하였다.

36) 『무예도보통지』에 의하면, 비이(比耳)는 맨 처음 깃발(旗) 아래 말을 몰 때 격구채(杖)로써 말목과 말귀와 더불어 가지런히 한 것을 말한다.

그림들의 도움을 받으면 이해가 좀 더 수월하다. 이 설명에 해당하는 것으로 추정되는 그림들을 소개하면 다음 <그림 1>과 같다.

<그림 1> 『무예도보통지』의 격구도 중 일부

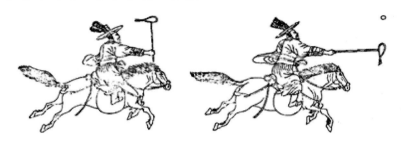

그런데 이처럼 공을 획득하고, 3번 들어올리고, 쳐서 구문에 통과시키는 것까지는 매우 어려웠던 모양이다. 이 과정을 거쳐 골문에 통과시키는 확률이 20~30%밖에 안 되었다고 기록되어 있기 때문이다. 어찌 되었든, 누군가 골문에 공을 통과시켜 득점하면, 격구 경기는 정지되고 모두 말에서 내려 왕이 위치한 전(展) 앞에 나가 두 번 절하는 것으로서 사례(謝禮)를 행했다고 한다.

이와 같은 경기 방식 외에도 총서에는 태조의 신기(神技)에 가까운 격구 기술이 두 가지나 묘사되어 있어 흥미롭다. 먼저 태조가 공을 몰아가서 골문에 넣기 직전에, 공이 돌에 부딪혀 튕겨 나와 말의 뒷다리 사이로 빠져나간 일이 있었다고 한다. 이처럼 말의 진행 방향과는 반대로 흘러간 공을 치기는 어려웠을 것으로 생각되는데, 태조는 이 빠져나간 공을 치기 위해 말의 꼬리 부분을 향해 몸을 누이면서 공을 다시 말 앞쪽으로 쳐 낸 후 공을 골문에 넣어 성공시켰다고 한다. 사람들은 이와 같은 기술을 '방미(防尾)'[37]라고 하였다는데, 한 마디로 몸을 완전히 돌려 말 머리의 반대방향으로 몸을 돌려 누어 공을 쳐내 방향을 바꾼 것이다. 태조 이성계와 관련된 또 다른 격구 일화에는, 공이 골문에 부딪혀 말 왼쪽으로 공이 흐르게 되자, 이성계가 오른발의 등자에서 발을 빼고 몸을 왼쪽으로 뒤집어서, 오른손 격구채로 말의 왼편에 있던 공을 쳐 골문에 넣었다고 한다. 역시 이를 본 사람들은 놀라고, 이처럼 몸을 좌우로 뒤집는 기술을 일컬어 '횡방(橫防)'이라 명명했다.『태조실록』 총서에 실린 내용만 보더라도 당시 이성계의 격구 기술이 매우 뛰어났음을 알 수 있다.

　태조 외에도 정종, 태종도 모두 친히 말을 타고 격구를 즐겼다. 정종은 재위기간 동안 15회에 걸쳐 내정에서 격구를 시행했고,[38] 태종은 이보다 더 많은 42회에 달하는 격구를 시행했다.[39] 정종과 태종 모두 태조만큼 격구를 선호했던 점은 동일하나, 그 시행 목적에는 조금 차이가 있었다. 정종은 격구를 통해 신체를 단련하는 것을 주목적으로 삼았던 반면,[40] 태종은 왕종친간 친목 도모를 위한 매개체로서 격구를 즐겼다. 따라서 태종은 격구와 함께 반드시 주연 및 가무 등을 병연하였는데, 여기에는 의례 주연(酒宴)[41]과 창기(倡妓)의 노래 등이 뒤따랐다. 특히 태종은 격구를 하며 내기를 즐겼는데, 술상 내기가 가장 대표적인 것이었고 말을 걸고 하는 도마희(賭馬戲)도 빈번했다.[42] 이 외에도 저화(楮

---

37)『무예도보통지』에 의하면 방미(防尾)는 몸을 기울여(側身) 드러누어(仰臥) 격구채 (杖)로써 말꼬리에 비김을 말한다.

38)『정종실록』1년(1399) 1월 9일 외.

39)『태종실록』4년(1404) 10월 20일. 외.

40)『정종실록』1년(1399) 1월 9일 외. 정종은 병을 앓았던 때를 제외하고는 상시로 이 격구를 통해 신체를 단련하고자 하였다.

41)『태종실록』12년(1412) 5월 17일.

42)『태종실록』16년(1416) 2월 28일; 12년(1412) 5월 11일.

貨) 2백장43)이라든가, 각궁(角弓, 뿔 활), 면포의(綿布衣, 면으로 된 겉옷),44) 사의(紗衣, 비단 옷)45) 등의 물품도 당시 주연의 하사품이었다. 하사금도 내려졌는데, 잔치에 참여했던 상기(上妓, 서울로 뽑혀 올라온 지방의 기생)들과 악공(樂工)들에게 저화 100냥(혹은 200냥)을 내렸던 것46)으로 미루어 태종의 호기가 상당했음을 알 수 있다. 이처럼 격구 후에 창기의 악(樂)47)이 수반되는 주연을 비롯해 하사의식으로 마무리 되는 격식을 갖추게 되면서 격구는 점차 제도화된 왕실문화로 변모되었다.

(4) 무재 시험용: 무과전시 격구 채택

조선초기에 이처럼 격구가 성행했다고는 하지만, 고려조의 풍습인 격구도 역시 전조, 즉 망한 왕조의 문화로서 배격될 수밖에 없었다. 망한 원나라의 풍습을 이어받은 고려의 놀이라고 하여 사장될 위기에 처해 있었기 때문이다. 그러던 것을 세종은 과거제에 흡수하여 지속시켰다. 세종은 격구의 장점을 살려 체계화하고자 하였는데, 이를 위해 먼저 훈련관제조(訓鍊觀提調)로 하여금 군사들에게 마상격구를 가르치게 하고, 30개의 격구채를 하사하는 등 각별한 관심을 표하면서 육성했다.48) 또한 세종은 격구를 무과시험의 종목으로 만들고자 하여 병조에게 그 제도를 상고(詳考, 문헌 등의 내용을 찾아 세밀하게 살핌)하게 함

---

43) 『태종실록』 12년(1412) 3월 19일.
44) 『태종실록』 12년(1412) 4월 1일.
45) 『태종실록』 13년(1413) 7월 13일.
46) 『태종실록』 12년(1412) 4월 17일.
47) 당시 창기가 불렀던 노래는 '어부사(漁父詞)'로 알려져 있다.
48) 『세종실록』 7년(1425) 3월 21일.

으로써 과거시험 종목으로서의 가능성을 연구하게 했다. 세종 때 격구채의 형태는 알 수 없으나, 역시 조선 후기 격구채의 모양은 다음 <그림 2>를 통해 미루어 짐작해 볼 만하다.

<그림 2> 『무예도보통지』의 격구채 (장시(杖匙))도

그때 만들어진 마상격구 시험의 요지는 말을 타고 3가지 자세를 취한 후에 공을 골대에 통과시키는 것을 1등으로 치는 것이었다.[49] 이에 대한 더욱 자세한 설명은 세종 11년의 무과전시의(武科殿試儀) 관련 기록[50] 및 세종 12년의 실록 기사[51], 『세종실록』의 「오례의」[52]에 수록되어 있다. 이 중 『세종실록』 12년의 기사와 「오례의」의 기사는 대동소이 하나, 세종 12년 기사와 『세종실록』 「오례의」의 두 기록을 비교해 보면, 후자에 수록된 격구 관련 기록이 전자보다 더욱

세밀하고, 격구장의 규모도 확대되었음을 알 수 있다. 즉 세종 12년의 기록에는 구문의 두 기둥 사이는 3보(步)이고, 말 출발 위치에서 공을 놓아 둔 곳까지의 거리는 15여 보이며, 공이 있는 곳에서 구문까지의 거리는 1백 보로 되어 있다. 이후 『세종실록』 「오례의」 기록에서는 구문 사이 두 기둥의 거리는 3보로 동일하나, 말과 공 사이의 거리는 15여 보에서 30보로 두 배 늘어났으며, 구문과 공을 둔 곳의 거리도 역시 100보에서 240보로 두 배 이상 벌어졌다.[53] 격구장의 규격에 관한 내

49) 『세종실록』 7년(1425) 4월 19일.
50) 『세종실록』 11년(1429) 1월 24일.
51) 『세종실록』 12년(1430) 11월 23일.
52) 『세종실록』, 五禮儀 嘉禮儀式 武科殿試儀.
53) 『세조실록』 세조 2년(1456) 2월 21일. 세종실록 오례의의 격구 시행절차 기록은

용은 조선 후기 『무예도보통지』에도 그림으로 나타나 있는데, 이 삼종 기록의 격구장과 격구 시행동선을 그림으로 비교해 보면 다음 <그림 3>, <그림 4>, <그림 5>와 같다.

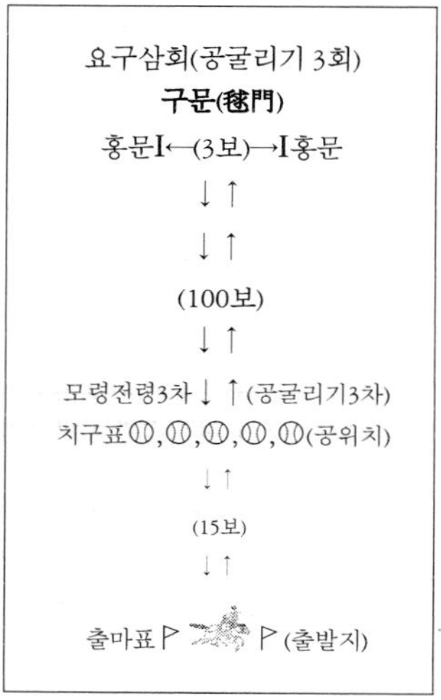

〈그림 4〉 세종 『오례의』 격구 동선

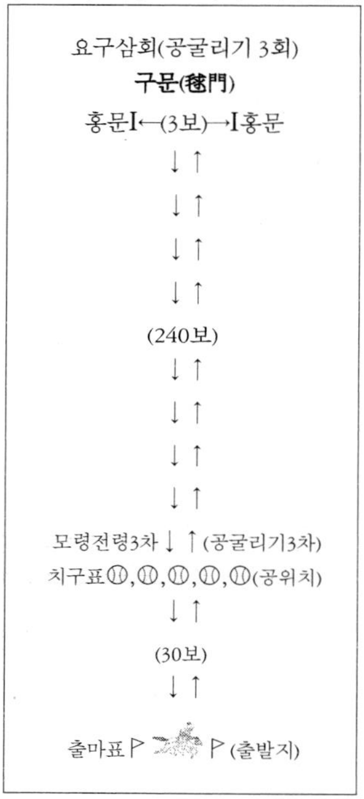

요구삼회(공굴리기 3회)

구문(毬門)

홍문I←(3보)→I홍문

↓ ↑

↓ ↑

↓ ↑

↓ ↑

(240보)

↓ ↑

↓ ↑

↓ ↑

모령전령3차 ↓ ↑ (공굴리기3차)

치구표 ⑪, ⑪, ⑪, ⑪, ⑪ (공위치)

↓ ↑

(30보)

↓ ↑

출마표 ╠ 🐎 ╣ (출발지)

〈그림 3〉 세종 12년 격구 동선

요구삼회(공굴리기 3회)

구문(毬門)

홍문I←(3보)→I홍문

↓ ↑

↓ ↑

(100보)

↓ ↑

모령전령3차 ↓ ↑ (공굴리기3차)

치구표 ⑪, ⑪, ⑪, ⑪, ⑪ (공위치)

↓ ↑

(15보)

↓ ↑

출마표 ╠ 🐎 ╣ (출발지)

세조실록에도 재수록된 바 있다.

또한 『세종실록』「오례의」에는 말을 달려서 공을 다루는 방법도 묘사되어 있는데, 그 중 첫 번째 설명은 출발 자세와 관련된 것이다. 출발 시 말을 달려 공을 향해 갈 때, 시행자가 처음부터 격구채를 공에 가깝게 늘어뜨리는 것은 금지되었다. 다시 말해 적어도 격구채를 말의 귀와 나란하게 들고 출발해야만 했던 『태조실록』 총서에 수록된 규칙 중 비이로 출발 후 수양할 수 있었던 것과 같은 내용이다.

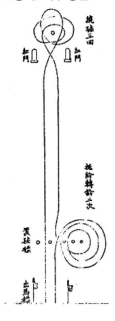

<그림 5> 정조 『무예도보통지』 격구 동선

공을 넣는 방법에 있어서는, 말이 공 있는 곳에 거의 다 닿으면 격구채를 움직여 공을 칠 수 있었는데, 이때에도 격구채를 쓰는 방법이 정해져 있었다. 격구채는 배지, 즉 격구채의 숟가락처럼 안쪽 파인 곳[비(匕)]으로 공을 안쪽으로(말가슴쪽 방향) 들어 올려야 했고, 이후에는 지피, 즉 역시 격구채의 숟가락처럼 안쪽 파인 곳으로 공을 바깥쪽으로(말가슴과 반대방향) 들어 올려야 했다. 또한 공을 배지, 지피 등으로 들어 올릴 때에도 말을 멈춰서는 안 되었으며, 말머리를 낮추고 빠른 속도로 들어 올려쳐야 하는 것이 규칙이었다. 이와 같은 것을 3회 하고 나서, 공을 몰아서 구문에 넣을 수 있었는데, 이때의 자세도 또한 격구채를 말귀와 나란히 되게(비이) 한 후에 공에 가까이 가서, 격구채를 아래로 내려 칠 수 있었다. 구문으로 공을 내보낸 뒤에는 다시 말을 되돌려 오는데, 이후에는 다시 처음의 자세를 취하여야 했다. 즉, 대체로 『태조총서』의 내용과 유사하다.

추가로 위에서 '이와 같은 것을 3회' 한다는 것에 대해서 조선 후기

『무예도보통지』의 기록을 참고하여 좀 더 자세히 해석하여 보면, 전령(轉鈴)을 3회 한다는 것인데, 전령의 절차는 비이의 자세로 시작하여, 할흉→방미→지피(혹은 도령)의 일련의 행위를 말하는 것이다. 이를 좀 더 풀어서 설명하면, 먼저 빈 격구채를 말귀와 나란히 했다가(비이) 공을 들어 말의 가슴 쪽에 대었다가(할흉), 몸을 기울여 드러누워 말꼬리 쪽으로 공이 든 격구채를 향하게 하고(방미), 격구채의 바깥으로 공을 밀었다가 끌어들여 던지는 것(지피, 도령)을 말한다. 즉, 공을 가지고 세 가지 자세를 취한 후에 공을 구문에 넣을 수 있었던 것을 자세히 설명한 것이다. 다음 <그림 6>은 무예도보통지에 묘사된 격구의 그림들이다.

〈그림 6〉『무예도보통지』의 격구도 중 일부

즉, 고려시대의 격구는 양 대로 나뉘어서 공을 넣는 것으로 승부를 가르던 방식으로 군사훈련의 목적이나 오락용이었던 반면, 조선 세종 12년 이후의 격구는 무과전시로 변화되어 말 위에서 세 가지의 자세를 취하고, 이어서 공을 정해진 방법에 의해 골문에 넣는 시험 종목으로

변화되었다. 이렇게 제도권에 흡수된 마상격구는 한마디로 현대의 마장마술과 폴로가 결합된 형태로 보여진다.

격구가 체계적으로 확립되어 과거시험의 종목으로 채택되기까지에는 세종의 강력한 의지와 체계적이고 면밀한 준비가 있었다. 사간원 등에서는 격구는 망한 왕조의 것이라는 이유로 무과전시의 채택을 격렬히 반대했다. 이와 같은 반대에도 불구하고 세종은 이를 정착시켰는데, 다른 정사의 처리과정과 마찬가지로 논리적인 반박을 통해 그 뜻을 관철시켜 나갔고, 끝내는 성공으로 이끌었다. 이 과정에서 재미있는 논쟁이 보이는데, 김자(金赭)는 "격구로 인해 음란한 풍속(음란한 여자가 참여함)이 있었다."고 하자, 세종은 "지금은 격구를 안 하는데, 음란한 여자는 없는가?"하고 되묻고 있는 것이다. 격구와 관련된 논쟁 중 명장면이라 할 수 있다.

세종 7년(1425) 11월 20일: 임금이 말하기를, "이 법은 <중국 고대의> 황제(黃帝) 때에 처음 시작하여 한(漢)나라와 당(唐)나라를 거쳐 송(宋)나라·원(元)나라 시대에 이르기까지 각기 다 있었던 것이니, 저들이 어찌 폐단을 알지 못하고 하였겠는가. 다만 무예를 익히고자 하였을 뿐이다. 전조의 말기에도 또한 이 일을 시행하였으나, 그들이 나라를 멸망하게 한 것이 어찌 격구의 탓이겠는가. 내가 이것을 설치한 것은 유희를 위하여 한 것이 아니고, 군사로 하여금 무예를 익히게 하고자 한 것이다. 또 격구 하는 곳이 성 밖에 있으니, 무슨 폐단이 있겠는가."하였다. 의정부·육조·사헌부·사간원의 관원들이 나간 뒤에, 임금이 대언(代言)들에게 일러 말하기를, "내가 잠저(潛邸)에 있을 때 일찍이 이 일을 시험하여 보았는데, 참으로 말타기를 익히는 데에 도움이 되므로, 태종(太宗) 때에 하고자 하였으나, 마침 유고(有故, 이유)하여서 실행하지 못하였다."하였다. 좌부대언(左副代言) 김자(金赭)가 대답하기를, "전조의 말기에 모여서 격구를 보았으므로 인하여 음란한 풍습이 있었습니다."하니, 임금이 말하기를, "이 시대에는 비록 격구를 보지 않으나, 어찌 음란한 여자가 없겠는가."하였다.[54]

이처럼 세종은 격구의 무과시행을 논리적 반박과 추진력으로 관철시켰으나, 무과전시 격구를 공식화하는 과정에서 또 한번의 난관을 만나게 된다. 제신들은 비록 격구가 제도화되었다고는 하지만, 공식적으로 기록될 만한 것은 아니므로 왕실문서에는 기록될 수 없다고 반대했다. 이 반대론의 근거는 유교 제도화된 사회에서 마상격구는 어울리지 않으므로 육전(六典)에 기록될 수 없다는 논리였다. 그러나 역시 이에 물러날 세종이 아니었기에 마상격구의 장점을 들어 기록의 필요성을 주장하였고, 희롱(戱弄)이 아닌 유용(有用)함을 들어 육전이 아니면 등록(謄錄)에라도 기록해야 함을 주장했다. 다음은 이와 관련된 세종 12년의 기록이다.

세종 12년(1430) 9월 21일: 임금이 대언들에게 이르기를, "격구(擊毬)하는 것을, 조정 신하들이 고려조(高麗朝)의 폐해를 들어 폐지를 청한 자가 많았으나, 그러나 격구는 본시 무예(武藝)를 연습하기 위함이요, 희롱하는 것이 아니다. 옛날의 일을 상고하여 보아도 이러한 일들이 자못 많은데, 이는 모두 무예를 습득하기 위해서 한 것이다. 내가 비록 친히 이를 치지는 않았으나, 그 치는 이치를 깊이 연구(考究)하여 보건대, 말을 잘 타는 자가 아니면 능히 하지 못하고, 그 달리는 재능에 있어서도 반드시 톱이나 활[錡射]보다 갑절이나 능해야만 칠 수 있기 때문에, 무예를 연습하는 데는 이보다 나은 것이 없으며, 고려조의 전성기에도 또한 무예를 연습하기 위해 하였던 것인데, 단지 그 말기에 이르러서 드디어 유희(戲事)로 일변하여, 그 복장에 따른 장식과 안

54) 『세종실록』 7년(1425) 11월 20일.

장 갖춘 말[鞍馬] 등을 다투어 화려하고 사치스럽게 하였던 것이다. 저번에 고약해(高若海)가 나에게 말하기를, '전조(前朝) 말기에는 군왕까지도 공(毬)을 희롱하는 폐단이 있었다.'고 한 바 있다. 이렇게 말한다면, 임금이 희롱하고 즐기는 것이란 비록 격구는 아니더라도 심지어 악공(樂工)과 광대 등의 희롱을 즐겨하는 이도 있으니, 어찌 이만을 가지고 군왕(人主)의 폐단으로 삼을 수 있겠는가. 다만 그 마음 쓰는 바(用心)의 여하에 있을 것이다. 격구 하는 법을 육전(六典: 6조의 집무규정)에 실리기가 마땅치 않다면 등록(謄錄)에 기록하는 것이 어떤가. 뒤에 만약 비난하는 자가 있다면 스스로 (마상격구 시행을)하지 않는 것이 옳을 것이다."하니, 안숭선(安崇善)이 대답하기를, "격구는 무과(武科)의 삼장(三場: 초시(初試)·복시(覆試)·전시(殿試))에 대비하기 위함인데, 육전에 실린다 해서 무엇이 불가하겠습니다."하고, 모두 아뢰기를, "기록할 만합니다."하매, 임금이, "그럴 것이다."하였다.[55]

드디어 격구는 세종 12년 예조에서 지정한 열무(閱武)의 의례 중 하나로, 육전에 당당히 기록되었다. 다음 <표 2>는 조선초 태조 때와 세종 때의 격구를 비교한 것이다.

〈표 2〉 조선초 격구 경기방식의 변천

	태조 때의 격구	세종 때의 격구	
목적	오락용	오락용	무과전시용
경기 방식	마상격구	지상격구	마상격구
득점 방식	구문 통과형	구멍 투입형	마상 기예 및 구문 통과
명칭	격구	격구, 타구(정종 이후) 혼용	격구
시행 시기	수시	수시, 혹은 계동(경신일)	무과 전시시(봄, 가을)
장소	내정	내정	모화관

---

55) 『세종실록』 12년(1430) 9월 21일.

다시 말해 세종이 격구를 무과 전시 종목으로 채택할 수 있었던 것은 세종의 합리적이며 창의적인 성향에서 비롯된 것이었다. 사간원 등이 반대의 근거로 내세운 것은 전조의 망국 원인이 격구를 즐긴 것에서 비롯되었다는 오류에서 나온 것으로서, 이에 대해 세종은 망국의 원인과 격구의 시행은 별개임을 인지하고, 이를 생산적으로 활용하고자 했던 것이다.

이 외에도 격구의 계승은 왕권의 강화라는 또 다른 부수 효과도 낳았다. 이미 기존의 연구에서도 과거제도는 인재의 고른 등용이라는 목적도 있었으나 왕권 강화을 위한 수단으로 쓰였다는 것은 밝혀진 바이다. 따라서 비단 문관을 뽑는 것에서 뿐 아니라, 무관을 뽑는 데 있어서도 격구의 시행은 이와 같은 맥락에서도 해석 가능할 것으로 보인다. 이후 성종 때 편찬된 『악학궤범』의 "모화관친열(慕華館親閱)"에는 관사(觀射, 활쏘기 시험 및 하사 의식)만 기록되어 있으나,56) 실록에 의하면 이 격구도 관사와 더불어 시행되었다.57)

이후 무재로서의 격구는 더욱 그 양식이 갖추어져, 성종 때에는 왕이 참관하는 가운데 모화관에서 정례로 시행되었으며, 연산군, 중종 때에도 이 제도는 지속되었다. 이후 인조 때까지도 격구는 무재의 한 종목이었으나58), 정조 때 『무예도보통지』의 뒷부분에 포함된 것을 제외하고 여타 기록은 전무하다. 아마도 점차 무재로서의 격구 시행은 줄어들었던 것 같다.

---

56) 이혜구, 2000, 137쪽.
57) 『성종실록』 1년(1470) 10월 21일.
58) 『인조실록』 7년(1629) 8월 1일.

(5) 세말 풍속화: 연말 문화로서의 격구

앞서 밝힌바와 마찬가지로 조선 초 태종 때까지만 해도 오락성이 짙었던 마상격구는 제4대 제왕인 세종 때에 이르러서는 무과전시의 종목으로 변화되었다. 이처럼 고려의 마상격구가 조선에서 새롭게 변모되는 동안, 지상격구도 변화의 과정을 거치게 되었다.

지상격구는 정종, 태종 때에는 타구(打毬)로도 불렸으며,[59] 이후 세조 때에는 격봉[60]과 같은 용어 외에도, 봉희[61]로도 불렸다. 이 용어들은 모두 지상격구를 마상격구와 구분하려는 의도에서 생겨난 것으로 보인다.

지상격구에 관한 최초의 공식 기록은 조선 정종 때 지상격구로서 '타구'하였다는 내용이다.[62] 따라서 조선 초기에는 이미 마상격구와는 다른 지상격구도 궁정에서 시행되고 있었음을 알 수 있다.[63] 또한 세종은 마상격구를 제도화하면서, 한편으로는 상왕인 태종을 위해 내정에서 보행격구를 실시하기도 하였다.[64] 세종은 태종의 격구 애호를 알고는 있었으나, 당시에는 겨울철이어서 날씨가 추워져 교외로 나갈 수 없었

---

59) 『정종실록』 1년(1399) 5월 1일; 『태종실록』 11년(1411) 11월 8일 외.
60) 『세종실록』 23년(1441) 6월 8일.
61) 『세조실록』 1년(1455) 9월 8일. 【(捧)[棒]戱或云擊毬°】; 10년(1464) 12월 20일. "봉희(棒戱)를 혹은 격구(擊毬)라고도 한다." 특별히 세조 때에는 격구나 타구라는 명칭 대신에 격봉, 혹은 봉희라고 명명된 경우가 많이 나타난다. 이때에도 역시 비록 기술된 명칭에는 차이가 좀 있으나, 이는 왕과 종친 사이에 즐겼던 격구를 가리키는 것이었다.
62) 지상격구로 오해될 수 있는 타구의 명칭은 이미 고려말 충숙왕 때에도 나타난다. 그러나 이때에 시행된 타구는 마상격구를 지칭하였을 가능성이 높다.
63) 고려시대 예종, 충선왕 때에 타구로 기록된 것은 마상격구인 것으로 보이고, 조선 정종, 태종 때의 타구는 지상격구였을 가능성이 있다.
64) 『세종실록』 3년(1421) 11월 25일.

고, 마침 신궁이 지어진 김에 내정에서 보행격구를 준비하도록 했다. 이때 태종을 비롯해 여러 제군들[65]이 함께 내정에서 보행격구를 즐겼다고 한다. 세종은 상왕을 위하여 내정격구를 시행한 것 외에도, 연말 수경신(도교의 연말 전통으로 밤을 지새우는 행사) 등의 때에는 자신도 격구를 즐겼다.[66] 세종이 내정에서 즐긴 격구(타구)놀이는 겨울 내내 지속되다가 다음해 봄에야 끝났다고 한다.

세종은 마상격구의 무과 전시 규칙을 정비한 것 외에 내정에서의 지상격구(타구)의 규칙도 새롭게 만들었다. 『세종실록』에 의하면 지상격구의 경기 방식 역시 기본적으로는 편을 나누어 승부를 겨루는 것이었다. 이 지상격구 시 사용했던 채의 모양은 숟가락과 같고, 크기는 손바닥만 한 것으로 물소 가죽을 사용했으며, 자루는 두꺼운 대나무를 합하여 만들었다고 한다. 공의 크기는 달걀만 한데, 마노(碼碯, 적갈색이나 흰색 무늬가 있는 광택 있는 돌의 일종), 혹은 나무로 만들었다. 격구장은 궐내였으며, 전각(殿閣)의 사이나, 혹은 섬돌 위, 혹은 평지 같은 곳에 밥공기 같이 움푹한 구덩이(와아(窩兒))를 파서 골 넣는 구멍을 만들었고, 구를 치는 사람은 꿇어앉기, 혹은 서서 치기 등으로 공을 넣을 수 있었다. 마치 골프의 경기방법과 비슷하나, 운영방식은 팀을 나누었으므로, 현재의 대륙별(혹은 국가별) 골프 대항전과 같은 형태였던 것 같다.

세조 때의 격구(타구, 봉희)는 세종 때 정해진 경기 방식과 매우 비슷

65) 효령 대군 이보·익평 부원군(益平府院君) 석근(石根)·경녕군 이비·공녕군 이인·의평군(義平君) 이원생(李元生)·순평군(順平君) 이군생(李群生)·한평군(漢平君) 조연·도총제(都摠制) 이징·이담(李湛)·광록경(光祿卿) 권영균(權永均).

66) 『세종실록』 3년(1421) 11월 25일 외.

하나, 점수를 얻는 방법이 좀 더 세밀해졌다. 『세조실록』에 의하면 공이 멈춘 곳에서 다시 공을 구멍에 넣을 때, 한 번 만에 쳐서 넣으면 산가지 2개를 얻고, 2~3번에 나누어 구멍에 넣으면 산가지 1개를 얻는다고 하였다. 현대의 골프로 이야기 하면, 홀인원에 대한 설명은 없으나, 이글(Eagle)이나 버디(Birdie)를 했을 때는 2점, 파(Par)나 보기(Bogey)를 했을 때는 1점을 얻는다는 것과 비슷한 규칙으로 보인다. 다만 골프와 다른 점은 공을 두 개 사용했다는 점이다. 공 두 개 중 한 개의 공을 한 번에 넣으면 다른 공도 반드시 한 번에 넣어야 하고, 한 공을 두 번 만에 넣으면 다른 공도 반드시 두 번안에 넣어야 한다는 규칙이 있었다. 또 한 공끼리 부딪칠 경우에, 한 번 친 공은 공끼리 부딪치는 것도 허용되지만, 두 번 친 공이 다른 공과 부딪치는 것은 금지한다는 규칙도 있었다. 이와 같은 설명에 의하면, 드라마 '해를 품은 달'에서 격구라고 하여 마치 골프 내지는 게이트볼처럼 재현된 것도 틀린 고증은 아닌 것이다.

특히 세조는 이 보행격구를 매우 애호하여, 선왕 때부터 봄가을에는 활을 쏘고[弓射], 여름에는 투호(投壺)하고, 겨울에는 격구하였던 일을 거론하며 격구를 겨울철 정식 오락으로 삼고자 했다.[67] 다음 <표 3>은 세조 때 봉희(지상격구)의 시행일지이다.

〈표 3〉 조선왕조실록 세조조 봉희(격봉)의 시행일지

	일시, 장소	참여자
세조 1년 (1455)	9월 8일, 사정전	종친
	11월 1일, 사정전	종친, 부마
	11월 7일, 사정전	종친
	11월 8일, 사정전	종친, 부마

67) 『세조실록』 13년(1467) 11월 30일.

	11월 13일, 사정전	종친, 부마
	11월 15일, 사정전	종친, 재추
	11월 17일, 사정전	종친
	11월 26일, 사정전	종친
	11월 29일	종친
	12월 21일, 사정전	종친
세조 2년 (1456)	10월 19일, 사정전	종친, 재추
	12월 21일, 사정전	종친(宗親), 재추(宰樞), 승지(承旨), 주서(注書), 사관(史官), 겸사복(兼司僕) 등
세조 3년 (1457)	3월 15일, 사정전	재추(윤사로(尹師路), 송현수(宋玹壽), 홍달손(洪達孫), 한명회(韓明澮), 한계미(韓繼美), 김질(金礩) 등
	10월 27일, 사정전	종친 등
세조 4년 (1458)	9월 7일, 사정전	종친
세조 6년 (1460)	12월 19일, 교태전	종친(宗親), 재추(宰樞), 승지(承旨) 등
	12월 20일, 사정전	종친, 재추
세조 8년 (1462)	11월 13일, 사정전	종친
세조 9년 (1463)	12월 29일, 사정전	
세조 10년 (1464)	1월 4일, 사정전	보성경(寶城卿) 이합(李㙾), 영천경(永川卿) 이정(李定), 의성군(誼城君) 이채(李寀), 은천군(銀川君) 이찬(李穳), 은산 부정(銀山副正) 이철(李徹), 하성위(河城尉) 정현조(鄭顯祖), 청성위(靑城尉) 심안의(沈安義), 지중추원사(知中樞院事) 윤사흔(尹士昕), 도승지(都承旨) 노사신(盧思愼) 등
	1월 18일, 비현합	의성군(誼城君) 이채(李寀), 보성경(寶城卿) 이합(李㙾), 은천군(銀川君) 이찬(李穳), 진남군(鎭南君) 이종생(李終生) 등
	12월 20일, 사정전	영응 대군(永膺大君) 이염(李琰), 의성군(誼城君) 이채(李寀), 낙안경(樂安卿) 이영(李寗), 영천경(永川卿) 이정(李定), 진남군(鎭南君) 이종생(李終生), 귀성군(龜城君) 이준(李浚), 거제정(巨濟正) 이철(李徹) 등

	12월 24일	종친
	12월 29일, 강녕전	종친, 재추
세조 11년 (1465)	1월 13일, 사정전	종친
세조 12년 (1466)	12월 24일, 화위당	의성군(誼城君) 이심(李宷), 함양경(咸陽卿) 이포(李言布), 영천 부경(永川副卿) 이정(李定), 낙안 부경(樂安副卿) 이영(李穎), 은천군(銀川君) 이찬(李穳), 옥산군(玉山君) 이제(李躋), 진남군(鎭南君) 이종생(李終生), 수성 도정(壽城都正) 이창(李昌), 호산 부정(湖山副正) 이현(李鉉), 복성 부수(福城副守) 이영(李穎), 모양 부수(牟陽副守) 이직(李稙)
세조 13년 (1467)	11월 30일	종친, 재추
	12월 21일, 사정전	종친, 재추

위 표에서 보는 바와 같이, 세조는 거의 매년 연말에 이 지상격구를 시행하여, 나례 행사와 관련된 음력 연말뿐 아니라 도교의 연말에도 격구를 시행하는 것이 상식이 되었다. 이 외에도 세조는 예외적으로 세말이 아니더라도 왜인(倭人) 등의 인견(引見)이 있으면 격구를 시행했으므로, 결국 틈만 나면 격구했다고 해도 과언이 아닐 것 같다.[68]

한편으로 세조는 마상격구도 세종 때의 것을 그대로 유지하며 무과 전시의 하나로서 지속시켰다. 마상격구의 경우에는 봉희나 격봉이라고 칭하지 않고 반드시 격구라고 불렸던 점에서 확실히 구분되기 시작했음을 알 수 있다. 즉, 세조는 세종 때 분리확립 된 두 종류의 격구 전통을 더욱 공고히 하였던 것이다. 마상격구는 국가 전시의 한 종목으로 채택 된 것을 지속하였으며, 지상격구는 세말 군신간 친친(親親, 친한 이들을 친히 한다) 시 시행하였다.

세조 때에는 이와 같이 각자 다른 두 가지 용도의 격구가 이어졌으므

---

68)『성종실록』10년(1479) 12월 6일. 세말 격구의 전통은 성종 때에도 실시된 적이 있다.

로 따라서 이를 담당했던 이들도 당연히 구분되었다. 말을 타고 무예를 시험하는 마상격구는 조선 초기에는 왕을 포함한 종친 등도 직접 즐겼으나, 세종 이후로는 왕이 아닌 무사들만의 기예가 되었으며, 내정에서 구를 치는 보행격구(봉희, 타구, 격봉, 지상격구)는 세종 때 이후로 줄곧 왕, 종친 등의 오락이었다. 다음 <표 4>는 격구의 변천에 관한 일람표이다.

〈표 4〉 격구의 변천 및 파생

	고려시대	조선시대	
형태	마상격구[69]	마상격구	지상격구
용도	왕, 무인들의 오락	무과전시 및 열무	왕종친간 친목도모용
명칭	격구	격구	격구 (격봉, 봉희, 타구)
연행 시기	수시→단오(충렬왕)	수시, 무과전시, 열무	겨울
연행 장소	북구, 내정, 사찰 등지	모화루	내정, 후원 등 궐 안.
참여자	왕, 신기사, 견룡, 환관, 무신 등	왕, 무사 등	왕, 종친, 부마, 세자 등

정리하자면, 조선 초 정종 때부터 왕실오락으로서 시행되었을 가능성이 있는 보행격구는 타구, 격봉(회), 봉희 등으로도 불리우며 지속되었고, 세조 무렵에는 세말 왕종친간 친목도모의 문화로 정착되었다. 세조 때 이처럼 성행했던 격구는 성종 때도 지속되었으나 세조 때만큼 빈

---

69) 『고려사』 世家 忠肅王 5년 1월; 忠肅王 7년 5월; 禮志 兵制 五軍 ①. 고려 예종 5년 9월에도 타구하고 물품을 하사하였다는 기록이 있으나, 지상격구로 볼 수 없는 것이 '신기군(神騎軍)'으로 하여금 타구 하였다고 하는 것 때문이다. 또한 충숙왕 때에도 '타구'의 명칭이 나타난다. 그러나 이때에도 역시 타구는 지상격구로 보기 어려운 것이, 중국에서는 마상격구를 타구라고 칭했던 것을 간접 인용한 것이 기록되어 있는 가 하면, 타구 시행시기도 단오가 있던 5월이며, 시행된 장소는 선흥사(禪興寺)나 민천사(旻天寺) 등의 사찰이었기 때문이다.

번하지는 않았으며, 이후 효종 때의 기록[70]을 마지막으로 더 이상 시행되지는 않았던 것 같다. 다음 <도표 1>은 격구의 파생 및 변천과정을 시대순으로 나타낸 것이다.

<도표 1> 격구의 파생 및 변천 과정

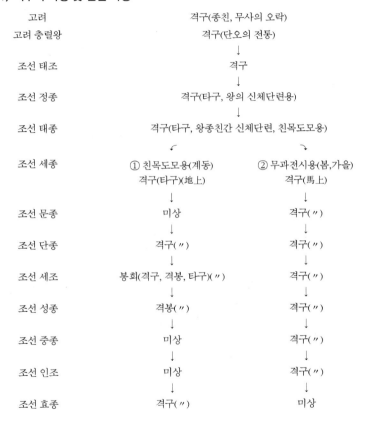

(6) 문헌 고증화: 격구의 기록 작업

조선 전기와는 달리 조선 중기 이후로 격구는 점차 쇠퇴하였다. 무과전
시로 채택된 마상격구는 초기에는 정기적으로 시행되었으나 인조 이후
로는 그 시행 기록을 찾아 볼 수 없고, 친목도모로서의 지상격구도 비록
효종 때까지 시행되기는 하였으나, 정기적으로 지속된 것은 아니었다.

중종 때 특진관(特進官) 윤희평(尹熙平)이 간한 것에 의하면,『경국대
전』에 소상히 기록된 격구 방법과는 많이 어긋나게 요즘 사람들이 시
행하고 있어서, 이는 잘못된 것이 있는 듯 하다고 하였다.71) 이에 대해
중종은 이처럼 격구하는 방법이 소략해진 것이 아쉬우니, 제신들은
『용비어천가』를 나누어갖고『경국대전』에 수록된 방법과 비교해 보
라고 명했다.72)

그러나 이와 같은 비교 연구를 통해서도 격구는 좀처럼 조선초의 모
습대로 시행될 수는 없었던 것 같고, 전시(殿試)로서의 격구도 인조 7년
(1629)73) 이후로는 그 기록이 보이지 않으므로 더 이상 시행되지는 않
았던 것으로 보인다.

이처럼 사장되었던 마상격구가 다시 주목받은 때는 조선 후기 정조
때였다. 정조는 각종 무재에 대한 내용들을 정리하고 서적으로 편찬했
는데, 이것이 바로『무예도보통지(정조 14년(1790))』74)이다. 이 책의
말미에 격구의 자세한 내용과 그림이 수록되어 있다.75)

---

71)『중종실록』34년(1539) 10월 17일.
72)『중종실록』34년(1539) 10월 18일.
73)『인조실록』7년(1629) 8월 1일.
74) 이덕무(正祖 (1752~1800) 명(命) 찬(撰)),『무예도보통지(武藝圖譜通志)』.
75)『정조실록』14년(1790) 4월 29일.

먼저 이 책에는 격구 외에도 23가지의 무예를 다루고 있는데, 각 무예마다 그 유래 및 기예에 관한 도설이 부기되어 있다. 여기에 실린 무예들을 잠깐 소개하면, 곤봉(棍棒),[76] 등패(藤牌),[77] 낭선(狼筅),[78] 장창(長槍),[79] 당파(鐺鈀),[80] 쌍수도(雙手刀),[81] 죽장창(竹長鎗),[82] 기창(旗鎗),[83] 예도(銳刀),[84] 왜검(倭劍),[85] 교전(交戰),[86] 월협도(月挾刀),[87] 쌍검(雙劍),[88] 제독검(提督劍),[89] 본국검(本國劍),[90] 권법(拳法),[91] 편(鞭),[92]

---

76) 곤봉은 단단하고 묵직한 나무를 둥글고 여섯모가 나게 깎아서 손으로 잡기 편하게 만든 것으로 목봉(木棒)이라고도 한다.

77) 등패는 등나무로 만든 방패이며, 등나무의 질긴 성질을 이용하여 촘촘히 엮어 제작하였기 때문에 활이나 창의 공격을 방어하기에 좋으며 또 다른 재질에 비해 가벼운 편이어서 사용하기에 편리하였다. 중앙에는 도깨비 형상의 귀면문을 넣었는데 이에는 사악한 것을 물리치고 진중을 방어한다는 상징이 담겨 있었다.

78) 낭선은 가지를 치지 않은 대나무를 손잡이로 사용하는 병기이며, 명나라 때 발명되었고, 선봉에서 적의 공격을 저지시키기 위해 만든 것이다. 마치 우산살과 같이 생긴 것이다.

79) 장창은 말 그대로 긴 나무 장대에 화살촉을 꽂은 것으로 찍어서 가르고자 만든 무기이다.

80) 당파는 중국의 제도를 모델로 하여 이를 약간 변형시킨 형태로 창날을 여러 개 설치한 병기이며, 일명 삼지창이라고도 한다.

81) 쌍수도는 원래 명칭이 장도(長刀)이지만, 칼이 길어 두 손으로 잡아서 사용해야 하기 때문에 쌍수도라고 한다.

82) 죽장창은 길이 20척의 대나무로 만든 자루 끝에 길이 4촌의 날이 있는 창을 말한다.

83) 기창(騎槍)은 말 위에서 사용하는 창으로서 보병(步兵)의 장창(長槍)과 그 길이가 같다.

84) 예도는 길이가 석 자 세 치, 무게는 한 근 여덟량이고 형태는 한국 고유의 환도(環刀)이다.

85) 왜검은 일본의 검으로 매우 날카로우며, 전국시대 사무라이들이 가지고 다녔던 검을 말한다.

86) 교전은 적과의 접촉상태에서 공격행동을 취하는 전투 행위 그 자체를 말한다.

87) 협도는 칼등이 굽은 무기로서 칼등에 장식을 하였는데, 월협도는 달모양의 칼을 달고 있는 것으로 마치 창처럼 긴 칼을 말한다.

88) 쌍검은 좌우의 손에 각기 한 자루씩 모두 두 자루를 들고 사용하는 것인데, 지상에서 싸우는 쌍검법과 마상에서 다루는 마상쌍검법이 있다.

곤(棍),93) 기창(騎槍),94) 마상월도(馬上月刀),95) 마상쌍검(馬上雙劍),96) 마
상편곤(馬上鞭棍),97) 격구(擊毬), 마상재(馬上才)98)로 총 24가지에 달하
는 것들이다. 사실 이 중 격구와 마상재는 가장 늦게 첨부된 것인데, 아
마도 당대에는 이미 시행되지 않던 것이기에 고증을 통해서만 기록할
수 있던 기예였기 때문으로 추정된다.

비록 마상격구가 당시에는 정지 되었다고 하더라도, 그 기록은 비교
적 정확했을 것으로 생각된다. 왜냐하면, 『무예도보통지』에 수록된 모
든 무예에 관한 내용은 검서관(檢書官)의 검서(檢書)를 거쳐, 장용영(壯

---

89) 제독검은 예도(銳刀)처럼 허리에 차는 칼이다. 이 칼을 사용할 때의 기본적인 자세는
14가지이다. 제독검은 임란 때 들어온 명나라 장수들이 주로 이용한 칼이며, 이여송
제독 휘하의 낙상지라는 장군이 우리나라 사람들에게 그 사용법을 가르쳐주었다.

90) 본국검은 우리나라에서 고대로부터 전해오던 칼로 속칭 신검(神劍) 혹은 신라검이
라고도 하는 것으로, 모양은 쌍수도와 비슷하다.

91) 권법은 맨손으로 하는 격투기로서 가장 기본이 되는 무술인데, 무예도보통지에 나
타난 권법은 소림사 계통의 강권이다.

92) 편은 전체가 금속으로 만들어진 봉 모양의 타격무기이며 그 중량으로 적을 때려눕
히는 것이 목적인 것이다. 당대에서 청대에 걸친 오랜 역사를 가진 무기로, 청동과
철 등 그 시대에 생산된 금속을 이용하여 만들어졌다. 도검과 같은 손잡이를 가지
고 있으며 칼날에 해당하는 타격 부분에는 마디처럼 생긴 것들이 여러 개 있다. 날
도 있는데, 보기엔 채찍처럼 생겼기 때문에 '철편(鐵鞭)'이라고도 부른다.

93) 곤은 단단한 나무를 둥글게 깎은 단순한 모양으로 길이는 약 240㎝의 가장 단순한
형태의 무구이다.

94) 기창(騎槍)은 말 위에서 사용하는 창으로서 보병(步兵)의 장창(長槍)과 그 길이가
같다.

95) 월도는 그 칼날이 반달 모양을 하고 있기 때문에 붙여진 이름이다. 대체로 청룡도
또는 청룡언월도라고 한다.

96) 마상쌍검은 완전 무장한 무사가 말을 타고 요도(腰刀)를 양손에 하나씩 들고 싸우
는 것을 말한다.

97) 마상편검은 갑옷과 투구 차림에 칼과 동개를 차고 말을 탄 무사가 편(鞭:도리깨)으
로 싸우는 것을 말한다.

98) 마상재는 달리는 말 위에서 기마수·마상재인이 갖가지 재주를 부리는 기예를 말한다.

勇營)의 관리가 일일이 시험해 본 후에야 완성본으로 수록했다고 하니, 아마 이 격구에 관해서도 그러했을 것이기 때문이다.

<그림 7> 『무예도보통지』의 목공

『무예도보통지』가 참고한 원전들은 실로 방대한데, 우리나라의『경국대전』,『용비어천가』등과 같은 왕실 문헌 외에도 중국측 역사서인『송사』,『금사』등의 역대 사서들을 두루 다루고 있다. 저술 방식은 먼저 각 원전에 소개된 내용을 그대로 인용하고, 특별히 의문이 되는 점이 있으면 주를 달아 병기하는 방식

<그림 8> 『무예도 보통지』의 모구

이었다. 특히 격구 항목에서 주목하고 있는 점은 크게 두 가지인데, 그 하나는 공의 재질 변화에 관한 것이고, 다른 하나는 격구와 축국(내지는 사구)이 과연 같은 것인지를 판별하는 문제였다. 다음 <그림 7>과 <그림 8>은 각각『무예도보통지』에 수록된 붉은 칠을 한 목공과 털로 만든 공의 그림이다.

먼저 공의 재질에 관심을 가진 것은 격구와 축국을 구별하는 문제와 관련된 것에서 출발한 것으로 보인다. 결론적으로 이 책에서 목공[木丸]은 주로 마상격구에 쓰이는 것이고, 모구(毛球)는 축국과 관련된 것으로 구별하고 있다.

그러나 이 공의 재질 보다 더욱 문제가 되었던 것은 중국의 여러 원전에 소개된 격구가 축국(蹴鞠)내지는 사구(射毬)와 혼동되고 있다는 점이었다. 이 점이『무예도보통지』에서도 격구의 내용을 다루는 데 있어 혼란스러웠던 것 같은데, 실제로도『무예도보통지』에서 인용하고 있는 내용들도 그러하기 때문이다. 따라서 이와 같은 내용을 정리하여 보면 아래 <표 5>와 같다.

〈표 5〉『무예도보통지』에 소개된 격구 관련 원전 내용

원전	내용
경국대전 (經國大典)	"용비어천가에 이르길 격구채는 길이가 9치이고 너비가 3치이며, 자루의 길이는 3자 5치이고, 공둘레는 1자 3치이다.", "태조 대왕이 항상 나무공을 만들었는데, 크기가 배(梨)만 하였다. 사람으로 하여금 50~60보 밖에 세워 놓고 쳐다보고 던지거나 박두(樸頭: 목촉전(木鏃箭, 나무촉 화살)로 쏘면 문득 맞추었다.)"
용비어천가 (龍飛御天歌)	"고려시대 매년 단오절에 예선에서 뽑힌 무관 중 나이 젊은 사람이나 의관자제(衣冠子弟)들이 한길이 넓은 뜰에 구규(九竅, 9개의 구멍)에 용봉장전(龍鳳帳殿, 용과 봉황이 그려진 장막이 쳐진 궁궐)을 설치하고, 장막 앞 좌우에 각 200보를 허용하는 그 길 가운데 구문을 세우고, 길 양편에 오색 금단으로 장식한 부녀의 막에 명화(名畫)로 수놓은 방석을 깐다. 격구자는 성대한 복장과 온갖 꾸밈을 다하여 궁극의 사치가 화려하였다. 안장 하나의 비용이 중인 열 집의 재산 값과 맞먹었다. 2대로 나뉘어 좌우에 섰다가 기생 한 명이 공을 잡고 걸어가는 중 주악이 그치면 공을 길 가운데로 던진다. 좌우에 있던 대오 모두가 말을 달려 공을 다투는데, 먼저 집는 자가 수격(首擊: 맨 먼저 공을 친다.)이 되고, 나머지 모두 물러난다. 구경하는 자 산적해 있다. 공민왕 시절에 태조와 함께 선발된 자가 행격(行擊: 격구를 행함)할 때 말을 달리는 것이 너무 빨라서 이미 수양(垂楊)이 되어 버렸다. 공이 홀연히 돌에 부딪쳐 말 앞 두 발 사이로 들어 와 뒤 두 발 사이로 나왔다. 태조는 즉시 하늘을 쳐다보고 누워 옆으로 말꼬리를 방어하듯이 치니 공이 다시 말의 앞 두발 사이로 나와서 다시 쳐서 내보낼 때 사람들이 방미(防微)라 했다. 또 격구를 할 때 이미 수양구(垂楊毬)가 되어 다리 기둥에 부딪쳐 말 왼편으로 나왔다. 태조는 오른쪽 등자(안장)에서 (발을)벗어나 몸을 뒤집으면서 아랫 발이 땅에 닿기 전에 쳐서 맞추어 즉시 말로 돌아와 (말을 다시 타고) 다시 쳐서 구문으로 내보냈다. 이를 사람들이 횡방(橫防)이라 했다. 거국적으로 놀랄 일이었고, 전고에 듣지 못한 일이었다."
별록(別錄)	"축국(蹴鞠)은 황제(皇帝)가 만든 병세의 기본이다. 혹 이르기를 전국시대에 일어나서 무사를 단련시켜 재간 있는 자를 알아내는 것이었다."
한서(漢書)	"『매승전(枚乘傳: 한나라 회음인인데, 벼슬은 홍농도위를 지냈다.)』 주에 축(蹴)이라는 것은 발로 하는 것이다. 국(鞠)은 가죽[韋]으로 가운데를 물건으로 채워서 차는 것으로 즐거운 놀이를 삼는 것이다."
사기정의 (史記正義)	"『축국서(蹴鞠書)』에 역설편(域設篇)이 있는데, 지금의 타구(打毬: 공을 치는 것)이다.", "『축국보(蹴鞠譜)』에 이르기를 매인마다 두 번 차는 것을 타(打)라 하고, 두 번 끌어 열어 크게 차는 것을 백타(白打)라 한다."
무경(武經)	"18반무예(1궁(弓, 활), 2노(弩, 쇠뇌), 3창(槍, 창), 4도(刀, 칼), 5검(劍, 칼), 6모(矛, 창), 7순(盾, 방패), 8부(斧, 도끼), 9월(鉞, 도끼), 10극(戟, 창), 11편(鞭, 채찍), 12간(簡, 대창), 13과(撾, 채), 14수(殳, 몽둥이), 15차(叉, 깍지무예), 16파두(杷頭, 갈고리), 17면승투색(綿繩套索, 줄무기), 18백타(白打, 격구를 의미)에 백타가

	있는데, 위장(韋莊)의 시에 상상(上相)간에 백타전(白打錢)을 나눈다는 것이 바로 이것이다."
풍속통 (風俗通)	"털로 공을 만든 것을 국(鞠)이라 한다."
삼창해고 (三蒼解詁)	"국(鞠)이란 털로 만든 공으로 차는 놀이를 말한다."
초학기 (初學記)	"국(鞠)은 곧 구(毬)자이다. 지금 축국(蹴鞠)은 공놀이로, 옛날에는 털을 이용하여 뭉쳐 만든 것이다. 지금은 가죽으로 포(胞)를 만들어 속을 삼고 허기(噓氣)를 막고 차는 것이다."
몽계필담 (夢溪筆談)	"『서경잡기(西京雜記)』에 한나라 원제(元帝)는 축국으로 일을 삼아서 서로 비슷한 사람[上流: 축국 하는 사람]을 구하였다. 축국을 하지 않는 사람은 장기를 뛰기는(『노학암필기(老學菴筆記)』에 이르기를, 옛날에 장기를 뛰기는 판의 모양이 향로와 같아서 대개 그 가운데가 솟아 나왔다.) 놀이를 하였다. 내가 장기를 뛰기는 것을 본 즉 절대로 축국과 같은 종류가 아니고, 자못 격국(擊鞠)과 같은 것이었다."
상소잡기 (糸相素雜記)	"지금은 축국(蹴鞠)으로 격국(擊鞠)을 삼는다. 대개 축(蹴)과 격(擊)은 한 가지이다. 심존중(沈存中)은 이에 격국을 격목구자(擊木毬子)로 한다. 그러므로 축국과 다른 것이 아니다."
당서(唐書)	"격국은 국이라 하지 않는다. 그 뜻은 매우 명백하여 축국자류는 두 가지로 나뉜다. 기구자는 발로 차는 것이다. 격구자는 말을 타고 막대기로 치는 것이다."
중산시화 (中山詩話)	"국(鞠)은 가죽에 털을 채워 놀이를 하는 것이다. 당나라 말기에 이르면 이미 같지 않다. 같지 않다는 것은 옛날의 털뭉치공[毛丸]은 가죽공[皮丸] 및 나무공[木丸]으로 변하고, 옛날의 발로 차는 것은 말을 달리는 것으로 변했다."
섬서통지 (陝西通志)	"축구(蹴毬)는 당나라에서 시작되었다. 높이 수 장(丈) 되는 두 개의 긴 대를 꽂고, 위에는 망으로 얽고 공을 던진다. 공을 만들고 나서 문득 좌우로 패거리를 나누어 씨름으로 승부를 낸다."
송사(宋史) 예지(禮志)	"태종이 타구의(打毬儀)를 정하고 황제가 말을 타고 뜰에 당도하자, 내시가 금합(金盒)을 여니 붉은 칠을 한 공을 꺼내 궁전 앞에 던졌다."
금사(金史) 예지(禮志)	"국장(鞠杖: 격국하는 막대, 격구채)의 길이는 수 장(丈)이고, 그 끝은 언월구(偃月毬)와 같고, 모양은 작기가 주먹 같고, 가볍고 질긴 나무로 그 속을 비게 하고 붉은 색을 칠한다." "사류격구놀이(射柳擊毬之戲)는 거란의 풍속이다 무릇 오월 오일(단오절) 하늘에의 배례가 끝나고 버드나무를 꽂은 격구장을 머리띠(맥: 음은 '맥', 正"자와 통함. 붉은 머리띠로 이마를 닦는데 이는 군용(軍容)이다.)로 가지에 표시한다(識: 뜻을 기록하는 것과 통함). 그것은 위에서 몇 치 껍질을 벗겨 하얗게 한다. 한 사람이 말을 달려 앞에서 인도하면 뒤따라 말을 달리며 깃이 없는 촉이 옆에 달린 화살을 쏘며…"

중무파 (仲無頗)의 부(賦)	"그 나무를 오르는 것이 허자의 표주박(瓢: 『일사전(逸土傳)』에 이르기를 허유(許由)가 손으로 물을 마신즉, 어떤 사람이 표주박 하나를 주었다. 물마시기가 끝나고 나무 위에 걸어 놓았더니 바람이 불어 소리가 나므로 허유가 시끄럽다 하여 버렸다.)으로 걸기 시작했는데, 어찌 얽어서(鐵: 실로 매서 주살로 새를 쏘는 것) 나무를 오르고 내리게 하겠는가?"

이처럼 『무예도보통지』에서의 기본적인 입장은 격구라고 하는 것과 축국은 구분되어야 한다는 것이며, 마상격구는 말을 달려 장으로 치는 것으로 한정하고 있다. 지상격구에 대해서는 격구의 또 다른 형태로서 인지는 하고 있었으나, 구체적으로 언급하지는 않았다. 이와 같은 입장은 다음의 실록에 실린 아래 내용에서도 분명히 정리하고 있다.

정조 14년(1790) 『무예도보통지』: "고로 당서(唐書)에 다만 격구는 국이라 하지 않는다. 그 뜻은 매우 분명하여, 축국자류의 것은 두 가지이다. 기구자는 발로 차는 것이요, 격구자는 말을 타고 막대기로 치는 것이다.; 『상소잡기』에는 다만 축, 타, 격, 국, 구가 같다는 것만 알 뿐 말로 치고, 발로 차는 것의 실상이 다르다는 것은 알지 못하였다.; 심존중의 설은 다만 그 사실의 다름을 가리킬 뿐, 그 문장의 실상이 서로 통한다는 것을 알지 못하였다.; (『금사』에 나온 내용을 들어) 고려 격구도 역시 단오일인즉, 어찌 사류(射柳: 버드나무 문의 공을 치는 것)가 변하여 사구(射毬: 공을 치는 것)가 되었겠는가?"

이처럼 『무예도보통지』는 중국과 우리나라의 각종 사적(史籍)에 전하는 마상격구 관련 기사를 검토하여 인용하고, 격구의 장이라든가, 격구의 기예 등에 관해서 도해까지 하고 있다. 그러나 이와 같은 노력에도 불구하고, 다시 격구가 활발하게 시행되지는 못했던 것으로 보인다. 이에 대해 이미 총포가 들어와 있었던 것을 주요 원인으로 보는 견해도 있다.

3) 격구(擊毬)의 세말 왕실문화화 과정

조선왕조의 유교제도화 과정에서 격구도 점차 변화되었다. 가장 큰 변화는 마상격구가 쇠퇴하고 지상격구가 군신간 친친의 도구로 활용되기 시작한 것이다. 마상격구와 지상격구가 동시에 존재한 시기도 있었으나, 세종, 세조 때 지상격구의 규칙이 정립된 이후로 지상격구는 확실히 왕실 오락문화로서 마상격구의 자리를 대체하게 되었다.

격구의 시행 장소도 궁밖에서 궁안으로 들어오게 되는데, 고려시대의 격구는 주로 궁밖의 전용 격구장에서 시행되던데 비해 조선왕조에서 시행된 격구는 궁안에서 시행되는 것으로 점차 바뀌어 갔다. 마상격구는 모화관이라고 하는 일종의 궁의 확대된 공간에서 시행되었고, 지상격구는 내정이나 후원 등지에서 시행되었다.[99]

격구의 시행시기도 임의성을 띠던 것에서 의례화되기 시작했다. 마상격구의 경우 고려말 단오의 전통이던 것이 조선시대에는 국가의 전시가 되었으며, 보행격구도 본래는 임의로 즐기는 오락에서 세조 이후 왕실의 연말 문화가 되었다.

격구의 쓰임도 조선의 제도화 과정과 함께 변화되었다. 고려시대에는 무사들의 열무와 오락을 위한 용도였다면, 조선시대에는 통치권자의 비범함을 나타내기 위해서나, 신체단련 및 공신들과의 돈독한 관계를 위한 소통의 도구가 되었다. 세종 이후부터 마상격구는 확실히 무과 전시를 위한 것으로 탈바꿈되었으며, 보행격구 또한 단순히 오락으로 즐기기 보다는 친친의 도구로서, 또한 왕실의 스포츠로서 마상격구를 대체하는 매개물로서 역할을 한 것으로 평가될 수 있을 것이다.

---

99) 『태조실록』 1년(1392) 9월 26일.

격구의 의례화와 관련하여서는 특히 태종의 행보가 주목되는데, 태종은 격구를 매우 빈번히 시행하면서도 반드시 주연을 병연하였으며 등급에 따른 하사의 절차를 갖추었다. 태종 때 여러 가지 의례의 정비가 시도되었는데, 이때마다 갖추어졌던 것이 바로 계급에 따른 의식의 규모와 음악, 절차, 그리고 포상 내지는 하사라고 하는 일련의 장치들이었다. 비록 격구라고 하는 것이 조선의 의례로 승화되기에는 그 성격이 상무적이기는 하였으나, 주연을 베풀고 여기에 참여하였던 모든 인물들, 무신뿐 아니라 창기들에게도 하사품을 내리는 것과 같은 절차는 왕실의 권위를 높이고 왕실문화로의 격식을 갖추고자 했던 시도로 볼 수 있을 것이다.[100] 다음의 <표 6>은 마상격구의 시행시기 및 지상격구(타구)의 시행시기를 표시한 것이다.[101]

〈표 6〉 마상격구(1, 2..) 및 지상타구(격봉(희), 봉희, Ⅰ, Ⅱ..)의 시행시기 및 횟수

월 \ 왕	1	2	3	4	5	6	7	8	9	10	11	12
예종	2회								1			
인종					1							
의종		1	1	1	1			3	7	2	2	1
희종			1						1			
고종					1					1	?	?
원종												?
충렬왕					7							
충숙왕	1회				1							

---

100) 『태종실록』 12년(1412) 4월 17일.
101) 표 안의 아라비아 숫자는 각 왕대별 마상격구의 시행 횟수를, 로마숫자는 지상격구의 시행 횟수를 나타낸 것이고, 아라비아 숫자 중 진하게 표시된 것은 무재로서 시행했던 마상격구의 횟수를 나타낸 것이다. '?' 표시는 시행은 되었으나 그 횟수는 알려지지 않은 것을 나타낸 것이다.

충혜왕				1	1								
공민왕													?
우왕					2								
태조				1	1				1	1	1	2	
정종	3회		2	1	I			2	1	2			
태종	2회 1회	4, I	4	7, II	2		1	3	2	1	7, I	3	
세종			3	6	5	3	I	1	1	1	5, VI	3	
단종									1			1	
세조	IV회		I		1				II	1, II	IX	1, VIII	
성종			1	7	1	3			2	2	2	1	
중종			1										
인조								1					

4) 유용했던 격구(擊毬)

격구는 그것이 마상격구이건 지상격구이건 상무적인 성격을 띤 오락이었으나 고려를 비롯해 조선왕실에서도 즐긴 스포츠였다. 고려시대는 차치하고라도 성리학이 바탕이 된 문치주의 사회인 조선에서도 어느 정도 허용될 수 있었던 이유는 무엇이었을까?

격구의 지속동인은 크게 세 가지로 정리될 수 있을 것 같은데, 첫 번째는 제왕의 기호를 반영했다는 것이고, 두 번째는 연말 전통과의 유관성을 가졌다는 것이며, 마지막 세 번째는 왕권강화의 속성을 지녔다는 것이다. 첫 번째 이유인 제왕의 기호와 관련된 것은, 고려시대에는 앞서 언급한 것처럼 상무적인 제왕 혹은 무신 정권 최씨 일가의 기호에 부합했던 덕에 격구는 지속될 수 있었다는 사실이다. 조선초의 상무적인 군주들도 이와 같은 이유로 조선초 일정 시기 동안은 마상격구를 지속했다.

두 번째 격구의 지속 동인은 바로 시의성이라고 하는 것이다. 유교제도화가 완성된 것으로 보는 성종 때에도 격구는 시행될 수 있었는데, 바로 연말 전통이라는 점 때문에 가능한 것이었다.[102]

세 번째 왕권강화를 위한 도구로서 지속될 수 있었다는 것이다. 고려시대에도 무신정권의 위엄과 연합을 위해 실시되었으며, 조선시대에 들어와서도 어느 정도는 이 목적으로 가능했다. 태조는 정당성을 부여받기 위해서는 그의 비범함을 드러내기 위한 이야기가 필요했는데, 이때 활용된 것 중 하나가 바로 격구였던 것이다. 세종 역시 왕권강화를 위한 제도화를 통해 격구를 무제의 취재 종목으로 만든 것도 이와 같은 맥락에서 일부는 해석 가능할 것이다. 성종대의 모화관 친열(親閱) 의식에서 시행된 격구도 당연히 왕권의 강화와 관련된 것이었다.

즉, 격구는 고려시대부터 조선시대까지 이처럼 성행하기도 하고 사장되기도 하였던 왕실의 스포츠이자 연말 문화였으며, 사실 여러모로 유용했던 도구였다. 고려시대 무신 정권기에는 단순 오락처럼 여겨질 수도 있었으나 실제로 무사들의 싸움에서는 반드시 말타기가 능해야 했기에 이를 위한 연마의 도구로 쓰였던 것이다. 이후 원간섭기인 충렬왕 때 격구는 단오의 전통이 되었는데, 이때에도 역시 왕이 참관하는 왕실의 국중행사 중 하나로서 일정한 역할을 했다. 이 밖에도 조선초 제왕들은 격구를 함께 즐김으로써 제왕의 용맹스러움을 나타내기도 했고, 개국 공신들과 친목 도모를 위해 시행하기도 했다.

조선 후기에는 마상격구든 보행격구든 거의 시행되지는 않았으나, 신권의 견제에 힘썼던 정조가 편찬한『무예도보통지』에 수록된 마상격

---

[102] 『성종실록』10년(1479) 12월 6일.

구는 다시금 고려말 조선초 강력했던 왕권을 생각나게 하는 것이었다.

2. 왕실의 불꽃놀이, 관화(觀火)

1) 왕실에서도 불꽃놀이를?

홍미진진했던 드라마 '이산(2007, MBC)'에는 영조(이순재 분)와 그의 손자 이산(후에 정조, 이서진 분)이 참여한 가운데, 세말에 '나례희(儺禮戲)'가 펼쳐졌다.[103] 이날 나례희에는 화희(火戲)를 비롯해, 농악단의 풍물놀이와 각종 가무단과 기예단의 공연 및 처용무와 총포술이 연출되었다. 이와 유사한 장면은 드라마 '해를 품은 달(2012, MBC)'에도 등장한다. 역시 궁정에서 처용무와 풍물놀이 등이 공연되고, 불꽃놀이가 화려하게 펼쳐졌다. 그렇다면 과연 조선시대 연말에도 현대의 불꽃놀이와 같은 것들이 있었을까? 하는 궁금증이 생기게 된다.

먼저 결론부터 말하자면, 왕실의 연말 '불꽃놀이'는 존재했다. 앞에서 언급한 것처럼 나례 때에는 무당이 들어와 축역의식을 행하기도 하였으며, 궁중에서 민속악이 공연되기도 했고, 불꽃놀이도 실시되었던 것이다. 따라서 드라마에서 구현하고 있는 나례 연출과 불꽃놀이는 실제와 상당히 가깝다고 할 수 있다.

특히 드라마 '이산'의 불꽃놀이는 어좌 앞에서 매우 다양한 형태의 폭죽이 터지고, 성밖에서는 백성들이 관람 가능할 정도로 큰 규모로 펼쳐진다. 또한 사도세자를 죽이는 수단으로 사용된 다양한 화통(火筒)은 중요한 기물로 등장한다. 드라마에서뿐 아니라 조선시대에도 나례의

---

103) 드라마 '이산' 제26회(2007년 12월 11일 방영).

불꽃놀이는 대표적인 왕실의 연말 문화 중 하나였다.

2) 고려왕실의 불꽃놀이, 설화산(設火山)과 폭화(爆火)

우리나라의 불꽃놀이는 언제부터 시작되었을까? 불꽃놀이가 고려시대 이전부터 있었을 것이나, 문헌상으로는 고려말에서야 자세한 기록이 등장한다.

고려시대에 불꽃놀이라고 하는 것은 두 가지로 나누어 볼 수 있다. 하나는 궁중에서 광대들에 의해 연출되었던 설화산(設火山, 혹은 설화산대(設火山臺))과 하늘에서 꽃을 피우는 폭화(爆火)의 두 가지가 그것이다. 이 중 설화산은 화산대를 세우고 광대화희(廣大火戲)가 함께 연출되는 것을 말한다. 광대는 이때 등에 불판 등을 지고 재기로 화희를 펼쳤다. 폭화는 말 그대로 공중에서 불꽃놀이를 하는 것으로 멀리 동원산에서 쏘아 올리던 것으로 궁정내에서 뿐 아니라 도성안에서도 모두 볼 수 있는 것을 말한다.

먼저 고려시대 전정(殿庭) 등에서 실시되었던 불꽃놀이는 본래부터 연말 문화는 아니었다. 주로 연등회가 시행되던 때에 맞추어 1월이나 2월 보름에 행해지던 전통이었다.[104] 특히 연등회는 화산대의 설행 및 광대들의 화희와 밀접한 관계가 있는 것인데, 고려 성종 때 잠시 폐지되었던 것을 제외하면 고려시대 내내 불가분의 관계였다고 하겠다.[105]

---

104) 윤아영, 2005, 「燃燈會 小會日과 大會日의 의식형태 및 백희잡기에 관한 연구-『高麗史』禮志의 上元燃燈會 기록에 의하여-」, 『온지논총』 11, 223~256쪽. 신라시대 연등회의 내용은 자세히 알 수 없으나, 고려의 연등회는 확실히 불교 축제 행사였으며, 초기에는 1월 15일에 시행되었다가, 고려 중기에는 2월 15일로 변경된 후 다시 고려말에 4월 8일로 바뀌어 지금에까지 지속되고 있다.

연등회의 중심 사상은 부처를 숭상하고, 만민에게 복을 기원해주는 것인데, 당시 연행 모습은 내정이나 사찰 등지에서 산모양의 잡상을 꾸미고, 그 주변에서 광대들의 잡희(주로 화희)가 더해진 것이었다. 이와 같은 것을 모두 합해서 고려시대에는 설화산, 관화산, 설화산대, 혹은 설화산희라고 불렀다.

이와 같은 화산대와 광대화희는 고려말 공민왕 때에는 더욱 빈번하게 실시되었다. 공민왕은 불교를 숭상하였으며, 당시 공민왕이 중용한 신돈은 그를 위해 연등회 때 후원이나, 불교 사찰 등지에서, 혹은 수시로 성대한 화산대를 바쳤다.[106] 신돈은 공민왕의 감상적인 성정과 불교 및 예술에 대한 기호 등을 잘 이해하고 이에 맞춰 화산대를 잘 활용했다. 이 때문에 공민왕대의 기사에는 화산대와 관련된 내용이 비교적 자주 등장한다. 다음은 공민왕 때 화산대를 설행했던 기록들이다.

> 고려사 열전 '조일신[107](?~1352년(공민왕 1))'항: 어느 날 왕이 전내(殿內)에 설화산(設火山)하고 잡희(雜戲)를 베풀어 이를 관람하였는데 조일신(趙日新)이 왕과 함께 난간에 기대었다.[108]
> 고려사 열전 '신돈(?~1371년(공민왕 20))'항: 신돈(辛旽)이 연등(燃燈)에 설화산(設火山)하여 왕의 행차를 그 집에 맞이하고자 이운목(李云牧) 기현(奇顯)과 지신사(知申事) 염흥방(廉興邦) 응양군 상호군(鷹揚軍上護軍) 이득림(李得霖) 등과 함께 문무(文武) 수백 인을 거느리고

---

105) 『고려사』, 世家 忠惠王 后3년 5월 乙亥; 列傳 后妃 忠烈王.
106) 『고려사』, 世家 恭愍王 원년 4월 庚戌; 世家 恭愍王 18년 4월 癸酉; 世家 恭愍王 21년 10월 丙申.
107) 한국정신문화연구원, 1991. 조일신(趙日新)은 고려 후기 역신의 하나로 평가되며, 공민왕 때 난을 일으켜 정권을 잡으려 했으나, 6일만에 평정되었다.
108) 『고려사』, 列傳 叛逆 趙日新, "日新, 毁獄出之, 一日, 王於殿內, 設火山, 陳雜戲, 觀之"

좌우대(左右隊)를 삼아 이를 독려하니 등(燈)이 백만(百萬)을 헤아려 그 기교(奇巧)를 다 하였으며 또 잡희(雜戲)를 성하게 베푸니 왕이 포(布) 100필(匹)을 사(賜)하였다.109)

고려사 열전 '신돈(?~1371년(공민왕 20))'항: 권적(權適)이 또 크게 신돈(辛旽)을 위해 향연을 베풀고, 또한 이때에 설화산대(設火山臺)하니 신돈(辛旽)이 감히 스스로 편치 못한지라. 이에 양청(凉廳)에 옮겨 왕을 청하여 이를 관람케 하였다.110)

위의 내용들은 모두 공민왕 무렵에 시행되었던 연등회와 설화산대의 일면을 보여주는 기사들이다. 첫 번째는 국가 행사인 연등회에서 조일신이란 인물이 왕과 함께 나란히 기댈 정도로 거만하였음을 이야기하면서 부가적으로 대전에서 설화산대와 함께 잡희가 연출되었다는 내용이며, 두 번째는 신돈이 사찰이나 궁 안이 아닌 자신의 집에 연등을 달고, 설화산을 설치하여 왕을 성대하게 맞이했다는 내용이다. 마지막 세 번째는 국가 행사가 아닌 신돈을 위해 설화산대를 설치하고 잔치를 베풀었다는 내용인데, 아무리 신돈이라지만 왕을 위해서 베풀어져야 할 설화산대가 자신을 위해 설행된 것에 대해 자못 불편해했다는 내용이다.

위 기사를 종합해보면, 신돈은 공민왕을 위하여 연등회 및 설화산대를 화려하게 하여 공민왕의 환심을 사고자 하였다. 또한 왕을 위해 설행되어야 할 설화산대가 신돈을 위해 연출된 점 등으로 미루어 당시 설

---

109) 『고려사』, 列傳, 叛逆, 辛旽. "旽, 燃燈, 設火山, 邀王幸其第, 與云牧·顯·知申事廉興邦·鷹揚軍上護軍李得霖等, 率文武數百人, 爲左右隊, 督之, 燈以百萬計, 極其奇巧, 又盛陳雜戲, 王, 賜布百匹"

110) 『고려사』, 列傳, 叛逆, 辛旽. "權適, 又大享旽, 設火山臺, 旽, 不敢自安, 乃移廳, 請王觀之"

화산대와 권력과의 관계를 짐작하게 한다. 이처럼 권력과 밀접하게 관련되었던 당시의 설화산대의 화려한 설행은 부작용도 있었지만, 부수 효과로 궁중 공연 문화를 풍성하게 한 결과도 가져왔다. 뒷부분에 상술하겠지만, 화산대와 병연된 광대잡희는 이후 관화(觀火)로 발전되는 단초가 되었으며, 조선조에도 궁정 내에서 광대잡희(廣大雜戲)가 지속될 수 있었던 길을 열어주었기 때문이다.

고려시대에는 또 다른 형태의 불꽃놀이인 폭화에 관한 내용도 소개되고 있다. 고려말 조선초 대 학자인 목은 이색(李穡, 1328~1396)은 궁정에서 펼쳐졌던 화산대희와 폭화를 감상하고 이를 묘사한 시 '산대잡극'을 지었다. 이 '산대잡극' 시를 소개하면 다음과 같다.

⟨이색, '산대잡극(山臺雜劇)'⟩
산대결철사봉래(山臺結綴似蓬萊): 산대를 꾸미고 결채를 맺는 것은 흡사 봉래산과 같은데,
헌과선인해상래(獻果仙人海上來): 선도(신선이 먹는 다는 과일)를 바치러 오는 신선은 바다 위를 걸어오는 것과 같네.
잡객고정굉지동(雜客鼓鉦轟地動): 잡희광대들이 울리는 북과 징은 땅을 울릴 정도이고,
처용삼수축풍회(處容衫袖逐風廻): 처용희의 소매 짓은 바람을 날려 버리는구나.
장간의한여평지(長竿倚漢如平地): 장간기(장대놀이)를 펼치는 사내는 마치 평지를 걷는 것 같고,
폭화충천사질뇌(瀑火衝天似疾雷): 하늘을 울리는 폭화는 뇌우같이 울리는구나.
욕사대평진기상(欲寫大平眞氣像): 흡사 태평성대를 바라고자 하는 것은 참으로 그 기상이 흡사하나,

노신잠필괴비재(老臣簪筆愧非才): 늙은 신하의 짓는 즉흥적인이 글은
재주가 없음에 부끄러울 뿐이니.[111]

위 시에서 알 수 있는 내용은 전정에 산대를 봉래산처럼 꾸미고, 채
색한 비단으로 장식한 무대에 신선이 선도(신선의 복숭아)를 들고 물위
를 걷는 형상이 연출되었다는 것이다. 또한 광대들의 장간기가 북, 징
의 반주에 맞추어 펼쳐졌으며, 제의적인 처용희를 비롯해 하늘에 쏘아
올린 불꽃놀이까지 모두 묘사되고 있다. 즉, 고려시대말에도 이미 연말
전정에서는 화산대를 설치하고 광대의 불꽃놀이가 있었으며, 하늘에
는 폭죽을 쏘았던 것이다.

3) 조선왕실의 불꽃놀이, 장화희(張火戲)와 방포(放砲)

고려시대의 설화산과 광대잡희, 폭화의 전통은 조선시대에는 설화
산 혹은 장화희와 방포로 이어졌다. 또한 고려시대와 달라진 점이 있다
면, 고려의 설화산은 연말에도 시행된 적이 있기는 하나 주로 연등회
때 설행된 반면, 조선시대 제3대 태종 이후로는 아예 연말의 전통으로
자리 잡은 것이다.[112] 또한 설화산은 조선에 수용되면서부터는 더욱
다양한 명칭을 얻게 되었다. 고려시대에는 설화산, 관화산, 설화산희,
설화산대로 불리던 것이 조선시대에는 설화희, 장화희, 진화희, 관화산
대 등의 이름으로 불리게 된 것으로 보아, 이전의 화산대의 설행보다는
화희가 더욱 강조되고, 양식화되는 변화가 생겼다. 특히 조선 태종은

---

111) 이색, 「산대잡극(山臺雜劇)」, 『목은시고(牧隱詩稿)』卷33.
112) 일시적으로 태조 때 1월, 혹은 정종 때 6월에 시행된 적이 있다.

고려시대의 폭화에 해당하는 화희를 매우 선호하여 시행 및 개발을 독려하기까지 하였다. 다음은 태종이 계동에 실시한 화희와 관련된 기사이다.

> 태종 7년(1407) 12월 30일: ○ 군기감(軍器監, 고려말 조선초 병기 등의 일을 맡아 보던 관청) 화약장 33인에게 쌀 1석을 하사하였다. 제야(除夜, 섣달 그믐밤)에 군기감(軍器監)이 궐중(闕中)에 설화산대(設火山臺)하고, 화약(火藥)을 세운 것이 전날의 두 배가 되게 하였다. 일본국 사신이 와서 보고, 놀라서 두려워하지 않음이 없었다. 모든 해당 장인들에게도 또한 거친 베 50필을 하사하였다.[113]

위의 기사에 의하면, 태종은 세말 설화산대와 화약지열(폭화)을 연이틀 동안 시행하였는데, 이를 담당했던 군기감의 화약장들 33인에게 쌀 1석씩, 혹은 각 장인들에게 베 50필을 하사하면서 독려했다는 것이다. 이틀째 시행된 폭화의 규모는 더욱 대단해져서 두려울 정도였다고도 묘사되었다. 따라서 고려시대의 설화산과 폭화는 조선시대 세말로 이어졌고, 태종 때에는 화약이 더욱 가열차게 개발되었음을 짐작 할 수 있다. 아마도 이때 이후로 조선은 불꽃놀이가 더욱 다채롭고 성대하게 발전하지 않았나 싶다.

조선 세종 때에 이르면 이전의 설화산대와 폭화는 더욱 양식화된다. 태종이 세종에게 왕위를 물려주고 상왕이 된 이후로 세종은 태종의 업적인 화산대와 화약을 때에 맞춰서 특별히 준비하곤 했다. 다음은 이와 관련된 세종 즉위년의 기록이다.

---

113)『태종실록』7년(1407) 12월 30일.

세종 즉위년(1418) 12월 29일: "○ 임금이 말하기를, "노상왕(태종)께서 관나례화산대(觀儺禮火山臺)를 하고자 하시니, 이를 맡은 여러 관사(官司)로 하여금 그 일을 준비하게 하라."고 하였다."[114]

위의 기사는 태종이 세말에 나례와 화산대를 보고자 하시므로, 세종이 이를 위해 준비했다는 내용이다. 여기서 특히 주목할 점은 '관(觀)'이라고 하는 접두어인데, 이 '관'의 의미는 조선시대 예연의 의미를 가진 연향에 붙는 접두로로서 이전과는 달리 설화산대와 화희가 더욱 제도화되었음을 알게 해주는 변화이다. 따라서 관나례화산대는 이전까지 시행되던 화산대지설이 더욱 양식화됨을 의미한다. 또한 이 외에도 세종 7년에는 관나례화산대에 '방포(放砲)'까지 추가되면서 더욱 풍성해지게 된다. 다음은 세종 7년의 기록이다.

세종 7년(1425) 12월 29일(갑오): 이날 밤에 진나희(進儺戲)하고, 방포(放炮)하고, 서운관(書雲觀)에서는 구역 의식(驅疫儀式)을 거행하였으며, 전악서(典樂署)에서는 처용무(處容舞)를 올렸다. 여기(女妓)·악사(樂師)·고자(瞽者)들에게 연회(宴會)와 선물을 내리고, 나인(儺人)과 처용(處容) 연기자들에게도 차등 있게 면포를 내렸다.[115]

사실 위의 기록은 두 가지 점에서 중요한 시사점을 갖는다. 하나는 앞서 언급한 것처럼 방포가 추가되었다는 점이며, 다른 하나는 세말 일련의 나례 의식들이 절차갖추기 시작했다는 것이다. 성종 때 시간 순서에 따른 왕실 연말 의식인 관나, 관화, 구나, 관처용으로 이어지는 절차

---

114) 『세종실록』 즉위년(1418) 12월 29일.
115) 『세종실록』 7년(1425) 12월 29일.

의 초기 형태가 나타나는 때가 바로 이 시점이다.

이후 이 장화희와 방포는 한때 관방포화(觀放砲火)라고 하는 복합적인 명칭으로 통합되었으나, 관화산붕, 관화, 화희, 방화, 화산대지설, 관방포, 견화산대 등과 같은 용어들도 모두 동물을 지칭하는 것으로 사용되었다. 비록 다양한 명칭으로 존재하였으나 모두 세말의 광대잡희와 화희를 통칭하는 것이었다.

4) 제도화된 연말 불꽃놀이, 관화(觀火)

세종 때 '관방포화'는 더욱 제도화되어 세조 8년에는 드디어 '관화'로 정착되었다. 조선시대 여타 제도화 규칙을 참고해 보면 관화의 명칭이 갖는 의미의 경중이 짐작된다. 세말 잡희 감상 정도로 여겨졌던 나례의 식들이 『악학궤범』에 수록되면서 관나(觀儺), 관처용(觀處容)의 명칭으로 '관(觀)'이라는 접두사와 함께 간략화, 왕실문화화되는 특징을 갖추게 되는 변화를 거쳤기 때문이다.

세조 무렵 주요 관직을 지낸 서거정(徐居正, 1420~1488)[116]은 궁궐에 입시하여 연말 후원연에 참석하고 '관화'라는 제목으로 두 편의 시를 지었다. 다행히 이 두 편의 시[117]를 통해 우리는 세조 무렵 제도화되

---

116) 조선 초 세종~세조 때의 문신인 서거정(徐居正, 1420~1488)은 1444년(세종 26) 식년문과에 급제, 사재감직장(司宰監直長)을 지냈고, 1451년(문종 1) 사가독서(賜暇讀書) 후 집현전박사(集賢殿博士) 등을 거쳐 1456년(세조 2) 문과중시(文科重試)에 급제, 1457(세조 3)년 문신정시(文臣庭試)에 장원, 공조참의 등을 역임했고, 대체로 궁궐에서 입시할 수 있는 자격은 2품 이상의 고관이었으므로, 서거정이 직접 이와 같은 의례에 입시하여 시를 지을 수 있었던 때는 세조 때로 볼 수밖에 없다.

117) 서거정, 『사가시집(四佳詩集)』 卷210, 第13, 詩類. 後苑觀火入待 二首.

기 시작하는 초기 관화의 모습을 추적해 볼 수 있다. 다음은 서거정이 지은 두 편의 시 '후원관화입시(後苑觀火入待)'이다.

〈서거정의 '후원관화입시' 이수(二首)〉

良宵觀火御園東　좋은 밤 어원의 동쪽에서 관화(觀火)하니(동원관화(東園觀火))

百戲皆呈氣勢雄　백희가 바쳐지는데, 모두 기세가 웅장하구나(정웅백희(呈雄百戲))

鰲負仙山浮海上　오산(鰲山, 신선산을 지고 있는 자라)은 바다 위에 떠있고(해상오산(海上鰲山))

龍銜光燭下天中　용은 광촉을 입에 물고 하늘에서 내려오는구나(천중함용(天中含龍))

豪聲動地飛晴雹　호걸의 소리는 땅을 진동하니, 갠 하늘에는 우박이 날고(호걸희(豪傑戲))

壯態漫空吐彩虹　공중 가득 웅장한 형상은 오색 무지개를 토하네(장태채홍(壯態彩虹))

侍坐羣臣皆蹈舞　뫼셔 앉은 신하들 모두 덩실덩실 춤을 출 제(군신도무(羣臣蹈舞))

五雲佳氣靄葱蘢　오색 구름 상서론 기운이 성대히 어리는구나

百尺山棚矗幾層　백척의 산붕은 우뚝해라 몇 층이나 되는고(백척산붕(百尺山棚))

坐看炎上勢飛騰　활활 타오르는 불을 앉아서 구경하노라니

有時能作葡萄走　때로는 포도송이모양으로 줄지어 터지고(포도화희(葡萄火戲))

長夜渾成躑躅蒸　긴 밤을 온통 빨간 철쭉꽃 밭으로 만드누나(철쭉화희(躑躅火戲))

蜃氣樓臺紅隱映　붉게 떠오른 신기루대는 보일락 말락 하고

電光天地紫憑凌　번갯불은 천지 사이를 빨갛게 횡행할 제

諸戎滿坐皆驚愕 자리 가득한 오랑캐들이 모두 경악하여라(제융경
                악(諸戎驚愕))
盛代威靈見未曾 태평성대의 위령을 진작 보지 못했음일세

　위 서거정의 시에서 언급하고 있는 오랑캐들이 참관했다고 하는 것
은 신년하례사로 미리 입국한 주변국의 사절단들이 세말에 궁중연회
에 참석했다는 것이다. 관화를 참관한 장소는 어원(御苑)의 동쪽이라고
했는데, 여기는 경복궁의 동쪽에 위치한 후원 자리인 예전 서현정 일대
를 말하는 것으로 추측된다. 비록 서현정은 임진란 이후 사라졌으나,
고종은 이 일대를 새롭게 조성하고, 여기에 있던 연못을 향원지라고 이
름하였으며, 육각형 정자인 향원정도 새롭게 만든 것이 지금도 남아 있
다. 따라서 현재 향원지라고 알려진 이 자리에서 관화 및 주연이 펼쳐
졌을 것이다. 상상해보면 매우 장대하고 아름다운 야외 공연이었을 것
같다.

〈그림 9〉 경복궁 향원지 및 향원정 ⓒ문화재청

또한 서거정이 이처럼 관화의 예를 두 개의 시로 나누어 적은 것은 아마도 1, 2부로 되어 있던 당시의 공연 상황을 순차적으로 묘사한 것이 아닌가 하는 생각이 든다. 먼저 제1부에서는 연못 위에 오산(鰲山)이 떠있는 상태에서 주변에서는 광대들의 백희잡기(百戱雜技, 각종 재주 부리기)가 펼쳐졌으며, 제2부에서는 산대(山臺)가 설치된 주변으로 각종 화희, 즉 불꽃놀이가 펼쳐졌다는 의미로 해석된다. 더 구체적으로는 제1부는 용희(龍戱)와 호걸희(豪傑戱) 등 광대잡희, 제2부는 포도화희 (葡萄火戱)와 철죽화희(躑躅火戱) 등 불꽃놀이의 순서가 상상된다.

성종 때는 세조 때의 관화가 더욱 제도화된다. 앞의 서거정보다 약간 후대의 인물인 성현(成俔, 1439~1504)도 관화와 관련된 두 개의 작품을 남겼는데, 그 첫 번째 작품은 『허백당집』에 수록된 시 '관화'이고, 다른 하나는 『용재총화(慵齋叢話)』에 수록된 산문인 '관화지례(觀火之禮)'이다. 특히 주목할 작품은 『용재총화』에 수록된 '관화지례'인데, 이미 명칭에서부터 이전과는 달리 '예(禮)'의 하나로 의례의 범주에 속하게 되었음을 알 수 있기 때문이다. 다음은 성현이 묘사한 관화와 관련된 내용들이다.

〈성현의 『허백당집』의 '관화(觀火)'〉
帳前孤點閃流螢: 장막 앞에 한 점 반딧불처럼 번쩍이자
萬弩縱橫觸處明: 수많은 화살 종횡으로 날아 닿는 대로 환한데(만뇌
　　　　　　　　화희)
高躬碧空星煜煜: 높다랗게 하늘 위엔 별들이 반짝반짝
褰開丹額字亭亭: 걷어 올리면 붉은 글씨 정자 입구에 또렷(족자화희)
縈林影結葡萄爛: 숲을 감돌아 그림자 생기더니 포도가 주렁주렁(포
　　　　　　　　도화희)
刮地聲崩霹靂驚: 땅이 꺼지는 소리 벼락 치듯 놀라워라

聞此妖魔爭遯跡: 이 소리 듣고 요마들 다투어 달아나겠네만

何須爆竹鬧三更: 어찌 꼭 폭죽 소리로 삼경에 시끄럽게 하는가![118]

〈성현의 『용재총화』의 '관화지례(觀火之禮)'〉

○ 관화(觀火)의 예는 군기시(軍器寺)에서 주관한다. 미리 기구를 뒤뜰에 설치하는데, 대·중·소의 예가 있고, 비용이 많이 든다. 그 방법은 두꺼운 종이로 포통(砲筒)을 겹으로 싸고, 그 속에 석류황(石硫黃)·반묘(班猫)·유회(柳灰) 등을 넣어 단단히 막고 이를 다진다. 그 끝에 불을 붙이면 조금 있다가 연기가 나고 불이 번쩍하면서 통과하면 종이가 모두 터지는데, 소리가 천지를 흔든다. 시작할 때에 수많은 불화살을 동원산(東遠山)에 묻어놓아 불을 붙이면 수많은 화살이 하늘로 튀어 오른다. 터질 때마다 소리가 나고 그 모양은 마치 유성(流星)과 같아서 온 하늘이 환하다. 또 긴 장대 수십 개를 원중(苑中)에 세우고, 그 장대 끝에 조그만 주머니를 단다. 임금님 앞에는 채색한 채롱[燈籠]을 달아 놓는데, 채롱 밑으로부터 긴 끈으로 여러 장대를 얽어 종횡으로 서로 연결하게 하고, 끈 꼭지마다 화살을 꽂는다. 군기시정(軍器寺正)이 불을 받들어 채롱 속에 넣으면 잠깐 사이에 불이 일어나고 화염이 끈에 떨어지면 화살이 끈을 따라 달려 장대에 닿는다. 장대에 조그만 주머니가 달려 있는데, 끊어지며 불빛이 빙빙 돌고, 마치 돌아가는 수레바퀴의 모양과 같다. 화살은 또 끈을 따라 달려 다른 장대에 닿는다. 이와 같이 달려 닿기를 서로 계속하여 그치지 않는다. 또 엎드린 거북 모양을 만들어 불이 거북의 입으로부터 나오는데, 연기와 불꽃이 흐르는 불처럼 어지럽게 쏟아져 나온다. 거북 위에다 만수비(萬壽碑)를 세우고 불을 비(碑) 속에 밝혀 비면의 글자를 똑똑히 비치게 한다. 또 장대 위에는 그림 족자(簇子)를 말아서 끈으로 매어 놓으면 불이 끈을 타고 올라가 불이 활활 타 끈이 끊어지고 그림 족자가 떨어지면서 펼쳐져 족자 속의 글자를 똑똑히 분별할 수 있다. ○또 긴 수풀을 만들

---

118) 성현의 문집인 『허백당집』에도 「관화(觀火)」의 시가 한 수 보인다. 이는 『용재총화』의 「관화지례(觀火之禮)」에 나타난 것보다 소략한 편이다.

고, 꽃잎과 포도의 모양을 새겨 놓는다. 불이 한구석에서 일어나면 잠깐 사이에 수풀을 불태우고, 불이 다 타고 연기가 없어지면 붉은 꽃봉우리와 푸른 나뭇잎의 모양이 아래로 늘어진 쥐방울 열매[馬乳]처럼 되는데, 진짜인지 가짜인지 분간하기 어렵다. ○또 가면을 쓴 광대가 등 위에 목판을 지는데 목판 위에 주머니를 단다. 불이 댕기어 주머니가 터지고 불이 다 타도록 소리치며 춤추되 조금도 두려워하지 않는다. ○이런 것이 그 대략인데, 임금님은 후원의 소나무 언덕에 납시어 문·무 2품 이상의 재상들을 불러 입시하게 하고, 밤이 깊어서야 파한다.119)

두 시와 산문을 통해 관화의 종합적 모습을 추측해 볼 수 있다. 성종 때 관화란 왕 이하 군신들 및 오랑캐 등이 관람하는 가운데, 후원(어원 동(御苑東))에 오산(鰲山, 거북등 위에 삼신산(三神山)을 조형해 놓은 것)을 세우고, 광대들은 백희(百戲) 및 광대화희(廣大火戲) 등을 공연하는 중에 멀리 동쪽 산(어원(御苑)의 동(東)쪽 산)에서는 각종 불꽃을 쏘아 올렸을 것이다.120)

화희의 종류도 이전보다 자세히 묘사되어 있다. 이전에 언급된 포도화희(葡萄火戲), 철죽화희(躑躅火戲), 함용화희(唅龍火戲) 외에도 연이어 터지는 불화살회[火矢火戲]를 비롯해, 장대에 달린 화약이 빙빙 돌면서 도미노처럼 다른 장대로 이어져 연속적으로 불이 붙는 형식의 수레바퀴 화희[轉輪火戲], 불을 토하는 거북과 그 등 위 성군의 만수(萬壽)를 비는 비석(碑石)이 올려진 만수비화희(萬壽碑火戲), 불꽃이 장대를 타고 연결된 족자를 풀어내려 글자를 보이게 하는 족자화희(簇子火

---

119) 성현, 『용재총화(慵齋叢話)』卷1, 「관화지례(觀火之禮)」.
120) 황경숙, 앞의 글, 2000. 160쪽.

戲)를 비롯해, 불이 타고 있는 목판위에서 가면을 쓴 광대가 춤을 추는 광대화희(廣大火戲) 등이 추가되었다. 다음 <표 7>은 서거정의 '관화'와 성현의 '관화지례'를 비교한 것이다.

〈표 7〉 서거정의 '관화'와 성현의 '관화지례'의 비교

	서거정의 '관화'	성현의 '관화지례'
주관	미상	군기감(軍器監)
시기	세조조	성종조
장소	어원(御苑)의 동(東)쪽	뒤뜰(후원(後苑))과 동원산(東遠山)
연행 양상	① 오산(鰲山): 백척 산대 ② 백희: 호걸희, 웅재기 등 ③ 불꽃놀이: 철죽화희, 포도화희, 함용화희 등	① 오산(鰲山): 거북잡상위 산대 ② 백희: 광대화희 등 ③ 불꽃놀이: 장대화희, 거북잡상위 만수비화희, 광대화희, 철죽화희, 쥐불화희 등 ④ 동원산(東遠山): 불화살
참여자	왕(王) 및 군신(群臣), 오랑캐[戎]	왕, 문무 2품 이상 등

이와 같이 성종 때의 '관화지례'에는 세조 때의 '관화'보다 더욱 다양한 화희가 추가되기는 하였으나, 큰 틀에 있어서는 대동소이하다. 1부에서는 오산과 백희, 2부에서는 산대와 화희로 구성된 연출은 동일하기 때문이다. 또한 기록상 성현의 것이 더욱 자세하기는 하나 양자 모두 화시화희(火矢火戲)를 비롯해 족자화희(簇子火戲), 포도화희(葡萄火戲), 만수비화희(萬壽碑火戲), 전륜화희(轉輪火戲), 광대화희(廣大火戲) 등 다양한 불꽃놀이와 궁정안 뿐 아니라 근처 산에서도 때맞춰 불화살을 쏘는 등 그 입체적인 관화의 모습을 묘사하고 있다. '관화'의 명칭변천과 설행시기를 정리하면 다음 <표 8>과 같다.

〈표 8〉 관화의 설행시기와 명칭의 변천

	설화산 (設火山) (設火山戲)	설화산대 (設火山臺) (見火山臺) (火山臺之設)	화희 (火戲) (設火戲) (張火戲) (進火戲) (陳火戲)	관화산대 (觀火山臺) (觀火山棚)	방포 (放砲) (砲火)	관화 (觀火)	관방포 (觀放砲) (觀放砲火)
고려 충렬왕	모년 4월 8일						
고려 충혜왕	壬午년後 3년 5월						
고려 공민왕	원년; 17년; 21년 10월; 모년; 18년 4월	20년; 21년					
고려 이색			爆火 (날짜미상)				
조선 태조			2년 1월 1일				
조선 정종			1년 6월 1일				
조선 태종		7년 12월 30일	1년 12월 26일; 11년 1월 9일; 12년 12월 28일				
조선 세종				즉위년 7년 12월 29일 12월 29일			
조선 단종				2년 12월 30일			
조선 세조						8년 2월 28; 10년 12월 24일	10년 12월 29일

조선 성종	8년 12월 22일; 9년 11월 18일; 21년 12월 24일; 21년 12월 25일; 21년 12월 27일	8년 12월 21일	8년 12월 22일; 21년 12월 24일; 21년 12월 25일		
조선 연산군			10년 12월 23일	5년 12월 28일	10년 12월 27일
조선 중종	4년 11월 8일; 6년 10월 24일		39년 10월 28일		

이처럼 세조를 거쳐 성종 때 의례의 하나로 정착된 관화는 이후 조선 중종 무렵까지 지속되었다. 다음 <도표 2>는 관화가 확립 및 전승되는 과정을 나타낸 것이다.

〈도표 2〉 관화(觀火)의 확립 및 변천양상

	연등회(4월)	계동(12월)	기타(1월 등)
고려 충렬왕	설화산(設火山)		
고려 충혜왕	관화산(觀火山)		
고려 공민왕 원년	설화산(設火山)		
고려 공민왕 17년	설화산(設火山)		
고려 공민왕 18년	설화산희(設火山戲)		
고려 공민왕 20년	설화산대(設火山臺)		
고려 공민왕 28년	설화산(設火山)		
고려말 이색	↓	폭화(爆火)	
조선 태조 2년	↓	↓	설화희(設火戲)(1월)
조선 정종 1년	↓	↓	장화희(張火戲)(6월)
조선 태종 1년	→→→	장화희(張火戲)←—	↓
조선 태종 7년		설화산대(設火山臺)	↓
조선 태종 10년		장화희(張火戲)	↓
조선 태종 11년		진화희(進火戲)	↓
조선 태종 12년		진화희(陳火戲)	↓
조선 세종 즉위년		관나례화산대 (觀儺禮火山臺)	↓
조선 세종 7년		+방포(放砲)	↓
조선 단종 2년		관화산붕(觀火山棚)	↓
조선 세조 8년		관화(觀火)·화희(火戲)· 방화(放火)	↓
조선 세조 10년		관화(觀火)·관방포화(觀放砲火)	↓
조선 성종 8년		화산대(火山臺)	↓
조선 성종 9년		화산대(火山臺)	↓
조선 성종 21년		관화(觀火)·화산대지설 (火山臺之設)	↓
조선 연산 5년		관화(觀火)	↓
조선 연산 7년		↓	방포(放砲)(3월)
조선 연산 10년		방포(放砲)	↓
조선 연산 10년		관방포(觀放砲)	↓
조선 중종 4년		견화산대(見火山臺)	↓
조선 중종 6년		↓	화산대(火山臺)(1월)
조선 중종 39년		관화(觀火)	

제도화의 현상은 명칭뿐 아니라 용도, 성격 등에서도 더욱 명확해졌다. 설화산대는 앞서 공민왕 시절에 크게 성행하였는데, 당시 이를 주도한 이가 승려 신돈이었기 때문에 시행된 곳도 사찰 등지였다. 따라서 당시 화산대의 사상적 배경이 불교였던 것은 어쩌면 당연한 것이다. 또한 고려시대 연등회 때에 시행된 화산대와 세말의 폭화는 분리되어 있을 수밖에 없었을 것이다.

그런데 조선초 설화산희, 장화희는 고려시대의 것을 이어 받기는 하였으나, 그 시기와 성격에는 변화가 있었다. 조선은 기본적으로는 불교를 배척했기 때문에 시행 목적은 불교적이라기보다는 오랑캐, 즉 왜인에게 조선초 조선국의 위엄을 과시하기 위한 목적으로 폭화를 시행했다.[121] 따라서 당시의 폭화는 조선 초 태조, 정종 때에는 연등회가 아닌 왜인 등이 조선국에 들어왔던 때, 즉 세말연초에 시행되었고, 이의 목적에 맞게 군국적이고 상무적인 성격을 띠었다.[122]

이처럼 형성된 장화희(진화희)와 방포는 세조무렵부터는 더욱 왕실문화에 맞게 제도화되기 시작하였는데, 임금을 비롯해 신하들이 참여한 가운데 후원에서 동아시아 공통의 신성한 산인 오산을 설행함으로써 동아시아의 주요국 중 하나인 조선국의 신성성을 나타내려고 하였으며, 군주의 영속성을 비는 문구를 나타내는 만수비화회 내지는 족자화희 등을 통해 조선국과 왕권을 공고히 하려는 뜻도 내비쳤다.

성종 이후 더욱 다양해진 불꽃놀이는 왕실의 신성성이나 영속성을 기원하는 공연이 되었으며, 연산군 이후 유희적 성격이 짙어진 관화는

---

121)『정종실록』1년(1399) 6월 1일.
122) 윤아영, 2008,「觀火의 연행양상 및 변천에 관한 연구」,『온지논총』20, 275~ 314쪽.

중종 이후 일부 절차는 폐지되었으나 조선 후기까지 지속되었던 것으로 보인다. 이를 순차적으로 정리하면 다음 <표 9>와 같다.

〈표 9〉 관화의 제도화 과정

시기	고려 말 (충렬왕·공민왕)		조선 초 (태조·정종)		조선 전기 (태종~성종)		조선 중기 (연산군·중종)
용도	연등회	→	왜인참석연회	→	계동나례		(+정조나례)
명칭	설화산, 폭화	→	설화회, 장화회	→	진화희, 방포/관화	→	관화(화산대+방포)
성격	불교적	→	상무적	→	상무적+제의적	→	제의적+유희적

5) 관화(觀火)는 조선의 장기(長技)!

설화산대희가 관화로 정착되기까지는 이처럼 오랜 시간이 걸렸고, 형성과정에서 시대별 다양한 문화와 사상이 투영되었다. 조선왕조는 성리철학이 바탕이 되어 이룩된 새로운 국가였기 때문에 표면적으로는 불교를 배척했다. 따라서 불교와 그에 병연되었던 각종 문화는 사라질 위기에 처하였는데, 이 설화산도 그 중 하나였다. 설화산의 전통이 사라지지 않고 조선에 수용될 수 있었던 것은 절대적으로 태종의 공이라 할 수 있다. 태종은 불교문화인 설화산을 계동에 편입시키고, 화희도 적극 개발하였기 때문이다.

새롭게 재창조된 관화의 또 다른 의의는 궁중의 공연예술이 입체화될 수 있었다는 것이다. 이전까지는 관나와 관처용이 주로 편전에서 이루어지고, 구나가 정전을 중심으로 이루어졌기 때문에, 공연 무대는 궁 안으로 한정되어 있었다. 이런 상황에서 당시 개발한 불꽃놀이는 축제 장소를 단지 궁궐내의 후원에 한정한 것이 아닌 동원산까지도 확대했다. 이와 같은 공연공간의 입체화는 세종 때에 완성되었다고 할 수 있으나, 이의 시발점이 된 때는 태종 때로 보아야 할 것이다. 따라서 궁 안에서 왕이 주로 머무는 전을 중심으로 이루어지던 의식들이 궁의 외곽, 혹은 궁성문 밖에서까지도 그 연출상황이 관람 될 수 있도록 다각도(多角度)로 변화된 것이다.

또한 태종의 전통계승 정신 및 과학적 개발 및 장려로 이 관화의 지속력은 배가 될 수 있었는데, 이로 말미암아 관화는 우리나라의 고유한 장기로 높이 평가되기도 했다. 다음 중종 4년 관화에 대한 평가가 이를 증명해준다.

> 중종 4년(1509) 11월 8일: "원종이 또 말하길, "신이 군기제조로 있을 때, 화산대를 보았을 때, 이것은 우리나라의 장기(長技)의 업적으로서 비록 거창하게 실시하지는 못하더라도, 그 (화산대의)일을 알고 있는 장인들이 다 죽기 전에 소략하게라도 시행하여 후세 사람들로 하여금 전하여 익히게 하여야 합니다. 만약 2, 3년을 행하지 않게 되면, 그 일을 알던 장인들도 또한 모두 없어져 전승할 수 없을 것입니다."하였다."[123]

위 기사에서 언급하고 있듯이 관화는 우리나라의 장기로서 후세에도 보존해야 할 문화유산으로 평가되었다. 이것은 아마도 태종의 화희 개발과 장려덕이라고 할 수 있을 것이며, 당시 개발되어 만들어진 다양한 형태의 불꽃들은 현재의 시각으로 보아도 매우 흥미롭지 않을 수 없다. 또한 화희의 개발은 기존의 구나나 관나로만 이루어졌던 왕실 연말 문화를 더욱 풍성하게 하였을 뿐 아니라, 더욱 역동적인 것으로 바꾸어 놓았을 것이다. 따라서 관화의 개발 및 제도화는 당시 왕실문화를 다양

---

123) 『중종실록』 4년(1509) 11월 8일.

화하고, 국격을 높이고, 고유성을 부각시키는 의의가 있었던 것으로 평가된다.

3. 왕실의 내기, 척윤목희(擲輪木戲)

1) 궁중에서도 내기가?

조선은 성리학을 철학적 바탕으로 삼고 있는 나라이고, 성리학은 근검, 절약, 이성을 강조하고 있다. 따라서 미신도 표면적으로는 강하게 금지하였던 것처럼 사행성을 조장하는 내기와 같은 오락도 배척의 대상이 되었다. 그럼에도 불구하고 조선 왕실에서도 내기와 오락을 즐긴 적이 있다. 게다가 조선국의 기틀을 완성한 것으로 평가되는 성종이 이 내기와 오락을 빈번하게 즐겼다는 사실을 아는 사람은 아마도 많지 않을 것이다.

성종이 이처럼 내기를 즐겼다는 것을 설명하기에 앞서 먼저 성종 재위 당시의 상황에 대해 이야기할 필요가 있다. 성종은 세종 및 세조가 시작하여 진행하던 일들을 마무리하며 『경국대전(經國大典)』, 『악학궤범(樂學軌範)』, 『국조오례의(國朝五禮儀)』와 같은 결과물을 내놓았다. 당시 성종은 선왕의 은덕에 힘입어 여러 업적을 이루기도 하였으나 종친 및 대신 등의 조력도 상당했다. 이와 같은 조력의 배경으로 성종의 유연한 소통 능력도 자주 거론되고 하는데, 특별히 이 기간 동안에 성종은 종친 및 대신들과 함께 자주 오락을 즐기곤 했다는 사실과 관계가 있어 보인다. 사실 성종은 다른 어떤 왕들보다도 연말에 자주, 오랫동안, 일찍부터 오락을 즐겼다. 특히 연말의 성격에 맞게 승부를 겨룰만

한 놀이를 주로 즐겼는데, 군신간 교양 있게 다툴 법한 '작시(作詩)'내기를 비롯해,124) 앞서 언급한 '격봉'과 같은 것도 있었으나, 가장 즐겨했던 오락은 바로 윤목을 던지고 노는 '척윤목희(擲輪木戱)'였다.125)

척윤목희는 뒷부분에서 더욱 자세히 설명할 것이나, 한마디로 말하면 오로지 도박과 같은 내기성 놀이라고 할만도 하다. 이 내기성 놀이가 유일하게 허용될 수 있었던 때는 바로 연말뿐이었다. 따라서 조선 왕실의 연말 오락을 이야기할 때 단연코 이 척윤목희를 빼놓고는 말할 수는 없을 것이다.

2) 군신(君臣)의 내기, 척윤목희(擲輪木戱)

앞 장에서도 관처용과의 비교를 통해 관나의 연행 형태를 조금이나마 제시했는데, 관나는 한마디로 조선왕조 의례 문화 중 가장 파격적인 의례였으며, 그 어떤 것도 가능했던 유연한 의식이자 문화였다. 예를 들면, 왕 이하 종친 등이 대낮부터 모여서 각종 유희를 즐겼다는 사실이나, 광대놀음을 보는데 있어서 사관은 입시는 하였으나, 기록하지는 못하게 하였던 것과 같은 사실들이 이를 방증한다. 따라서 관나의 특성에 부합하는 오락도 다양하게 존재했는데, 유독 빈번히 시행된 것이 있었으니 바로 척윤목희다. 성종은 이 척윤목희를 매우 즐겼다. 일례로 아침에 시작한 척윤목희를 인경(人定, 밤 10시에 종을 28번 쳐서 통행금지를 알리던 시각) 때에서야 비로소 그만둔 적도 있을 정도다.126)

---

124) 『성종실록』 17년(1486) 12월 29일; 『성종실록』 20년(1489) 12월 29일; 성현, 『용재총화』, 虛白堂詩集 卷7 男世昌編集, 詩, '觀儺'.
125) 윤아영, 2012, 「성종조 궁정나례 중 관나(觀儺)의 현대적 재현을 위한 3D 제작과 의의」, 『음악과 문화』 26, 121~149쪽.

척윤목희는 한마디로 말해 윤목(輪木)을 던지고[擲] 노는 것을 말한다. 윤목희(輪木戲)[127]는 때로는 대렵도투자희(大獵圖骰子戲) 혹은 대렵도투자(大獵圖骰子),[128] 대렵도희(大獵圖戲),[129] 척투자희(擲骰子戲) 등으로도 불렸던 놀이다. 놀이 방법은 윤목(輪木, 투자(骰子)라고도 함), 즉 나무나 가죽으로 만든 주사위를 던져서 나온 동물로 숫자를 매기고, 가장 점수를 많이 딴 사람이 1등이 되는 오락이다. 놀이에는 반드시 탕물(帑物, 도박에 거는 물품)을 걸고 진행했기에 작은 도박(賭博)류에 해당한다고 할 수 있다.

이 척윤목희가 언제 어디서부터 시작되었는지 정확히 알려져 있지는 않지만, 이웃나라 중국에서도 관련 기록은 보이지 않으므로 우리나라 자생의 것으로 일단 추정해본다. 다만 우리나라에서도 그 연원이 세조 이전으로 올라가지는 않았을 것 같다.[130] 세조 이후로 성종 때에도 척윤목희는 12월 29일이 되면 응당 즐기는 놀이였는데, 이와 같은 전통은 중종 때까지도 지속되었다. 이후 명종 때에는 그 기록이 보이지 않으므로 조선 초중기에만 유행했던 것 같다. 조선시대 척윤목희 시행 일지와 참여자들을 정리하면 다음 <표 10>과 같다.

〈표 10〉 조선조 척윤목희 시행일지

	일시	참여인
세조	12월	상당 부원군 한명회(韓明澮), 좌의정 구치관(具致寬), 영중추원사

---

126) 『성종실록』 10년(1479) 12월 29일.
127) 권벌(權橃, 1478년(성종 9)~1548년(명종 3)), 「일기(日記)」, 『충재선생문집(冲齋先生文集)』 卷3, 28日, 丁酉.
128) 『성종실록』 18년(1487) 12월 29일.
129) 『세조실록』 12년(1466) 9월 29일; 12년(1466) 10월 6일.
130) 『세조실록』 11년(1465) 12월 5일.

세조 11년	5일	심회(沈澮), 지중추원사 강순(康純), 병조 판서 김질(金礩), 판한성부사 이석형(李石亨), 이조 판서 한계희(韓繼禧), 호조 판서 노사신(盧思愼), 동지중추원사 윤흠(尹欽), 병조 참의 박중선(朴仲善) 등
세조 12년	9월 29일	한계희(韓繼禧), 노사신(盧思愼), 내의(內醫) 전순의(全循義), 김상진(金尙珍) 등
	10월 6일	한계희(韓繼禧), 노사신(盧思愼), 강희맹(姜希孟), 임원준(任元濬)
성종 10년	12월 29일	종친(宗親), 2품 이상의 관원, 부원군(府院君), 승지(承旨), 입직(入直)한 도총부(都摠府), 병조(兵曹)의 당상관(堂上官), 주서(注書), 사관(史官)이 입시(入侍)
성종 17년	12월 29일	월산 대군(月山大君) 이정(李婷), 덕원군(德原君) 이서(李曙), 오산군(烏山君) 이주(李澍), 옥산군(玉山君) 이제(李躋), 사산군(蛇山君) 이호(李灝), 정양군(定陽君) 이순(李淳), 운산군(雲山君) 이계(李誠), 강양군(江陽君) 이축(李潚), 팔계군(八溪君) 이정(李淨), 남천군(南川君) 이쟁(李嶸), 영춘군(永春君) 이인(李仁), 연성군(蓮城君) 이적(李潗), 덕진군(德津君) 이활(李活), 회원군(會原君) 이쟁(李崢), 수안군(遂安君) 이당(李讜), 당양위(唐陽尉) 홍상(洪常), 상당 부원군(上黨府院君) 한명회(韓明澮), 좌의정(左議政) 홍응(洪應), 우의정(右議政) 이극배(李克培), 영중추(領中樞) 노사신(盧思愼), 승지(承旨)와 입직(入直)한 제장(諸將)
성종 18년	12월 29일	종재(宗宰)
성종 20년	12월 29일	종재(宗宰) 2품 이상과 입직(入直)한 제장(諸將) 및 주서(注書), 사관(史官) 등
중종 8년	12월 29일	재상(宰相)
중종 29년	10월 16일	참여자 미상
명종 16년	12월 29일	시신(侍臣)

위 시행 일지에 나타난 척윤목희 기록을 살펴보면, 세조 때 시작되어 명종 때까지 지속되었으며, 종재 중 2품 이상이 모여 즐겼던 것을 알 수 있다. 성종 때 이후로는 연말 정례로 실시되었는데, 성종 20년 관나 때 참여자들을 나열해보면 다음 <표 11>과 같다.

〈표 11〉 성종 20년 관나 참여인 명단(1489)

연번	성명[131]	연령	직책	품계	비고
1	옥산군(玉山君) 이제(李躋)	61	종친	종1품(從一品), 가덕대부 (嘉德大夫)	조선 제3대 왕 태종의 손자이며 근녕군(謹寧君)의 장남(1429~1490)
2	오산군(烏山君) 이주(李澍)	53	종친	정1품 종친, 현록대부 (顯祿大夫)	세종 4자 임영대군의 아들(1437~1490)
3	덕원군(德原君) 이서(李曙)	41	종친	정1품(추정), 익대공신 2등	세조의 아들(1449~1498)
4	사산군(蛇山君) 이호(李灝)	40	종친	정1품 종친, 흥록대부 (興祿大夫)	의창군 이공의 아들(1450~1492)
5	정양군(定陽君) 이순(李淳)	37	종친	정1품 종친, 흥록대부 (興祿大夫)	세종 4자 임영대군의 3남(1453~1492)
6	운산군(雲山君) 이계(李誡)	37	종친	정4품 정의대부 (正議大夫)	세종의 5자 밀성군의 장남(1453~1510)
7	강양군(江陽君) 이축(李潚)	37	종친	종1품 종친, 소덕대부 (昭德大夫)	세종 아들 계양군의 아들(1453~1499)
8	팔계군(八溪君) 이정(李淨)	30대 중	종친	정1품 종친, 현록대부 (顯祿大夫)	임영대군의 4남 이순(1453~1492)의 동생
9	남천군(南川君) 이쟁(李崝)	32	종친	종1품 종친, 소덕대부 (昭德大夫)	영순군의 아들(1458~1519)
10	영춘군(永春君) 이인(李仁)	24	종친	정2품(正二品) 종친, 숭헌대부 (崇憲大夫)	세종의 9남 영해군(寧海君) 당(塘)의 아들(1465~1507)
11	연성군(蓮城君) 이적(李潪)	20대 초	종친	정2품(正二品) 종친, 숭헌대부 (崇憲大夫)	세조의 3남 덕원군의 아들 이활(1469~1521)과 형제
12	덕진군(德津君) 이활(李灈)	21	종친	종2품(從二品) 가선대부 (嘉善大夫)	세조의 손자로, 덕원군(德原君) 서(曙)의 아들(1469~1521)
13	회원군(會原君)	26	종친	종2품 종친	영순군의

			이쟁(李崝)		중의대부 (中義大夫)	3남(1464~1493)
14	당양위(唐陽尉) 홍상(洪常)	33	종친		정1품, 수록대부 (綏祿大夫)	덕종의 부마(명숙공주) (1457~1513)
15	윤필상(尹弼商)	63	영의정 (1484~)		정1품	성종의 6촌남매(1427~1504)
16	홍응(洪應)	62	좌의정 (左議政)		정1품	문신(1428~1497)
17	허종(許琮)	56	우의정 (右議政)		정1품	문신(1434~1494)
18	노사신(盧思愼)	63	영중추 (領中樞)		정1품, 영중추 부사	문신(1427~1498)
19	김자정(金自貞)	50대 후반 추정	개성부 유수 (開城府留守)		정2품 또는 종2품의 경관직(京官職)	개성유수(1485~1492) 1453년에 과거급제
20	미상		승지 (承旨)		정3품(正三品) 당상관(堂上官)	
21	미상		제장 (諸將)		모든 장수	인원수 미상
22	미상		도총관 (都摠管)		정2품	5인
23	미상		승정원 (承政院)		정3품아문 (正三品衙門)	
24	미상		홍문관 (弘文館)[132]		정3품아문	
25	남궁찬(南宮璨)[133]		사관 (史官)[134]		정7품(正七品)	성종 8년 생원으로 합격.

---

131) 이하 한국역대인물종합정보시스템 참조.

132) 홍문관 관원으로는 영사(領事: 正一品)가 1원으로 영의정(領議政)이 예겸[경국대
전에서는 의정이라 했으나, 대전통편에서 영의정으로 바뀜]하며, 대제학(大提學:
正二品), 제학(提學: 從二品), 부제학(副提學: 正三品 堂上)이 각 1원이며, 직제학
(直提學: 正三品 堂下)은 1원으로 대전회통에서는 도승지(都承旨)가 겸임하며, 전
한(典翰: 從三品), 응교(應敎: 正四品), 부응교(副應敎: 從四品)가 각 1원이고, 교리
(校理: 正五品), 부교리(副校理: 從五品), 수찬(修撰: 正六品), 부수찬(副修撰: 從六
品)이 각 2원이며, 박사(博士: 正七品), 저작(著作: 正八品)이 각 1원이고, 정자(正

위 관나와 관련된 기록들을 참고해 참석한 이들을 더욱 분석해보면, 여러 대군과 종친을 비롯해 영의정, 좌의정, 우의정, 영중추, 개성부 부사, 개성부 유수 같은 2품 이상과 승지, 제장, 도총관, 승정원 아문, 홍문관 아문, 사관이었음을 알 수 있다.

당시 윤목 던지는 구체적인 방법은 중종 때의 기록을 통해 알 수 있는데, 일단 윤목은 12면으로 되어 있으며, 각 면에는 짐승의 이름이 새겨져 있고, 짐승 중에는 사자가 나오는 것을 으뜸으로 쳤던 것 같다.[135] 그런데 중종 때 또 다른 기사에는 범, 즉 호랑이를 으뜸으로 치기도 하였으니,[136] 윤목에 새겨졌던 동물들은 시기마다 조금씩 달랐을 가능성도 있다. 다만, 윤목을 던질 때에는 한번에 3개를 같이 던졌으며, 이처럼 던지는 것을 돌아가면서 10번씩도 던졌다고 한다.[137] 3개의 윤목을 10회 던지게 되면 각 사람당 최소 30번의 윤목을 던지게 된다. 그런데 앞서 언급한 것처럼 성종 때에는 하루 종일 이 척윤목회를 했다고 하므로 사실 10번보다도 더 많이 던졌을 수도 있다. 어찌되었든, 점수를 따는 방법은 이 중에 하나라도 사자(혹은 호랑이)의 이름이 나오면 권점을 얻을 수 있었다는 것이고, 이 권점의 숫자가 가장 많은 자가 우승이며, 이에 따른 상을 받았다고 한다. 다만, 12면체이다 보니 이렇게 많이 던졌다고 하더라도 매번 사자나 호랑이가 나올 가능성은 크지 않았을 것으로 보이며, 그렇기 때문에 3개를 동시에 던졌을 것 같다.

字: 正九品)가 2원으로 되어 있다.
133)『성종실록』20년(1489) 10월 5일.
134) 주서(注書): 조선시대 문하부(門下府)·승정원(承政院)에 두었던 정칠품(正七品) 관직.
135)『중종실록』22년(1527) 12월 29일;『성종실록』20년(1489) 12월 29일.
136)『중종실록』8년(1513) 12월 29일.
137)『중종실록』29년(1534) 10월 16일.

이 12면체에는 각 동물의 이름이 새겨져 있다고 하는데, 그 중 으뜸으로 치는 것이 사자나 호랑이라고 했으므로, 사자(獅子)의 '사(獅)'자나 호랑이의 '호(虎)'가 새겨졌을 것이나, 기타 동물들의 이름은 구체적으로 알려진 바 없다. 다만, 표범(豹), 늑대(豺), 여우(狐), 곰(熊), 꿩(雉), 산돼지(猪), 사슴(鹿), 양(羊), 토끼(兎), 들쥐(鼠) 등과 같은 사냥의 대상이 되었던 동물들이 아니었을까 싶다.

윤목의 재질과 관련하여서는 얼핏 나무로 만들었을 것 같기도 하지만, 기록에 의하면 재질은 가죽을 봉합하여 만들었다고 한다.[138] 이와 같은 사실들을 종합하여 필자가 재구성한 복원도는 다음 <그림 10>, <그림 11>과 같다.[139]

<그림 10> 윤목 12면체의 예상 평면도

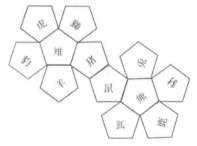

<그림 11> 윤목의 복원 예상도 3D

위 복원도에서 해체된 평면도를 보면 각 면은 오각형을 이루고 있다. 이것은 당시 함께 거론되던 종정도(從政圖)[140]의 내기 놀이가 다섯모

---

138) 『명종실록』 16년(1561) 12월 29일, 명종조의 기록에 의하면 저포쌍육의 종류(樗蒲博塞之類)라고 하고 있는데, 이는 명종조에는 가죽으로 만들었을 가능성도 있다.

139) 윤아영, 2012a, 137쪽.

140) 승경도(陞卿圖)·종경도(從卿圖)라고도 하는 것으로 다섯모가 진 주사위를 굴려 말을 쓰는 것인데, 관직이 영의정(領議政)에서부터 사약(死藥)에 이르기까지 있었

진 종정노알을 사용하였다[141]는 점에 비추어서도 당시의 주사위는 이처럼 오각형의 12면을 가진 알이 일반적이었던 것 같다.

이와 같이 만들어진 윤목을 가지고 오락을 시작해 사자[獅]가 나오면 권점(圈點)을 친다고 하였는데, 이 권점이라고 하는 것은 숫자를 세는 둥근 점을 찍어 그 숫자를 표시해 놓는 형태였을 것 같다.

이 내기에 걸린 상품을 조선시대에는 내탕이라고 하였는데, 세조 때에는 말 한필(馬),[142] 물소 뿔(서대(犀帶))[143]과 같은 것들이 있었으며, 성종 때에는 뿔활(각궁(角弓)),[144] 표범가죽갑옷(표피아다개(豹皮阿多介)), 조립활(별조궁(別造弓)), 큰호랑이가죽(대호피(大虎皮)), 작은 사슴가죽(소록피(小鹿皮)), 말털기 장식(모마장(毛馬粧)), 말장식(이마제연(理馬諸緣))[145] 등의 물건들로 다양해졌다. 중종 때에는 술(酒)[146]이 대표적이었다. 다음 <표 12>는 조선시대 척윤목희의 내탕 물품 일람표이다.

던 것으로 윷놀이 같은 내기를 말한다.
141) 『성종실록』 10년(1479) 12월 24일.
142) 『세조실록』 12년(1466) 9월 29일.
143) 『세조실록』 12년(1466) 10월 6일.
144) 『성종실록』 18년(1487) 12월 29일.
145) 『성종실록』 20년(1489) 12월 29일.
146) 『중종실록』 8년(1513) 12월 29일.

〈표 12〉 조선시대 척윤목희의 시행일지와 내탕 물품

왕(연도)	시행	명칭	내탕 물품
세조	11년(1465) 12월 25일	척윤목희(擲輪木戲)	말(馬)
	12년(1466) 9월 29일	위대렵도희(爲大獵圖戲)	말(馬)
	12년(1466) 10월 6일	작대렵도희(作大獵圖戲)	서대(犀帶)
성종	10년(1479) 12월 29일	척윤목희(擲輪木戲)	탕물(物)
	17년(1486) 12월 29일	척윤목(擲輪木)	패물(笯)
	18년(1487) 12월 29일	척대렵도투자(擲大獵圖骰子)	마장(馬粧), 각궁(角弓), 이마제연(理馬諸緣), 모좌자(毛坐子) 등 물품(等物)
	20년(1489) 12월 29일	척윤목(擲輪木)	표피아다개(豹皮阿多介)·별조궁(別造弓)·대호피(大虎皮)·소록비(小鹿皮)·모마장(毛馬粧)·이마 제연(理馬諸緣)
중종	8년(1513) 12월 29일	척윤목희(擲輪木戲)	술(酒)
	22년(1527) 12월 29일	위윤목희(爲輪木戲), 척윤목(擲輪木)	하사물(物)
	29년(1534) 10월 16일	위윤목희(爲輪木戲)	상(賞)
명종	16년(1561) 12월 29일	윤목지희(輪木之戲)	미상

이 중 표피아다개는 표범가죽을 여러 겹으로 이어 만든 갑옷이고, 별조궁은 조각을 이어 만든 활, 대호피는 큰 호랑이 가죽을 말하며, 소록피는 작은 사슴 가죽, 모마장은 털로 만든 말 장식, 이마제연은 말 조련용 각종 도구를 가리키는 것으로서, 사냥과 관련된 물건들 중 매우 화려한 재물들이었음을 알 수 있다.

이 중 가장 임의적이고 파격적인 내기품이라고 한다면, 세조 때의 서대인데, 이 서대라고 하는 것은 단순히 물소뼈를 덧댄 허리띠로 생각할 수 있으나, 이것이 의미하는 바는 이보다 크다. 당시 윤목희에 참여했던 한명회 같은 이는 이 서대, 즉 허리띠 하나를 받음과 동시에 그 자리에서 즉흥적으로 관작이 올라가기도 했기 때문이다. 이처럼 세조 때만 하더라도, 이 척윤목희를 통해 사사로이 관작을 더해 주기도 하였으므로 윤목희의 규모는 꽤나 파격적이었던 것으로 보인다.

그러나 성종 때 이후부터 윤목희의 내탕물품은 세조 때보다는 소략해지게 되었고, 중종 때에는 술 한잔을 하사하는 것으로 축소되었다. 이처럼 내탕, 즉 내기 탕물의 규모가 소략해진 것은 점차 제도화과정에서 윤목희의 사행적 성격이 줄어들었기 때문일 것이다.

3) 척윤목희(擲輪木戲)는 연말에만!

척윤목희와 같은 내기가 1년 중 유일하게 가능한 관나(觀儺) 때여서 허용되었다고는 하더라도, 그 관나와 척윤목희의 오락성은 언제나 비판의 대상이 되기 십상이었다.

성종 9년에는 석강(夕講)에서 이창신이 성종에게 진(晉)나라의 광대 포상이 무분별했음을 빗대어 간한 바 있고,[147] 성종 21년 이극균[148]을 비롯해, 홍문관 대제학 이집,[149] 사헌부 대사헌(司憲府大司憲) 이계동(李季소)[150] 등은 관나의 오락성을 지속적으로 반대해왔다.

---

147) 『성종실록』 9년(1478) 11월 18일.
148) 『성종실록』 21년(1490) 12월 12일.
149) 『성종실록』 21년(1490) 12월 24일.
150) 『성종실록』 21년(1490) 12월 26일.

이와 같은 반대에도 불구하고 관나와 병연된 오락은 700여년이라는 긴 세월동안 지속되었는데, 이처럼 오래 지속될 수 있었던 자생력의 원인은 복합적일 것이나, 대략 3가지로 집약된다.

첫째 오락성이 짙은데도 불구하고 이 오락성은 부모에 대한 효(孝)와 백성에 대한 애(愛)의 정신을 갖추었기 때문이다. 반대론이 대두 될 때마다, 성종은 광대희란 대비전을 위해서, 혹은 아이들을 위해서 하는 것이지, 본인을 위해 하는 것이 아님을 강조하면서 이를 지속시켰고, 헐벗은 백성들을 직접 만나 하사하는 의식을 치루며 애민정신을 실천했다. 즉, 조선 성리학과 효행과 왕도정치의 근간이 되는 예와 인의 정신이 지속력에 힘을 더해 준 것이다.

둘째, 관나의 또 다른 지속력은 『악학궤범』이라는 전거(典據)가 마련된 것에서 나왔다. 관나가 단순히 오락적인 성격만 갖추었다면, 궁중 공연문화로서 지속되기 어려웠을 수도 있다. 그러나 성종무렵 관나의 '예(禮)'에는 궁중정재인 연화대인 '악(樂)'이 수반되었으며, 왕이 참관하여 백성들의 노고를 치하하는 등과 같은 예악기반의 왕도정치를 표방하는 의례로 승화되었다. 따라서 광대희와 더불어 음악이 수반되었던 관나는 예악의 전범(典範)인 『악학궤범』에도 수록될 수 있었으며, 이로써 선순환의 구조로 지속력을 갖게 된 것이다.

마지막으로 관나의 지속성은 아이러니하게도 골계미와 인간 본성의 표출이라는 관점에서도 평가할만하다. 관나는 나례의 다른 행사들, 즉 관화나 구나, 관처용 보다도, 더욱 이 해소의 기능에 충실한 의례였다. 관나 때에는 궁 안에서만 생활하던 왕실인들이 각종 잡희 감상 및 오락을 통해 세속의 생활상을 접할 수 있었을 뿐 아니라, 근엄한 궁중 생활과는 다른 인간 본연의 기쁨도 만끽할 수 있었던 유일한 때였기 때문이다.

이와 같은 자생력을 갖춘 오락인 관나라고 해도 그 시행에서 합의를 이끌어내기까지는 성리학적 규범사회에서 매우 어려운 일이었다. 특히 성종 때에는 성리학 사상이 무르익고, 각종 무용(無用)으로 여겨지는 관화, 구나, 관처용, 격구(격봉) 등의 오락과 창기의 폐단 등에 관한 상소가 지속적으로 올라왔기 때문이다. 구체적으로 성종 9년에 왕실의 연말 문화 중에서 축역하는 구나를 비롯해, 광대들이 희롱하는 관나, 화산대를 설치하고 화포를 쏘는 관화 등의 폐지론이 대대적으로 제기된 적이 있다. 당시 이 폐지론의 근거가 된 것은 이들의 무용성(無用性)뿐 아니라 "광대들이 속된 말로 임금 앞에서 희롱을 하는데, 여기에 임금이 의복과 물품을 내리는 것은 옳지 않다"는 이유로 왕실의 품위가 손상될 것이 염려된다는 취지였다.[151] 당시 성리학적 규식이 이미 일반화 되었던 때이기 때문에 당연히 이와 같은 전통은 일순위의 비판 대상이었다.

　　그러나 성종은 이에 대해 좀 다른 시각을 갖고 있었다. 즉, "광대는 가까이 할 수는 없으나, 한겨울 몹시 추울 때 광대들을 보니, 가엾어서 의복을 주었다."는 것이다. 이와 같은 성군의 태도에 그 어떤 대신도 더 이상 반대만 하고 나설 수는 없었을 것이다. 즉, 아이러니하게 왕도정치의 명분과 부합했다는 점이다. 왕이 가난하고 헐벗은 백성들을 1년에 한 번 친히 하고, 이들을 위해 의복을 내리는 것은 바로 조선조 왕도정치가 무르익은 규범사회에서는 오히려 필수적인 것이었기 때문이다. 성종은 이 외에도 "(광대잡회를) 금년에만 실시하고 차후로는 정지하겠다."와 같은 유화책으로 대신들을 설득하기도 하였다. 이는 모두 성

---

151)『성종실록』9년(1478) 11월 18일; 12년(1481) 12월 17일.

종이 백성을 아끼고 보살피려고 하는 성군으로서의 자질에서도 비롯되어 설득이 가능한 일이었기도 하나, 성종의 이와 같은 유연하고 친화적인 성향이 큰 역할을 하였던 것으로 평가된다.

광대잡희 외에도 관나에 병연된 척윤목희도 또한 그 오락성이 매우 짙었던 것은 말할 것도 없었다. 그럼에도 불구하고, 성종은 연말 관나일에 종친들과 대대적으로 이 윤목희를 실시 한 바 있다. 당시 조선 사회는 이미 규범사회로서 정립되었기에, 과연 이와 같은 오락이 어떻게 가능했을까 의문스럽지만, 성종 때에 이와 같은 오락이 가능했던 것은 선대부터 시행되었던 전통이라는 점 뿐 아니라, 종친들과 즐기는 것은 일년 중 단 한차례로 한정된다는 한계적 허용성 때문에 가능했을 것으로 보인다.

그러나 명종 때에 들어서 윤목희는 온전히 비판의 대상이 될 뿐이었다. 당시 사신은 "관나시에 광대들이 풍자하는 말들은 간혹 풍속의 미악을 나타내기도 하므로, 이의 채용을 통해 정사를 돌보는 기능도 있을 수 있으나, 이 윤목희는 장난 놀이일 뿐으로서, 시신(侍臣)들과 함께 친압하여 던지고 노는 것은 난잡한 것으로 탄식을 금할 수 없다."고 폄하했다.152) 이 때문인지는 알 수 없으나, 일단 명종 17년 이후로는 이 윤목희를 즐겼다고 하는 기록은 찾아 볼 수 없다. 표면적으로는 궁중 내에서 조정을 난잡하게 만들었던 천민들의 각종 기예보다도, 군신간에 친목을 도모하던 윤목희가 더 큰 폐단이 있다고 평가되었기 때문이었던 것 같다. 성리학적 규범사회에서 왕도정치에 부합되지 않는 오락은 폐지 될 수 밖에 없는 수순을 밟았을 것이다.

---

152) 『명종실록』 16년(1561) 12월 29일.

4) 친화적 도구, 척윤목희(擲輪木戱)

척윤목희는 일견 오락에 불과하지만, 군신간 친친(親親)의 유용한 도구였다. 먼저 당시 성종은 어린 나이에 왕위에 올라 오랜 수렴청정으로 친정(親政)을 늦게 시작한 편이었고, 또한 비록 장인이기는 하나 한명회라고 하는 공신이 수장으로 있었던 제신들과 정치를 합의해 나가는 과정에는 어려움도 있었다. 성종은 부단한 학습을 통해서 이와 같은 상황에 적응해 나갈 수 있었으나, 군신들과 오락을 통한 친친도 한 몫 했던 것은 부인 할 수 없어 보인다. 따라서 척윤목희나 종정도 놀이가 비난의 대상만 된 것은 아니었다.

명종 때에는 척육목희가 창기보다 더욱 금기시 되었으나, 성종 때에는 오히려 주연의 창기(娼妓)보다는 덜 비판의 대상이 되었다.[153] 현재의 관점에서 본다면 이 또한 흥미롭지 않을 수 없다. 여자는 불허이나, 내기는 허용되었기 때문이다. 어찌되었든, 이처럼 관나일에 놀았던 종정도나 척윤목희 모두 그 내용상 왕실의 연말 문화와 밀접한 관계를 맺고 있었고, 부수적으로는 군신간 친친의 역할을 한 덕분에 어느 정도 지속될 수 있었다. 바꿔 말하면, 비록 오락적 성격으로만 평가될 수 있는 척윤목희도 이처럼 제도권 내에서 시기적 특수성과 함께 구현될 때에는 허용될 수 있었다는 사실이다.

---

153) 『성종실록』 17년(1486) 11월 17일.

3장

왕실의 연말 공연

1. 왕실의 서커스, 관나(觀儺)의 나희(儺戲)

1) 왕실에도 광대(廣大)가?

2005년에 개봉한 이준익 감독의 영화 '왕의 남자'는 연산군 재위 당시 광대들의 사랑과 애환 및 운명 등을 소재로 한 매우 잘 만들어진 흥행 영화이다. 이 영화에는 연산군이 광대와 그들의 놀이를 좋아해서 궁 안에서 각종 광대희를 즐겼다는 내용이 담겨있다. 또한 궁 안에 머물게 된 광대들은 공연을 위해 더 많은 광대들을 모집하는가 하면, 각종 잡희를 연구하기도 한다. 한국영화로서는 최초로 천만 관객을 끌어 모은 성공작이었다. 이 영화의 원작자는 많지 않은 사료에도 불구하고, 무한한 상상력을 동원하여 짜임새 있게 극을 구성한 까닭에 아마도 영화가 성공하지 않았나 싶다.

이처럼 '왕의 남자'가 두루 좋은 평가를 받을 수 있었던 또다른 원인은 실제로 있었을 법한 일들을 극의 긴장감을 더하며 치밀하게 구성했기 때문이다. 그렇다면 여기서 궁금한 점은 바로 "연산군 때 과연 궁에 광대가 있었을까?"하는 문제와 만약 있었다면 "당시 광대들은 저런 공연을 했을까?" 등과 같은 의문들일 것이다.

먼저 연산군과 광대의 관계로만 한정하여 보면, 대답은 모두 그렇다에 가깝다. 연산군은 광대회, 즉 나희를 매우 즐겼고, 그 수준에 대해서도 관심을 가지고 있었다. 따라서 나희를 직접 챙기고자 하여 승지(왕의 명을 전달하는 관직)를 미리 보내 검열 및 개발시키기도 하였고, 영화에서처럼 광대들 중에 재주 있는 자에 대한 관심도 보였다. 이에 대한 기록들이 『연산군일기』에 나타나 있다.

> 연산 4년(1498) 閏11월 30일: 하교하기를, "나례잡희(儺禮雜戲, 광대잡희)는 다 심상하여 싫도록 본 일이니, 다른 구경할 만한 일로써 기교를 만들어 뜰에서 놀리도록 하라."하였다.[1]
> 연산 5년(1499) 12월 19일: 전교하기를, "나례(儺禮)의 설치는 본래 놀이하기 위한 것으로 매우 잡스러운 놀이이기는 하지만 볼 만한 것이다. 우인(優人, 광대) 은손(銀孫)이란 자가 원래 온갖 놀이를 잘하였는데, 이미 죽었다. 은손을 따라서 그 재주를 이어받은 자가 있느냐." 하니, 승지 이손(李蓀)이 아뢰기를, "우인(優人) 중산(仲山)이 대강 그 재주를 전하였습니다."하니, 전교하기를, "내일 색승지(色承旨, 왕의 명을 직접 받아 특정한 일을 맡은 관리)가 의금부(義禁府)에 가서 중산의 놀이가 은손과 같은가 여부를 시험해 보라."하였다.[2]
> 연산 5년(1499) 12월 20일: 승지 최한원(崔漢元)·박원종(朴元宗)에게 명하여 나희(儺戲)를 점고(면밀히 조사함)하고 시험하게 하였다.[3]

---

1) 『연산군일기』 4년(1498) 閏 11월 30일.
2) 『연산군일기』 5년(1499) 12월 19일.

또한 연산군은 나례의 시행에 있어서도 많은 변화를 가져왔다. 연산군은 자신이 지나가는 길에는 모두 방상시(方相氏, 4개의 눈이 그려진 무서운 가면을 쓰고 연말에 구나의식 중 역귀를 쫓는 역할을 하는 인물)를 동원에 길닦음을 하게 하는 등의 파격적인 명령도 내린 바 있다. 이 외에도 축역하는 나례, 즉 구나는 본래 계동에만 시행하는 것이 오랜 전통이었는데, 이를 확대하여 입춘일과 중추일에도 축역하게 하여, 1년에 3번까지도 확대하였다.4) 또한 보통 연말에만 시행하던 나례를 해를 넘겨 원일에도 성대하게 준비하게 하여, 이 과정에서 노역으로 희생된 백성들이 많았다고 한다.5)

> 연산 10년(1504) 12월 23일: 전교하기를, "이 뒤로는 거가(車駕, 왕의 수레와 행차)가 지나가는 도성의 대로와 여염(민가) 속 길에 모두 방상시(方相氏)로 하여금 꽹과리·북을 치며 방리군(坊里軍)을 거느리고 역귀(疫鬼) 쫓는 포(炮)를 쏘도록 하라."하였다.6)
> 연산 11년(1505) 12월 16일: 전교하기를, "오는 원일(元日) 관나(觀儺)시에는 채붕(綵棚)을 경회루(慶會樓)에 만들되, 승지를 좌우로 나눠 공사를 독려하라. 이긴 자에게는 상을 논하리라. 그리고 앞으로 매년 원일에 채붕 설비하는 일을 준례로 삼게 하라."하였다. 승지 한순(韓恂)이 군인 수천을 거느리고 경복궁 후원에서 산대(山臺)를 만드는 것을 독려하였는데, 기교하게 만들기를 힘써 주야로 쉬지 않으므로 군인이 얼고 굶주려 많이 죽었다.7)

---

3) 『연산군일기』 5년(1499) 12월 20일.
4) 중국 고대에는 황제의 경우, 이 축역의식을 봄, 가을, 겨울의 3차례에 걸쳐서 행했던 적도 있다.
5) 세종 때에도 정조나례는 이미 있었으나, 흔히 시행된 것은 아니었고 규모도 작았으며 편전에서 시행되었다.
6) 『연산군일기』 10년(1504) 12월 23일.

연산 11년(1505) 12월 29일: "전교하기를, 입춘(立春)일에 창덕궁
과 경복궁에서 축역하라.8)

연산 12년(1506) 1월 11일: 전교하기를, "앞으로는 매년 3월[季春]·
8월[仲秋]·선달[季冬]에 축역(逐疫)하라."하였다.9)

연산군은 나례의 시기와 횟수만 확대한 것은 아니었다. 공연 장소에
있어서도 파격적인 행보를 보였다. 나례라고 하는 것이 조선 왕실에서
는 드러내놓고 즐길 만한 것은 아니었기에, 편전(便殿, 정전이 아닌 주
로 대비들이 거하는 공간)의 뜰에서, 그것도 왕은 처마 밑에 서서 마지
못해 보듯이 참관해야 했던 필요불가결한 의식이었다. 그런데 연산군
은 위의 기록처럼 조선의 정궁인 경복궁의 연못 주변 경회루에서 나례
를 즐겼을 뿐 아니라, 심지어 정전(正殿, 당시에는 강녕전(康寧殿))의 뜰
로 옮겨 시행한 과감성도 보였다. 다음은 이를 증명하는 연산군 11년의
기록이다.

연산 11년(1505) 11월 9일: 전교하기를, "금년에는 경복궁 강녕전
(康寧殿) 널찍한 곳에서 나례(儺禮)를 구경하겠으니, 정재인(呈才人)을
빠짐없이 불러 모으게 하라."하였다.10)

이 밖에도 연산군은 이전의 규범과는 무관하게, 나례를 행하는 광대
들을 사유화하여, 마치 하사품을 내리듯이 사사로이 선물로 보내기도
했다. 다음은 연산군이 이처럼 나례를 하사품으로 여겼던 기록들이다.

---

7) 『연산군일기』 11년(1505) 12월 16일.
8) 『연산군일기』 11년(1505) 12월 29일.
9) 『연산군일기』 12년(1506) 1월 11일.
10) 『연산군일기』 11년(1505) 11월 9일.

연산 7년(1501) 12월 18일: 전교하기를, "나례(儺禮)와 잡희(雜戱)를 원자(元子)가 피접(避接)해 있는 곳으로 보내라."하였다.[11]

연산 9년(1503) 12월 27일: 전교하기를, "급히 나희(儺戱)를 정미수(鄭眉壽)의 집으로 보내라."하였다. 이때 대군이 그 집에 피접(避接)해 있었다.[12]

이처럼 연산군은 고려시대부터 지속된 나례 의식과 나희의 전통을 파격적으로 변형시켰다. 특히나 성종 이후 성리학의 왕도정치가 무르익었던 조선에서 연산군의 이와 같은 기행은 당시에도 상당한 논란이 되었을 것임은 분명하다. 이것은 미신에 대한 집착 및 유희의 탐닉에서 비롯된 행동이었으며 결과적으로 폐위론의 빌미가 되었다.

그런데 중종이 등극한 이후로도 이전의 나례가 모두 한꺼번에 폐지되지는 않았다. 이미 나례는 중국에서 들어온 이후 조선의 오랜 전통이 되었고, 비록 연산군 때 사치스럽고 무분별하게 시행되기는 하였으나 조종조 성군들도 지켜 시행해왔기 때문이다.[13] 이와 같은 사실은 중종 때 나례의 폐지 건의가 올라올 때마다 조종조의 고사라는 전통성을 근거로 폐지 불가론이 맞대응되었던 논쟁을 통해 알 수 있다.[14] 즉, 기존에 고려시대부터 규범과 원칙을 갖추고 시행되었던 왕실의 적층문화(積層文化)로서의 나례는 연산군 때 이후로 확대시행되는 등 파격적으로 변하였지만, 이 또한 이미 또 다른 전통이 되었던 것이다.

비록 연산군이 나희를 선호하고, 미신적인 것에 집착하며, 사사롭게

---

11) 『연산군일기』 7년(1501) 12월 18일.
12) 『연산군일기』 9년(1503) 12월 27일.
13) 『세종실록』 25년(1443) 1월 25일.
14) 『중종실록』 8년(1513) 11월 1일.

유용하면서 나례는 변형되었으나, 한편으로는 조선 중기 이후 광대들의 종목 개발과 보급 및 궁정내 서민문화의 유입이라는 부수적인 결과도 낳았다. 결과적으로 궁정 문화와 교류한 서민문화는 민간에 재공급되면서 융합 과정을 거쳐 한층 높은 수준의 문화를 낳게 되었다.[15]

2) 나희(儺戲)는 광대희(廣大戲)!

광대희를 부르던 명칭은 나례(儺禮), 광대희(廣大戲), 잡희(雜戲), 백희잡기(百戲雜技), 나희(儺戲) 등으로 다양하게 나타난다. 이 중 나례라는 용어는 가장 범용으로 쓰였는데, 세말에 시행된 각종 의식을 통틀어 지칭하는 것이자, 그 의식에서 연행되었던 광대희를 통칭하는 것이었다. 광대희는 특히 연행자인 광대들에게 초점을 맞춰 그들이 펼쳤던 재주를 지칭했던 명칭이고, 잡희는 말 그대로 잡(雜)스러운 재주[戲]로서 공연의 다양성을 표현한 명칭이며, 또한 일반적으로 천인(賤人)인 광대들에 의해 연출되었기 때문에 사회적으로 약간 하대(下待)하는 의미를 포함한 용어이다. 백희잡기라고 하는 것은 광대들의 종목을 하나로 묶일 수 없기 때문에 붙은 명칭이다. 마지막 나희는 궁중에서 귀신을 몰아내는 의식에 광대들의 각종 잡희가 연속되어 나의식과 명확한 구분 없었던 탓에 붙여진 이름이고, 이것 때문에 나중에는 구역의식 없이 광대들의 놀이만 펼쳐질 때에도 광대희를 나희로 부르게 된 것이다.

특히 광대희를 나희라고 불렀던 경향은 조선 중기 이후에 더욱 굳어졌다. 왕의 환궁(還宮) 시, 혹은 명나라 천사의 환영(歡迎) 시에 광대들

---

15) 윤아영, 「기악 심방곡(心方曲)의 궁중교류 발생설에 관한 추론(推論)」, 『국악원논문집』 37, 2018, 247~265쪽.

의 잡희는 나례라는 이름으로 국가 환영 공연의 필수 요소가 되었기 때문이다. 환영의식으로서 벽사적인 성격은 전혀 없었음에도 불구하고 나례라는 공식명칭이 사용되었으며, 이때의 광대와 여기들의 공연을 나희라고 하고 있다. 조선시대 이와 같이 용어의 확대현상으로 인해 광대회를 도상에서 펼칠 때에도 나희로 부른 것이다. 즉, 광대회는 나희, 나희는 광대회와 동일한 것으로 보아야 한다.

일부에서는 나희를 마치 역귀를 물리치는 것과 관련된 것만으로 오해하기도 한다. 그러나 실제로 많은 사료에 나타난 나희에 관한 모습들은 대부분 광대들이 부린 재주를 지칭하는 것으로, 오히려 벽사적 성격의 처용무나 방상시의 구역 의식만을 가리킨 것을 찾아보는 것이 더 드물다. 따라서 이와 같은 오해를 여기에서 한 번 더 정정하고 넘어간다.

3) 관나(觀儺)의 나희(儺戲)들

나례와 관련된 광대회의 기록을 따져 올라가면, 삼국시대까지 올라갈 수도 있겠으나, 고려말에야 왕실과 관련된 구체적인 내용들이 등장한다. 고려말 당대 유명한 문신인 이색의 시 '절구'16)에 의하면 연말에 호걸(豪傑), 광인(狂人) 등의 재담 내용이 전하는데, 이로 미루어 보아 이전부터 광대들의 재담회가 있었음을 알 수 있다. 광대들의 재담회는 영화 '왕의 남자'에서도 뇌물을 상관에게 바치는 내용 등으로 재해석된 바 있다.

또 다른 이색의 시 '구나행'17)에 의하면 구나의(축역의식) 절차에 이

---

16) 이색, 「절구」, 『목은시고』 卷13.
17) 이색, 「구나행」, 『목은시고』 卷21.

어서 연출되었던 각종 나희가 묘사되어 있는데, 오방귀무(五方鬼舞), 사자무(獅子舞, 백택용(白澤踊)), 토화(吐火, 불토하기)와 탄도(呑刀, 칼 삼키기), 서역(西域)의 호인희(胡人戱), 처용희(處容戱), 백수희(百獸戱) 와 같은 것들이다. 조선초 성현의 '관나'[18] 시에 묘사된 나희로는 농환, 보삭(步索, 줄타기), 괴뢰희(傀儡戱, 인형극), 장간기(長竿技, 장대타기), 창우희(倡優戱, 광대희) 등이 있다. 이 중 영화 '왕의 남자'에서는 불토 하기, 줄타기, 인형극, 사자무 등이 소개되었다.

〈이색,「구나행」, 제11행 이하〉
司平有府備巡警: 사평부에서는 순경을 두루 비치했으니
烈士成林皆五丁: 오정 역사와도 같은 수많은 열사들이
忠義所激代屛障: 충의심에 격앙되어 액막이를 대신하여
畢陳怪詭趨群伶: 기괴한 걸 다 베풀고 뭇 광대를 따라서
舞五方鬼踊白澤: 오방귀와 백택의 춤을 덩실덩실 추고(무오방귀용
　　　　　　　　　백택(舞五方鬼踊白澤))
吐出回祿呑靑萍: 불 토해 내기 칼 삼키기의 묘기를 펼치네(토화(吐
　　　　　　　　　火),탄도(呑刀))
金天之精有古月: 서역의 나라 사람 고월의 가면극에는(호인희(胡人
　　　　　　　　　戱))
或黑或黃目靑熒: 혹은 검고 혹은 누렇고 눈은 새파란데
其中老者傴而長: 그 중 늙은이는 굽은 허리에 키가 커서
衆共驚嗟南極星: 모두가 남극 노인이라고 경탄하거니와
江南賈客語侏離: 강남의 장사꾼은 사투리를 조잘대면서
進退輕捷風中螢: 날리는 반딧불처럼 진퇴를 경쾌히 하지
新羅處容帶七寶: 신라의 처용은 칠보를 몸에 장식하고(처용희(處容
　　　　　　　　　戱))

---

18) 성현,「관나」,『허백당시집(虛白堂詩集)』卷7.

花枝壓頭香露零: 꽃 가지 머리에 꽂아 향 이슬 떨어질 제
低回長袖舞太平: 긴 소매 천천히 돌려 태평무를 추는데
醉臉爛赤猶未醒: 발갛게 취한 뺨은 술이 아직 안 깬 듯하네
黃犬踏碓龍爭珠: 황견은 방아를 찧고 용은 여의주 다퉈라(백수희
(百獸戲))
蹌蹌百獸如堯庭: 춤추는 온갖 짐승이 요 임금 뜰 같고말고
君王端拱八角殿: 군왕은 팔각전에 장엄하게 임어하시고(군신연향)
群臣侍立圍疎屛: 신하들이 군왕 병풍 에워 시립한 가운데
侍中稱觴上萬歲: 시중이 술잔 들어서 만세를 축수하리니
幸哉臣等逢千齡: 다행하여라 신들이 천재지회 만났음이여
海東天子古樂府: 원컨대 해동 천자의 고악부 가운데
願繼一章傳汗靑: 내 노래 한 장 이어서 역사에 전했으면
病餘無力阻趨班: 병든 몸 힘이 없어 조반에도 못 나간 채
破窓盡日風冷冷: 온종일 찢어진 창에 바람만 썰렁하구려

〈성현, 「관나(觀儺)」(성종 17년(1486) 12월 29일)〉
祕殿春光泛彩棚: 비밀스런 큰 궁전에 봄빛이 비추고 채붕이 뜨니
(채붕(彩棚))
朱衣畫袴亂縱橫: 붉은 옷을 입은 이들이 어지럽게 좌우로 돌아다니
는 구나(구나(驅儺))
弄丸眞似宜僚巧: 구슬놀음이 매우 진짜 같아서 정교한 아름다움이
있고(농환(弄丸))
步索還同飛燕輕: 줄타기하며 둥글게 도는 것이 마치 나는 제비와
같이 가볍구나(보삭(步索))
小室四旁藏傀儡: 작은 집의 사방위에는 큰 인형들을 감추어 두고
(괴뢰희(傀儡戲))
長竿百尺舞壺觬: 장대의 길이는 백척이나 되고 춤추고 투호한다.
(장간기(長竿技))
君王不樂倡優戲: 군왕은 창우희를 즐기지 아니하나(창우희(倡優
戲))

要與群臣享太平: 다만 군신과 더불어 태평을 누리는 구나(군신연향
(君臣宴享))

(1) 무오방귀용백택(舞五方鬼踊白澤)

먼저, 구나행에 나타난 '무오방귀용백택'은 이미 오방귀무로 알려져
왔다.[19] 그런데 오방무라고 하는 것은 현재 처용무로 연상되기 쉬우나,
고려말에 처용무는 1인무였기에, 이 오방귀무라고 하는 것은 조선시대
발생된 처용무와는 관계없는 것이다. 오히려 중국에 이미 존재했던 오
방귀무와 관련되었을 가능성이 높다. 중국의 오방귀무는 오행무로서
이미 주나라 때부터 존재했다고 하며, 이것이 나례 때 시행된 것은 당
나라 중기부터 라고 한다.[20]

오방귀무는 무속 신앙과 관련된 잡희였을 것으로 자연스럽게 추정
된다. 무속의 집터 잡는 의식에서 오방지신에게 제사를 지내거나, 벽사
의식을 행할 때 동서남북과 중앙에 방울진으로 오방진을 친다거나 해
서 액을 없애고 있기 때문이다. 여기서 말하는 오방신은 각 방위마다
영험한 동물을 내세우는데, 청룡(靑龍), 백호(白虎), 주작(朱雀), 현무(玄
武)를 들어 보이곤 한다.

또한 백택무라고 하는 것은 흔히 사자무라고도 알려진 것으로서 우
리나라 『한국세시풍속사전』에 의하면 백택은 신수(神獸) 또는 사자의
별칭으로서 삼국시대까지 그 기원이 올라간다.[21] 중국에도 백택이 나

---

19) 안상복, 2001, 「『향악잡영』과 산대놀이의 전통」, 『한국민속학』 34, 135~162쪽;
   안상복, 2002, 「[구나행]의 나회와 산대놀이」, 『중국중문학』 30, 411~438쪽; 안상
   복, 2002, 「唐宋 儺禮, 儺戲와 <驅儺行>의 儺戲 그리고 산대놀이」, 『중국문학』 37,
   69~86쪽.
20) 김학주, 1994, 『한중 두 나라의 가무와 잡희』, 5~20쪽.

레와 관련된 기록은 있는데, 중당 이후 나례 때 편입된 것으로 사자무일 가능성도 암시되어 있다. 다만, 대부분의 나희가 그러하듯이 이 사자무 또한 점차 벽사적인 성격 외에 연희적 성격이 짙어지게 됨에 따라 우리나라에서도 조선 중후기에는 각종 연향에서 연출되었고, 이후 중국에 연행사로 갔던 조선국의 신하들이 목격한 바에 의하면 청나라 궁정에서는 연향 때마다 연출되었던 잡희였다고 한다. 우리나라에서도 숙종 때 편찬된 이해조의 시에 의하면, 학무와 더불어 사자무가 있었고,[22] 순조 때 편찬된 『진연의궤』[23]에도 사자무 관련 기록이 보인다. 이때 재인(才人) 최복동 등 4명이 잡희를 벌였다고 하는 것으로 보아 현재와 같이 사자탈 하나에 두 명씩 들어간다면 쌍사자무가 펼쳐졌을 것으로 추측된다.

조선 후기에는 사자무 관련 내용은 우리나라의 것은 없고, 중국에 사절단으로 간 이들이 본 내용들이 전한다. 조선 순조 4년(1804) 청나라의 사절단에 참여한 이해응은 자광각의 잔치에 동자의 기예와 각저희, 홍봉환축 등과 함께 이 사자춤이 있었다고 기록하고 있으며,[24] 순조 28년(1828) 박사호(朴思浩)는 10월부터 이듬해 4월까지 청나라에 다녀오면서 쓴 연행일기인 『심전고』에 의하면, 황주에 사자무가 있었다고 한다.[25] 따라서 당시 중국 여기저기에서 이 사자무는 일반적으로 행해졌

---

21) 국립민속박물관, 2001, 『한국세시풍속사전』. 우륵(于勒)에게 명하여 지은 12곡 가운데 여덟 번째 곡에 사자기(獅子伎)가 있는 점으로 보아 사자춤은 이미 이때부터 공연되었음을 알 수 있다.

22) 이해조(李海朝, 1660(현종1)~1711(숙종 37)) 詩, 『鳴巖集』(숙종 30(1713)) 卷3.

23) 진연도감(進宴都監), 『진연의궤』제3권 상전(賞典). 사자무 재인들에게는 각각 본청에서 목 2필이 제급되었다.

24) 이해응(李海應, 1775(영조 51)~1825(순조 25), 1804년(순조 4), 갑자년 정월 12일 壬寅, 『계산기정(薊山紀程)』卷之三, "晴. 玉河館留. 맑음. 옥하관에 머물렀다."

던 것을 알 수 있다.

근대 최남선(崔南善)의 『조선상식문답(朝鮮常識問答)』속편(續篇)(1947)에 의하면 백택무는 연말세초(年末歲初) 어림의 밤중에 두 마을에서 출발해 중로(中路)에서 만나 밤새도록 싸워 승부를 내고, 세후(歲後)에는 여러 마을을 돌아다니면서 축사연상(逐邪延祥)을 기원했던 것이라고 하였다.

이와 같은 기록들을 통해 두 잡희의 모습을 연상해 볼 수도 있을 것이지만, 어쩌면, 구나행에서 묘사하고 있는 '오방귀무'와 '백택용'은 두 가지 잡희가 아닌 하나의 '오방백택무용'일 가능성도 있다. 왜냐하면, 중국에 존재하는 연희 중 오방사자무가 이미 당대 이후 존재하고 있기 때문이다.26) 현재 중국의 사자무는 흔히 쌍사자무27)가 주로 연행되고 있어서 얼핏 다섯 마리의 사자무를 연상하기 어려우나 중국 당나라 때에 이 오방사자무라고 하는 것도 있었다고 하니 주목해 볼 만하다.28)

중국에서 사자무의 역사를 이야기할 때에는 한족의 오래된 민속무용으로 간주하고 있기는 하나, 어느 시기에 외부에서 중국본토로 유입

---

25) 박사호(朴思浩, ?~?), 기축년(1829, 순조 29) 3월 26일, 『심전고(心田稿)』卷之一, 연계기정(燕薊紀程).

26) 김순희, 2011, 「명대 궁정 연향(宴饗) 중 백희(百)에 관한 연구-<헌종행락도(憲宗行樂圖)>(1485)를 중심으로」, 『중국문학연구』44, 51~83쪽. "당대에는 궁정의 구자악과 서량악 중 사자무가 주요한 종목으로 자리잡아 『악부잡록』에 <오방사자>와 <구두사자>, 『교방기』에 <서하사자>라는 종목이 보인다.".

27) 현재 중국의 2사자무는 문수(文獸)와 무수(武獸)의 두 마리로 이루어지는데, 문사자(文獅子)는 일반적으로 희롱하는 성격을 나타내므로, 그 동작도 노는 동작이 많은데, 예를 들면 상처를 긁거나, 핥거나, 귀나 뺨을 긁고, 세차게 때리거나 뛰거나, 공을 굴리는 등의 행동을 표현한다. 반대로 무사자(武獅子)는 비중 있는 기교를 선보이는데, 공위에서 뛰거나 널빤지위에서 서거나 하는 등의 무공을 나타낼 수 있는 기예를 선보인다.

28) 白居易, 2007, 『龟兹古國』, 重庆: 重庆出版社.

된 연희일 가능성이 크다. 먼저『한서(漢書)』의 예술지(藝術志)에 의하면, 사자의 형상을 연출하는 사람이 있었다는 기록이 있어서 사자무는 삼국시대 무렵(184~280년간)부터 존재했고, 이후 당나라(618~907) 때에 이르러서는 비로소 궁중에 유입되어 중요한 연악(燕樂)의 하나가 되었다고 한다. 당시의 사자무의 연행 모습에 관해서는 140인이 합창으로 '태평악(太平樂)'을 노래하면, 이에 맞추어 100여 명이 춤을 추는 대형 공연이었으며, 당시 이 사자무를 일컬어 '오방사자무(五方獅子舞)'라 하였다. 이후 원나라 때에는 황제의 수레가 행차할 때에 이 사자무로 맞이하였다고 한다.[29] 따라서 이전부터 있었던 사자무가 당나라 때 이후로 궁중 연희의 하나로 발전되었을 것이다.

그렇다면, 이 사자무의 원류를 더 파헤쳐 볼 필요가 있는데, 구자(龜玆)국(타클라마칸(Taklamakan) 사막의 북쪽, 지금의 고차(庫車) 지역에 있던 고대 국가) 소산일 가능성이 있다. 서역 중 구자의 왕실에서는 이 사자를 숭상하였고, 구자왕은 스스로를 사자왕이라고 칭했기 때문이다. 또한 더불어 구자의 왕은 사자의 복식을 만들어 하사한 고사도 전하는데, 이때 사자무의 연희가 만들어졌을 가능성이 있다. 이후 전진시대(351~394)에 구자왕이 일만명의 구자국의 예인(藝人)들을 이끌고 서량(西涼)에 온 적이 있고, 이때 사자무는 비로소 한나라에 유입되었다고 한다. 이때 구자국의 사자무가 중원에 '오방사자무'로 정착되었기에, 이를 한족의 무용으로 중국에서는 여기고 있는 듯하다.

또한 이 사자무가 본래 구자국의 연희였을 가능성은 우리나라 신라시대 최치원이 쓴 '향악잡영오수'에 의해서도 지지된다. 최치원은 당시

---

29)『원사(元史)』卷179, 列傳 第66 賀勝.

향악이라고 하는 것 중에 이 사자회를 언급하고 있는데, 당시 내용에 의하면 서역에서부터 임금(당시 중국의 황제)의 덕화에 감화되어 먼 길을 거쳐 왔다는 내용이 묘사되고 있어서 이는 서역 기원 중국유입설에 부가적인 근거가 되고 있기 때문이다.

명대 <헌종행락도>에도 만국래조, 즉 주변국에서 선물을 바치러 오는 장면을 묘사한 그림에도, 각 지역의 귀한 산물이었을 것으로 추정되는 상아나 사슴뿔과 같은 것 외에 사자가 등장하고 있는 것을 통해서도 서역에서 중국에 보내는 대표 산물이 사자였음을 알 수 있다.30)

이와 같은 주변 문화에 나타난 백택무, 즉 사자무와의 관련성을 통해 보았을 때 구나행에 나타난 무오방귀용백택이라고 하는 것은 오방귀무와, 백택무의 두 가지였을 수도 있고, 혹은 오방백택무라고 하는 하나의 벽사적인 무용이었을 두 가지 가능성 모두 배제할 수는 없어 보인다

(2) 토화(吐火)와 탄도(呑刀)

구나행 제16행에 "토출회록탄청평(吐出回祿呑靑萍)"은 토화와 탄도로 보는 것이 일반적이다. 일단 회록(回祿)은 불을 뜻하고, 청평(靑萍)은 명검(名劍)으로서 이는 중국의 오래된 잡희인 토화 및 탄도와 관계된 것으로 해석되었기 때문이다.31) 우리나라에서 이의 시작을 정확히는 알 수 없으나, 대체로 토화와 탄도는 대부분 같이 연출되었으며 화희가 펼쳐질 때 자주 선보였던 잡희로 기록되어 있다.

---

30) 이와 관련된 기록은 중국 측 사서에도 보이는데, 『후한서』에도 그 기록이 있어서 알 수 있는데, 당시에도 바쳤던 물건은 상아(象牙)와 물소[水牛], 봉소(封牛)와 같은 것들이 있었음을 알 수 있다.

31) 김학주, 2002, 12쪽.

우리나라의 토화와 탄도는 한나라 때 서역의 환인(幻人)이 중국본토에 들어와 이 토화를 전했고,[32] 이때 전해진 것이 우리나라에까지 들어왔을 가능성이 제기되었다.[33] 특히 서역에서 기원한 광대희가 중국에 들어왔으며, 이것이 우리나라에까지 들어왔을 것이라는 의견이 지배적이다.[34]

고려시대 연등회를 비롯해 조선시대 관화 등에서 펼쳐졌던 광대의 화희를 간략히 정리하면, 가면을 쓴 광대는 등에 화포가 얹어진 나무판을 짊어지고, 이 화포에서 불꽃이 다 나올 때까지 두려워하는 기색 없이 화희를 연출했다고 한다[優人蒙假面 背上負木板 板上設包 包折火盡 猶自呼舞 曾不畏怕]. 이 광대의 화희는 등에 짊어진 장치에 관한 이야기 뿐이나, 실제로는 입에서도 불을 뿜어 내었을 가능성도 있다. 어쨌든 당시에는 불과 관련된 잡희가 궁정나례 때에 연출되었음은 확실하다.

조선 성종 때에는 확실히 토화(희)가 궁정에서 펼쳐졌는데, 성종은 이 광대들에게 성대하게 포상하였다는 기록도 있다.

> 성종 12년(1481) 6월 21일: 예전에 노(魯)나라 정공(定公)이 협곡(峽谷)에서 제후(諸侯)와 모였을 때 공자(孔子)가 재상(宰相)의 일을 섭행(攝行)하였는데, 제(齊)나라의 배우(俳優)·주유(侏儒)가 앞에 나아가 희롱하는 것을 보고 베어 죽이게 하였습니다. 대저 갈고리를 삼키고[吞鉤] 불을 토하며[吐火], 익살부리고[滑稽] 희롱하는 것[調戲]은 다 눈을 속이고 협잡하는 요술이므로[變幻淫巧之術], 쫓아서 멀리해야만 할 것인데, 전하께서 번번이 청연(請宴)하던 날에 정동의 두목(頭目)이

---

32) 『후한서(後漢書)』, 卷86, 「南蠻西南夷列傳」 第76.
33) 유승훈, 2002, 「산악백희(散樂百戲)중 불토하기(吐火)의 전개양상」, 『한국민속학』 35, 79~103쪽.
34) 『한서(漢書)』, 列傳 卷61, 張騫李廣利傳.

앞에서 잡회를 벌이도록 허가하고, 혹 그 요술을 다시 부려 보게 하시며 즐겁게 구경하는 빛을 짐짓 보이고 상으로 베[布]를 넉넉히 주십니다. 그래서 그 요술을 부릴 수 있게 된 것을 기뻐하고 상이 후한 것을 이롭게 여기니, 기희(技戲)가 날마다 늘어가고 상도 많아집니다. 저들이 어찌 전하께서 실은 그 일을 기뻐하지 않으나 억지로 그 마음을 어루만지는 것임을 알겠습니까? 장차 그 요술을 자랑하고 그 얻은 것을 뽐내어 중국에 가서 말할 것인데,<그렇게 되면>뒷날 환시(宦寺)가 와서 무엇을 꺼려서 이런 짓을 하지 않겠습니까? 아마도 지금보다 심할 것입니다. 우리 나라는 본래 예의(禮義)가 있는 것으로 중국에 알려졌는데, 중국의 유식(有識)한 선비가 이런 일을 들으면 반드시 '조선에서 중관(中官)을 이렇게 대우하고, 환술(幻術)을 이렇게 좋아한다.' 할 것이니, 어찌 성덕(聖德)에 누가 되지 않겠습니까? 이것이 옳지 않은 까닭의 여섯째입니다.[35]

위 기록처럼 성종 때에는 중국에서 들어온 환희광대들이 궁정에서 활약하였고, 성종은 이를 종종 즐겼다고 한다. 이후 이와 같은 환술은 신하들의 지속적인 반대에 의해 금하여진 때문인지 궁정에서 연행된 기록은 더 이상 보이지 않는다. 조선 후기의 토화 탄도 관련 기록은 중국 북경에 연행사로 갔던 박지원이 보고 적은 것 뿐이어서,[36] 아마도 토화와 탄도는 더 이상 조선 궁정에서는 환영받지 못했던 것이 아닐까 싶다.

---

35) 『성종실록』 12년(1481) 6월 21일.
36) 유승훈, 2002, 역시 중국의 토화나 탄도는 더욱 발전되어 단일 기예의 수준에서 벗어나 가면극 속에서 복합적 연회로 발전되었다고 한다.

(3) 호인희(胡人戲)

구나행에는 호인희가 묘사되어 있는데, "구부정하고 키가 큰 서역인을 남극성의 화신이라고 감탄했다"는 대목을 들어 도교에서 남극성(南極星)은 일명 수명을 관장하는 노인성(老人星)이기 때문에 도교적 잡희로 본 견해가 있다.[37] 또한 강남 장사꾼들이 사투리를 조잘대면서 경쾌하게 진퇴한다는 대목을 들어 당대(唐代)의 상운악(上雲樂)[38]과의 관련성이 제시 된 바 있다.[39] 다음은 구나행의 해당부분이다.

> 金天之精有古月: 서역의 나라 사람 고월의 가면극에는(호인희(胡人戲))
> 或黑或黃目青熒: 혹은 검고 혹은 누렇고 눈은 새파란데
> 其中老者傴而長: 그 중 늙은이는 굽은 허리에 키가 커서
> 衆共驚嗟南極星: 모두가 남극 노인이라고 경탄하거니와
> 江南賈客語侏離: 강남의 장사꾼은 사투리를 조잘대면서
> 進退輕捷風中螢: 날리는 반딧불처럼 진퇴를 경쾌히 하지

이 당대의 상운악이라고 하는 것은 당나라 때의 시성 이백(李白)이 지은 악부시(樂府詩)의 하나로서 이 시의 주요 내용은 서역인이 사자와 봉황을 이끌고 와 당나라 천자의 큰 업적에 조아린다는 것이다. 따라서 이 부분이 상운악에 소개된 내용과 유사하다고 하여 서역인들의 사상이 담긴 잡희로 보았으며, 더 구체적으로는 이 대목을 잡희 중 줄타기로 본 견해도 있다.[40] 여기서 말하고 있는 '或黑或黃目青熒: 혹은 검고

---

37) 전경욱, 1998, 『한국 가면극의 역사와 원리』, 229~230쪽.
38) 이백(李白, 701~762), 『악부시(樂府詩)』
39) 김학주, 2002, 19쪽.

혹은 누렇고 눈은 새파란'의 묘사 때문에 서역의 호인과 관계되었을 가능성은 높아 보인다. 또한 대사가 있었던 잡희라는 점에서는 대체로 견해가 일치한다.

다만 이 가면극이라고 하는 것을 담당했던 이들이 색목인 내지는 중국인으로서 외국인들이었는지, 아니면 고려의 광대들이 가면을 쓰고 외국인으로 분장하였는지에 대해서는 미지수다. 정확한 것은 알 수 없으나 매우 이색적인 소재와 이국적인 등장인물로 구성된 연극이 당시 궁정에서도 세말에 연행되었음은 분명하다.

(4) 처용희(處容戲)

처용설화에 바탕을 두고 만들어졌을 것으로 보이는 고려시대의 처용희는 현재 연행되고 있는 처용무와는 달랐을 것이다. 일단 고려말 이색의 시에 등장하는 처용희의 복장을 보면, 칠보로 장식하고, 머리에는 꽃가지를 꽂고, 긴 소매가 달린 옷을 입고 뺨을 붉게 칠한 것으로 기록되어 있다. 이 처용희를 중국 종규에서 전래된 것으로 보기도 하였으나,[41] 중국 당대에 설화에서 만들어진 종규(鐘馗)가 붉은 옷으로 입고 꽃가지를 꽂지 않은 벽사의 대표적인 것으로 인식되었다면, 신라 헌강왕 때 설화에 바탕을 두고 만들어진 처용희는 본래는 검은색 옷에 꽃과 복숭아를 꽂았다는 차이점이 있어서 중국 기원설을 확언하기는 어려워 보인다. 이 처용희의 변천에 대해서는 다음 장에서 더 자세히 설명하도록 하겠다.

---

40) 이호승, 2006, 「동아시아 줄타기의 역사와 연희 양상」, 『비교민속학』 32, 289쪽.
41) 김학주, 1965, 「종규의 변화 발전과 처용」, 『아세아연구』 8(9).

(5) 백수희(百獸戲)

이색의 시에는 백수희도 등장하는데, 이 백수라고 하는 것의 자의는 온갖 짐승을 나타내는 것으로 다양한 짐승들의 잡희를 말하는 것이다. 다만, 이 시에서 언급하고 있는 금수는 황견(黃犬)과 용(龍) 뿐이어서 기타 어떤 동물들의 잡희가 있었는지는 미상이다. 시에서 누런 개는 발로 방아를 찧고 있다거나[黃犬踏碓], 여의주를 다투는 용의 모습[龍爭珠]이 각각 어울리게 소개되고 있다. 각각의 동물들은 춤추듯 율동적인 모습으로 재현되고 있었던 것 같고, 이것을 시에서는 중국 전설의 태평시대라고 하는 요나라 때의 궁정(연희)를 들어 비유하였다[蹌蹌百獸如堯庭].

이 중 황견의 잡희에 관해서는 황견이 방아를 찧었다는 것을 역귀를 쫓기 위한 형구(刑具)를 찧은 것으로 해석하고 제의식과 관계되는 것으로 본 견해[42]도 있으나 여타 중국 문헌에는 유사한 내용을 찾을 수 없어서 미상이다. 오히려 바로 이어지는 용희에 대한 묘사나 요임금의 뜰이 언급된 것에 비추어 제의성보다는 신성함을 나타내었을 가능성이 더 있어 보인다.

용희 또한 한 대 이후로 나희의 하나로 연출되었던 것인데, 초기에는 물고기가 용으로 변하는 형태를 나타내다가 이후에는 물고기는 없어지고 용이 구슬을 가지고 노는 형태로 정착된 것이라 한다.

기타 궁정에서 연출되었던 백수희는 자세한 내용이 없어서 더 이상 알기 어려우나, 조선시대 도상나례에는 용봉상마거선(龍鳳象馬車船)과 같은 행렬이 펼쳐졌으므로 봉황(鳳凰)이나 코끼리[象]와 같은 것들도 표현되었을 가능성이 있다.

---

42) 김학주, 2002, 13~14쪽.

(6) 농환(弄丸)

성현이 '관나'시에서 묘사한 농환과 관련된 부분은 '매우 진짜 같아서 정교한 아름다움이 있다[眞似宜僚巧]'로 표현되고 있다. '진짜 같다'는 비유 때문에 단순 공이나 방울놀이 보다는 마술과 같은 환상적인 기교가 첨가되었을 것 같다.[43] 이는 앞에서 언급한 성종 때 환술을 부리던 외국인들이 궁정에서 공연했다는 사실도 있으므로 더욱 그럴듯하다. 기타 우리나라에서 궁정 농환에 관한 여타 기록은 찾기 어려운데, 만약 성종 때 중국 등을 통해서 외국의 환인들이 들어왔다면 이들이 분명 중국 궁정에서도 이와 같은 것을 행하였을 것이다.

농환과 관련된 중국 측 문헌으로는 먼저 『삼국지(三國志)』[44] 「위서(魏書)」에 호족의 무용에 관한 내용을 주목할 만하다. 여기에는 광대가 공을 굴리며 검을 치면서 소설 수천자를 읊었다고도 한다. 동서(同書)[45]의 또 다른 부분에는 여악(女樂)이 있어 이들이 코끼리를 형상한 춤을 추고, 영인(伶人)들은 북을 치고 퉁소를 불었으며, 산악(山嶽)을 만들고 공위에서 검을 던지는 잡희를 펼쳤다고 한다.

『후한서(後漢書)』[46]의 농환관련 기록에는 마술을 부리는 환인(幻人)이 공위에 올라서서 재주를 잘 부려서 그 위 서있기를 천을 셀 때까지도 가능했다고 하는데, 영인은 스스로를 칭하길 해서인(海西人)이라 했다고 기록되어 있다. 해서란 즉, 대진(大秦)을 지칭하는 것으로서, 여기서 말하는 대진이란 고대 중국의 라마제국의 동쪽을 일컫는 것인데, 현

---

43) 전경욱, 2004, 『한국의 전통연희』. 농환을 백희 중 방울받기로 간주하였다.
44) 『삼국지(三國志)』 「王衛二劉傳傳」 魏書 卷21.
45) 『삼국지(三國志)』 「方技傳」 魏書 卷29.
46) 『후한서(後漢書)』 「南蠻西南夷列傳」 列傳　卷86　.

재는 지중해연안 지역에 해당한다.

　이후 『위서(魏書)』[47]에 의하면 이 도환(跳丸)의 잡희는 전정(殿庭)에서 어린 아이가 공위에서 재주를 부리는데, 그 주변에서는 용(龍), 사슴[鹿], 말[馬]이 실린 높이 백척이 되는 수레가 이어진다고 하였다. 덧붙여 이 잡희는 한(漢)나라와 진(晉)나라 때의 것과 같다고 하여 한나라 때부터 이어진 것임을 알 수 있다.

　『신당서』[48]에도 이 공굴리기는 하남성의 일을 들어 설명하고 있는데, 무사들을 치장하고 길에 늘어서게 하여, 공을 밟고서 검무를 추는 것을 펼쳐 보였다고 한다. 이들의 앞에는 수백의 말 탄 기사들이 말을 몰아가고 나라에서는 음식과 음악을 내려주었다고 한다. 명대 원소절의 잡희를 그린 그림인 『몽화록』에 의하면 이처럼 공위에서 재주를 부리고 있는 아이의 모습을 볼 수 있다.[49]

　이와 같은 중국 측 기록들을 찾아본 결과 공을 가지고 묘기를 부리는 것은 오래전부터 기예와 어느 정도의 마술이 혼합되었던 것으로 보여진다. 조선 성종 때 궁정에서 펼쳐졌던 농환의 구체적인 형태는 알 수 없으나, 만약 당시 중국에서 온 광대들이 이 농환을 펼쳤다면 이와 유사한 형태였을 것이고, 앞서 성종의 하사 후에는 더욱 오묘한 환술을 개발하기도 하였다고 하니, 당시 성현이 본 것은 전통적인 공굴리기와 환술이 합쳐진 형태였을 것으로 추정해본다.

---

47) 『위서(魏書)』, 樂志5 卷109.
48) 『신당서(新唐書)』, 列傳 第133, 卷208.
49) 김순희, 2011, 51~83쪽.

(7) 보색(步索)

보색은 보삭이라고 하는 것으로 걸음보(步)에 동아리줄 삭, 혹은 색 (索)자를 써서 줄 위에서 걷는다는 뜻으로 현재 줄타기라고 하는 것의 한자어이다. 잘 알려져 있다시피 우리나라의 줄타기는 2011년 11월 28 일 유네스코 인류무형유산으로 등재되었는데, 유네스코 인류무형유산 으로 등재되기 위해서는 그 전통이 100년 이상 지속되어야 하며, 현재 에도 원형의 모습으로 성행되고 있어야 하며, 이를 시행하고 있는 특정 지역 및 전수자들이 존재해야 하는 조건 등을 만족시켜야 한다. 이처럼 까다로운 지정 조건에도 불구하고 우리나라의 줄타기는 유네스코가 인정한 문화유산인 만큼 그 유구한 전통을 인정하지 않을 수 없다.

한반도에서 이 줄타기의 전통이 어디까지 올라갈지는 추측불가이 나, 적어도 고려시대까지는 문헌적으로 소급가능하다. 이규보(李奎報, 1168~1241)가 쓴 답시 중 "은하수에 닿을 정도로 줄을 높이 매달고"라 는 부분에 의해 이미 고려 중기에는 줄타기가 궁정에서도 연출되었음 을 알 수 있다.[50]

조선시대 문신인 성현도 '관나'의 시에서 줄타기를 언급하고 있다. 이 시의 정확한 연대는 알려져 있지 않으나, 실록의 관련 기록을 통해 방증 가능하다. 성종 17년(1486) 12월 29일에 왕은 여러 종친을 비롯해 신하들이 참석한 나례에서 시제로 '관나'를 내었는데, 이 무렵 성현이 7 언율시를 지어 올렸을 것으로 추정된다.[51]

이 시에 의하면 줄타기는 후원에서 구나의식 이후에 펼쳐졌던 각종

---

50) 이호승, 2006.
51) 윤아영, 2012a, 23쪽.

광대희, 즉 창우희 중 하나였다. 당시에 성현은 줄타기를 보고 '줄 위에서 둥글게 도는 모습이 마치 나는 제비와 같다[步索還同飛燕輕]'고 하여, 광대의 줄타기 기교가 매우 뛰어났음을 간접적으로 묘사하고 있다. 궁안에 불려 들어온 광대들의 재주는 당연히 당대 최고였을 것이다. 이후로도 성현은 명사신 환영 행사로서 도상에서 펼쳐졌던 줄타기를 묘사한 시를 짓기도 했는데, 이때에도 광대 줄타기를 매우 높게 평가하였다.[52]

한국의 줄타기는 인근 중국이나 일본과의 비교 연구를 통해 더욱 잘 드러난다. 이호승에 의하면, 먼저 중국의 줄타기는 한나라 때(BC. 206 ~AD. 9)부터 시작된 것으로 보이며 산악백희 중 하나로 연행되다가 북위 때에는 우리나라 고려시대 구나행에서 보이는 것과 비슷한 연희와 함께 지속되었다고 한다. 이후 위진남북조시대(221~589)에는 중국 남조까지 이 줄타기가 전해졌다고 하며, 수(581~630), 당대(618~907)에 이르면 줄타기는 광대가 나막신을 신고 어깨 위에 3, 4층으로 무동을 올리고 걷는 등의 고도의 기예를 갖춘 것으로 발전되었다는 것이다. 송나라 때(960~1279)에는 관등행사와 함께 이 광대들의 줄타기가 성행하였다고 하며, 특히 대중적인 인기를 얻게 된 것도 이때라고 보고 있다. 명나라 때(1368~1644)부터 줄타기는 주로 여인들의 잡기로 변하였고, 청나라 때(1636~1912)에 이르러서 줄타기는 구리줄을 타는 것으로 또 한 번 변신되었다는 것이 간략한 중국 줄타기사이다.

한편 일본의 줄타기는 나라시대(718~798)에 중국에서 받아들인 산악이 사루가쿠라는 명칭으로 전래되었다. 이후 헤이안시대(794~1192)에는 더욱 활발하게 줄타기가 연행되었다고 하는데, 여인 3명이 줄 위

---

52) 성현, 「관괴뢰잡희시(觀傀儡雜戱詩)」, 『허백당집』 권 40.

에서 방울이나 불 등을 들고 벌이던 연희로, 당시의 기예는 매우 출중했다고 전한다. 무로마치시대(1392~1573)에 들어서면 줄타기는 구마모이라고 불리기 시작하였으며, 에도시대(1603~1867)에도 역시 여성곡예사들의 기예가 뛰어나 크게 흥행했다고 전한다. 18세기 초에는 여성곡예사 외에도 맹인들의 줄타기가 새롭게 추가되었으며, 이들의 기예 역시 진기로 평가받을 만큼 대중의 인기를 얻었다고 한다. 18세기 말에는 2줄타기였던 줄타기가 한줄로 변하였으나, 줄 위에서 재빠른 검술이 추가되었고, 가부키에 삽입되어 흥행을 더하기도 했다. 1864년 이후에는 서양의 줄타기가 들어와 요코하마에서 연행되었으며 이것이 현재도 전통 예능 공연장에서 지속되고 있다.

이와 같은 중국과 일본의 기예 중심의 줄타기와는 달리 이호승은 우리나라의 줄타기의 고유한 특성을 재담 및 긴장과 이완으로 보았다. 특히 줄광대와 줄 아래 어릿광대 사이에 펼치는 맛깔나는 재담을 비롯해 삼현육각반주에 맞추어 기예, 재담, 가요를 긴장과 이완을 섞어 적절히 구성하는 것을 핵심으로 평가했다.

(8) 괴뢰희(傀儡戲)

이 괴뢰희는 성현의 시 '관나'에 '작은방 사방에 괴뢰를 숨겨두고[小室四旁藏傀儡]'의 구절을 통해 연말 꼭두각시 인형을 이용한 나희가 있었음을 알 수 있다. 현재도 이 꼭두각시 인형극은 여전히 여러 형태로 재현되고 있는 것으로서 쉽게 상상이 가는 잡희이다. 다만, 우리나라에는 이 괴뢰희에 대한 기록은 많지 않아 자세히 알 수 없다는 점은 안타까우나, 최근 안상복에 의해 중국 괴뢰희의 초기 형태인 곽독희와 우리나라 신라시대 원효가 다루었던 무애지희와의 관련성이 제시되고 있

어서 흥미롭다.53)

먼저 중국의 곽독희는 인형극의 종류 중 목우예술(木偶藝術), 즉 나무로 조정하는 꼭두각시 인형극을 말한다. 현재도 중국의 국가무형문화재로 지정되어 그 전통이 유지되고 있다. 역사적으로는 처음 한나라 때부터 시작된 것으로 알려져 있으며, 당나라 때 가장 성행했다고 한다. 이후 중국의 곽독희는 상당한 예술성이 있었다고 전하는데, 이것은 심지어 우리나라 성현의 시에도 언급되었다. 성현은 그의 '관괴뢰잡희시(觀傀儡雜戲詩)'에서 연말에 궁정에서 본 꼭두각시놀이를 중국의 곽독희에 비견되어도 손색이 없을 정도라고 자부했다. 즉, 양국의 꼭두각시 놀이가 상당한 수준이라는 것을 간접적으로 알 수 있게 해주는 대목이다. 다만, 이 양자의 형식이나 기원이 같은 것인지는 알 수 없었는데, 안상복은 몇 가지 사료를 바탕으로 신라시대 원효가 다루었던 무애지희와 중국의 곽독희가 서로 관련되었을 가능성을 제시했다.

먼저 원효가 다루었던 무애지희(無㝵之戲)의 표주박 놀이는 사람 모양을 본뜬 나무 인형이었을 것이며 원효는 이것을 중생들에게 일체개공(一體皆空)의 의미를 잘 전달 할 수 있는 매개체로 사용했을 것이라고 추정했다. 원효가 유랑광대에게 배운 표주박놀이에서 무애지희가 나왔을 가능성이 있다는 것이다. 또한 원효의 무애지희와 중국의 곽독희의 상관관계를 파헤쳐보는 과정에서 가장 큰 수확이라고 한다면, 그동안 잘 풀리지 않았던 꼭두각시, 꼭두놀이 등의 어원에 대한 실마리가 풀리기 시작한다는 것이다. 만약 이와 같은 추정이 사실이라면 본래는 같은 기원을 가지고 있었던 괴뢰희가 양국에서 이처럼 다르게 발전되

---

53) 안상복, 2005, 「동아시아의 郭禿戲와 新羅高麗의 無㝵之戲」, 『중국문학』 43, 135 ~155쪽.

어 전해진 것으로 이해될 수도 있을 것 같다.

(9) 장간기(長竿技)

성현의 시 '관나'에 "장대 백척 위에서 춤추며 투호하네[長竿百尺舞
壺觖]"라는 부분이 장간기와 관련된 부분이다. 혹자들은 이 대목을 장
간기와 투호희의 두가지 잡희로 분리해서 보기도 하나, 중국 궁정화인
<헌종행락도>(1485)에 묘사된 장간기를 보면 하나의 잡희로 보아야 할
것도 같다. 그림에서도 볼 수 있듯이 장간 위에 올라간 사람이 아래로
향하여 병에 화살 등을 던져 넣는 투
호희를 동시에 행하고 있기 때문이다.

**〈그림 1〉 중국 명대 〈헌종행락도〉 부
분에 나타난 원소절 등붕(燈棚)과 등
간(燈竿)**

추가로 <그림 1>은 명나라 헌종
(재위 1464~1487)이 원소절을 맞이
하여 순행할 때에 펼쳐졌던 잡희를
그린 것 중 일부분이다. 전체 그림에
는 당시 유행하던 광대희가 다수 묘사
되어 있다. 특히 원소절에는 이 장간
기가 필수 공연 종목이었는데, 원소절
의 장간기를 등간(燈竿)이라는 이름
으로 따로 부르기도 했다.[54] 이 그림
에 누워있는 한 사람은 피리를 불며 발로 장간(長竿)을 세우고 있고, 이
장간의 위쪽 끝에는 아이가 매달려 있는데, 왼손은 장간을 지지하고 있
고 오른손으로는 붉은 깃발을 쥐고 던질 준비를 하고 있다. 작게나마

---

54)『구오대사(舊五代史)』「양서(梁書)」列傳, 卷22 第12, 楊師厚.

보이는 아이의 시각도 오른쪽 아래를 향하고 있고 마치 손에 있던 깃발
도 내려 꽂고자 하는 것처럼 보인다. 따라서 장간기, 등간 혹은 간기라
고 하는 것은 높은 장대위에서 투호회 등을 행하는 것으로, 성현의 시
에 나타난 위 구절은 모두 장간기를 묘사한 것으로 볼 수 있을 것 같다.

4) 나희(儺戲)가 정재(呈才)로!

본래 정재(呈才)라고 하는 것은 처음부터 고유명사였던 것이 아니라,
'재주(才)를 윗사람에게 올린다(呈)'는 술어적인 용어였는데, 이것이 나
중에는 '궁중 의식이나 연향 등에서 펼쳐지는 무용'이란 뜻의 '정재'라
는 일반명사로 확립된 것이다.

특히 왕실의 연말 문화는 당시 민간에서 유행하던 것이 유입된 경우
도 있지만, 새롭게 창조된 것들은 오히려 민간에 전파되기도 했으며,
특별한 의미를 담고 있는 잡희들은 궁중 무용으로 채택되기도 했다. 관
나의 정수인 연화대무나, 관처용의 정수인 '학연화대처용무합설' 정재
의 경우가 대표적이다.

'학연화대처용무합설' 정재에 관한 최초의 기록은 성종 때 『악학궤
범(樂學軌範)』(성종 24년, 1423)에서 보인다. 그런데 이 합설정재의 구
성이 되는 학무, 연화대무, 처용무라고 하는 것은 성종 이전에는 합설
정재도 아니었으며, 그 계통도 각각 달랐던 이질적인 잡희였다. 즉 학
연화대희는 만들어진 이후 하나의 잡희로 취급되었지만, 처용희는 본
래 독립된 잡희이고, 학무와 처용무는 향악정재이며, 연화대무는 당악
정재(唐樂呈才)로 계통도 다른 정재이기 때문이다.[55] 발생 시기도 각각

---

55) 향악정재와 당악정재는 그 의식의 절차나 내용에 있어서 다른 것이다. 고려시대에

다른 것은 말할 것도 없다.56)

또한 성현의『용재총화』에는 이 정재들은 궁중정재로 인식되기 보다는 잡희의 하나로 학희(鶴戲),57) 연화대희(蓮花臺戲),58) 처용희(處容戲)59)로 기록되어 있는 점에 비추어 조선 초기까지도 궁중정재로서 확실히 자리매김한 것이 아니었음을 알 수 있다. 즉 이들은『악학궤범』에 수록되기 전까지만 해도 궁중정재가 아닌 잡희로서 오랜 변천과정을 거쳐 궁중 정재로 자리매김하게 된 것들이다.

(1) 학희(鶴戲)가 학무(鶴舞)로

현재 연행되고 있는 학무는 청학과 백학이 서로 노니는 것으로서, 독립된 정재로는 거의 연출되지 않고 대부분 연화대의 개화를 위한 매개체로 연화대무의 일부분으로서만 연행된다.60)

학무를 본 사람이라면 이 학무가 잡희에서 출발했을 것이라는 것은 쉽게 알 수 있을 것이다. 학의 인형을 쓰고, 학의 가슴부분에 구멍을 뚫어 시야를 확보하고 추는 춤으로서 여타 우리나라의 궁정 정재와는 확연히 구분되는 무용이기 때문이다.『악학궤범』에 소개된 학무도의 그

무보가 전하는 당악정재인 오양수, 연화대, 수연장, 포구락, 헌선도와 향악정재인 무고, 동동, 무애를 대상으로 비교해 보더라도, 당악정재는 죽간자자의 인도로 등퇴장하는 반면 향악정재는 이러한 것이 없고, 당악정재가 중간에 한문으로 된 구호와 창사를 외치는 반면, 향악정재는 우리말로 된 노래를 부르는 등 그 차이점이 있다.

56) 윤아영, 2009b, 180쪽.
57)『성종실록』16년(1485) 4월 25일. 실록에는 학무(鶴舞)와 학희(鶴戲) 등의 기록이 혼재되어 나타난다.
58) 성현,『용재총화』권1.
59)『고려사』, 世家, 忠惠王 後4년(1343) 8월; 성현,『용재총화』권1, 1525년(중종 20) 간행, "處容之戲".
60) 민속 학무 중 울산지역의 학무는 여전히 남아 있다.

림을 소개하면 다음 <그림 2>와 같다.

<그림 2> 『악학궤범』 학무도(鶴舞圖)

특히 이 학희는 정화를 상징하는 의미가 있어서 세종 때부터는 도상 나례에서 어가(御駕)의 앞에서 여기들이 가요를 바치기 전에 유일하게 첨입된 잡희였다.[61] 그런데 이처럼 상징성을 띠었던 학희의 발생 시기 는 명확하게 알려져 있지 않다. 연화대희나 처용희가 이미 고려시대부터 있었던 것에 비해, 고려시대에는 미발생이라는 정도만 확실할 뿐이다.

이 학희 내지는 학무의 연원과 관련된 가장 최고(最古)의 기록으로는 고려말 최자의 시 「복차운(復次韻)」을 들 수 있는데, 이 시에 나타난 "욕 청선왜절세가(欲聽仙娃絶世歌) 과유아두래류곡(果有鴉頭來柳谷) 응번 학자탁련과(應煩鶴觜拆蓮窠)"의 구절에서 보인다. 해석해보면 "아름다

---

61) 윤아영, 2013b, 264쪽.

운 여아들[仙娃]의 노래를 듣고자 하였더니, 과연 저렇게 검은 머리들이 유곡가운데서 나와, 응하여 학자(鶴觜, 부리)로 연과(蓮窠, 연꽃봉우리)를 쪼는구다."로 해석된다. 이 대목에서 검은 머리[아두(鴉頭)]를 학의 머리로 보고, 외부에서 학의 부리로 연꽃의 봉우리를 터뜨린다는 것으로 학무와의 연관성이 제기 되었다.[62] 그러나 후속 연구에 의해 고려시대의 연화대는 연꽃이 저절로 열렸던 것으로 고려말 학무의 존재는 부정되었으며,[63] 『악학궤범』에 분명히 학무는 조선 전기에 만들어진 악무(樂舞)라는 기록에 의해 고려발생설은 부정되었다.[64] 따라서 조선 전기 발생설이 유력해지며, 더 구체적으로는 세종 6년에 발생했을 가능성도 점쳐졌다.[65] 아마도 고려시대에 설사 학이 출연하여 연꽃을 쪼았다고 하더라도 현재와 같이 학춤을 추거나 하는 등의 무용을 하지는 않았을 것 같다.

쌍학의 등장과 관련되어서는 성현의 저서인 『용재총화』 '처용지희'에 확실히 쌍학이 등장하고 있으므로,[66] 이 무렵 학무는 이미 쌍학무로 현재와 같은 모습이 되었을 것이다. 이처럼 초기에는 나례에 쓰기 위한 잡희의 하나로서 만들어진 학희가 『악학궤범』에는 향악 정재인 학무로 정착되어 기록되었으며, 현재까지도 궁중 정재의 하나로 전해지고 있다.

---

62) 차주환, 1983, 『高麗唐樂의 研究』; 황경숙, 2000, 115쪽.
63) 송지원, 2007, 177~183쪽.
64) 이혜구, 2000. "학무(鶴舞)는 학(鶴)의 형상을 하고 춤을 추다가 연통(蓮筒)을 쪼아 그 속에서 동녀(童女)가 나오는 것을 묘사하는 정재로서 조선 전기에 만들어진 것이다."
65) 윤아영, 2013b, 264쪽.
66) 성현(成俔), '처용지희(處容之戱)' 『용재총화(慵齋叢話)』卷1.

(2) 연화대희(蓮花臺戲)가 연화대무(蓮花臺舞)로

특히 연화대는 관나에 유일하게 편성되었던 정재로서, 그 기원은『고려사』악지에 중국의 척발위 내지는 자지무와 관계된 것이라 하여, 중국 기원으로 알려져 왔다. 그러나 중국의 어느 문헌을 본다고 하더라도 연화대의 핵심이라고 할 수 있는 연꽃에서 동녀(童女)가 나오는 연출은 보이지 않는다. 따라서 고려시대 연화대희가 비록 중국의 미상의 잡희에서 전해진 것이라 할지라도 어느 시기부터는 현재와 같은 연출형태로 재창조 되었을 것이다.

가장 먼저 연화대와 관련된 기록은『고려사』악지의 당악(唐樂) 항목이며, 이를 재수록한『악학궤범』의『고려사』악지 소재 당악정재 항목에도 '연화대'가 포함되어 있다.[67] 이에 의하면 고려시대에는 연화대를 연화대정재로 기록한 적은 없으며, 그 내용도 또한 연극적인 성격이 강했던 일종의 잡희였다.

조선시대에 들어와서 초기 태종 4년에는 예조에서 사신 등을 맞이하는 잔치에서는 반드시 이 연화대의 '재주'를 올리도록 한 바 있는데, 여전히 이때까지만 해도 연화대는 잡희의 하나로 간주되었음을 알 수 있다.

이후 성현의『용재총화』'처용지희'에도 연화대를 '연화대정재'가 아닌 '연화대희'로 기술하고 있다. 이후 성종 24년 성현 등이 편찬한『악

---

67) 윤아영, 2012b, 36쪽.『고려사』예종조의 나(儺)관련 기록에 의하면 쟁기부에서 왕이 '관악(觀樂)'할 때에 여러 나(儺)인들이 '재기(才技)'를 다투어 올렸다(爭而呈技)는 것에 의해, 고려시대에는 나(儺)와 관련되어서는 '악(樂)=재기(才技)'라고 하는 것도 성립이 되는 것이다. 즉, 고려시대의 악(樂)의 개념은 재기(才技)로서, 조선시대의 악(樂)이 악가무(樂歌舞)였던 것과는 다르게 해석되어야하는 것이다. 따라서 '악(樂)=악가무(樂歌舞)'라는 조선시대의 공연사관에 비추어 이를 역시 무(舞)로 해석하면 이미 고려시대의 쟁기부에 정재가 연행되었을 것으로 오도될 수도 있을 것이므로 주의를 요한다.

학궤범』에야 비로소 이 연화대가『고려사』악지 당악정재 및 시용당악
정재의 하부 항목에 포함되어 정재로 간주되었으나, 정작 원전인『고
려사』악지에는 당악정재가 아닌 '당악'의 하위항목에 포함되어 있는
것으로 보아 조선 성종말 비로소 정재로 규정된 것임을 알 수 있다. 따
라서『악학궤범』이 편찬되기 이전까지는 연화대, 혹은 연화대희로 불
리던 것이 성종 24년『악학궤범』편찬 당시부터는 당악정재로 양식화
된 것이다.

즉, 고려시대부터 계동나례에 편성된 여러 '잡희' 중 하나였던 연화
대희는 왕이 관악(觀樂)하는 중에 '악(樂)'의 하나로서 연출되었으며, 이
것이 조선시대 세조 무렵까지도 잡희의 하나였다가 성종조『악학궤범』
에 비로소 정재(呈才)로 양식화되었다.[68]

그렇다면 언제부터 우리나라 고유의 연꽃에서 동녀가 나오는 형태
의 연화대무가 시작되었을까?에 대한 의문은 앞의 학무와 관련된 이야
기를 비롯해 고려말 최우가 베푼 연회를 묘사한 시를 통해 알 수 있다.
앞에서 상술했으므로 여기서는 간단히 결론만 이야기 하자면, 매우 어
린 동녀를 안치시키고 학이 쪼으면 새생명이 탄생하는 것과 같은 극적
인 연출은 고려말에서야 첨가된 것으로 우리나라의 창작 정재이다.

(3) 처용희(處容戲)가 오방처용무(五方處容舞)로

처용설화와 관련된 것으로 알려진 처용희와 처용무는 양자가 같은
것으로 혼동되기도 하나,[69] 실제로는 다른 것이다. 고려시대 처용희와

---

68) 윤아영, 2009b, 117쪽.
69) 김수경, 2005, 「고려처용가의 전승과정연구」, 『처용연구전집Ⅳ』 종합, 348~355쪽.

관련된 기사로는 내전(內殿)에서 곡연(曲宴)시 '처용'이 행해졌다는 것이 최고(最古)이나,[70] 이때에는 처용희인지 처용무인지가 구체적으로 명시되어 있지 않아 알 수 없고, 다음 동 세가(世家)에 충혜왕이 내전(內殿)에서 처용희를 벌였다는 기록에 의하면 확실히 정식 '무(舞)'와는 다른 '희(戲)'의 형태였음을 알 수 있다. 이후로도 충혜왕 4년(1343)에 왕이 천태종(天台宗) 승려(僧侶)와 묘련사(妙蓮寺)에서 함께 즐길 때에도 처용희가 있었다고 하며,[71] 우왕 12년(1386) 정월(正月) 사가(私家)에서도 처용희를 보았다는 기록이 있다.[72] 이 외에도 기타 『고려사』의 여러 기록에 처용무라는 용어는 보이지 않으며, 처용희라는 명칭만이 등장[73]하고 있어서 적어도 고려시대에는 확실히 처용희가 처용무로 양식화 되지는 않았던 것 같다.

그렇다면 『고려사』에 나타나는 처용희의 형태는 어떠했을까? 처용무는 언제 만들어졌을까?와 같은 의문이 다시 제기된다. 이에 대해 조선전기 성현의 『용재총화』에 의하면 초기의 처용지희는 한 사람으로 하여금 흑포사모(黑布紗帽, 검은 옷에 비단모자를 쓰고)하고 추었다고 하는데, 뒤에 오방처용으로 변하였다[74]고 하는 기록이 있어서 원래는 1인 처용지희였던 것이 이후에 5방처용무로 변한 것임을 알 수 있다. 게다가 앞서 『고려사』의 세가나 열전 등에서도 복야(僕射) 송경인(宋景仁)이 처용희를 잘했다거나 우(禑)가 처용희를 했다는 기록에 비추어 보아도 원래는 일인희(一人戲)였음은 분명하다.

---

70) 『高麗史』, 世家 高宗 23년 2월.
71) 『高麗史』, 世家 忠惠王 후 4년 8월.
72) 『高麗史』, 列傳 辛禑 12년 정월.
73) 『高麗史』, 列傳 辛禑 11년 6월; 列傳 辛禑 12년 정월.
74) 성현(成俔), 「처용지희(處容之戲)」, 『용재총화(慵齋叢話)』 권1.

이런 1인 처용희가 처용무라는 명칭으로 처음 등장하는 것은 조선 세종 7년(1425)[75]에 와서인데, "먼저 편전에서 내연이 있었고, 이때에 연화대가 정재로 올려졌으며, 이어서 서운관에서 구역의식을 치루고 전악서에서는 처용무를 올렸다"고 기록되어 있다. 고려시대에는 처용희로 행해지던 것이 조선 세종대에 비로소 처용무라는 명칭으로 등장하여 계동나례에서 연행된 것이다. 이는 바꾸어 말하면 처용무는 세종 7년 무렵부터 나희가 아닌 정재의 하나로 인식되기 시작한 것이다.

그러나 이 당시의 처용무가 과연 『악학궤범』에 수록된 오방처용무와 같은 것이었는지는 미상이다. 세종 7년 비록 처용희가 아닌 처용무의 명칭을 사용하게 되었다고는 하더라도, 오방처용무로 변한 것은 좀 더 지나서였던 것으로 보인다. 왜냐하면, 비록 처용무와 관련된 내용은 아니나, 오방무의 제정과 관련된 내용이 세종 13년에 보이기 때문이다. 박연은 중국에서 전래된 오방무를 고치는 과정에서 먼저 그에 어울리는 의상의 모형을 제작하고 이를 바탕으로 오색운의(五色雲衣)를 제작하였다.[76] 이를 바탕으로 처용무와 처용무복도 오방색으로 점차 갖추어지게 되었을 가능성이 있으나, 정확하게 현재와 같은 처용무복이 언제 만들어졌는지는 알 수 없다. 다만 세종 13년 이후 세종 재위 기간에 이루어졌을 것으로 추정될 뿐이다. 이는 다음 『용재총화』의 기록에 의해 더욱 지지된다.

성현, 『용재총화』권1, '처용지희': ○ 처음에는 한 사람으로 하여금 검은 베옷에 사모(紗帽)를 쓰고 춤추게 하였는데, 그 뒤에 오방처용(五

---

75) 『세종실록』7년(1425) 12월 29일; 김수경, 2005, 339~340쪽.
76) 『세종실록』13년(1431) 8월 9일; 13년(1431) 9월 6일.

方處容)이 있게 되었다. 세종(世宗)이 그 곡절을 참작하여 가사(歌辭)를 개찬(改撰)하여 봉황음(鳳凰吟)이라 이름하고, 마침내 묘정(廟廷)의 정악(正樂)으로 삼았으며, 세조(世祖)가 이를 확대하여 크게 악(樂)을 합주(合奏)하게 하였다.[77]

세종이 "그 곡절을 개찬(改撰)하여 가사를 고쳐 만들어 봉황음(鳳凰吟)이라 하고 마침내 조정정악(朝廷正樂)으로 삼았다"고 한 대목에서 이 "곡절(曲節)"이라고 하는 것은 단순한 처용가의 노래만을 말하는 것이 아니었을 것인데, 이는 조선시대 악(樂)이 악가무(樂歌舞)를 모두 포함한 용어이기에, 이 세종의 개작과정은 오방정재로 만든 종합적인 작업을 이야기 하는 것으로 해석될 수 있을 것 같다. 즉, 나희의 하나로 연행되던 1인희 처용희는 고려시대 구나의식 후에 연행되었으며, 이것이 조선시대에도 지속되다가 세종 13년 이후 어느 시기에 오방처용무로 정재화되었을 것이다.

이와 같은 일련의 과정을 거쳐 본래는 연말에 나희라는 이름으로 연출되던 광대들의 잡희 중 일부는 여러 과정을 거쳐 궁중 정재로 재탄생되었다.

2. 왕실의 모의 연극, 내농작(內農作)

1) 내농작(內農作)이란? 왕실 모의 연극!

조선시대에 내농작(內農作)은 가농작(假農作)이라고도 불리던 것으

---

77) 성현(成俔), 「처용지희(處容之戲)」, 『용재총화(慵齋叢話)』 권1.

로 왕실에서 철에 따른 농사의 모습을 형상화하고 농부로 가장한 이들이 농잠일을 연출하는 일종의 모의연극(謀議演劇) 내지는 의방극(依倣劇)이다. 주로 음력 정월 보름에 시행되었는데, 간혹 연말 나례 때 함께 시행되기도 했다. 내농작 시행의 궁극적 목적은 왕실 중농사상의 가시화였으며, 부수적으로는 세자의 교육을 위한 목적도 있었다.[78]

중국에서도 이와 유사한 것으로 관가(觀稼)라고 하는 것이 있었으며, 우리나라에서는 세조 때 처음 시작된 것으로도 알려져 왔으나,[79] 실은 세종 때부터 시작되었다.[80] 초기 내농작은 중국『시경』에 전하는 빈풍시를 그대로 재현하는 형식이었으나, 세종은 우리나라의 실정에 맞게 바꾸도록 했다. 먼저 세종은 재위 15년에 중국『시경』의 빈풍시가 우리나라의 실정과는 다르므로 조선의 농잠상황에 맞게 새로이 고쳐 쓰도록 했다. 시가 다 완성되자 세종은 이에 그치지 않고 새롭게 지은 빈풍시를 그림으로 그리게 했으며, 이후 5년 후인 재위 20년에는 이 그림을 바탕으로 궁중내 흠경각에서 조선식의 농잠을 시행하도록 했다.

세종 때 우리식으로 정착된 내농작은 세조 때부터는 경쟁구도의 형식으로 겨루는 형태가 되었다. 즉 광대들이 편을 나누어 각각 내농작을 꾸미고 잘한 편을 뽑아 포상하는 형식이 된 것이다. 세조 이후 성종 때 내농작은 이전보다 더욱 빈번히 시행되었으며, 끝내는 이 경쟁구도에서 오는 폐단이 지나쳐 경쟁적 연출방식이 금지되면서 내농작은 소략해지는 듯했다.[81]

---

78) 『중종실록』22년(1527) 12월 9일; 22년(1527) 12월 12일.
79) 『세조실록』9년의 기록에 의해, 세조 7년부터 내농작을 좌우변으로 나누어 설치하고 경쟁하였던 것으로 보인다.
80) 윤아영, 2012, 「궁정 나례(宮庭 儺禮)의 지속성에 관한 궁구(窮究)―내농작(內農作)과의 비교를 중심으로」, 『한국음악연구』52, 251~270쪽.

그러나 반정 이후로 등극한 중종은 왕도사상이나 중농사상과 같은 대의명분을 잘 나타낼 수 있는 이 내농작을 다시 중용했다. 아마도 이전 연산군 때의 폐습으로 여겨지던 광대회를 전처럼 궁정에서 드러내 놓고 즐길 수만은 없었던 상황도 한몫했던 것 같다. 내농작 역시 나례와 마찬가지로 같은 광대들에 의해 연출되었지만, 중농사상의 가시화나 세자의 교육과 같은 목적을 띄고 있었기 때문에 오히려 나례보다는 명분이 있었다. 그러나 비록 대의명분을 충분히 갖췄다고 하더라도 이를 위해 광대가 궁중에 들어오는 것이나, 가치 등이 의문시 되면서 여전히 폐지론의 대상이 되었다. 조선시대 내농작의 시행 변천과정을 정리하면 다음 <표 1>과 같다.

〈표 1〉 내농작(內農作) 시행변천표

세종 15년(1433) 8월 13일	우리나라에 맞는 빈풍 시(詩), 화(畵) 창작
세종 20년(1438)	흠경각을 세우고 모의농잠 설치
세조 7년(1461) 1월 15일	내농작의 좌우변 경쟁적 시행
세조 9년(1463) 1월 15일	내농작의 시행
성종 18년(1487) 1월 15일	내농작의 시행
성종 19년(1488) 1월 13일	내농작의 시행
성종 25년(1494) 1월 7일	내농작의 좌우승부 방식 폐지
연산 12년(1506) 1월	내농작의 대규모 시행
중종 9년(1514) 1월 14일	내농작의 시행
중종 10년(1515)~중종 22년(1527)	내농작의 폐지
중종 22년(1527) 12월 23일	내농작의 간략시행 항식화(恒式化)

---

81) 최길성, 1968, 「이조 가농작고」, 『육사논문집』 6; 김택규, 1985, 「한국농경세기의 연구」, 『영남대학교논문집』, 114~121쪽; 홍미라, 1997, 「조선시대 궁중(宮中) 내농작(內農作)의 연극성에 대하여」, 『한국연극학』 9, 334~350쪽; 신명호, 2002, 『조선 왕실의 의례와 생활』; 허용호, 2003, 「조선시대 제의적 연행인형 연구」, 『한국민속학』 37, 337~383쪽; 배영동, 2007, 「궁중 내농작과 농가 내농작의 의미와 기능—궁중풍속과 민속의 관계를 생각하며—」, 『한국민속학』 45, 99~146쪽.

중종 23년(1528) 1월 15일	내농작의 시행
중종 24년(1529)~명종 17년(1562)	내농작의 19년간 중지
명종 17년(1562) 12월 7일	내농작의 재시행 시도

2) 내농작(內農作)과 궁정나례(宮庭儺禮)

내농작은 원소절인 1월 15일에 시행되어 마치 왕실의 연말 문화와는 무관해 보이지만, 광대들이 참여했다든가, 연행된 장소라든가, 경쟁적 구도로 펼쳐졌다든가 하는 점 등에 있어서는 세말 나례와 유사하다. 심지어 그 연행 시기도 담당자가 동일하다는 이유 때문에 중종 때에는 연말에 관나와 함께 시행된 적도 있었다. 이 두 궁중 문화를 좀 더 자세히 비교해 보면, 앞에서도 이야기했듯이 내농작과 궁정나례는 우선 담당자들이 광대로 동일하다. 다음은 이와 관련된 중종 22년의 기록이다.

> 중종 22년(1527 丁亥) 12월 23일: 전교하였다. "관나(觀儺) 할 때 정재인(呈才人)에게 백성들의 질고(疾苦)와 구황(救荒)의 절차 및 공채(公債)를 염산(斂散)하는 형상을 연출하게 하라. 또 내농작(內農作)은 비록 빈풍(豳風) 칠월도(七月圖)를 형상하여 하는 것이지만, 어찌 그 형상을 곡진(曲盡)하게 할 수 있겠는가? 빈풍 칠월장은 주공(周公)이 농사의 어려움을 갖춰 기록해 놓은 것이기 때문에 내가 자세히 구경하고자 하니 칠월도와 똑같게 자세히 하게 하고, 차후에도 이를 영원한 항식(恒式)으로 삼으라."[82]

위 기록에 의하면 중종은 관나의 정재인들에게 내농작도 함께 담당하도록 하였으며,[83] 이는 중종 30년[84]에도 병행하도록 했다. 따라서

---

82) 『중종실록』 22년(1527) 12월 23일.

적어도 중종 때의 내농작은 관나의 나희와 연행자도 일치하였음을 알
수 있다. 또한 내농작의 시행 시기는 이전까지는 전통적으로 상원일,
즉 음력 정월 15일에 시행되는 것이 정례였으나,[85] 중종 때부터는 세말
로 당겨 시행되었으며, 이후로는 이것이 상식(常式)이 되었다. 연출된
장소에 있어서도 나례와 내농작은 공통점이 있었다. 양자 모두 시행 초
기부터 후원(後苑)에서 연출되었다는 점인데, 구체적으로는 성종 이후
동궐(창경궁, 창덕궁)에서 시행하는 것을 상식으로 삼았다.[86] 내농작의
연출방식도 궁정나례와 크게 다르지 않았다. 즉, 두 대로 나뉘어 경쟁
적으로 펼쳐 보이고 승부를 내는 방식이었던 것이다. 이를 쟁이정기(爭
而呈技, 서로 경쟁적으로 기예를 연출함)라고도 하는데, 이와 같은 쟁
이정기하던 방식은 백희의 고유한 연출방식이기도 하다.[87]

또한 양자 모두 우리나라 자생문화라고 하는 공통점을 지녔다. 내농
작은 이와 유사한 중국 송나라 때 관가라고 하는 것이었으나, 연관된
기록은 없고, 우리나라에서는 세종 때부터 이미 준비 작업을 시작해,[88]

---

83) 관나는 전통적으로 광대들에 의해서 연출되었고, 중종 22년의 기록에 의해 여기서
   말하는 정재인도 관나에 참여했던 광대를 가리키는 것임을 알 수 있다.

84) 『중종실록』 30년(1535) 10월 15일.

85) 진양(陳暘, 北宋, 1064~1128), 1101, 『악서(樂書)』 「상원일(上元日)의 관등(觀燈)」.
   중국 송대에도 이 내농작과 유사한 형태의 의방극으로 궁정에서 '관가(觀稼)'가 있
   었다.

86) 『성종실록』 19년(1488) 1월 13일. "○ 設內農作於後苑 "; 25년(1494) 1월 2일; 『중
   종실록』 9년(1514) 1월 2일; 9년(1514) 1월 14일; 23년(1528) 1월 15일.

87) 『고려사』, 예지 군례 계동대나의, 예종 11년 12월 기축.

88) 배영동, 2007, 99~146쪽. "궁중내 모의 농잠 설치에 더 결정적인 영향을 미친 것은
   세종이 경복궁의 천추전(千秋殿) 서쪽에 장영실로 하여금 천문관측기구를 설치한
   흠경각(欽敬閣)을 세우면서, 빈풍칠월편의 내용을 재현한 일이다. 먼저 세종 19년
   (1437)에는 정인지에게 명하여 역산(曆算)을 위한 간의대를 만들게 하였으며, 이듬
   해 이를 흠경각 속에 설치 완료하였다. (중략) 따라서 세종의 아들이었던 세조가 즉

적어도 세조 9년[89])에는 완성을 본 고유한 왕실문화였다. 나문화의 기원이 비록 중국의 구나의식이 고려시대 우리나라에 유입된 것이나 우리식으로 변화 발전되어 나례라는 궁정문화로 자리 잡은 것과 유사한 자기화 현상으로 볼 수 있다. 즉 내농작과 궁정나례는 이처럼 연행방식이나 연행자 및 연행시기, 고유성이라고 하는 부분에서 공통점을 가졌던 조선시대 왕실 연말 문화인 것이다.

그러나 이처럼 유사성을 갖고 있던 두 의식은 지속력 부분에서는 큰 차이가 났다. 나례는 고려시대 후기부터 국가 주도로 조선 중기까지 궁정에서 연출되었으므로 약 700여 년간 그 명맥이 지속되었던 반면,[90]) 내농작은 연행 담당자 및 연행 시기와 장소, 연출방식, 고유성 등에서 나례와 유사성이 높았음에도 불구하고, 길게 잡아 세종 때 확립되어, 세조 7년부터 놀이화된 이후[91]) 마지막으로 시행된 명종 17년까지 약 100여 년에 걸쳐 간헐적으로만 지속되었기 때문이다.

이를 두고 내농작의 초기 목적은 주술적인 것으로서 풍작을 기원하는 것이었는데, 차후에는 한 군주만의 기호를 만족시키기 위한 것으로 변화되었기 때문으로 그 원인이 분석된 바 있다. 또한 이 때문에 대중성이라는 본질을 가진 연극으로 승화되지 못하는 결과를 낳게 되었고, 이후 이것은 또 다른 한 군주에 의해 폐지되는 결과를 낳게 되었다고 평가되었다.[92]) 내농작의 대중성 결여 및 한 군주만을 위한 오락이었다는 점이 지적된 것이다. 공감하는 바이다.

위 7년부터 이를 근거로 하여 '모의농잠'을 설치했을 가능성도 무척 크다."
89) 홍미라, 1997, 336쪽.
90) 도상의 나례까지 확대한다면, 순조조 『빈례총람』에도 나례의 절차가 수록되어 있다.
91) 『세조실록』 9년(1463) 1월 15일.
92) 홍미라, 1997, 348쪽.

그러나 어찌 보면 나례보다도 내농작이 더욱 왕도정치(王道政治)나, 농본사상(農本思想) 등의 성리학적 조선의 대의명분에 부합함에도 불구하고 이처럼 비교적 단명한 것에는 좀 더 복합적인 해답이 있을 것 같다. 게다가 사실 많은 잡희로 취급되던 것들도 정재화 하여 오랜 시간 존속된 점을 고려해 보면 좀 더 적극적인 설명이 필요해 보인다.

3) 내농작(內農作)의 경쟁구도와 사실주의

내농작의 짧은 수명의 원인은 당시 상소문을 통해 어느 정도 드러난다. 내농작의 폐지 근거가 바로 무용성(無用性), 사치성(奢侈性), 오락성(娛樂性) 등이었기 때문이다. 왜 이와 같은 논란이 있었을까 하는 것은 내농작의 연행 방식을 가만히 들여다보면 알 수 있다.

내농작은 백성들의 풍년을 기원한다는 좋은 취지로 시행되기는 하였으나, 세조 이후 놀이화되면서 재기를 겨루듯이 양팀으로 나누어 승부를 내는 형식을 취하게 되었다. 따라서 이 승부에서 이기기 위해서는 광대들의 농잠 재현뿐 아니라 무대장치와 같은 가시적인 것으로도 경쟁해야 했다. 따라서 자연스럽게 더 진귀한 재료를 쓰는 것도 마다하지 않았으며, 진짜에 버금가는 형상을 연출하고자 구하기 어려운 재료를 찾게 된 것이다. 다음 기사에 이와 같은 상황이 잘 드러난다.

> 성종 19년(1488) 1월 9일: 신이 보기로는, 내농작은 기암괴석(奇巖怪石)의 모양과 산천초목(山川草木)의 형태를 하지 않는 것이 없습니다. 또 좌·우(左右)의 편을 나누어 재주를 부리며 기교(機巧)를 경쟁하니, 이는 사실 오락인 것입니다."하니 전교하기를, "산을 만드는데 초목(草木)이 없으면 산이 될 수가 없다. 또 옛 부터 하던 것이다."하고,

들어주지 아니하였다.93)

위 기사에 의하면, 성종 때 궁정내 내농작의 설치와 기교를 겨루는 데 있어서 기암괴석을 비롯해 산천초목의 형태가 모두 경쟁적으로 재현되었다는 것을 알 수 있다. 또한 이와 같은 상황이 이미 오래되어서 폐지하려고 해도 쉽사리 폐하지 못하는 상황도 더불어 드러난다. 이어지는 상소문에서도 폐지론은 멈추지 않았다. 다음 동 1월 11일의 기사를 보면 알 수 있다.

> 성종 19(1488) 1월 11일: "내농작(內農作)은 국가(國家)에서 백성에게 농상(農桑)을 중하게 여기는 뜻을 보여주는 것입니다. 다만 좌(左)·우(右)의 편을 나누어 승부(勝負)를 결정하고서 서로 경쟁을 하는 한편 모두가 준비하기 어려운 물건을 갖추고자 하는 데에 있어서는 폐단이 없을 수 없습니다. 그리고 볏짚[藁草]을 사용하는 경우에도 이보다 앞서서는 70동(同)에 불과(不過)하였었는데, 금년에는 2, 3백 동이나 되도록 많이 늘어났으니, 그 일은 비록 폐지할 수 없다고 하더라도, 청컨대, 좌·우의 편은 나누지 못하게 하여 승부를 다투느라고 난잡하게 구는 폐단을 제거시키소서."하니94)

위 기사에서도 내농작 폐지론이 주장되었는데, 그 근거로는 내농작을 설행하는데 있어서, 물력(物力)이 많이 들고, 그 원인은 내농작을 두 편으로 나누어 경쟁적으로 시행하기 때문이라는 것이다. 즉 내농작의 폐단이 쟁이정기, 양대로 나뉘어 각 대의 기예를 뽐내는 데서 온 것임을 지적한 것이다.

---

93) 『성종실록』 19년(1488) 1월 9일.
94) 『성종실록』 19년(1488) 1월 11일.

당시 내농작을 설치하는데 구체적으로 소용되었던 재료들은 매우 구하기 어려운 재료들이었다. 이처럼 구하기 어려운 재료까지 동원해야 했던 이유는 내농작이 자연을 의방하는 것이므로 이의 유사성을 최대한 구현하고자 하는 목적 때문이라는 것이다. 아래는 동 1월의 또 다른 관련 기록이다.

성종 19년(1488) 1월 23일: "지난해 내농작(內農作) 때에 초완(草薍)·진죽(眞竹)·해죽(海竹)·승색(繩索) 등의 물건을 그 써야 할 시기에 임박하여 모두 잘라서 허비해 버렸고, 또 태반이나 유실(遺失)되었는데, 지금에 와서 이를 환납(還納)하라고 독촉하므로, 사람들이 매우 고민스럽게 여깁니다. 청컨대, 거두어들이지 말게 하소서." 하고, 또 아뢰기를, "화원(畫員) 이계진(李季眞)이 일찍이 공무역(公貿易)하는 회회청(回回靑)의 값으로 흑마포(黑麻布) 12필(匹)을 받고서 마침내 사오지 못하였습니다. 그래서 본부(本府)로 하여금 그 본색(本色)을 받아들이게 하기 위하여, 그의 가동(家僮)을 구속하고 연루된 자가 수백 명이나 됩니다. 그러나 이계진이 환납(還納)하지 못하는 것은, 회회청(回回靑)은 우리 나라에서 생산되는 것이 아니고 또 민간에서 쓰여 지는 것도 아니기 때문입니다. 그러니 이계진이 비록 죽게 된다고 하더라도 반납할 수 없는 것은 틀림없습니다. 청컨대, 본색(本色)을 받으려고 하지 말고 흑마포(黑麻布)를 배로 받는 것이 어떻겠습니까?"[95]

위 기사에는 구체적으로 내농작을 위한 재료가 기록되어 있다. 초완, 진죽, 해죽, 승색 등인데, 초완이라고 하면 강가의 억새풀을 말하는 것이고, 승색은 잘 알려져 있다시피 노끈이나 새끼줄 같은 류를 말하는 것으로 구하기 어려운 재료는 아니지만, 진죽과 해죽은 각각 대나무의

95) 『성종실록』 19년(1488) 1월 23일.

종류이기는 하나 한반도의 특정한 지역에서 자라는 것으로 쉽게 구할 수 있는 것은 아니었을 것이다. 또한 화원의 그림 재료로 쓰였던 회회청이라고 하는 것은 도자기의 채색 재료 중 하나로서 아라비아 지역 등에서만 수입되는 것96)으로서 당시에도 민간뿐 아니라 국내에서는 구할 수 없었던 물건임을 알 수 있다.

그러나 이처럼 폐단에 대한 보고가 올라왔음에도 불구하고 실제로 좌우로 나뉘어 승부를 겨루는 방식이 없어진 것은 그로부터 약 6년이 지난 동 25년에 와서이다.

> 성종 25년(1494) 1월 2일: 전교(傳敎)하기를, "후원(後苑)의 가농작(假農作)은 폐단(弊端)이 있으니, 전일(前日)에 대간(臺諫)도 말하는 자가 있었다. 그러나 이것은 백성을 위해 풍년 들기를 기원하는 것이므로, 폐(廢)할 수가 없다. 이제부터 단지 ≪빈풍(豳風)≫ ≪칠월편(七月篇)≫에 실린 바에 의거하여 하도록 하되, 좌우(左右)의 승부(勝負)를 겨루지 말도록 하라."하였다.97)

위의 기사는 대간이 내농작의 폐단을 들어 반대하였으나, 성종은 이의 설치는 좋은 취지이기도 하기 때문에 폐할 수 없다는 내용이다. 다만, 승부내는 방법은 폐지하고 빈풍 중 칠월편만 축소 재현하도록 명하여 그 폐단을 줄이고자 하였다. 즉, 내농작은 좋은 취지를 가졌던 왕실 문화였음에도 불구하고 쟁이정기 하던 방식에서 비롯된 폐단으로 마침내 그 연출방식이 바뀌게 된 것이다. 그런데, 이와 같은 좋은 취지에도 불구하고 중종 때의 내농작은 오히려 더욱 사치스럽게 재현되었다.

---

96)『세조실록』10년(1464) 8월 7일.
97)『성종실록』25년(1494) 1월 2일.

중종 9년(1514) 1월 14일: 내농작(內農作)의 모든 기구를 후원에 배설하였는데, 왼편은 경회지(慶會池) 북쪽 첫 섬돌로부터 북쪽 담장 소문(小門) 안까지 이르렀고, 오른편은 충순당(忠順堂) 앞 섬돌로부터 취로당(翠露堂) 앞까지 이르렀다. 모두《빈풍(豳風)》《칠월편(七月篇)》을 모방하여 오른편에는 주공(周公)이 《무일편(無逸篇)》[98]을 드리는 형상을 만들고, 왼편에는 주공이 《칠월편(七月篇)》을 드리는 형상을 만들었으며, 그 글씨를 써서 건 족자는 해태(海苔, 해초)로 종이를 만들고 벚나무 껍질로 조각하여 글자를 만들었으며, 기산(岐山, 중국의 이름난 산) 사시(四時)의 경치를 만들었는데, 모든 기화(奇花, 기이한 꽃)·이초(異草, 기이한 풀)·충어(蟲魚, 벌레와 물고기)·금수(禽獸, 들짐승과 날짐승)·인물(人物, 인형 잡상)이 구비되지 않은 것이 없다. 상(上, 임금)이 중사(中使)에게 명하여 승지(承旨, 임금의 명을 전달하는 측근 관리) 및 감조관(監造官, 조성을 감독하는 관리) 등에게 선온(宣醞, 술과 안주를 베품)하였다.[99]

　　위 기사에 의하면 내농작은 후원에 설치되었는데, 왼편과 오른편으로 나뉘어져 그 규모가 전체 후원에 걸쳐 펼쳐졌을 만큼 성대했다. 또한 빈풍 칠월편의 내용을 재현하는데 있어서 정교함과 다양함이 두루 표현되었다고 한다. 중종은 내농작을 설치할 때 광대들로 하여금 백성의 역할을 하면서 병들고 괴로운 생활고와 척박한 농번기 때의 어려움과 부채의 탕감을 바라는 형상 등을 자세히 표현하라고 지시하였기 때문에 이처럼 대규모로 재현된 것이다.

　　그렇다면 경쟁적 구도도 폐지되었음에도 불구하고 왜 여전히 내농작은 이처럼 무대 장치를 화려하게 하는 데에 치중하였을까 하는 의문

---

98) 『서경(書經)』, 무일편(無逸篇) 소서(小序). 『서경(書經)』의 편명. 임금은 놀기를 즐기지 말고 정사에 부지런해야 된다는 말.
99) 『중종실록』 9년(1514) 1월 14일.

이 생기는데, 이는 내농작의 한정된 연출방식과 관련된 것으로 추측된다. 내농작의 대본은 이미 세종 때 새롭게 고쳐진 『시경』이라고 하는 고전에 고착된 상태였다. 따라서 내농작의 표현은 여기에서 벗어날 수 없었고, 극의 내용에서 창작의 여지가 없다면 무대 장치를 기교롭게 꾸미는데 치중할 수밖에 없기 때문이다.

반면 같은 광대들에 의해 연출되었던 궁정나례는 내농작과는 달리 마치 마지못해 하는 듯이 검박(儉薄)함을 추구하는 것을 미덕으로 삼았다. 예를 들면 궁정나례는 왕이 드러내놓고 스스로 즐길 수는 없으나, 공자도 나례를 섬돌에 서서 즐겼다는 예에 따라 왕은 최소한의 예만 갖추고 "남쪽 처마 서쪽 모퉁이" 밑에서 구경을 하는 것이 가능하다는 등의 당위성이나,[100) 왕이 스스로 즐기는 것은 부적절하나 효심의 발로로 대비 등을 위한 자리를 마련한다는 취지로서 마지못해 실시한다는 등의 이유를 들어서 시행한다는 필연성이다.[101) 따라서 내농작과는 달리 궁정나례는 정식 무대장치나 객석 마련이 필요하지 않은 검박한 형태였다. 화려함이나 사치와는 거리가 멀었으므로 이러한 측면에서는 비판의 대상이 될 수 없었다. 즉, 어차피 왕도정치나 중농사상과는 거리가 먼, 말 그대로 오락 자체라는 것을 드러내 놓고 인정하고, 오로지 공연 내용에 충실했던 것이다.

즉, 내농작은 궁정나례와 여러 면에서 비슷하고, 심지어는 그 명분도 오히려 조선의 기치에 더욱 합당함에도 불구하고, 오래 지속되지는 못

---

100)『성종실록』8년(1477) 12월 22일; 8년(1477) 12월 29일; 10년(1479) 12월 29일;
『중종실록』8년(1513) 12월 29일; 18년(1523) 12월 28일; 22년(1527) 12월 29일;
23년(1528) 12월 29일.

101)『성종실록』13년(1482) 12월 27일; 16년(1485) 10월 15일; 20년(1489) 12월 29
일;『연산군일기』10년(1504) 12월 21일;『중종실록』4년(1509) 11월 8일.

했다. 이는 궁정나례가 비록 그것이 희완(戱玩)에 가깝기는 하였으나, 효심의 발로라고 하는 명분도 있었고, 의례 자체가 역동적이었으며, 오락의 본질적 가치를 충실히 구현하였으나 검박하게 시행된 점 등의 특질 덕분에 오랜 지속력을 가졌던 반면, 내농작은 경쟁적 구도와 정적(靜的)인 연출방식에서 오는 부수적 폐단으로 인해 오히려 더욱 빨리 폐지될 수밖에 없었을 것이다.

4) 내농작(內農作)이 음악극이었다면?

내농작이 궁정나례와는 달리 짧은 기간 동안 지속된 원인은 앞에서 설명한 창작의 부재와 사치성, 무용성 등이었는데, 이 외에도 정월 보름에 시행된 것은 시기적으로 불리한 점이었다. 연말이라는 시기적 특수성은 상대적으로 원소절보다는 자생력을 더해줄 수 있기 때문이다.

그런데 이 외에도 양식화(樣式化) 및 전범화(典範化)라는 요인도 거론하지 않을 수 없다. '관화지례'와 '처용지희'는 비록 개인문집이기는 하나 대문신인 성현이 왕실의 의식과 음악을 보고 기록한 『용재총화』에, '관나'와 '관처용'은 왕실 문서인 『악학궤범』에 예연(禮宴)의 하나로서 당당히 남아있다. 즉, 나례는 오랜 시간을 거쳐 정제되고 양식화되는 과정에서 전범화가 이루어진 것이다.

그러나 내농작의 경우는 이 전범화의 절차가 생략되었다. 중종 때 내농작은 국왕의 주도하에 시행된 대규모 의식으로서 왕도정치와 농본사상을 표현하는 대표적인 의례라고 할 수 있음에도 불구하고 이에 대한 독립된 기록물은 찾아 볼 수 없다. 오히려 내농작의 끈질긴 폐지론을 통해서 간접적인 일면만을 그려볼 수 있을 뿐이다. 이 내농작이 의례화 혹은 양식화되지 못해서 이처럼 기록물이 없는 것인가 하면, 반드시 그렇지만도 않다. 국가 주도로 시도된 내농작의 상식화(常式化)가 시도되었고, 사실주의(寫實主義)적 연출 방식이 정립된 적도 있기 때문이다. 이런 점들을 고려해 보면 공식 기록화의 수순을 밟지 않은 것이 오히려 이상하다고 할 만한다.

이것은 관나와의 비교를 통해서 어느 정도 추측이 가능하다. 아마도 절차에 따른 악가무(樂歌舞), 즉, 적절한 음악을 수반하지 않았기 때문일 것이다. 앞서 중종 14년에 설치된 내농작은 그 규모나 연극적 설치를 비롯해 왕과 제신들간의 연회 및 하사의식 등 의례적 요소는 모두 갖추고 있었다. 그러나 내농작은 연극적이기는 하나 역동성은 부족한 보여주기였다. 주공의 이야기나 농잠시 백성들의 질고(疾苦)를 나타내었다고 하더라도 이것이 일련의 스토리를 갖고 극적으로 연출된 것이 아니라 한 장면만을 설치하여 보여주는 수준에 머물렀던 것이다. 그렇기 때문에 내농작은 궁정나례가 갖추었던 골계미나 해학, 풍자는 말할 것도 없고, 음악도 수반되지 않았던 것이다. 내농작과 궁정나례를 비교하면 다음 <표 2>와 같다.

〈표 2〉 내농작과 궁정나례의 비교

	내농작	궁정나례
공통점	정재인(광대들)이 담당, 후원에서 시행, 좌우변으로 나누어 경쟁적으로 연출, 희완(戱玩)으로 간주되어 폐지의 대상.	
차이점	조선 세종~중종조 (약 100여 년간 간헐적 시행)	고려 정종~조선 중기 숙종조 (약 700여 년간 지속적 시행)
	상원일(음력 정월 15일) 중종 때는 세말로 옮겨 시행.	세말(음력 12월 말)
	정적(靜的)	동적(動的)
	사실적 재현에 치중	해학 골계미 강조

정해진 내용의 충실한 재현	창작의 여지 허용, 다양한 종류의 광대잡희 포함.
무대 장치에 치중	극 내용에 치중
하사하는 의식이 거의 없음.	차등을 두어 하사하는 의식이 있음.
악(樂)의 연출 형태를 수반하지 않았음.	악사, 여기, 악공, 가동, 무동 등을 동반한 악(樂)을 수반하였음.
『악학궤범』에 수록되지 않음.	관나, 관처용이 『악학궤범』에, 관화지례, 처용지희가 『용재총화』에 수록.

결국, 내농작은 중종의 견지(堅持)에도 불구하고, 궁정나례와 비교하여 시기적 우위도 없었을 뿐 아니라, 해학성, 역동성, 창의성, 검박성도 결여되어 있었다. 또한 궁중악을 수반하지 못하여 전범화 될 수 없었던 탓에 100여년간이라는 상대적으로 짧은 지속력을 지닐 수밖에 없었다. 만약 내농작이 단순 의방극이 아니라 창의적 연극 내지는 음악극의 형태를 갖추었다면 좀 더 오랜 지속력을 가질 수 있지 않았을까?

3. 양성화된 연말 문화, 도상나례(途上儺禮)

1) 국가가 주도한 도상나례(途上儺禮)

도상나례란 도상, 즉 길 중간에서 펼쳐졌던 전시성 공연을 말한다. 나례라고는 해도 궁정나례와는 달리 역귀를 쫓는 등의 제의적인 절차는 포함되지 않았던, 환영 공연으로서 광대잡희와 음악연주가 펼쳐졌다.[102] 책머리에서 이야기한 바와 같이 도상나례가 펼쳐졌던 경우는

---

102) 연산군이 거리에서 방포하고 방상시로 하여금 길 닦음을 한 것을 도상나례로 간주하는 경우도 있는데, 이것은 매우 이례적인 것이었다.

크게 두 가지였다. 3년 탈상 의식의 하나로 선왕(先王)의 신주를 종묘에 부묘(祔廟) 한 후 환궁시에 도상(途上)에서 왕을 환영할 때와, 중국 황제의 조서를 들고 오는 조사(詔使)나 칙사(勅使)를 환영하기 위해서였다.103) 필자는 논의의 진행을 위해 각각 부묘의나례(祔廟儀儺禮)와 영조의나례(迎詔儀儺禮)로 간략하게 칭한 바 있다. 도상나례의 공연 내용을 도표로 정리하면 다음 <도표 1>과 같다.

〈도표 1〉 도상나례의 공연 내용

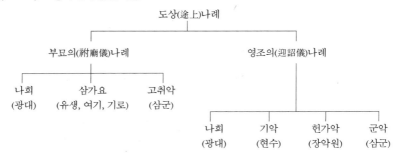

우리나라의 도상나례는 과연 언제부터 시작되었을까? 도상나례의 기본 요소인 채붕(채색한 무대)을 맺고 각종 잡희를 펼쳤던 것은 신라의 고사104)이며 고려시대에도 중국 사신을 접대할 때에는 지속적으로 도상나례가 있었다고 하니, 궁정나례만큼 그 연원이 오래된 것이다. 다만 정식 틀을 갖추고 왕실의 주도하에 실시된 것은 조선 초부터이다.105)

---

103) 본래는 황제의 명[詔書]을 받들고 올 때에는 경우에 따라 조사 혹은 칙사가 조선을 방문했다. 따라서 이 예를 통틀어 영조칙의(迎詔勅儀)라고 하기도 한다. 여기서는 조서에 초점을 두고 영조의로 이름했다.

104) 김종한(金宗漢), 1923, 『조선사략(朝鮮史畧)』 卷4.

105) 김은영, 2011, 『한국의 국왕행차와 전통연희』.

도상나례 공연은 궁정나례와는 성격이 달랐다. 제의적이거나 오락적이기 보다는 의전적이고 상징적인 성격이 강했다. 예를 들면 어가(御駕)가 이동할 때 함께 움직일 수 있는 금고(金鼓) 위주의 전후고취악대(前後鼓吹樂隊)의 음악이 있는가 하면, 각계 각층이 송축가요를 국왕에게 올리는 절차가 수반되었고, 어가의 앞에서는 신성함을 상징하는 학을 내세운 잡희가 연출되는 것 등이 그러하다. 영접의식에 연출된 나례도 이와 같은 성격을 반영했다. 예를 들면 중국의 고사를 표현하는 인형 등을 세워 상대국의 문화를 이해하고 이를 존중의 증표로 나타내거나, 우리나라의 전통 기예를 보여줌으로써 조선국의 고유성을 나타내는 것과 같은 것들이었다.

두 경우에 펼쳐졌던 도상나례는 그 의식의 성격에 따라 각각 절차가 달랐다. 첫 번째 부묘 후 어가의 환궁시 수반된 공연 형태는 시간순서에 따라 세가지 형태가 수반되었다. 첫째, 어가가 환궁시 어가와 함께 움직이면서 연출되는 것과 둘째, 도상에서 미리 준비하고 있다가 어가가 지나갈 때 연출되는 것, 그리고 셋째, 어가가 궁문에 도달했을 때 궁문 앞에서 연출되는 것이 그것이다.

어가와 함께 움직이는 것은 다시 어가의 앞에서 3종이, 어가의 뒤에서 1종이 있었는데, 어가의 앞에는 취고수가 연주하는 전부고취(前部鼓吹)와 예산대(曳山臺, 예산붕(禮山棚))에 올린 잡상과, 그에 병연된 우인(優人, 광대)이 올리는 학희(鶴戲)가 있었으며, 어가의 뒤에는 세악수가 연주하는 후부고취(後部鼓吹)가 뒤따랐다. 이 중 예산대는 산모양의 수레이기는 하나 이 또한 단순 잡상이 아닌 각종 상징적인 인형들을 배치하여 하나의 공연물로서 역할을 하는 것이었다. 도상에서 준비하고 있다가 왕의 어가가 지나갈 때 올리는 공연으로는 삼가요가 있었다. 이 삼가요는 말 그대로 세 번에 걸쳐 가요를 진상하는 절차인데, 각 계층을 대표하는 이들, 즉 기로(耆老), 유생(儒生), 여기(女妓)가 각각 송축하는 뜻의 노래와 춤을 바친 것을 말한다. 마지막으로 왕이 광화문에 들어가기 직전에는 문의 양쪽에 대산대(大山臺)를 설치하고 기다리던 여기들과 어가를 따르던 우인이 합하여 공연을 펼쳤다.

어가는 동쪽에 위치한 종묘에서 서북방향에 있는 경복궁을 향해 움직였는데, 당시 삼가요는 종루와 혜정교, 도관 앞에서 올려졌고, 각각 현재 보신각 근처, 세종로 사거리, 세종로 북쪽에 해당된다. 이와 같은 어가 환궁시 공연의 절차를 도표화 하면 다음 <도표 2>와 같다.

〈도표 2〉 조선 단종 2년(1454) 어가(御駕) 환궁의식의 절차(좌←우)

근정전←←←←←←←←←←←←←←←←←←←←←←←←←←←←←←←←←←종묘의 동구			
전부고취, 예산붕, 잡희(광대) + (앞) 어가(御駕) (뒤) + 후부고취			
광화문(光化門)	도관(都官) 앞	혜정교(惠政橋)	종루(鐘樓)
좌우채붕, 백희, (여기, 우인)	헌가요 (기로)	침향산붕, 헌가요 (여기)	헌가요 (성균관 생원 등)

도상 환궁의식에 펼쳐졌던 공연의 모습에 대해서는 직접적인 기록은 없으나, 아이러니하게도 명종 때 비판문을 통해 간접적으로 추정이 가능하다. 다음은 명종 22년의 상소문이다.

> 명종(明宗) 22년(1567) 6월 12일: "옛날에는 다만 시송(詩頌)을 현가(絃歌)에 올린 일은 있었으나 다른 이상한 기예가 있어 이목(耳目)을 즐겁게 했다는 말은 듣지 못하였으니, 채붕을 맺는 것은 이 무슨 허식이란 말인가. 금수(錦繡)·능사(綾紗)로 문장(門墻)을 꾸미고, 주기(珠璣)·금옥(金玉)으로 기둥을 얽어매고, 이상한 화초(花草)와 금수(禽獸)

가 달리는 형상을 그려서 이상한 것을 다투어 올려서 추태를 다 갖추었으니, 어찌 예악과 문물의 나라에 이런 괴뢰(傀儡)와 창우(倡優)의 놀이가 있을 수 있겠는가. 비록 노인과 기녀들의 가요로 강구곡(康衢曲)은 있을지라도 연기의 모습은 하지 말아야 한다. 그런데 더구나 공문(孔門)의 학도로서 바야흐로 예의를 배우면서 그런 일을 진정(進呈)했단 말인가. 그것을 준비할 때에 별도로 도청을 설치하고 과조(科條)를 세워 관인(館人)을 지휘해 방방곡곡을 횡행하면서 공후(公侯)와 갑제(甲第)가 간직하고 있는 것을 모조리 찾아내 온 나라의 아름다움을 다하여 임금에게 보이기 위해서 수개월의 역사를 하루의 놀이에 이바지하였으니 그 소란과 훈련이 얼마나 번거로웠겠는가?"106)

위 기록은 두 가지 사실을 알려준다. 첫째는 당시 무대 장치 등이 매우 화려했다는 것이며, 둘째는 기로와 여기, 유생의 삼가요 및 온 나라의 각종 괴뢰희 및 창우들의 기예가 한꺼번에 연출되었다는 것이다. 즉, 당대 궁중 및 민간예술 가운데서도 가장 뛰어난 각계 각층의 공연들이 펼쳐졌음을 알게 해준다. 위와 같은 내용은 다음 광해 7년의 기록을 통해 다시 한 번 확인된다.

광해(光海) 7년(1615) 6월 23일.: 예조가 아뢰기를, "부묘(祔廟)한 뒤 환궁할 때에는 으레 산대 나례(山臺儺禮)와 유생·기로·교방 가요(儒生耆老敎坊歌謠)와 가로 결채(街路結綵) 등의 절목이 있습니다. 그런데 산대 나례는 조종조에서는 하지 않는 때가 많았으며, 지난 경술년(광해 2년(1610))에 부묘할 때에도 역시 유생·기로 가요와 가로 결채만 하였습니다. 그러니 이에 의거하여 거행하는 것이 마땅할 듯합니다. 교방 가요는 전에는 없었다가 지금은 있습니다. 다만 듣건대, 교방 가요는 유생과 기로들처럼 단지 헌축(獻軸)만 하는 데 비할 것이 아

---

106)『명종실록』22년(1567) 6월 12일.

니어서 그 사이의 절목(節目) 가운데에는 소비가 몹시 많다고 합니다. 그러니 지금의 물력(物力)을 가지고는 결단코 갖출 수가 없습니다. 어떻게 하면 좋겠습니까? 감히 여쭙니다."하니, 전교하기를, "채붕(綵棚)은 지금은 하기가 어렵다. 나머지 다른 경사스런 예(禮)는 일체를 예전 규례에 의거하여 거행하라. 나례는 중국 사신이 나왔을 때 쓴 윤거(輪車)와 잡상(雜像)을 그대로 쓰라. 교방가요의 공역(工役)이 크고 작음에 대해서는 위에서 알기 어려우니 상세히 서계한 다음 품의해 처리하라. 대개 할 수 있는 물품은 모쪼록 마련해 갖추어서 야박하지 않도록 하여 그 예를 아름답게 하라." 하였다.[107]

위 기사로 알 수 있는 사실도 역시 두 가지인데, 첫째는 '교방가요'라고 하는 것이 본래 국왕 행차에는 없었는데, 어느 시기부터 새롭게 첨입되었다는 사실과, 둘째는 교방이 올리던 가요는 단순히 헌축(시를 적은 두루마리)을 바치는 것으로 끝나는 것이 아니라, 각종 물력이 많이 드는 화려한 공연 형태였다는 것이다.

이 중 도상에서의 각종 나희가 올려지던 형식은 영접의식에서 다시 나타난다. 중국 조사는 국경을 넘어 서울에 이르기까지 여러 차례 연향 등을 갖춰 맞이하지만, 그 중에서도 입경하는 곳에서부터 전(殿)에 이르기까지 나례가 가장 성대하게 베풀어졌다. 특히 입경하자마자 들르게 되는 모화관에서의 영접의식은 가장 중요한 절차였는데, 중국은 번국이 중국 황제를 맞이할 때에 지정한 일정한 절차를 포함하고 있다.

명(明)나라에서 정한 '번국영조의(蕃國迎詔儀)'에 의하면 우리나라는 번국, 즉 중국과는 지역적으로 가장 먼 울타리가 되는 우방국이었다. 이 번국이 중국 황제나 황제의 서신을 맞이할 때에는 환영의식으로서

---

107) 『광해군일기』 7년(1615) 6월 23일.

결채(結綵), 금고(金鼓)와 의장(儀仗), 고악(鼓樂)으로 맞이해야 했다. 그
런데 당시 우리나라에서 준비한 영접의식은 단순히 이에 준하지만은
않았다. 우리나라에서는 위에서 언급한 것 외에도 채붕을 세우고 나례
를 벌이면서 고유한 영접의식을 선보인 바 있다.108) 이와 같은 특색 있
는 조선의 손님접대 문화인 채붕과 나례는 중국측 사절단의 기록에도
전하고 있어서 조선 전기 영접의식의 일면을 알게 해준다. 다음은 조선
성종 19년에 사신으로 조선에 온 동월(董越, 1430~1502)이 지은 『조
선부(朝鮮賦)』109)에 소개된 도상나례와 관련된 내용 중 일부이다.110)

근두를 뒤치니 상국사의 곰 재주는 비교할 것도 없고(근두(筋斗))
긴 바람에 울거니 어찌 소금 수레를 끄는 훌륭한 말이 있겠는가(예
산붕(曳山棚))
밧줄을 타고 내리니 가볍기는 허공을 나는 신선과 같고(줄타기[步索])
외나무다리로 달려가니 날뛰는 산귀신인가 놀라며 보네(장간기(長
干技))
사자와 코끼리를 장식한 것은 벗긴 말가죽을 뒤집어쓴 것이고(동물
잡상[飾獅象])
봉황과 난새가 추는 춤은 들쭉날쭉한 꿩꼬리털을 묶은 것이네(봉황
난새무[舞鵁鸞])
자라는 산을 인 채 봉영의 바다에서 뜨는 해를 맞이하고(오산희(鰲
山戲))
원숭이는 새끼를 안고 무산협의 물을 마시네(원자희[猿抱子])111)

---

108) 윤아영, 2012c, 243~264쪽.
109) 동월 저, 김영국 역, 2000.
110) 동월은 조선의 산천, 풍속, 인물, 물산 등에 대한 자료를 수집하여 글을 짓고 주석
을 붙인 부를 지었다.
111) 윤호진 역, 1994, 『조선부(朝鮮賦)』.

위의 부에는 말이 끌고 다니던 예산붕(曳山棚, 曳山臺)이 있었고, 당시 꾸며진 산대는 중국의 고사에 나오는 신성한 자라가 산을 지고 다닌다는 내용으로 상대국의 문화를 반영한 것이었다. 오산 위에는 동물 잡상의 설치와 신성한 새들의 춤이 펼쳐졌으며 원숭이가 새끼를 안고 영원불멸의 생수를 마시는 상황과 이 오산의 주변에는 줄타기, 장대타기와 같은 광대희가 연출되었음을 알 수 있다.

이와 관련된 조선 측 문헌으로는 『해동역사(海東歷史)』에 수록된 '영조의' 기사가 있다. 위 『조선부』의 내용보다는 덜 자세하기는 하나, 장식 등에 관해서는 참고할 만한 내용이 수록되어 있다. 다음은 성종 무렵 『해동역사』에 수록된 영접의를 기록한 것이다.

> 『해동역사(海東繹史)』 [영조의(迎詔儀)]: 조사가 모화관(慕華館)에 도착하니, 삼가 살펴보건대, 홍치(弘治) 원년(1488, 성종19)에 동월(董越)이 사신으로 나왔을 때이다. 왕은 곤의(袞衣)에 면류관(冕旒冠)을 쓰고 교외에서 맞이하고, 길가에 있는 시신(侍臣)들은 의관을 갖추고서 똑바로 서서 공손하게 모시고 있다. 길가의 인가에서는 모두 반포한 예제(禮制)대로 채색 비단을 치고 그림을 건다. 어룡백희(魚龍百戲)를 진설한다. 광화문(光化門) 밖 동쪽과 서쪽에 오산(鰲山) 2개를 늘어놓는데, 높이가 문(門)과 나란하고, 아주 공교롭게 만들었으며, 사람들의 양쪽 어깨에 동자(童子) 2명이 서서 춤을 춘다. 평양과 황주(黃州)에서도 모두 오산을 설치하고 백희를 베풀면서 조서를 맞이하였는데, 왕경(王京)에서 하는 것이 가장 낫다.112)

위 두 종의 기록을 통해 영접의식을 그려보면, 길가에는 비단과 그림

---

112) 한치윤(韓致奫, 1765~1814), 『해동역사(海東繹史)』 제19권 禮志, 賓禮, 迎詔儀.

을 걸어 장식하고, 원숭이 잡상을 올린 두 대의 오산을 중심으로 각종 백희, 즉 땅재주에 해당하는 근두(筋斗, 땅재주)와, 줄타기, 장대놀이, 사자와 코끼리 장식, 봉황춤 등이 연출되었던 상황이 연상된다.

영접의식으로서의 도상나례를 마련하기 위해서는 나례청이라는 임시기구도 설치되었다. 광해군 때에는 이 나례청을 설치하면서 이의 준비과정이나 물목에 대해 자세히 기록한 『나례청도감』이 존재한다. 이 관찬문서에는 산대를 만드는데 소용되는 재료명이나 수량, 연출 방식 등이 기록되어 있다.[113]

이처럼 글로 표현된 것도 있으나, 도상나례의 설행 상황이 한눈에 드러나도록 묘사된 그림이 있으니, 바로 조선 후기 영조(英祖) 원년, 즉 옹정(雍正) 3년의 <봉사도>(1725)이다. 이 <봉사도>는 여러 차례 조선에 파견되었던 청나라 관리 아극돈(阿克敦, 1685~1756)이 조선으로 네 번째 사행을 오면서 함께 대동한 화공이 그린 20장짜리 화첩이다. 이 중 도상나례와 관련된 장면은 제7폭과 제11폭인데, 제7폭에는 모화관에서 중국 사신을 접대할 때 펼쳐졌던 다양한 도상나례가 묘사되어 있고, 제11폭에는 장간기, 즉 솟대타기의 기예가 묘사되어 있다.

---

113) 사진실, 2017, 『봉래산 솟았으니 해와 달이 한가롭네 : 왕실의 연희축제』.

위 <그림 3>에 의하면, 중국의 각종 고사와 관련된 인형들을 배치한 움직이는 수레형태인 예산대가 한 대만 설치되어 있고, 그 주변에서는 광대들이 줄타기, 검무, 탈춤, 땅재주넘기 등의 나희가 펼쳐진다. 이처럼 조선의 대명 도상나례는 조선시대 내내 조선의 실록을 비롯해 명나라의 문서 등에 여러 차례 보이며, 이후 조선 후기 순조 때 『빈례총람』에까지도 그 절차가 기록될 만큼 조선의 가장 중요한 외교 의례 중 하나였다.114)

궁정나례와는 달리 도상나례는 국가가 일일이 주도적으로 준비한 나례였다. 따라서 궁정나례의 시행과는 또 다른 의미가 있었는데, 즉, 궁정나례가 암암리에, 그것도 마지못해, 그리고 연중 단 하루만 시행할 수 있었던 난장(亂場)이었다면, 이 도상나례는 국가의 주도 아래 산대(山臺)의 전시와 정선(精選)된 우리나라의 전통예술인 나희(儺戲)와 궁중 음악을 베풀었다는 점에서 대비된다. 따라서 어찌보면 이 도상나례

---

114) 『일성록』, 순조 1년(1801) 6월 14일.

야말로 우리 민족의 고유한 예술이라고 할 수 있는 광대잡희를 국가가 인정하고 내보인 것이라고 하겠다.

2) 도상나례(途上儺禮)도 양대(兩隊)가 경쟁하며!

왕의 환궁시나 조사를 맞이할 때에 펼쳐졌던 도상나례의 공연방식은 양대가 경쟁적으로 공연을 펼치는 형태였다. 보통 어떤 의식이나 행사가 있을 때에는 이를 위해 하나의 수장(首將)을 중심으로 준비해 나가는 것이 보통인데, 도상나례의 공연은 두 팀으로 나뉘어 공연을 준비하는 형태였다. 구체적으로는 왕이 부묘 후 환궁시에도 광화문 앞에서 좌우로 나뉘어 두 개의 산대와 함께 나희가 연출되고, 영접의식에도 좌변(左邊)과 우변(右邊)의 양변(兩邊)으로 나뉘어 각각 공연이 펼쳐지는 형식이었다.

그렇다면 이와 같은 경쟁적 공연형태의 전통은 언제부터 시작되었을까? 다음 『조선사략』에 의하면 신라시대부터 시작된 것이라고 한다.

> 『조선사략』(1923): 고려왕이 법왕사를 창건하고, 왕륜 등이 도내에 열 개의 절을 창건하고, 또한 팔관회를 설하였다. 매 겨울 중동에 궁궐의 뜰에서 윤등을 놓고, 모두 사방에 향등을 벌려놓고, 또한 양쪽에 채붕을 맺고, 앞에서 백희가무(百戲歌舞)를 올렸다. 이는 모두 신라의 고사이다.[115]

즉, 팔관회 때부터 이처럼 양쪽에 채붕을 맺고 더불어 백희가무를 벌렸으며 이는 신라시대부터 전해오는 것이라는 내용이다. 팔관회의 양

---

115) 김종한, 1923.

쪽으로 나누어 연출 방식은 신라시대부터 유래된 전통인 것으로 해석 가능하다.116) 『고려사』 예종 때 기록에 의하면 계동에 왕이 관악(觀樂)하는 가운데, 창우, 경중우인(京中優人), 잡기 등이 양대(兩隊)로 나뉘어서 각각의 우두머리를 친왕으로 삼고, 재기(才技)를 다투어 올렸다고한다.117) 따라서 신라시대부터 있던 우리나라의 이와 같은 양대로 나뉘어 채붕을 맺고 잡희를 병연하던 전통은 고려시대에 연등회, 팔관회뿐 아니라 계동나례 때에도 적용되었음을 알 수 있다.118) 다음은 고려예종 때의 기록이다.

> 고려 예종 11년 12월 기축: 대나하였다. 먼저 그 전날, 환관(宦官)이 나(儺)(자)들을 나누어 좌우편으로 만들고 승부를 구하였다. 왕은 각 우두머리에게 명하여 나뉘어 (각대를) 주관하게 하였다. 무릇 창우(倡優, 광대), 잡기(雜伎, 광대)부터 외관유기(外官遊妓, 지방관청 소속 여자 기생)에 이르기까지 이르지 않은 바가 없었고, 먼 곳에서부터 가까운 곳까지 깃발이 거리를 가득 메웠으며 금중에까지 가득하였다.119)

위 기사에 나타난 내용은 계동에 구나의식 전에 치러졌던 것으로, 좌우편으로 나뉘어 창우나 잡기를 비롯해 외관 유기 등이 모두 모여 다투어 경쟁적으로 왕 앞에서 자신들의 기예를 펼쳐보였다고 한다. 이와 같이 양대로 나뉘어 경쟁적으로 잡희 내지는 설치물로 승부를 겨루었던 것은 조선 전기120)뿐 아니라 조선 후기에도 이어졌는데, 다음 선조 37

---

116) 윤아영, 2012c.
117) 『고려사』, 禮志, 軍禮, 季冬大儺儀.
118) 윤아영, 2009a, 327쪽.
119) 『고려사』, 禮志 軍禮 季冬大儺儀, 睿宗 11년 12월 기축.
120) 『연산군일기』 11년(1505) 12월 16일; 12월 17일; 『명종실록』 16년(1561) 12월 26일.

년의 기록에도 나타난다.

> 선조 37년(1604) 10월 29일.: 관상감(觀象監)이 아뢰기를, "매년 계동(季冬)에 거행하는 나례(儺禮)는, 평시의 경우에는 좌대(左隊)·우대(右隊)와 제구(諸具)를 다 준비하여 시어소(時御所)와 공궐(空闕)의 각처에 크게 진설하여 놓았었습니다. 그러나 근년에는 단지 양사(禳謝, 푸닥거리)하는 물건만 준비하여 진배(進排, 설치)하였습니다.[121]

위는 선조 37년, 나례의 준비 과정에 관한 이야기로, 이 당시의 기록에 의해 구나(驅儺)전 관나(觀儺) 때에도 좌우변으로 나뉘어 경쟁하면서 각종 물건들을 설치했음을 알 수 있다. 또한 이와 같은 연행 방식은 비단 나례뿐 아니라 앞에서 설명한 내농작의 설행에도 적용된 점으로 미루어 보아, 조선시대 그 어떤 의식이든 광대희가 설행될 때에는 양대로 나누어 경쟁하는 구도가 필수적이었던 것 같다.[122]

중국의 조사를 맞이할 때에도 이와 같은 양변으로 나누어 맞이했던 전통은 지켜졌다. 『고려사절요』에 의하면 조사가 입국하는 곳인 임진강 변에서부터 사평순위부와 군기감이 준비하여 맞아들이는데, 이때에도 역시 두 대로 나뉘어 영접의식을 준비했다.[123] 고려시대의 (사평)순위부는 각종 나회의 연행과 관계된 기구였으며, 군기감 역시 각종 나회를 직간접적으로 준비했던 기관으로서 각각 조선시대의 의금부와 군기시로 이어졌다. 고려와 조선시대의 도상나례의 담당기관을 비교하면 다음 <표 3>과 같다.

---

121) 『선조실록』 37년(1604) 10월 29일.
122) 윤아영, 2012c.
123) 『고려사절요』, "巡衛府具雜戲 迎于臨津 如迎詔使禮".

〈표 3〉 고려와 조선시대 궁정나희와 도상나희의 담당기관

	고려시대	조선시대
궁정나희	견룡대와 사평순위부(각종나희담당) 대악서와 관현방(기녀와 악공담당 추정)	의금부(경중우인(京中優人) 관리 감독) 장악원(기녀와 악공 관리 감독)
도상나희	사평순위부(각종 나희담당) 군기감(각종 나희 직접 연행)	의금부(좌변나례도감) 군기시(우변나례도감)

이 양대로 나뉘어 잡희를 병연하던 전통은 조선 전기 세종 8년에도 의금부와 군기시를 각각 '좌우(左右)'로 지칭하면서 좌우변의 체제가 더욱 명확해졌으며,124) 이후 연산군 때에는 확실히 담당 기관을 둘로 지정하는 내용이 교지에 공식화 되었다. 다음은 이와 관련된 연산군 11년의 기록이다.

> 연산 11년(1505년) 12월 17일: 전교하기를, "나례(儺禮)가 박두하였으니 조칙(詔勅, 조사와 칙사)을 영접할 채붕 감독을 맡은 낭청(郎廳)도 같이 와서 독역(督役, 감독)하게 하라. 당상관으로 홍숙(洪淑)·김수정(金壽正)은 좌변이 되고, 유응룡(柳應龍)·이공달(李公達)은 우변이 되어서 주야로 감독하게 하고, 또 의금부·군기시(軍器寺)의 제조(提調)로 하여금 내왕하면서 검거(檢擧)하게 하라."하였다.125)

이후 이와 같이 양대가 경쟁적으로 조성하던 형식은 중종 때에도 이어졌는데, 이를 알게 해주는 중종 31년의 기록은 다음과 같다.

> 중종 31년(1536) 閏12월 13일: 천사가 나올 때에는 의금부·군기시

---

124) 『세종실록』8년(1426) 2월 28일.
125) 『연산군일기』11년(1505) 12월 17일.

가 변(邊)을 나누므로 정재인은 각각 속한 곳이 있거니와, 나례(儺禮)를 볼 때의 재인(才人)은 의금부가 오로지 검거(檢擧)를 전적으로 주장한다. 천사가 올 때 이 하고 많은 재인을 어찌 하나하나 검거할 수 있겠는가? 이 일을 맡은 군기시의 관원이 금부의 말을 듣고 따라서 검거하고, 모든 드나드는 것은 상원문(上苑門)으로 드나들게 하되, 의금부의 관원을 시켜 잡인을 금지하는 것이 옳겠다."[126)

즉, 좌변과 우변의 제도는 신라의 유풍으로, 이는 고려시대에 팔관회 및 조선시대 계동의 나례와 원소절의 내농작의 시행시 그리고, 도상에서도 광대들의 나희가 병연될 때에는 쟁이정기(爭而呈技)하던 형식으로 조선시대의 항식이 되었다. 이와 같이 양변으로 준비하던 도상나례의 전승과정은 다음 <도표 3>과 같다.

〈도표 3〉 도상나례 양변(兩邊) 전통의 변화

신라		결양채붕 (結兩綵棚)		
고려		산대색		
		↓		
고려 인종		↓		견룡대
		산대색이		
고려 충렬왕		연등도감에		↓
		편입		
고려 충렬왕	순군만호부	↓		↓
고려 충목왕	↓	연등도감 폐지		↓
고려 공민왕 5년	↓		군기감	↓
고려 공민왕 18년	사평순위부		↓	↓

---

126) 『중종실록』 31년(1536) 閏12월 13일.

시기			
고려 우왕	순군만호부	↓	↓
태조 원년	순군만호부	↓	↓
태조 1년	↓	군기감	↓
태종 2년	순위부	↓	↓
태종 3년	의용순금사	↓	↓
태종 5년	↓	↓	↓
태종 14년	의금부	↓	↓
태종 15년	↓	軍器寺를 軍器署로 개명시도	↓
세종 8년	'山臺...... 左右爭高'	좌우(左右)로 명명 시작	↓
세종 13년	↓	↓	폐지
세조 12년	↓	군기사로 개칭	

연산군 11년	좌변	우변
중종 31년	좌변(의금부)	우변(군기시)
광해군 12년	좌변 나례청(의금부)	우변 나례청(군기시)
광해군 13년	좌변 나례청	우변 나례청
인조 3년	좌변 나례청	우변 나례청
인조 4년	좌변 나례청	우변 나례청
인조 12년	좌변 나례청(좌나례도감)	우변 나례청
	↓	↓
영조 원년	일원화	
정조 5년	좌변 나례도감	우변 나례도감
정조 8년	좌변 나례도감	우변 나례도감

3) 왕의 환궁(還宮) 공연, 삼가요(三歌謠)와 나희(儺戲)

우리나라에서는 삼년탈상이라고 하는 장례 문화가 있다. 왕실에서
는 정확하게 3년을 기다린 것은 아니나,[127] 선왕이 돌아가시고 3년이

지난 후에 신주를 종묘에 합사(合祀)하는 의식을 말한다. 이것이 바로 부묘의식(祔廟儀式)인데, 나희와 관계된 것은 이 부묘의식 후 어가(御駕)가 환궁할 때의 환궁절차이다.

(1) 조선 환궁의식의 고유성, 양변 구도

부묘 후 환궁시 왕을 위한 환궁 공연에는 일정한 형식이 있었다. 요약하면 행악(行樂)과 도상공연이고, 이 중에서도 특이한 것이 바로 도상 공연 중 삼가요와 나희이다. 삼가요는 어가가 지나가는 길목 세 곳에서 각계층을 대표하는 이들이 왕에게 축사를 지어 노래로 바치고 몸짓으로 경의를 표현하는 것으로,[128] 유생, 여기, 기로에 의해서 각각 올려졌다. 나희는 광대와 여기들이 합하여 올렸던 공연이고, 이와 같이 삼가요와 나희를 바치는 환궁의식은 조선의 고유한 왕실 문화였다.[129]

특히 왕을 위하여 쟁정백희(爭呈百戱, 다투어 백희를 바친다)하였던 것은 이미 최소한 고려시대부터 보이고, 세종 때부터는 이전 보다 더 체계적이고 다채롭게 변모되었다. 크게 두 가지 면에서 변화되었는데, 첫째는 이전까지는 나례잡희는 종묘의 동구, 즉 어가가 출궁을 할 때에는 포함되지 않던 것이, 세종 이후부터는 어가가 움직이기 시작함과 동시에 함께 시작하는 것으로 바뀌게 되었다. 이와 같은 형식은 이후 조선시대 내내 지속되었으며 부묘 후 환궁의식의 기초가 되었다는 점에

---

127) 『성종실록』 16년(1485) 윤4월 2일.
128) 『명종실록』 22년(1567) 6월 12일. 기로, 유생, 여기 중 노래뿐 아니라 춤이나 재주 등까지 바쳤던 공연집단은 여기일 뿐으로 생각될 수도 있으나, 명종 때의 기록에 의해 조선 중기까지도 기로는 물론 유생까지도 노래와 함께 춤의 동작을 하며 공연을 벌였던 것을 알 수 있다.
129) 윤아영, 2013b, 253~277쪽.

서 세종 때 새롭게 정립된 양식으로 볼 수 있다. 관련된 내용은『세종실록』「오례의」에 수록되어 있으며, 대체로 이후의 의식절차도 이와 대동소이하다.

두 번째 변화 양상이라고 한다면, 고려시대에는 광대와 여기의 구분 없이 함께 어울려 각종 재기를 올렸는데, 이것이 양식화 되면서 분리된 것이다. 즉 세종 때 환궁의식은 행악(전후고취, 예산붕, 광대잡희)의 추가, 공연장소 및 공연계층의 분리 및 정립이 이루어지면서 그 기틀이 마련되었다. 이때에 정립된 절차는 후대 부묘 후 환궁의식의 전범(典範)으로 참작되었다. 세종 때 관련 기사 및 「오례의」에 수록된 내용은 다음과 같다.

> 조선 세종 6년(1424) 6월 14일: 환궁(還宮)할 때에 의금부와 군기감(軍器監)에서는 나례잡희(儺禮雜戲)를 종묘의 동구(洞口)에서 벌이고, 성균관 생도(成均館生徒)들은 종루(鍾樓) 서가(西街)에서 가요(歌謠)를 아뢰며, 교방(敎坊)에서는 혜정교(惠政橋) 가에서 가요를 아뢰고, 이어 정재(呈才)하며, 또 경복궁 문밖 좌우에는 산대[山臺]를 맺는다. 전하가 환궁한 뒤에 하례를 의식대로 받고 나서, 이어 교서(敎書)와 유지(宥旨)를 내리고, 향관(享官)과 여러 집사에게 잔치를 하사한다."하였다.130)
>
> 『세종실록』「오례의」, 거가 환궁(車駕還宮): 의금부(義禁府)의 군기감(軍器監)이 종묘(宗廟)의 동구(洞口)에서 나례(儺禮)를 올리고, 성균관(成均館)의 학생(學生)들이 종루(鍾樓)의 서가(西街)에서 가요(歌謠)를 올리고, 교방(敎坊)에서 혜정교(惠政橋) 동쪽에서 가요(歌謠)를 올리고, 이어 정재(呈才)한다. 그리고 또 광화문(光化門) 밖의 좌우(左右)에다 채붕(綵棚)을 맺는다. 어가(御駕)가 광화문(光化門) 밖의 시신 하마소(侍臣下馬所)에 이르러 잠시 멈추면, 시신(侍臣)이 모두 말에서 내

---

130)『세종실록』6년(1424) 6월 14일.

려 나누어 서서 몸을 굽힌[鞠躬]다. 지나가면 몸을 바로 한다.[平身] 어
가(御駕)가 근정문(勤政門)에 이르면, 악(樂)이 그친다.[131]

즉 고려시대에도 이미 왕을 위한 환궁의식은 있었으나, 조선 세종 때
환궁의식은 거편의 양식으로 거듭났으며, 이 절차는 조선시대 환궁의
식의 표본이 되었다. 고려시대 이후 환궁의식의 변천 과정을 정리하면
다음 <표 4>와 같다.

〈표 4〉 고려와 조선의 부묘의와 환궁의식의 변천 과정

	A (행악, 예산대, 나례)	B (유생 헌가요)	C (기로 헌가요)	D (교방 헌가요)	E (산대, 나례)
고려 의종 24년(1170)	없음	헌가요 (국자학관, 학생)		채붕, 백희 (관현방, 대악서)	
고려 원종 5년(1264)[132]	없음	헌표, 헌가요 (내학 및 외학소속 관리와 생도)		주악, 쟁정백희 (양부(兩府), 팔방상(창녀, 악공))	
공민왕 2년(1353)	없음	헌가요 (성균관, 12생도)	없음	기악 (교방기악)	
조선 태종 1년(1401. 4.4)	미상	헌가요 (성균관 생도)	진전(進箋) (백관)	산붕·결채·나례백희, 헌가요 (유후사의 신하, 교방창기)	
세종 6년 (1424)	나례잡희 (의정부, 군기감)	헌가요 (성균관)		헌가요, 정재(교방)	산대
세종실록 오례의	나례잡희 (의정부, 군기감)	헌가요 (성균관)		정재, 정재 (교방)	채붕(綵棚)
문종 2년 (세종부묘) (1048. 4. 10)	미상	미상	미상	가요 (교방가요) (정지)	산대나례 (정지)

---

131) 『세종실록』, 「오례의」.

단종 2년 (문종부묘) (1454. 7. 16)	고취, 예산붕, 잡희	헌가요 (성균관 생원 등)	침향산붕, 헌가요 (여기)	헌가요 (기로)	좌우채붕, 백희, (여기, 우인)
성종 1년 (1470)	산대나희 (정지)	가요 (정지)	가요(정지)	가요 (정지)	산대나희 (정지)
성종 16년 (1485)	학희(학무) 예산대	가요	가요	가요 (여기 정재)	채붕, 잡희 (대산대 나례)
성종 23년 『악학궤범』 (1493)	미상	미상	미상	교방가요 (여기)	미상
연산 3년 (1497)	고취, 잡희	가요 (기로)	가요 (유생)	가요 (여기)	고취, 잡희
명종 2년 (1547)	정지	가요	가요	가요	정지
명종 22년 (1567)	미상	가요 (기로)	가요 (유생)	교방가요 (여기)	기예 (多般呈技)
선조 2년 (1569)	미상	가요 (기로)	가요 (유생)	미상	결채시행, 채붕나례정지
광해군 1년 (1609)	정지	가요 (기로)	가요 (유생)	정지	정지
광해군 7년 (1615)	미상	미상	미상	교방가요 (여기)	미상
인조 12년 (1634)	정지	정지	정지	정지	정지
효종 2년 (1651)	정지	정지	정지	정지	정지
현종 2년 (1661)	정지	정지	정지	정지	정지
숙종 2년 (1676)	정지	정지	정지	정지	정지
경종 2년 (1722)	정지	정지	정지	정지	정지

동일성과 차별성은 비교를 통해서 드러나는 법인데, 그렇다면 과연 조선 문화의 차별성은 동아시아 인접국과 비교했을 때 무엇을 드러낼 수 있을까? 감히 말하건대, 이 도상나례라고 할 수 있다. 도상나례는 앞서 살펴보았듯이 왕의 환궁시와 영접의식에서 연출되었는데, 인접국가, 특히 중국의 그것들과의 비교를 통해서 이와 같은 점이 더욱 잘 드러난다.

먼저 중국과 우리나라는 환궁의식 및 환궁악에 있어서 유사점이 다수 발견된다.[133] 양자에 모두 행악이라든가, 산대와 같은 것들이 포함되었다는 점은 최고 통치자를 영접하는 행사에서 동아시아에서 공통적으로 나타나는 것이었다. 그런데, 중국에서도 백희 내지는 각저희라 불리는 잡희가 있었던 것은 우리나라와 같지만, 양변으로 나뉘어 펼쳐지는 양식을 취하지는 않았다는 점에서 우리나라와는 대별된다.

중국에서도 산대를 맺고 각종 잡희를 연출했던 경우는 크게 세 가지로 집약되는데, 황제의 순수(巡狩)시, 황제의 탄일시, 원소절 때이다. 첫 번째는 황제의 순수시 각종 잡희가 올려졌던 경우인데, 당나라 『개원례(開元禮)』에서나 『송사(宋史)』[134]에 의거해 살펴보아도, 황제를 맞이할 때 잡희를 행하기는 하였으나, 이처럼 두 대로 연출되었다는 내용은 보이지 않는다.[135] 다음은 이와 관련된 중국 측 『오례통고』의 기사이다.

---

132) 『고려사』, 世家 元宗 5년 12월 癸亥.

133) 사진실, 2006, 265~296쪽.

134) 『송사(宋史)』, 卷114, "巡狩". 송사의 내용은 당의 개원례의 것을 거의 그대로 전제하여 대동소이하다.

135) 윤아영, 2009a, 325쪽. 잡희의 등장을 양대로 나누어 좌변과 우변을 이루는 제도의 원류를 중국측에서 연원한 것으로 보았으나, 당시 제시한 자료는 매우 지엽적인 것으로서, 근거를 제시하지 못한다. 따라서 여기에서 좌우변 전통의 원류를 중국측 사료에서 찾았던 것을 정정하는 바이다.

『오례통고(五禮通考)』순수(巡狩):『송사』예지 순행의 제도에 당대 개원례에 고한 바에 의하면, (황제에) 이르러 삼가 뵈옵는 것을 살펴보면, 제도의 위의가 개보 통례에서 인한 것이다. 태조가 서경에 행차할 때 지나는 바 마다 하사하고, 여름과 가을의 밭에서 거둬들인 것의 반은 종묘에 제사하고, 조정의 여러 선릉들에 이르러서는 대례를 행하였다.(중략) 지나는 주마다 부에서는 결채(結綵)함으로 다락 위에는 음악과 백희를 진설하였으며, 길에서는 위의를 불어서 받들어 맞이하였다. 모두 하사한 후에는 동경유수를 보내 표를 내어 서울로 돌아올 것을 청하고 가마로부터 답을 받을 것을 기다린다. 서울에 돌아와서는 크게 진을 짜 군사를 위의를 정렬함으로써 행행한다.136)

위의 내용에 의하면, 다만 다락 위, 즉 누대(樓)에서 음악(音樂)과 백희(百戱)를 진설(陳)한 것으로만 기록되어 있고, 양대로 나뉘어서 좌변과 우변의 제도를 갖추었다고 하는 내용은 찾을 수 없다.

다음 중국에서 대표적으로 잡희가 연출됐던 때는 황제의 탄신일 때인데, 이때의 의식은 다음『구당서(舊唐書)』와『원명사류초(元明事類鈔)』및『구조편년비요(九朝編年備要)』에 다음과 같이 실려 있다.

『구당서(舊唐書)』행행(行幸): 을미에 행차하였는데, 융경(隆慶)하여 그 근처 못가에 행차하였는데, 결채하고 누대를 만들어 잔치하였다. 시신들과 함께 배를 띄우고 잔치하였는데, 희악(戱樂)이 있었다. 이어서 예부에 행차하여 독서를 숭상하고, 자리를 정해주었다.137)
『원명사류초(元明事類鈔)』황제의 탄신(帝誕): 천수절은 원사에 의하면 인종조부터 고하길 생일이 천수절이 된다. 절에서는 축수할 때

---

136)『오례통고(五禮通考)』, 卷180, "순수(巡狩)".
137)『구당서(舊唐書)』, 卷7. "乙未幸 隆慶池 結綵爲樓宴 侍臣泛舟戱樂 因幸禮部 尙書 竇希宅"

에 원전에 의하면 매 탄신일 전달에 문무백관은 몸소 절에 가서 아뢰고 건강을 축수하고 성상의 만수무강편안을 기원한다. 도량날(법회일)에는 조정의 신하들은 모두 아뢰어 축하를 올린다. 외관은 즉 백성을 거느리고 침향산을 결채하고 춤과 백희를 올린다. 길을 따라 지기를 맞이하고 절에 나아가 삼호하는 것을 본다. 무도가 마치면 공연이 펼쳐지고 그 재화를 나누어 준다. 마을을 살펴보는데 사당의 가운데에는 또 다른 침향산이 감추어져 있다.[138]

『구조편년비요(九朝編年備要)』: 항종으로 하여금 금나라에 이르게 하였는데 납림은 하금인이 거하는 곳이다. 객사에서는 잔치를 준비하였는데, 붉은 천을 맺어서 쓰고, 구례에 따라 결채산하고, 광대의 잡희악이 심히 있으며, 군에서 행했던 각저희와 닭싸움과 공차기 등은 중국내에서 동일한 것이었다. 다만, 대중의 음악으로 뒤에 무녀들 수십인이 양손으로 거울을 들고 상하로 움직이는 류의 것이 있었다.[139]

이처럼 황제의 탄일 때의 행차시, 황제의 순수(巡狩)시, 황제가 하사(下賜)시 등에 결채, 채붕과 함께 광대들의 창우희에 관한 기록은 있으나, 우리나라의 예와 같이 잡희를 양쪽으로 벌려서 연행하게 했던 형식은 보이지는 않는다.

마지막으로 전통적으로 산대와 잡희가 함께 연출되었던 가장 큰 명절인 원소(元宵) 때에도 양대가 경쟁적으로 백희를 연출하는 형식을 취하지는 않았던 것으로 보인다. 다음은 송나라 때『동경몽화록』에 기록된 원소절과 관련된 내용이다.

---

138)『원명사류초(元明事類鈔)』, 卷4, 帝誕, 天壽節.
139)『구조편년비요(九朝編年備要)』, 卷29. "許亢宗使金 以著作郎爲賀 嗣位 使亢宗 至金國 拉林河金人所居舘燕悉用契丹舊禮 如結綵山 作倡樂 尋幢 角牴之技 鬭雞擊踘之戲 與中國同 但於衆樂後 餙舞女數人 兩手 持鑑 上下類"

『동경몽화록(東京夢華録)』원소(元宵): 안에는 수십 장에 이르는 두 개의 긴 장대가 있는데, 이것에 비단과 종이를 묶어서 결채하고 백희 인들은 장대 위에 사물을 매달고, 바람에 움직여 굽는 모양이 신선과 같다. 안에는 악붕을 차례로 설하여 위의를 만들고, 악인이 음악과 잡 희를 행하는데, 더불어 좌우에 군사들은 그 가운데 말 명에 앉아서 백희를 일시에 행한다.[140]

이때에는 군사들이 좌우에서 백희를 행한다고 하였는데, 이 기록만 으로는 채붕을 양쪽에 만들고 백희를 경쟁적으로 연출한 우리나라의 전통과는 다르다. 군사들이 위장을 설 때에 양쪽으로 벌려 서는 것은 사열과 관련된 것으로 잡희를 경쟁하였다는 것과는 다른 것이다. 따라 서 이와 같이 양변으로 나뉘어 쟁이정기(爭而呈技) 하던 공연 방식은 우리나라의 제도화된 고유한 공연 문화 양식 중 하나로 볼 수 있다.

(2) 조선 환궁의식의 유산, 궁중정재로 발전한 나희(儺戲)

위 환궁의식 절차 중 나례와 관련되어 가장 주목할 만한 것은 바로 『악학궤범』에 수록된 '교방가요'이다. 이 교방가요는 위에서 언급한 삼가요 중 여기와 광대들에 의해 올려지던 공연이 양식화 된 것인데, 주 된 내용은 도상에 침향산(沈香山)과 지당구(池塘具)를 설치하고, 여기들 은 학희와 연화대희를 연출하고 가요를 적은 헌축을 올리는 것이다.

『악학궤범』에 실린 교방가요는 여기에 의해 연출되는 것으로 학희 와 연화대희가 연결된 형태로 기록되어 있지만, 도상에서 연출될 때에

---

140) 맹원로(孟元老, 소흥 17년(1147, 북송말), 『동경몽화록(東京夢華録)』, 卷6, "원소 (元宵)"; 윤아영, 2011, 「영조의(迎詔儀)시 도상나례(途上 儺禮) 첨입과정 및 성격 에 관한 연구」, 『한국음악연구』 50, 185쪽.

는 여기에 의해서만 연출되는 것도 아니었으며, 처음부터 연결되어 있는 형식도 아니었다. 초기에 학희는 광대들에 의해, 그리고 연화대희는 여기에 의해 연출되었으며, 어가의 앞에서 광대들은 학희를 추며 길닦음을 하다가 혜정교 근처에서 연화대희를 준비하고 있던 교방 여기들과 만나 연화대를 쪼으면 개화 하는 방식으로 학연화대희는 완성된다. 한마디로 이동하던 학희와 기다리던 연화대희가 만나게 되면서 비로소 완성되는 입체적인 공연형태였던 것이다. 이것이 『악학궤범』에 수록되면서 마치 한꺼번에 학희와 연화대희가 한 종목으로 연출되는 것처럼 기록되었으나, 성종 16년 기사는 학희와 연화대희는 어느 정도 일정한 시간과 공간차를 두고 분리되어 있다가 결합되는 공연양식의 실체에 관한 실마리를 제공한다. 즉, 종묘의 동구에서부터 학희는 계속 어가를 이끌고 행진하다가 혜정교 근처에서 여기들과 만나 연화대를 개화하는 것으로 연출되었을 것이다.

특히 학희는 정화를 상징하는 동물로 어가 앞에서 길닦음의 역할뿐 아니라 동시에 어가의 신성함을 나타내는 의미를 지니고 있었다. 이와 같이 의미 있는 잡희인 학희의 발생 시기에 관해서는 기존에는 조선 초기로만 알려져 왔으나, 이와 같은 추정으로 학희의 발생이 세종 6년까지도 올라갈 가능성이 제시되었다.[141]

연산군 이후 어느 시기부터 이 두 잡희가 합해져서 공연된 것으로 추정되며, 이 합해지고 양식화된 '교방가요'는 비록 광해군 7년(1615)[142]을 마지막으로 도상에서 더 이상 시행된 기록은 없으나, 궁정에서는 연말 나례 때 뿐 아니라, 조선 말까지 각종 연회에서 주요한 정재로 지속

---

141) 윤아영, 2013b.
142) 『광해군일기』 7년(1615) 7월 23일.

되었다.143) 즉, 부묘 후 환궁의식에서 창작삽입된 잡희가 발전하여 궁중 정재화되고, 이것이 현재 우리나라의 문화유산의 하나로 이어진 것이다. 따라서 왕실 공연 문화의 형성에 있어서 환궁의식 및 나희의 삽입은 계층 간 차이를 넘어 민간의 공연 문화가 왕실에 반영될 수 있었던 다리 역할을 한 것으로도 의미가 있다.

이와 같은 큰 의미를 지녔던 삼가요와 학연화대희의 기원에 관해서는 중국과의 연관성을 따져 보지 않을 수 없다. 결론부터 이야기 하면, 이것은 중국의 환궁의식에 나타나지 않는 예술로서 우리나라의 고유한 것이다. 일례로『오례통고』에 송나라 때의 환궁의식이 전하는데, 여기에 산대라든가 기악 등과 같은 요소는 있으나, 삼가요와 학연화대무의 나희는 포함되어 있지 않았다. 비교를 위해 송(宋)나라 진종 원년의 환궁의식을 소개하면 다음과 같다.

> 『오례통고』144), 송나라 진종 원년(1007, 고려 목종 10년): 대중 상부 원년 정월에 올린 상소에 의하면, 사관을 보내는 것과 아울러 영부를 각 도읍의 정자와 역참에 보내 잔치하게 하였다. 황제는 누대 위에서 낮부터 미리 앉아있던 이들과 합하여 참석하였다. 또한 고하기를 신하들에게 미견을 명하고, 더불어 나아가 모두 연회를 내렸다. 대내에 있는 사관 3인에게 명하여, 이 건원에서의 일을 주관하게 하였다. 누대의 위에서는 교방악을 설하고 또 나란히 방차를 매어서 40인을

---

143)『일성록』정조 19년(1795) 윤 2월 11일;『고종신축진연의궤』광무 5년(1901)『경운당야진찬홀기(慶運堂夜進饌笏記)』;『내외진연등록(內外進宴謄錄)』「야진연홀기(夜進宴笏記)」;『내진연홀기(內進宴笏記)』등

144) 청(淸)나라 때 진혜전(秦蕙田)(1702~1764)이 편찬한 책으로, 혜전은 건륭 병진년(1736)에 진사가 되어, 관직은 형부상서에까지 올랐다. 이 책은 서건학의『독례통고』를 살펴서, 더욱 상세히 주를 단 책이다.

채루위에 올려 태워 두 대로 나누고, 30균을 싣고 열어 봉하고 덮어서 산붕으로 만들었다. 24인이 매 12승을 이루었다. 모든 가마에는 소의 가죽에 비단으로 수놓은 것을 얽고, 비단 고리가 달려 있었다. 나누어 실은 것은 제군사와 수도와 주변의 기악(伎樂)이었다. 네 거리에는 나무로 얽은 것으로 칸막이로 삼고, 처한 거리와 시장과 저자거리에서 무리를 이루어 모여 있었다. 황제가 지나가는 길에는 각종 재물과 각종 베포 및 다투어 채색한 비단으로 휘장과 다락과 널판을 꾸몄다. 황제가 건원문으로 나아가 서울지역의 부로들을 불렀는데, 나누어 차례대로 누대아래에서 전지를 받았다. 문안을 묻고, 의복, 차, 비단 으로서 하사하였다.

잔치는 오일인데, 즉 첫째날은 근신은 모시고 앉아 희생을 모시고, 승랑이 간하니, 황제가 잔을 들고 교방악이 연주되었다. 두 대의 수레는 승평교에서부터 북쪽으로 있었고, 육지(를 얹은) 배는 네 귀퉁이에 붕거를 끼고, 나아가는데, 동서가교에서부터 순일하여 아우르고 나아갔다. 다음날도 다시 이와 같았다. 동쪽에 망춘문을 바라보고 꿇어 앉으니 서쪽의 창합문에는 백희가 이어지고, 다투어 노래가 올려졌다. 종실에 불이 붙여지고, 친왕은 가까이에서 열을 지어 우두머리를 이끌고 신하들은 종실에 거하고, 담당한 이들은 맡아 좌우의 복도에 채붕을 설하고, 처마 밑에 선비들은 여러 명이 늘어서서 수레와 말이 넘치게 지나가는 것을 보고, 환호하여 그 소리가 땅을 울렸다. 둘째날 잔치에서는 군신 백관 등은 도의 역참에서 머무르고. 종실은 친왕궁에서 머물렀다. 셋째날 잔치에서는 종실과 내직관리들은 도의 역참에서 머무르고, 근신은 재상 거소에 머물렀다. 넷째날 잔치에서는 백관은 도의 역참에서 머무르고, 종실은 궁의 외정에서 머물렀다. 다섯째날 복연에서는 종실과 내직관리는 도의 역참에서 머무르고, 근신은 외정에서 머물렀다. 황제가 시를 여러편 짓고, 우두머리에게 하사하였으며, 금군장교들이 대전의 앞에 있는 마보군 관아에서 모인 날에는 따로 권주시를 지었다.[145]

---

145) 『오례통고(五禮通考)』, 卷160.

중국 송나라에서도 황제가 환궁할 시에 부로(父老)라든가, 선비(士)라든가, 교방(敎坊) 등이 참여하였던 것은 우리나라와 유사하다. 그러나 우리나라 환궁의식의 대표적인 삼가요의 절차에 해당하는 부로나, 선비 등이 왕을 위해 가요를 바쳤다는 내용은 없고, 오히려 황제가 부로들을 위해 잔치를 벌여주거나, 이를 가까이에서 참여하였던 선비들은 그 행렬과 잡희들을 보고 구경하였다는 내용뿐이다. 따라서 이들의 참여형태는 우리나라의 그것과는 다르다. 이 외에도 중국 황제가 순수시에도 우리나라에서 행한 것과 같은 기로와 유생들의 헌가요는 찾아볼 수 없다.[146] 따라서 중국에서는 우리나라 도상나례의 필수 원소라 할 수 있는 '학연화대무'도 존재하지 않았던 것이다. 중국의 기록 중 환궁시 학무와 관련된 내용은 유일하게 『명회전』권49에 나타난 것 뿐인데, 이때에도 학무를 추었다는 것이 아니라 황제의 만수무강을 찬양하는 악장 중 학을 언급한 것만 있다.[147]

기타 중국의 각종 원전에 전하는 학무 관련 내용은 약 237건 정도 나타나는데, 이 중 실제로 학의 형상을 하고 어가의 환궁시에 학무를 추었다는 내용은 보이지 않는다. 특별히 생황을 불어서 학을 인도한다는 내용이 신비스럽게 묘사되어 있는 기사가 한건 있기는 하지만, 부묘 후 환궁시에 학무로서 어가를 인도하고 연꽃을 쪼아 개화 시켰다고 하는 내용은 전혀 발견되지 않는다.

이 외에 연화대의 중국 기원설의 근거가 되는 연화대무가 중국의 자지무(柘枝舞)에서 유래했다는 『고려사』의 기록에 의해 중국의 고대 자료에 나타난 자지무의 내용을 살펴보면 이처럼 연꽃에서 여동이 개화

---

146) 윤아영, 2013b, 253~277쪽.
147) 『명회전(明會典)』, 卷49, 史部, 政書類, 通制之屬.

하여 출현하는 내용은 아니다. 따라서 비록 중국에 연꽃과 관련된 기예가 존재하여 우리나라의 정재에 영향을 주었다고 하더라도, 이는 고려시대 우리나라에 전래된 이후로는 새롭게 바뀐 것으로 해석할 수 밖에 없다.148)

기타 중국 측 여러 문헌에도 학무나 연화대무에 관한 기록은 나타나지 않으며, 따라서 학이 부리로 쪼아서 연꽃을 개화하여 새 생명을 상징하는 여동이 탄생한다는 줄거리를 갖고 있는 정재는 존재하지 않는다.149) 이것이 우리나라에서 창작된 정재라는 것을 더욱 확인 시켜주는 것은 『악학궤범』에 "학무는 조선 전기에 만들어졌다."는 내용과 앞에서 증명한 조선 세종 6년과 세조 8년 사이에 부묘 후 환궁의식에 첨입되었다는 점이다. 따라서 부묘 후 환궁시 왕을 맞이할 때 양대로 나누어 공연하는 방식뿐 아니라 공연 내용으로서 삼가요의 진상과 학연화대무의 연출은 우리나라의 고유한 공연양식이라고 할 수 있다.

4) 조선의 정성스런 손님맞이, 영접의식 나례(儺禮)

(1) 조선의 영접의식의 균형미, 잡상(雜像)과 헌가(軒架)

우리 왕실 문화의 독특한 특징을 드러내 주는 것이 비단 환궁의식에서만 나타나는 것은 아니다. 영조의시 행해졌던 도상나례에서는 더욱 그 독자성이 드러난다고 할 수 있는데, 가장 쉽게는 '나례'라고 하는 용

---

148) 윤아영, 2012b.

149) 『고려사』악지에 전하는 자지무(柘枝舞)가 우리나라에 전해졌을 때의 연행형태는 학과 관련된 것인지는 알 수 없으나, 고려시대에는 적어도 학이 쪼는 형태는 아니었던 것으로 보이고, 조선 초에 학희 발생의 모델이 되었을 수도 있으나, 이에 대해서도 미상이다.

어의 정립을 들 수 있다. 중국에서도 절기에 따라 채붕을 엮고 기악 내지는 잡희를 병연했던 전통은 동일하게 있었지만, 도상에서 행했던 각종 창우희 등을 나례로 부른 경우는 없었다. 도상에서 나례로 명명하며 양식화된 문화는 오직 조선의 영접의식에서만 나타난다.

이 나례의 용어 쓰임 뿐 아니라 영접의식 중 나례의 양변은 각각 고유한 양식을 갖추었는데, 이 양식의 조성은 이미 신라시대부터 내려온 양변의 전통 외에 고려와 조선시대를 거쳐 중국의 사신을 맞이하면서 독창성이 가미되었다. 이와 같은 독창성은 이미 조선초부터 조성되었을 것이나, 오히려 극명하게 드러나게 된 때는 중국대륙의 명청 전환기에 와서이다.

먼저 영접의식에서 의전으로서 나례의 양변은 경쟁적으로 높고 크게 조성하였는데, 이와 같은 상황은 다음 조선 인조 3년 기록에 잘 나타나 있다.

> 인조 3년 을축(1625) 3월 28일: 이목이 호조의 말로 아뢰기를, "이번에 천사를 지대(支待)하는 잡물(雜物) 가운데 <u>좌우나례청(左右儺禮廳)의 헌가(軒架)와 잡상(雜像)을 들여 놓을 가가(假家)</u>는 지난번에도 호대(浩大)한 재목을 얻은 뒤에야 만들 수가 있게 되었거니와, 덮는 초둔(草芚)도 그 수량이 또한 많아 조치하여 마련할 수가 없습니다. 경기는 벌목하여 수운(輸運)할 때에 드는 힘이 매우 크니 경강(京江)의 선박으로 운송하려 하였는데, 마침 고기를 잡는 철을 만나 고기잡이 배에 해악을 끼치니, 이 일로 보나 저 일로 보나 매우 난처합니다. ─ 원문 빠짐 ─ 인경궁(仁慶宮) 좌우 행랑(行廊)은 간가(間架)가 매우 많으니, 좌우 나례청을 만약 이곳에 설치한다면 기읍(畿邑)에서 벌목하는 폐단이 없도록 할 수 있고 양청(兩廳)의 공역(工役) 및 잡상을 들여 놓을 곳도 넉넉하여 여유가 있을 것입니다. 좌우 나례청으로 하여금 이

에 따라 이설(移設)하게 하소서. 또 헌가(軒架)와 산대(山臺)를 양쪽에서 서로 경쟁하여 매우 높다랗고 크게 짓는다고 합니다. 만약 그렇다면 아무리 크고 높은 중정문(中正門)이라 하더라도 틀림없이 들이기가 어려울 것이니, 양청으로 하여금 크게 하는 데 힘쓰지 말고 전의 규모보다 사치하게 하지 말도록 하는 것이 어떻겠습니까?"하니, 아뢴 대로 하라고 전교하였다.150)

위 기록에 의하면 중국의 조사를 맞이할 때에는 관례대로 의금부와 군기시가 양변으로 나뉘어 경쟁적으로 헌가와 잡상을 조성하였다. 여기서 이야기하는 헌가는 기존의 연구에 의하면 궁궐안의 뜰에서 벌려놓고 연주하던 전정에서 연주되던 헌가악을 이야기 하는 것이 아니라, <봉사도>에 나타난 산대와 동물(同物)로 산대의 다른 명칭으로 간주되어왔다.

그러나 한편으로는 헌가와 산대가 완전히 동일한 것으로 보기 어려운 기록도 다수 존재한다. 주로 "헌가(軒架)와 잡상(雜像)"151), "헌가(軒架)와 산대(山臺)"152), "헌가(軒架)와 잡의(雜儀)"153), "헌가(軒架)와 잡물"154), "용악(用樂)과 잡희(雜戲)"155), "헌가(軒架)와 잡희(雜戲)"156),

---

150) 『승정원일기』 인조 3년(1625) 3월 28일.
151) 『승정원일기』 인조 3년(1625) 3월 28일; 인조 12년(1634) 3월 28일; 인조 15년(1637) 6월 24일; 인조 15년(1637) 7월 16일; 인조 15년(1637) 7월 29일; 인조 15년(1637) 12월 20일; 인조 17년(1639) 6월 21일; 인조 17년(1639) 6월 22일; 인조 17년(1639) 10월 18일; 인조 17년(1639) 11월 18일; 인조 21년(1643) 3월 18일; 인조 25년(1647) 2월 22일; 인조 25년(1647) 2월 28일; 인조 25년(1647) 2월 29일; 인조 25년(1647) 9월 24일; 인조 25년(1647) 10월 3일, "헌가(軒架)와 잡상(雜像)"
152) 『승정원일기』 인조 3년 (1625) 3월 28일, "헌가(軒架)와 산대(山臺)"
153) 『승정원일기』 인조 4년(1626) 3월 3일, "헌가(軒架)와 잡의(雜儀)"
154) 『승정원일기』 인조 12년(1634) 3월 28일; 『승정원일기』 인조 17년(1639) 6월 22일, "헌가(軒架)와 잡물"

"헌가(軒架)와 정재(呈才)"157), "헌가(軒架)와 잡상희(雜像戲)"158), "헌가(軒架)와 나례(儺禮)"159), "헌가(軒架)와 산붕(山棚)"160), "좌우 채붕(彩棚)"161) 등으로 구분한 것들이다. 이처럼 조선시대 양변 구도에서 헌가를 지칭할 때에는 채붕 외에 헌가악162)이나 용악 등의 음악과 관련된 한정적인 용어를 사용한 반면, 산대는 채붕 외에 잡상이나 잡의, 나례의 잡물, 잡희, 정재, 잡상희, 나례, 산붕 등으로 대칭적으로 구분한 것처럼 양자가 완전한 동물은 아닌 것이다.

먼저 헌가의 대칭이 되는 산대를 주로 '잡상'으로 지칭한 것은 다음 연산군 11년의 산대의 연출방식을 통해 짐작 가능하다.

> 연산 11년 계해(1505년) 12월 13일 : 전교하기를, "병인년의 내농작(內農作)에 대례(大例)로 산대(山臺)를 만들어 잡상(雜像)을 그 위에 베풀고 정희(呈戲)하라."163)

---

155) 『승정원일기』 인조 15년(1637) 6월 22일, "용악(用樂), 잡희(雜戲)"
156) 『승정원일기』 인조 12년(1634) 3월 27일; 인조 15년(1637) 6월 22일, "헌가(軒架)와 잡희(雜戲)"
157) 『승정원일기』 인조 21년(1643) 9월 23일, "헌가(軒架)와 정재(呈才)"
158) 『승정원일기』 인조 25년(1647) 2월 28일, "헌가(軒架)와 잡상희(雜像戲)"
159) 『승정원일기』 영조 1년(1725) 11월 4일; 영조 5년(1729) 5월 14일; 『일성록』 정조 24년(1800) 1월 17일; 1월 19일; 『일성록』 순조 즉위년(1800) 11월 14일; 순조 1년(1801) 6월 14일; 『고종시대사』 고종 1년(1864) 8월 25일, "나례(儺禮)와 헌가(軒架)"
160) 『일성록』 정조 8년(1784) 10월 8일, "헌가(軒架)와 산붕(山棚)"
161) 『일성록』 정조 8년(1784) 11월 17일, "좌우 채붕(彩棚)"
162) 『승정원일기』 인조 21년(1643) 9월 10일; 영조 1년(1725) 3월 21일, "헌가악(軒架樂)"
163) 『연산군일기』 11년(1505) 12월 13일.

위 연산군 11년(1505)의 기록에 의하면 연산군은 다음해인 병인년 (1506) 원소절의 내농작을 크게 베풀고자 하여 이를 위해 특별히 산대 위에 잡상을 장식하고, 주변에서는 광대들로 하여금 잡희를 올리도록 명했다. 즉, 이전까지 산대가 설치될 때에는 산대 위에 잡상도 없었으 며, 주변에서 광대들의 잡희도 펼쳐지지 않았기 때문에 이처럼 연산군 은 특별히 지정한 것으로 추측된다. 따라서 연산 12년 정초의 내농작 164)때부터는 산대를 크게 조성하되, 잡상까지 장식으로 세우기 시작하 였던 것 같다.

이와 같은 잡상을 장식한 산대와 주변에서의 광대잡희가 내농작뿐 아니라 영접의식에도 동일하게 적용된 것이 언제인지는 분명치 않으 나, 영조 때 <봉사도>에 묘사된 형태와 정확하게 일치하므로, 영접의 식에서도 이와 같은 잡상산대와 광대잡희의 연행양식은 연산군 12년 1 월 16일165) 이후, 영조 1년(1725) 3월 19일166) 이전에 도입된 것으로 추정된다.

반면 <봉사도>가 그려진 영조 1년에는 칙사가 헌가는 설치하지 않 고 산대만 설치하도록 배려해주었기에,167) 그림에는 잡상(산대)과 광 대잡희만 묘사되어 있다. 흔히 사라진 헌가가 그림에 나타난 산대와 동 일하였을 것으로 생각하기 쉬우나, 영접의식에는 장악원 악공(樂工)과 여기(女妓)들이 참여168)했다는 기록에 의해 잡상을 설치하던 산대와는

---

164) 『연산군일기』 12년(1506) 1월 16일.

165) 『연산군일기』 12년(1506) 1월 16일.

166) 『영조실록』 1년(1725) 3월 19일.

167) 『승정원일기』 영조 1년(1725) 3월 19일.

168) 『나례청등록』 인조 4년(1626); 『영접도감군색의궤』 인조 12년(1634), 348~349쪽; 『승정원일기』 인조 15년(1637) 6월 20일; 『승정원일기』 정조 8년(1784) 10월 13일.

다른 무대가 필요했음을 알 수 있다.[169] 즉, 잡상(산대)과 헌가(산대)는 물리적으로는 동일하게 채붕(彩棚), 즉 끌고 다니는 예산대(曳山臺) 위에 조성된 것은 같지만, 내용상으로는 잡상(산대) 위에만 여러 잡상을 설치하고, 헌가(산대) 위에는 장악원의 악공과 여기가 헌가악을 연주하였던 것이다. 즉, 잡상(산대)과 헌가(산대)는 양자가 채붕, 채색한 무대로 공히 '채붕' 혹은 '산대'로 통칭하던 관습이 있었고, '잡상(산대)'는 앞의 '잡상' 명칭이, '헌가(산대)'는 앞의 '헌가' 명칭만 주로 쓰였기 때문에 같은 예산대 즉 채붕 위에서 연출되었으나 공연내용에 따른 차이가 있었음을 구분하지 않으면서 혼란이 생겼던 것이다. 즉, 무대의 모양이나 이동방법이 유사하다고 하더라도 좌우에 설치된 채붕위에 어떤 양식을 베풀었느냐에 따라 잡상과 헌가로 구분하였다.

① 모화관 나례 좌우변의 특정

영접의식에 편성된 양변의 채붕 중 한쪽은 <봉사도> 제7폭 그림으로 남아 있어 이것이 잡상을 설치한 산대모양이었음은 확인된다. 그런데 <봉사도>가 그려질 당시인 조선 후기 영조 1년(1725)에는 칙사가 헌가악은 설치하지 말도록 배려해준 덕분에 헌가는 준비하지 않았고[170], 잡상에 해당하는 산대만 부연된 각종 잡희와 함께 연출되었으므로, 이 그림만으로는 잡상(산대)의 위치가 좌변인지 우변인지 특정하기 어렵다. 따라서 헌가와 잡상의 위치를 특정하기 위해서는 양변이 모두 연출되었을 당시 이를 준비하던 기록을 추적해 보아야 가능하다. 먼

---

169) 윤아영, 2019.
170) 『승정원일기』 영조 1년(1725) 3월 19일.

저 다음 기사는 인조 3년 좌우변 나례청이 행사를 맞아 준비하는 과정과 관련된 내용이다.

> 인조 3년 을축(1625) 2월 19일: 또 호조의 말로 아뢰기를, "방금 좌
> 변나례청(左邊儺禮廳) 별공작(別工作)의 보고 내에, 나례(儺禮) 가가
> (假家)에 쓰이는 진장목(眞長木)과 헌가(軒架)를 들여놓을 가가(假家)
> 를 만들 재목이 합계 잡장목(雜長木) 470개, 개초(蓋草) 1300속(束), 대
> 연선죽(大椽船竹) 11개, 초둔(草芚) 45번(番)이라 하여, 조치하여 지급
> 하도록 우변나례청(右邊儺禮廳)에 첩보를 보냈지만 지금까지 보고해
> 오지 않고 있는데, 그 수가 또한 틀림없이 이 수보다 밑돌지 않을 것인
> 만큼 허다한 재목을 서울에서 마련해 낼 길이 없습니다. 영접도감 공작
> 에 쓰일 재목을 베는 일로 선공감 감역관 이시맹(李時孟)이 이미 내려
> 갔으니 이 재목을 모두 벌채하여 가져오도록 이시맹에게 통지하고, 한
> 편으로 경기 감사에게 공문을 띄워 벌목하는 군인의 수를 더 마련하여
> 부역(赴役)하게 하고 개초와 초둔 또한 경기로 하여금 진배(進排)하도
> 록 하는 것이 어떻겠습니까?"하니, 아뢴 대로 하라고 전교하였다.171)

위 기사에 의하면 영접의식에 나례를 준비하는데 있어서 나례와 헌
가를 들여놓은 가가(假家, 임시 보관소)를 두 개 조성하는데, 이의 마련
을 위해 좌변나례청이 다른 편인 우변나례청에게 목재를 준비를 해달
라고 전달했으나, 분명 모자랄 것이라고 예측한 내용이다. 따라서 위
기사로는 나례172)와 헌가를 임시로 가가에 보관하였다는 것은 알 수

---

171) 『승정원일기』 인조 3년(1625) 2월 19일.
172) 여기서 언급하고 있는 '나례'는 '헌가'의 대칭 되는 개념으로 쓰이고 있고, 헌가와
유사한 규모의 보관을 필요로 하는 물체이기 때문에 전체 '나례의식'으로 해석하
는 것은 불가능하다. 따라서 다른 기록에 비추어 잡상을 설치한 '잡상산대'를 의미
하는 것으로 해석된다.

있으나, 어느 쪽이 각각을 전담하였는지는 특정하기 어렵다.

다음 또 다른 인조 때 기사는 전체 나례의식 중 잡상(산대)과 관련된 것으로 산대 조성시 목재 조달과 관련된 내용이다.

> 인조 12년 갑술(1634) 3월 28일(갑인) 맑음: "같은 날 성첩하여 개성 유수 정두원이 올린 장계는, "이번에 도착한 <u>우변나례도감(右邊儺禮都監)</u> 관문(關文)의 대체적인 내용은, '계하된 도감 사목(都監事目) 내에 「이번에 천사가 나오는 일과 관련하여 접대에 쓰일 <u>헌가(軒架)</u>와 <u>잡물(雜物)</u>로 전부터 남아 있던 것은 정묘호란(丁卯胡亂, 1627) 통에 본조가 분탕질당해 한 가지 물품도 남아 있는 것이 없으므로 이를 만들어 준비할 때 각 고을에 속해 있는 제색 장인(諸色匠人)들이 조번(助番)으로 부역해야 하니, <u>군기시(軍器寺)</u>의 문부(文簿)에 기록되어 있는 장인(匠人) 279명에게 3명당 1필씩 거두어들일 일」이라 되어 있으니, 잘 살펴볼 것'이라는 것이었습니다. 예전에는 조사가 나오는 일과 관련하여 본래 조번목(助番木)을 올려 보내는 규정이 없었습니다. 천계(天啓) 7년(1627)에 <u>군기시</u>에서 해마다 한 명당 정목(正木) 32척(尺)씩을 봉상(捧上)하도록 한 것 외에는 번(番)의 명목을 만들지 말도록 하였습니다. 그 뒤 더 봉상하는 일에 대해서는 저들이 정소(呈訴)하였는데, 이런 춘궁기를 당하여 예전의 규례가 아닌데 액외(額外)로 더 봉상하는 것은 매우 온당치 못합니다. 해청(該廳)으로 하여금 잘 살펴보고서 처치하도록 해 주소서."라는 일이었다."173)

위 인조 12년의 기사는 군기시와 의금부가 재목의 준비 과정에서는 주로 군기시에 속한 장인들이 일정한 양의 목재를 바치기는 하였으나, 추가로 부역하고 대체 물품을 바치는 일은 온당치 못하므로 이와 같은 명령을 거두어 주길 바라는 내용이다. 역시 헌가와 잡물을 조성하는데

---

173) 『승정원일기』 인조 12년(1634) 3월 28일.

군기시 소속의 장인 등이 나무를 마련하였다는 사실은 알 수 있으나 역시 어느 편이 각각 헌가와 잡물을 나누어 조성했는지는 알 수 없다.

이어서 다음 인조 21년의 기록은 드디어 구체적으로 어느 변이 무엇을 맡았는지에 관한 결정적인 단서를 제공한다.

> 인조 21년 계미(1643) 3월 10일: "영접도감이 아뢰기를, "의금부의 계사에 '난리 이후로 두 차례에 걸쳐 헌가(軒架)를 설행하였는데, 모두 도감에서 별도로 나례청(儺禮廳)을 설치하여 행한 경우입니다. 의금부에서 주관했다는 말은 바로 난리 이전의 일을 두고 하는 말입니다. 의금부는 아문의 위상도 높고 사무도 많습니다. 그래서 예로부터 의금부 도사를 도감 낭청으로 삼았던 규례는 없었으니, 이는 바로 의금부를 존중해서였습니다. 그런데 지금 전에 없던 규례를 새로 만드니, 사체(事體)로 헤아려 볼 때 너무도 온당치 않습니다. 본부의 도사를 도감 낭청으로 차정하지 말아서 체면을 보전하게 하는 것이 어떻겠습니까?'라고 하였는데, 아뢴 대로 하라고 전교하셨습니다."[174]

위 기사에 의하면 의금부는 난리 이전에는 직접 주관하여 헌가를 설행하였고, 난리 이후에는 의금부가 직접 주관한 것이 아니라 별도로 아래에 나례청을 설치하여 헌가를 두 차례 설행했다는 내용이다. 즉, 의금부는 직접 혹은 하부에 새롭게 청을 만들어 '잡상'이 아닌 '헌가'를 설행했다는 것이다. 따라서 자연스럽게 군기시는 '잡상'의 설행을 맡았음을 알 수 있다.

남은 문제는 의금부와 군기시가 각각 어느 쪽이 좌변과 우변을 맡아 설치하였는지 특정하는 문제이다. 그런데 이것은 다음 인조 때의 두 기

---

174)『승정원일기』인조 21년(1643) 3월 10일.

사를 통해 확인 가능하다.

　　인조 4년 병인(1626) 3월 3일: 이홍주가 아뢰기를, "임진란 뒤에 나
례청(儺禮廳)을 사역원(司譯院)에 임시로 설치했다가 본원의 계사로
인해 혜민서(惠民署)로 옮겼는데, 지금까지도 그대로 따라하고 있습
니다. 본서는 가장 잔약한 관서로서 마당이 협소하여 헌가(軒架)를 내
가거나 들여놓을 때면 처마와 서까래를 뜯어내고 담장을 철거하여 각
사(各司)의 모양을 갖추지 못하다가 일이 끝난 뒤에야 겨우 수리하곤
합니다. 그런데 금년에도 계속 본서에 나례청을 설치하여 마치 원래
부터 나례를 관장하는 곳인 것처럼 하니, 타당하지 않은 것 같습니다.
합당한 빈자리에 옮겨 설치하거나 아직 거치지 않은 각사에 돌아가며
정하는 것이 실로 사의(事宜)에 합당할 것입니다. 그리고 창덕궁(昌德
宮)에 의금부의 당직소가 있는데, 그곳이 지금 비어 있기는 하나 원래
의금부의 처소를 버려두고 오랫동안 다른 관사를 점유하는 것은 온당
치 못한 것 같습니다. 의금부로 하여금 편한 곳을 골라 옮겨 설치하게
하여 잔약한 관서가 치우치게 고통 받는 근심을 면하게 해 주소서. 신
은 본서의 제조로 있으면서 본서가 피해를 당하는 폐단을 직접 보고 황
공한 마음으로 감히 아룁니다."하니, 아뢴 대로 하라고 전교하였다.175)
　　인조 12년 갑술(1634) 5월 12일: 이덕수(李德洙)가 좌변나례청(左邊
儺禮廳)의 말로 아뢰기를, "나례(儺禮)에 쓸 잡상(雜像)과 산대(山臺)를
만드는 공역이 이미 거의 완료되었습니다. 아직 마치지 못한 것은 단
지 소나무를 심고 그림에 채색하는 등의 일뿐이지만 이 일은 반드시
때에 임해서 해야 합니다. 편수(邊首)와 사지 장인(事知匠人) 약간 명
을 제외하고 나머지는 모두 우선 내보낸 다음 다시 책문(冊文)이 서울
에 도착한다는 기별을 기다렸다가 일을 마치겠습니다. 감히 아룁니
다."하니, 알았다고 전교하였다.176)

---

175) 『승정원일기』 인조 4년(1626) 3월 3일.
176) 『승정원일기』 인조 12년(1634) 5월 12일.

위 첫 번째 기사에 의하면 현재 임시로 혜민서에 설치한 우변이 주관하는 헌가를 다시 의금부의 창덕궁 안에 우변의 당직소가 있는 곳으로 옮겨 설치해주기를 바라는 청이다. 두 번째 기사는 좌변나례청이 주관하는 잡상과 산대가 거의 완성되었음을 알려주고 있다. 즉, 우변은 헌가를, 좌변은 잡상과 해당 산대를 조성했던 것이다.

이후 인조 15년 7월 29일의 내용은 각각 헌가와 잡상을 의금부와 군기시가 편을 나누어 맡았다고 하여 더욱 좌우변을 명확히 구분해 준다.

> 인조 15년 정축(1637) 7월 29일(을미) 흐림 : ○ 영접도감이 아뢰기를, "비변사의 계사와 관련하여 아뢴 대로 하라고 전교하셨습니다. <u>헌가(軒架)와 잡상(雜像)</u>은 전부터 칙사가 왔을 때에 <u>의금부와 군기시</u>로 하여금 편을 나누어 하도록 하였으므로 폐단이 많았습니다. 접대와 관련한 의문(儀文)을 행하지 않을 수 없지만 이처럼 물력이 탕진된 때에는 공연한 비용을 줄이는 것이 급선무이니, 비국의 계사가 진실로 합당합니다. 그러나 공역이 거대하여 일하는 곳이 넓게 트여 있어야 조작할 수 있습니다. 하지만 반드시 차지 낭청 2원을 차출하고 따로 하나의 청(廳)을 설치하여 도감에 소속시킴으로써 잡물을 취하여 쓰거나 장인(匠人)을 찾아내는 따위와 관계된 모든 일을 도감에 보고하여 참작하여 시행하도록 함으로써 함부로 거짓을 행하는 폐단이 발생하지 않도록 하는 것이 마땅합니다. 감히 아룁니다."하니, 아뢴 대로 하라고 전교하였다.177)

따라서 위의 구체적인 특정이 가능한 기사들에 의해 각각 좌변을 맡은 군기시는 '잡상(산대)'을, 우변을 맡은 의금부는 '헌가(산대)'의 특징을 살려 조성했음을 알 수 있다.178)

---

177) 『승정원일기』 인조 15년(1637) 7월 29일.

② 모화관 나례의 변천

헌가(산대)와 잡상(산대)의 양변 구도는 조선시대 중국의 조사나 칙
사가 서울로 들어올 때에는 감히 폐할 수 없는 의전이었다.[179] 따라서
인조 14년(1636) 병자호란이 일어난 이후로도 헌가와 잡상은 무리임에
도 불구하고 설치되었고, 적어도 인조 21년(1643) 이전까지 최소 두 차
례 이상은 이와 같은 형식으로 영접했다.[180] 다음은 숙종 28년 이전 나
례 설행 이력을 알 수 있게 해주는 기록이다.

> 숙종 28년(1702) 2월 4일: 영접도감(迎接都監)에서 아뢰기를 "도감
> (都監)의 등록(謄錄)을 상고해 보니, 기축년(인조 27년 (1649))·기해년
> (효종 10년 (1659))·갑인년(현종 15년 (1674))·갑자년(숙종 10년 (1684))·
> 기사년 (숙종 15년 (1689))의 조제(弔祭) 칙사 때에는 나례(儺禮)를 설
> 행하지 말라는 뜻을 빈신(儐臣)에게 분부하여 곧바로 통관(通官)에게
> 언급해 설행하지 않았습니다. 그러나 경신년 (인경왕후(仁敬王后)의
> 상사, 1680)에는 기축년·기해년·갑인년 국휼(國恤) 때와는 조칙(弔勅)
> 에 다름이 있어 설행하지 말 것인가의 여부를 미리 헤아릴 수가 없었
> 기 때문에 원접사(遠接使)에게 분부하여 즉시 탐문(探問)하여 치계(馳
> 啓)하도록 했는데 그때 칙사가 설행하지 못하게 했습니다. 지금 역시
> 전례에 의해 도감(都監)에서 원접사에게 공문을 보내되 저들이 만약
> 허락하지 않는다면 재인(才人)을 구해 두는 등의 일이 군박(窘迫)할 걱
> 정이 없지 않습니다. 담당할 낭청을 우선 차출하고 한편으로는 각 도

---

178) 『승정원일기』인조 12년(1634) 6월 2일, 비록 인조 12년 우변나례청에 소속된 담
    지군이 산대를 운반할 때 실족했다는 내용에 의해 우변이 산대를 맡은 것으로 오
    해될 수도 있으나, 우변에 속한 담지군이 산대를 조성했다는 이야기와는 거리가
    멀다.
179) 윤아영, 2011, 「영조의(迎詔儀)시 도상나례(途上 儺禮) 첨입과정 및 성격에 관한
    연구」, 『한국음악연구』 50, 173~198쪽.
180) 『승정원일기』인조 21년(1643) 3월 10일.

에 알리는 것이 어떻겠습니까?"181)

이처럼 조선시대 영접도감은 나례의 헌가를 지속적으로 준비하기는 했으나, 인조 27년(1649) 이후 숙종 15년(1689) 사이와 숙종 28년(1702)에는 사신의 허락을 받아 일시 정지하였다. 이후 경종 때에는 영접의식의 나례 관련 기록은 존재하지 않고, 영조 원년에 다시 나례가 베풀어졌다. 다만, 이때에도 칙사의 양해로 헌가는 설치하지 않고 산대만 설치했는데, 이를 증명해주는 기사는 다음과 같다.

> 영조 1년 을사(1725) 3월 19일: ""관소의 접대에 대해 신칙하지 않은 것은 아니지만, 반드시 매끄럽지 못한 폐단이 많았을 것입니다. 주인의 도리로 볼 때 이루 말할 수 없이 부끄럽습니다."하니, 부칙사가 아뢰기를, "국왕께서 매우 융숭하게 접대해 주시니, 너무나도 감사드립니다."하자, 상이 이르기를, "여러 대인이 우리나라를 배려하시어 각 곳의 연향 및 헌가(軒架) 등을 모두 정지해 주셨는데, 몹시 서운합니다. 부칙사 대인은 이전에 여러 차례 우리나라에 오셔서 이미 보살펴 주시는 은혜를 많이 입었으니, 늘 감사해하고 있습니다."182)

위 기사에 의하면 영조 1년, 칙사가 헌가는 배려해주어 설치하지 않았으나, <봉사도>에는 산대가 그려져 있다. 따라서 헌가와 산대는 구분되는 것으로 양변 중 잡상산대만 설치했던 것이다.

이후 정조 8년에 다시 나례를 준비하는 과정에서, 영접도감은 의례 장악원으로 하여금 나례의식에 참여하도록 통보하였다. 그러나 나례

---

181) 『비변사등록』 숙종 28년(1702) 2월 4일.
182) 『승정원일기』 영조 1년(1725) 3월 19일.

의식의 헌가악을 맡았던 장악원은 최소 100여년 간은 영접의식에 참여하지 않았고, 장악원이 헌가악을 담당하지 않은 이후로 삼군의 군악으로 대체 되었다고 한만큼 나례의 헌가악은 정폐된 지 오래되었던 것이다.[183] 다음은 이를 알 수 있게 해주는 정조 8년의 나례 기록이다.

> 정조 8년 갑진(1784) 10월 13일: ○ 장악원 제조 서유방(徐有防)이 아뢰기를, "나례도감이 계하 받은 절목(節目) 중에 악공과 풍물은 본원(本院)에서 대령하게 하라는 조목이 있었습니다. 그런데 매우 이상하여 등록(謄錄)을 소급하여 상고해 보니, 근 백여년 내에 본원이 대령한 규칙은 없고 매번 나례도감이 삼군문에서 가져다 썼다고 되어 있었습니다. 이대로 나례도감에 분부하는 것이 어떻겠습니까?"하여, 그대로 따랐다.[184]

위 정조 때의 기록은 실제로 앞의 숙종 28년의 기록에 의해서도 지지되는데, 인조 27년(1649) 이후로는 나례를 거의 시행하지 않았기 때문에 자연스럽게 헌가도 설치하지 않았던 것이다.

따라서 양변에 설치하던 산대는 세종 때부터 좌우의 높이를 다투며 설치하던 전통은 있었으나, '산대'에 잡상을 설치하기 시작한 것은 연산군 12년[185] 원소절의 내농작 대례 이후일 가능성이 있다. 더불어 잡상을 장식한 산대를 영접의식에 쓰기 시작한 것도 그 이후로 관행이 되었을 것이며, 기록상 인조 3년 을축(1625) 6월 3일[186]에는 이 잡상을 장

---

183) 윤아영, 2019, 180쪽. 여기서 말하는 『나례도감』에 기록된 장악원이 참여하였던 과거 전통은 궁정의 뜰에서 연주한 것이 아니기 때문에 궁정 헌가악과는 관계가 없는 것이다.

184) 『승정원일기』 정조 8년(1784) 10월 13일.

185) 『연산군일기』 12년(1506) 1월 16일.

식한 산대가 쓰였으므로, 연산군 12년 이후 인조 3년 사이 어떤 시기부터 잡상을 장식한 산대가 영접의식에 쓰였을 것이다.

헌가는 인조 27년(1649)부터는 사신에게 미리 양해를 받아 설치하지 않게 된 이후로 줄곧 정폐되었고, 역시 영조 1년에도 헌가의 준비를 타진해 보았으나 역시 사신의 양해로 잡상(산대)만 설치하였고, 이것이 <봉사도>의 그림에 남게 된 것이다. 정조 때는 우연히 장악원으로 하여금 나례의식에 다시 참여하도록 연락하였으나, 장악원은 이미 100여 년 동안 삼군의 군악으로 대체되었다고 답변하며 참가하지 않았고, 이후로 헌가는 완전히 정폐된 것으로 보인다.

즉, 모화관 영접의식에서 좌변 '잡상(산대)'과 우변 '헌가(산대)'의 양변으로 설치하는 나례는 최소한 인조 3년 을축(1625) 6월 3일 이후 인조 26년 무자(1648) 3월 4일[187]까지의 약 23년간이다.[188] 따라서 '헌가'의 공연 양식이 지속된 기간은 조선 중기에 한정되므로, 이 때문에 헌가가 산대와 동물로 여겨질 수밖에 없었을 것이다. 이처럼 조선 후기 영접의식의 나례는 양변에서 한변으로 축소되었지만, 중국의 사신을 맞이할 때 헌가와 잡상(산대)은 조선의 중요한 관례였으며 반드시 지켜져야 할 우리나라 고유한 전통으로 조선 후기에도 양변 나례의 설치에 관한 논의는 꾸준히 지속되었다. 우변 헌가가 실제로는 폐지되면서 좌변 잡상은 나례를 대표하는 것으로, 그 명칭에 있어서도 전체 나례를

---

186) 『인조실록』 3년(1625) 6월 3일.

187) 『인조실록』 26년(1648) 3월 4일.

188) 이 기간 동안 청나라 사신이 조선국에 들어올 때 모화관에서 영접의식을 행한 것은 인조 3년 6월 3일, 5년 5월 18일, 6년 2월 26일, 6년 5월 2일, 8년 7월 11일, 11년 5월 6일, 12년 7월 미상일, 14년 9월 1일, 17년 6월 25일, 21년 3월 26일, 26년 3월 4일을 비롯해 총 11회이다.

의미하는 것으로 확대현상이 나타나게 되었다. 이와 같은 변천과정을
정리하면 다음 <도표 4>와 같다.189)

〈도표 4〉 중국 명청전환기 이후 조선 모화관 나례 좌우변의 변별기록

연산 11년(1505년) 12월 13일	산대＋잡상＋정재기(呈才技) (내농작)	
	↓	
	모화관 나례	
	↙　　　　　　　　↘	
	좌변	우변
	↓	↓
인조 3년(1625) 3월 28일	잡상(雜像)	헌가(軒架)
인조 3년(1625) 3월 28일	산대(山臺)	헌가(軒架)
인조 4년(1626) 3월 3일	잡의(雜儀)	헌가(軒架)
인조 12년(1634) 3월 27일	잡희(雜戲)	헌가(軒架)
인조 12년(1634) 3월 28일	잡상(雜像)	헌가(軒架)
인조 12년(1634) 3월 28일	잡물(雜物)	헌가(軒架)
인조 15년(1637) 6월 22일	잡희(雜戲)	용악(用樂)
인조 15년(1637) 6월 22일	잡희(雜戲)	헌가(軒架)
인조 15년(1637) 6월 24일	잡상(雜像)	헌가(軒架)
인조 15년(1637) 7월 16일	잡상(雜像)	헌가(軒架)
인조 15년(1637) 7월 29일	잡상(雜像)	헌가(軒架)
인조 15년(1637) 12월 20일	잡상(雜像)	헌가(軒架)
인조 17년(1639) 6월 21일	잡상(雜像)	헌가(軒架)
인조 17년(1639) 6월 22일	잡상(雜像)	헌가(軒架)
인조 17년(1639) 6월 22일	잡물(雜物)	헌가(軒架)
인조 17년(1639) 10월 18일	잡상(雜像)	헌가(軒架)
인조 17년(1639) 11월 18일	잡상(雜像)	헌가(軒架)
인조 21년(1643) 3월 18일	잡상(雜像)	헌가(軒架)
인조 21년(1643) 9월 10일	↓ 190)	헌가악(軒架樂)
인조 21년(1643) 9월 23일	정재(呈才)	헌가(軒架)

---

189) 앞의 각주 151)~164), 168) 참조.

인조 25년(1647) 2월 22일	잡상(雜像)	헌가(軒架)
인조 25년(1647) 2월 28일	잡상(雜像)	헌가(軒架)
인조 25년(1647) 2월 28일	잡상희(雜像戲)	헌가(軒架)
인조 25년(1647) 2월 29일	잡상(雜像)	헌가(軒架)
인조 25년(1647) 9월 24일	잡상(雜像)	헌가(軒架)
인조 25년(1647) 10월 3일	잡상(雜像)	헌가(軒架)
인조 26년(1648) 3월 4일	정재잡희(呈才雜戲)	↓ 191)
	↓	↓
영조 1년(1725) 3월 21일	나례(儺禮)	헌가악(軒架樂)192)
영조 1년(1725) 11월 4일	나례(儺禮)	헌가(軒架)
영조 5년(1729) 5월 14일	나례(儺禮)	헌가(軒架)
영조 31년(1755) 8월 7일	↓	헌가(軒架)193)
영조 33년(1757) 9월 9일	잡희(雜戲)	헌가(軒架)194)
정조 8년(1784) 10월 8일	나례(儺禮)	헌가(軒架)
정조 8년(1784) 11월 17일	좌채붕(左彩棚)	우채붕(右彩棚)
정조 24년(1800) 1월 17일	나례(儺禮)	헌가(軒架)
정조 24년(1800) 1월 19일	나례(儺禮)	헌가(軒架)
순조 즉위년(1800) 11월 14일	나례(儺禮)	헌가(軒架)
순조 1년(1801) 6월 14일	나례(儺禮)	헌가(軒架)
고종 1년(1864) 8월 25일	나례(儺禮)	헌가(軒架)

---

190) 인조 21년 9월 10일에 거론된 좌변은 비록 거론되지는 않았으나, 본래 나례청(儺
禮廳)에서 좌우청을 하부로 두고 그 중 한곳에서 헌가악을 관리했다고 하므로, 나
머지 대청이 되는 나례의 한변도 존재했음을 알 수 있다.

191) 인조 25년 3월 4일의 영접의식에 정재잡희가 있었고, 이를 당일 칙사가 재관람한
기록이 있으므로 간접적으로 좌변의 잡상(산대)는 설치되었음이 짐작가능하고,
우변의 헌가는 그 전해 준비 과정에서 언급되고 있다.

192) 인조 27년 이후 영조 1년 이전 어느 시기부터 우변의 헌가(軒架, 혹은 헌가악(軒架
樂)는 삼군의 군악으로 대체되었기 때문에, 영조 이후 헌가(악)에 관한 기록은 과
거의 사례를 들어 언급한 것들 뿐이다.

193) 『영조실록』 31년(1755) 8월 7일.

194) 『영조실록』 33년(1757) 9월 9일.

③ 모화관 나례(儺禮) 좌우변의 연행 양상

ㄱ. 모화관 나례 좌변의 연행 양상

모화관 좌변은 군기시가 맡아서 잡상을 얹은 산대를 조성했는데, 더불어 좌변 산대의 모습은 다행히 영조 때의 그림인 <봉사도>에 남아 있어서 외관 등 대략적인 산대 조성과 연행양상은 짐작 가능하다. 그 외 나머지 산대의 세부 내용은 다음 인조 때의 『나례청등록』을 통해 보충 가능하다.

『나례청등록』(인조 4년, 1626): ─헌가와 잡상을 담당할 군사를 나눔. ■사자(獅子) 담지군은 앞에선 36명, ■호랑이[虎] 담지군 앞 신[鞋] 앞24명, 저포(苧布) 앞10명, 사립(絲笠) 앞5명, ■낙타[駝] 담지군 앞에선 14명, 초립(草笠) 앞10명, 상미(上米) 앞8명, 시소(匙召) 앞6명, 철물(鉄物) 앞4명, ■소간(嘯竿) 담지군 이엄(耳掩) 앞16명, 어물(魚物) 앞7명, 생선(生鮮) 앞7명, 옷[衣] 앞4명, 전상(典床) 앞6명, 전우(典隅) 앞5명, 종이[紙] 앞7명, 진사(眞絲) 앞1명, ■헌가(軒架) 담지군. 마전 10명, 방민 100명 ■천사가 올 때 나례헌가 삼도습의 날 및 천사입경일 조번나장은 선혜청이 상하로 가미, ■본부에서 계하길, "이번 나례를 옛 병조에 설치하는데, 헌가와 잡상을 끌어다 이곳에 끌어두는 것에 군사를 정하고 더하여 정하고 지켜보게 하여 다른날 쓸 수 있도록 하는 것이 어떠하겠습니다?"하니, "고한대로 하라" 하였다. [호위 장수로 군사 2명을 추가하여 정하였다].195)

───────────────

195)『나례청등록』인조 4년(1626), "軒架雜像分軍秩. ■獅子 擔持軍 立前三十六名, ■虎 擔持軍 鞋 前二十四名 苧布前十名 絲笠 前五名, ■駝 擔持軍 立前十四名 草笠 前十名 上米 前八名 匙召 前六名 鉄物 前四名, ■嘯竿 擔持軍 耳掩 前十六名, 魚物 前七名 生鮮 前七名 衣 前四名 典床 前六名 典隅 前五名 紙 前七名 眞絲 前一名, ■軒架擔持軍. 馬前十名 坊民一百名, ■天使時 儺禮軒架 三度習儀日 及 天使入京正日 助番羅將價米宣惠廳 以上下, ■本府 啓曰 今番儺禮設於古兵曹 而 軒架雜像仍置此處 加定軍士守直看護 以爲他日之用 何如 答曰依啓 [衛將所軍士二名加定]."

위 인조 4년『나례청등록』의 기록에 의하면 잡상은 각종 동물이나 어류, 소간 등이며, 이것들은 몇 사람의 군사들이 나누어 맡아 조성하였다. 또한 앞에서 제시한 인조 12년 5월 12일의 기록에 의하면 좌변나례청은 산대에 진짜 소나무를 심고, 배경은 그림으로 그렸다196)고 하므로, 실제 산모양에 가깝게 조성하고 그 사이에 잡상을 설치했던 것 같다.

좌변 산대의 규모는 <봉사도>의 그림에서 수레를 미는 사람과의 비교를 통해 큰 규모였음은 짐작 가능한데, 더 자세히는 우변 헌가와의 비교를 통해 구체화된다. 다음은 이와 관계된 인조 15년과 숙종 34년의 기록이다.

> 인조 15년 정축(1637) 8월 6일: "또 연접도감의 말로 아뢰기를, "칙사가 올 때의 처음으로 헌가(軒架) 한쪽만 설치하도록 정탈하셨습니다. 이에 대한 밖의 의논들은 모두, '헌가의 설치는 본래 손님을 위로하여 즐겁게 하려는 것입니다. 그 수를 감하여 줄이려거든 차라리 설치하지 않는 편이 낫습니다.' 하였는데, 이 말에도 일리가 있는 것 같습니다. 또 도감 관원의 말을 들으니, '들어가는 잡물을 대략 헤아려 보니 한쪽과 양쪽의 차이가 얼마 되지 않아 대단하게 재물을 허비하게 되지는 않을 것입니다.' 하였습니다. 구례대로 설행하여 보기에 아름답게 해야 마땅합니다. 감히 아뢰입니다."하니, 아뢴 대로 하라고 전교하였다."197)
>
> 이상의(李尙毅, 숙종 34년(1708)): 「잡저(雜著)」, "의금부가 조사를 맞이할 때 채붕을 설치하지 말 것을 아뢰다." 임오년 천사가 왔을 때, 상죽 기둥 하나가 썩어서 부서졌습니다. 고로 다만 하나의 기둥을 강

---

196)『승정원일기』인조 12년(1634) 5월 12일.
197)『승정원일기』인조 15년(1637) 8월 6일.

원도에서 찍어 내왔는데, 평시의 민력으로 쉽게 실어 나르기 어렵습
니다. 고개를 넘어 하천을 거스를 즈음에 한번만 실족해도 죽는자가
매우 많습니다. 그때에 홍천 현감 심희수(沈喜壽)부터 사원에 이르기
까지 이를 보고 말한바가 이와 같은데, 기둥하나가 이와 같습니다. 하
물며 상죽 24개, 차죽 48개, 그 여타 대나무를 어찌 헤아릴 수 있겠습니
까? 또한 산대를 조성하는 역군은 예로부터 수군을 정하여 보급하였는
데, 의금부에 일천사백명, 군기시에 일천삼백명이 필요합니다."198)

위 첫 번째 기사는 인조 15년 조사를 맞이할 때, 인조가 헌가 하나만
설치하고 산대는 폐지하도록 명한 일에 대해서 연접도감은 손님을 즐
겁게 하기 위해서는 헌가 외에 산대도 설치해야 한다고 다시 간한 것이
다. 물리력을 줄이기 위해 헌가만 설치하는 것과 다른 편의 잡물199)도
추가로 설치하는 것을 비교해보면, 헌가만 설치하는 것에 비해 크게 차
이가 나지 않기 때문에 이왕 설치하려면 둘 다 설치해야 한다는 취지였
다. 두 번째 기사는 조선 인조 때 이상의가 올린 계문으로, 지난 임오년
(선조 15년, 1582)200) 조사를 맞이하면서 양변에 채붕을 맺을 때, 좌우
변에 각각 역군으로 의금부가 1400명, 군기시가 1300명이나 참여해야

198) 이상의(李尙毅, 명종 15년(1560)~인조 2년(1624)), 『소릉선생문집(少陵先生文集)』
(숙종 34년(1708)) 卷之三, 「잡저(雜著)」, "義禁府請詔使時勿設彩棚啓° 而壬午天使
時° 上竹一柱朽破° 故只一柱斫伐於江原道° 以平時民力未易輪運° 逾嶺越川之
際° 一跌而死者甚多° 其時洪川縣監沈喜壽° 以差使員目見而言之云° 一柱如此°
況上竹二十四° 次竹四十八° 其餘竹無數者乎° 且山臺役軍° 自前以水軍定給
而義禁府則一千四百名° 軍器寺則一千三百名云° "
199) 여기서 언급하고 있는 '다른 편의 잡물'은 '헌가'의 대칭이 되는 '잡상을 설치한 산
대'를 지칭하는 것이다.
200) 한국학중앙연구원, 『한국민족문화대백과사전』, 「이상의(李尙毅)」. 이상의의 생
애 중 임오년은 중종 17년(1522)과 선조 15년(1582)의 두 해에 해당한다. 이상의
가 처음 관직에 진출한 때가 1585년(선조 18년)이기 때문에 여기서 말하는 임오
년은 선조 15년이다.

한다는 사실을 들어, 이번 조사를 맞이할 때에는 이처럼 큰 물리력을 감당하기가 어렵다는 이유로 설치 반대의 청을 올린 것이다. 이 두 기사를 통해 알 수 있는 내용은 첫째, 당시 양변을 모두 설치할 여력이 부족했다는 것과 좌변의 설치는 우변보다 약간 규모가 작았으나 역시 1300명의 역군이 투입될 정도로 큰 의물이었고, 둘째, 잡물을 설치하는 비용은 헌가를 조성하는 비용보다는 적게 든다는 것이었다. 양변은 억지로라도 설치해야 하는 양식이며, 좌변의 잡물을 설치한 산대는 우변의 헌가보다는 약간 작은 규모였으나 거의 차이가 없이 양자 모두 많은 물리력이 들었다는 것은 분명해 보인다.

산대는 1300여 명이 조성했을 정도로 큰 공사라는 점, 그리고 정조 때 나례차에 광대가 올라갔다는 사실[201]로 미루어, 산대의 잡상과 함께 연출된 인물은 실제 광대가 맡아서 연기했던 것으로 보인다. 종합적으로 좌변 산대는 진짜 소나무를 심고 채색하여 조성한 산대에는 동물 잡상을 설치하고, 선녀나 어류를 낚는 어부 등으로 분장한 광대가 참여한 형태였다. 위치에 관해서는 영조 때 <봉사도>에는 이미 헌가가 빠진 반쪽짜리 산대만 설치된 상황으로 좌변 산대의 본래의 위치는 정확히 알기 어렵다. 다만, 좌변이라고 하면 칙사의 입장에서 바라보았을 때 좌변이었을 가능성이 높아 보인다.

ㄴ. 모화관 나례 우변의 연행 양상

좌변이 잡상(산대)의 설치와 광대잡희가 주가 되었다면, 우변의 헌가(산대)는 음악의 연주가 주가 된다. 따라서 헌가에는 담지군이나 광대

---

201) 『일성록』 정조 8년(1784) 10월 8일. 정조 때에도 나례차 위에는 사람이 올라가는 것으로 기록되어 있다.

대신에 장악원의 악사와 악공이 참여하였다. 다음은 이를 증명해주는 인조 때 영접의식과 관련된 내용들이다.

> 『나례청등록』(인조 4년, 1626): — 인력 및 물품 징발에 대한 절목.
> 공인은 장악원이 정하여 보내는 일[202]
> 『영접도감군색의궤』(인조 12년, 1634): "장악원 첩정내. 조사입경
> 시 본원의 습악에 쓰는 각양 풍물과 전정헌가악기 등 물의 깨져 떨어
> 진 곳들은 풍물장 악생 이승림 단지 1인이 때맞춰 개보수하는 것이 지
> 나쳐 추가로 작업을 해도 날마다 쫓아가는 것이 평소에 비해 적지 않
> 다고 합니다."[203]

위 첫 번째 기사는 인조 4년 당시 장악원의 임무는 영접의식에 참여할 악공을 정하여 영접도감에 보내는 것임을 알려주고 있으며, 두 번째 기사는 인조 12년 조사가 서울로 들어올 때를 대비해 미리 연습하는데, 장악원은 이때 쓸 풍물 악기와 함께 전정헌가악기, 즉 향악기와 편종과 편경 악기 같은 아악기를 개보수하는 과정에서 소속 풍물장 1인으로는 용력이 부족하다는 사정을 영접도감에 알린 것이다. 종합하면, 나례에는 장악원이 차출한 공인이 연주하는데, 이들이 맡은 악기는 전정헌가의 아악기 및 풍물악기이고, 전정헌가는 영조(迎詔)와 영칙(迎勅)시에 연주했다고 하므로, 전정헌가악기와 향악기로 구성된 전정헌가악을 연주했음을 알 수 있다.[204] 또한 위 『나례도감』과 『영접도감군색의궤』는

---

202) 『나례청등록』, 인조 4년(1626). "工人乙良 命掌樂院定送事"
203) 『영접도감군색의궤』(인조 12년, 1634), 348~349쪽. "一掌樂院牒呈內. 詔使入京時 本院習樂 各樣風物及殿庭軒架樂器 等物 破落處乙 風物匠 樂生 李承林 只一人以時 方修改修補爲去乙 別工作 逐日推捉是 如爲臥乎所不小"
204) 이혜구, 『(신역)악학궤범』, 국립국악원, 2000. 『악학궤범』 전정헌가의 악대 편성

조사가 입경한 이후 모화관에서 행하는 영접의식과 관련된 절차를 기록한 것이므로 장악원의 음악은 궁안의 전정에서 연주하는 것이 아닌 모화관에서 연주하는 것일 수밖에 없다. 또한 앞에서 잡상(산대)과 대별되는 헌가(산대)가 용악의 명칭으로 대치되기도 했기 때문에 이 헌가는 우변의 산대 위에 올려진 헌가악이다.

기타 전정에서의 헌가악은 단순 악기 연주 외에도 가무동이 있었는데, 나례의 우변에서의 헌가에도 이와 마찬가지였던 것으로 보인다. 다음 정조 때의 기사에 의하면 칙사를 맞이할 때에 가무동이 헌가악과 함께 있었다는 것으로 보아 헌가악에 맞춰 가무동의 노래와 무용도 포함되었을 것으로 보인다. 다음은 이를 알 수 있게 해주는 정조 즉위년과 10년의 기사이다.

> 정조 즉위년 병신(1776) 10월 15일: ○ 영접도감이 아뢰기를, "원접사(遠接使)의 이문(移文)을 접하니, 칙사가 묵고 있는 역참(驛站)에 들여보냈던 차비 역관 등이 돌아와서 보고한 내용에, '경중(京中)에서 일곱 번 잔치를 벌이고 각처의 연향 및 <u>가무동(歌舞童), 헌가(軒架)</u>, 나례(儺禮), 잡희(雜戲), 군위군(軍威軍), 유관우(遊觀牛), 타락우(駝駱牛)는 모두 생략하였다.'고 하였습니다. 예전에 연향을 생략할 때에는 중로(中路)에 문안사(問安使)를 별도로 파견한 예가 있었으니, 정원으로 하여금 서둘러 규례를 참고하여 차출하여 칙사가 도착한 곳으로 보내 연로의 폐단을 줄인다는 뜻으로 말을 만들어 치사하게 하소서."하여, 윤허하였다.205)
>
> 정조 10년 병오(1786) 8월 15일: 폐단이 되는 것은 모두 없앤 뒤에

은 편종·편경·노고·박(拍)·축·어·방향·당비파·현금·향비파·대평소(大平簫)·필율·장고·훈·지·관(管)·생(笙)·우(竽)·통소·당적·대금·중금·소금이다.
205)『일성록』정조 즉위년(1776) 10월 15일.

야 비로소 황상의 마음을 체득했다고 할 수 있을 것이니, 경중(京中)의 7연(宴)과 5대참(大站)의 연향(宴享)과 <u>가무동(歌舞童), 헌가(軒架)</u>, 나례(儺禮), 잡희(雜戲), 유관우(遊觀牛), 타락우(駝駱牛), 군위군(軍威軍)을 모두 제감(除減)하고, 예악(禮樂), 군악(軍樂), 전정헌가(殿庭軒架)는 차려만 놓고 연주하지 않는다는 뜻으로 결정하였습니다.206)

위 기사들은 본래 칙사가 입국 후 각 역참 및 입경시 모화관에까지 헌가와 함께 가무동도 있었다는 사실을 알게 해준다. 이와 같이 본래 우변에는 가무동과 헌가가 있었는데, 인조 27년 이후 어느 시기부터 삼군의 군악으로 대체되었고,207) 영조 13년 칙사를 맞이할 때에는 이 군악 마저도 준비하지 않게 되었다. 이에 대해 영조는 나례, 즉 잡상산대와 광대잡희와 같은 것들에 맞춘 음악은 여전히 전례대로 사용하면서도 이에 대칭이 되는 군악을 준비하지 않는 것에 대해서 개탄하고 예비하게 했다. 다음은 이와 관계된 내용이다.

> 영조 13년 정사(1737) 5월 27일: 주강을 행하였다. 임금이 지사 송진명(宋眞明)에게 이르기를, "이번에 칙사(勅使)를 맞이할 때의 나례(儺禮)에는 전례대로 음악을 사용하겠지만, 오히려 군악(軍樂)을 쓰지 않는다고들 하니 매우 불가하다. 이런 일은 대개가 황화(皇華)의 전해 내려온 의식을 모방한 것인데, 지금 사대(事大)의 예(禮)가 예전과 비교하여 점차로 줄어들었다. 대저 말이 충신(忠信)하고 행실이 독경(篤敬)하면 만맥(蠻貊) 지방이라도 다닐 수 있다 하였으니, 모름지기 접대하는 예를 다해서 스스로 힘쓰는 도리로 삼도록 하는 것이 좋겠다."하였다.208)

---

206) 『일성록』 정조 10년(1786) 8월 15일.
207) 『승정원일기』 정조 8년(1784) 10월 13일.

영조는 예전과 비교했을 때, 군악조차도 예전 중국의 사신을 맞이하던 예에서 줄어든 것인데, 이마저도 쓰지 않는다는 것은 불가하다는 취지로 군악을 준비하게 하였다. 즉, 이전에는 군악보다 더 큰 규모의 음악이 사대의 예로서 베풀어졌음을 알 수 있다.

위 영조 13년의 기록에 이어 정조 8년 10월 13일 영접의식을 준비 하는 과정에서 나례도감은 장악원으로 하여금 영접의식에 참여하도록 통보하였으나, 장악원은 100여 년 전부터 이미 삼군의 군악으로 대체된 만큼 이번에도 관행대로 참여하지 않을 것을 알리고 허락을 받았다. 종합해보면, 인조 27년 이후 영접의식의 헌가와 헌가악은 폐지되었고 삼군에 의한 군악으로 대체 된 것이다. 이와 같은 영접의식 나례의 좌우변 연행 양상을 정리하면 다음 <표 5>와 같다.

〈표 5〉 모화관 영접의식 나례의 양변(좌우변)의 연행 양상

	영접의식의 나례(의)	
	좌변 나례	우변 나례
준비 기관	군기시(좌변 나례청)	의금부(우변 나례청)[209]
산대의 명칭	잡상, 산대, 잡의, 잡물, 잡희, 정재, 잡상희, 나례, 산붕, (좌)채붕	헌가, 용악, 헌가악, (우)채붕
무대 형태	잡상을 세운 산모양의 의물	헌가악을 올린 무대
연행자	잡상담지군[210], 재인(才人)[211]	장악원 전악(典樂), 악공(樂工), 악생(樂生)[212], 장악원 악사와 악공, 가무동
연행 양상	잡상의 설치 및 잡희(붕희(棚戲)[213]) 연출(사자, 호랑이, 낙타, 소간, 어물, 생선 등 +장간기, 땅재주, 탈춤, 줄타기 등)	헌가악의 연주 및 가무 공연 (악공의 헌가악 연주+가무동(歌舞童)의 성악과 정재)
조성 인력	수군 1,300명	수군 1,400

---

208) 『영조실록』 13년(1737) 5월 27일.

조성 비용	헌가보다는 상대적으로 비용이 적게 들어가는 설치물	잡상보다는 상대적으로 비용이 많이 들어가는 무대 준비
연행 목적	기쁨(悅)	위로(慰)

즉, 모화관 영접의식에서 좌변 '잡상(산대)'과 우변 '헌가(산대)'의 양변으로 설치하는 나례는 최소한 인조 3년 을축(1625) 6월 3일 이후 인조 26년 무자(1648) 3월 4일까지의 약 23년간이다. '헌가(산대)'가 좌변의 '잡상(산대)'과 동물로 여겨지게 된 것은 '헌가(산대)'가 좌변 잡상(산대)보다 임시로 혹은 항구적으로 일찍 정폐되었기 때문인데, 이것은 물리력의 부족뿐 아니라 대중국과의 관계 변화 등으로 인해 폐지된 것이다. 또한 우변의 헌가가 정폐된 이후로는 좌변의 잡상(산대)만 남았기 때문에 우변 헌가가 좌변 산대와 동물로 여겨지는 혼란을 초래하게 되었고, 좌변 산대만을 아예 '나례'로 부르게 되었다. 이는 양식이 변천함에 따라 용어의 확대현상이 나타난 것이다.

4) 조선의 정성스런 영접의식, 나례(儺禮)

우리나라는 전통적으로 신라시대부터 높은 이를 맞이할 때에는 두

---

209) 『승정원일기』 인조 21년(1643) 3월 10일.

210) 『나례청등록』 "軒架雜像分軍秩."

211) 『승정원일기』 인조 21년(1643) 3월 7일

212) 『승정원일기』 인조 15년(1637) 6월 20일, "이목이 아뢰기를, "이때 헌가(軒架)는 어떻게 해야겠습니까? 칙사가 오는 것은 한두 번에 그치지 않으니 장차 감당할 수 없을 것입니다."하니, 이홍주가 아뢰기를, "음악을 쓰는 절차는 어려울 듯합니다. 병란을 겪은 나머지 전악(典樂)과 악공(樂工)이 모두 흩어졌으니 각 차비 악공(樂工)과 악생(樂生)을 모아들인 뒤에야 모양새를 갖출 수 있을 것입니다."하자, 상이 이르기를, "군이 취품할 필요가 있는가?"하였다."

213) 『일성록』 정조 8년(1784) 11월 17일; 11월 20일; 12월 3일.

편으로 나뉘어 각종 재주를 바쳤다. 영접의식 중 모화관에서도 이와 같은 고유한 양식이 나타나는데, 바로 좌우변 나례가 그것이다. 좌변은 군기시가 잡상(산대)을, 우변은 의금부가 헌가(산대)를 주관하여 조성했는데, 이 양변의 무대에서는 각각 우리나라의 고유한 전통 잡희와 중국 전래 악기와 향악기로 연주하는 헌가악을 동시에 연출하는 균형감 있는 형식을 갖추었다.

우리나라의 이와 같은 고유한 영접의식은 조선초부터 형성되었다. 중국 명나라는 그들을 황제의 나라라고 하고, 우리나라를 번국(藩國)으로 칭한 바 있는데, 번국이라 함은 중국측에서는 제후국 중에서 가장 멀리 위치한 나라라는 의미로서 그에 맞는 외교 절차를 요구했다. 중국은 번국이 황제나 혹은 황제의 조서를 받들고 조사가 방문할 때의 영접 절차를 『명회전(明會典)』에 '번국영조의(藩國迎詔儀)'로 규정하고, 이 내용은 우리나라의 문헌 중에는 『세종실록』 「오례의」 중 '영조서의'에 수록되어 있다. 다음은 『명회전』에 수록된 '번국영조의' 중 일부이다.

> 『**명회전(明會典)**』, '**번국영조의(藩國迎詔儀)**'(명나라 홍무 18년(1385)):
> 사자로 정하여진 자가 번국의 국경에 들어가면 먼저 사람을 보내 급히 말을 달려 번국의 왕에게 알린다. 번국의 왕은 관원을 보내 멀리까지 가서 조서를 맞이하게 한다. 미리 유사로 하여금 국문 밖 공관에 악차를 설치하고 채붕을 맺고, 용정을 가운데 진설한다. 용정의 남쪽에는 향안을 설하고, **금고(金鼓)**와 **의장(儀仗)**과 **고악(鼓樂)**을 갖추어 영접하여 맞이한다.(중략) 봉조관이 조서를 받잡고 용정이 앞에 이르러 사자에게 건네주고 다시 용정의 중간에 둔다. '부복흥평신'을 외치면 음악이 시작되고 '국궁'을 외치면 또 음악이 시작되고, 네 번 절하면 음악이 그친다. '진규'를 외치면 국궁하고 삼무도를 하고, 꿇어 앉는다. '산호'를 창하면 백관들은 함께 손을 들어 이마에 붙이고 말하길

'만만세'하고 다시 '만세'를 외친다. 악공과 군인들은 북을 치고 소리를 합하여 응하여 창을 한다. 홀을 뽑고, 구부렸다 엎드리고 일어나면 음악이 시작되고, 4번 절하고 일어나 몸을 일으키면 음악을 그쳐 예를 마친다.[214]

위 인용문은 『명회전』에 수록된 '번국영조의'의 내용을 간추린 것으로 주된 내용은 조서를 맞이하고 개독(開讀)할 때에 참여할 인물, 장소와 설치, 음악, 의식절차 등에 관한 것이다. 위의 인용문에는 비록 일부 내용은 중략되어 있으나, 일반적으로 여타 국가에서 왕을 맞이할 때의 절차와 유사하다. 이 외에 『세종실록』「오례의」에 전하는 내용도 결채(結綵), 금고(金鼓)의 의장(儀仗)과 악공(樂工)의 헌가에서의 악(樂) 등이 기록되어 있는데, 『명회전』의 대용과 비교해 볼 때 더욱 자세한 편이다.[215]

다만 주목할 점은 영접의식의 의례악인데, '번국영조의'에서 지정한 의례악이라고 하는 것은 금고(金鼓와) 의장(儀仗), 고악(鼓樂)이 지정되어 있다. 금고라고 하면, 현재의 대취타와 같은 것으로 주로 타악기로 구성된 것으로서 주로 행악에 사용되던 구성이다. 대취타의 징, 용고, 자바라와 같이 쇠로 만들거나 북으로 만든 악기들이 해당 될 것이다. 의장은 말 그대로 위의(威儀)를 나타내는 기(旗)를 비롯한 의전용 대열 편성을 말하는 것이고, 고악이라고 하면 선율악기가 포함된 취타악일 것으로서, 현재 대취타에서 쓰이고 있는 용고와 같은 북 종류를 비롯해 선율을 연주할 수 있는 나발, 나각, 태평소 같은 악기들의 편성을 말하는 것으로 추측 가능하다.

---

214) 『예부지고(禮部志稿)』, 卷17「번국영조의(蕃國迎詔儀)」; 『명회전(明會典)』, 卷55, 「번국영조의(蕃國迎詔儀)」
215) 『세종실록』, 五禮 嘉禮儀式 迎詔書儀.

그런데, 이와 같은 외교 절차가 정해져있기는 하나, 우리나라에서는 영접의식을 준비할 때, 항상 지성(至誠)으로 준비하였다. 특히 이 지성의 대표되는 것으로 여겨지는 것이 바로 채붕과 나례의 설치였다. 다음은 이를 알 수 있게 해주는 태조와 태종 때의 기록들이다.

> 태조 3년(1394) 4월 25일: 흠차 내사(欽差內史) 황영기(黃永奇) 등 3인이 좌군 도독부(左軍都督府)의 자문(咨文)을 가지고 오니, 채붕(綵棚)과 나례(儺禮)를 설(設)하고, 임금이 백관(百官)을 거느리고 선의문(宣義門)에 나가서 맞이하여 수창궁에 들어왔다.216)
> 태종 1년(1401) 2월 6일: 중국의 사신(使臣) 예부 주사(禮部主事) 육옹(陸顒)·홍려 행인(鴻臚行人) 임사영(林士英)이 조서(詔書)를 받들고 오니, 산붕결채(山棚結綵)·나례(儺禮)를 베풀고, 임금이 백관(百官)을 거느리고 조복(朝服) 차림으로 교외에서 맞아 의정부(議政府)에 이르렀으니, 수창궁(壽昌宮)이 불탔고, 시좌전(時坐殿)이 좁기 때문이었다.217)

즉, 위 인용문에서도 나타나듯이 우리나라의 영접의식은 외교 의전의 기본 형식을 갖추었음을 알 수 있고, 여기에 채붕과 나례를 더하면서 더욱 문채를 다듬었다. 우리나라의 고유한 영접의식은 당시에도 명칭뿐 아니라 내용면에서도 본국의 고유한 풍속으로 인정받았다. 먼저 세종 때의 기록에 의하면 채붕과 나례를 펼치는 것은 중국이 정한 예문에 없는 것으로 우리나라에서 자체적으로 첨입한 문화임을 밝히고 있다. 다음은 세종 31년의 기사이다.

---

216) 『태조실록』 3년(1394) 4월 25일.
217) 『태종실록』 1년(1401) 2월 6일.

세종 31년(1449) 10월 1일: 오늘날 대명(大明)의 번방에서 조칙을
맞이하는 의식[迎詔儀]에, 단지 가항(街巷)과 관문(館門)에 결채(結彩)
한다 하였을 뿐, 채붕·나례의 문(文)은 없습니다. 국가에서 중국을 섬
기니 모든 일은 중화의 제도를 한결같이 따라야 하옵는데, 예문에 없
는 것임에도 시행하여 회롱함은 폐단된 일이오니, 어찌 구태의연하게
개혁하지 않아야 하겠습니까. 원컨대, 이제부터는 모든 조칙을 맞이
할 때 영구히 채붕·나례를 혁파하소서. 이같이 하오면 의리에도 매우
순하여 방애될 바가 없을 것입니다.218)

위 기사는 명례에 의거해 우리나라에서 행하던 채붕과 나례의 혁파
를 주장하는 내용이다. 즉, 명례에는 본래 번국이 조사를 맞이하는 예
에는 이 채붕(綵棚)과 나례(儺禮)가 지정되어 있지 않으므로 우리나라
에서도 지금껏 해왔던 것을 폐기해야 한다는 내용이다.219) 역으로 해
석해보면, 우리나라에서 시행했던 나례는 중국에서 정한 것이 아닌 우
리나라에서 자체적으로 펼쳐 보인 것이다.

이처럼 중국의 원식과는 다른 우리나라만의 채붕과 나례에 대해서
철저히 명나라의 의식을 고수해야 하므로 없애야 한다고 주장하는 원
리주의자들도 있었으나, 문종은 이 채붕과 나례라고 하는 것은 우리나
라의 독창적인 손님맞이 의식이므로 오히려 유지되어야 할 것이며, 경
사(慶事)적인 것이기에 이는 항상 준수해야 하고, 갑자기 안하게 되면
상대국이 오히려 조선을 졸렬하다고 생각할 것이므로 폐지 할 수 없다

---

218)『세종실록』 31년(1449) 10월 1일.
219) '번국영조의' 기사에도 물론 이와 같은 나례관련 기사는 수록되어 있지 않을 뿐더
러,『사고전서(四庫全書)』에 실린 각종 중국 측 문헌에 의하면 잡희를 지칭하는
것으로 해석하는 '나례(儺禮)'라고 하는 용어는 영접의식과 관련되어서 중국측 문
헌에는 전혀 나타나지 않는다.

고 결정 내렸다. 다음은 이와 관련된 문종 즉위년의 추가 기록이다.

문종 즉위년(1450) 6월 5일: "채붕을 맺어서 영명(迎命)하는 것은 본국(조선)의 풍속이니 하는 것이 가하나, 상사를 당하였으니 감히 못한다. 다만 사신의 뜻에 우리더러 졸(拙)하다고 할까 두려워한다."(중략) 채붕(綵棚)의 제도는 비록 우리 나라 풍속(鄕風)이기는 하나, 그 유래가 이미 오래여서 비록 크게 길한 경사가 아니더라도 모두 설치하는 것은 중국에서 본래 알고 있으니, 다시금 이 큰 경사에는 마땅히 채붕을 설치하여야 합니다.[220]

즉, 이 결채붕과 나례가 우리나라의 고유한 손님맞이 의식이고, 이 것은 감히 폐할 수 없는 양식으로 우리나라 영접의식의 독창적인 표식과 같은 것이었다. 이를 보충해 주는 기사는 문종 때 지속적으로 나타난다.

문종 즉위년(1450) 6월 10일: 옛날 태종(太宗)께서 하교하시기를, 「중국 사람들이 우리 나라더러 지성(至誠)이라고 한다.」 하였는데, 어찌 겨우 연례(年例)의 조공을 지키는 것으로 말한 것이겠는가? 반드시 지성한 일을 보았기 때문에 말한 것일 것이다. 조서(詔書)를 맞을 때 나례(儺禮)를 쓰는 것은 옛날로부터 예가 있으니, 비록 등급을 더하지는 못할망정 어찌 감히 예전 것을 감하겠느냐?' 하시었다.[221]

문종 즉위년(1450) 6월 10일: 또 의논하기를, "의논하는 자가 말하기를, '국가의 경사가 고명과 면복을 받는 것보다 더 큰 것이 없으니, 채붕(綵棚)을 맺어서 영접하는 것이 가하나, 채붕은 나례(儺禮)의 희학(戲謔)하는 일이 있고, 다정(茶亭)은 나례가 없으니, 마땅히 다정으로

220) 『문종실록』 즉위년(1450) 6월 5일.
221) 『문종실록』 즉위년(1450) 6월 10일.

맞아야 한다.'고 하니, 【작은 채봉을 설치하고 그 앞에 사람과 짐승 등 잡상을 벌려 세우고, 채봉 뒤에서 큰 통(筒)을 놓고 물을 부으면 물이 잡상의 입으로부터 흩어져 나와서 솟아 오른다. 시속(時俗)에서 이것을 다정(茶亭)이라 한다.】 이 말이 그러한가?"하니, 모두 말하기를, "채봉(綵棚)은 《번국의주(藩國儀註)》에 실려 있지 않고, 또 바야흐로 상중(喪中)에 있으니 할 수 없고, 다정(茶亭)은 비록 회학(戲謔)은 아니더라도 또한 불가합니다."222)

위 기록은 영조의 시 나례를 행하는 것이 이미 태종 이전부터 있었던 것이고, 이를 보고 갔던 중국의 사신들이 조선의 영접의식을 정성스럽게 여겼다는 것이다. 조선에서 행한 영접의식은 지극 정성으로 마련되었고, 그 대표되는 것이 나례라는 것을 알 수 있게 해주는 기사이다.

조선 전기 뿐 아니라, 후기 광해군 때에도 우리나라의 영접의식은 나례가 포함되어야만 예를 다한 것으로 함부로 감할 수 없는 것이었다. 다음은 이를 알게 해주는 광해군 11년 때의 기사들이다.

광해 11년(1619) 6월 28일: "윤허한다. 차관이 칙서를 가지고 나오는 것은 우리 나라의 사신이 칙서를 받아서 나오는 예와는 동일하지 않으니, 칙서를 맞이하는 의주(儀註)를 자세히 강정(講定)하여 들이고 접반사 및 역관을 잘 간택해 보내도록 하라. 그리고 이 차관은 황제가 직접 보내는 사신이나 다름없는데, 황제의 명을 환영하는 데에 나례(儺禮)를 설치하지 않을 수 있겠는가. <이도 강정하여야 할 것 같으니, 속히> 상의하여 아뢰도록 하라."하였다.223)

광해 11년(1619) 6월 30일: 나례는 사신이 올 때 으레 거행하였으므

222)『문종실록』즉위년(1450) 6월 10일.
223)『광해군일기』11년(1619) 6월 28일.

로 중국 사람은 반드시 모든 조칙을 맞이할 때 한결 같이 할 것으로 여길 것인데 어찌 조사가 아니면 나례를 설치하지 않는다는 것을 생각하겠는가. 자세히 미리 강정하라."하였다.224)

위 첫 번째 기사는 조사와 칙사를 맞이하는 예가 다를지라도 황제의 문서를 가지고 오는 사절이기 때문에 영접의식으로서 나례는 반드시 베풀어야 한다는 취지를 담고 있다. 두 번째 기사 역시 조사가 아닌 칙사가 오는 상황에서 칙사는 조선에서 당연히 나례로 맞이할 것으로 기대하고 올 것이기 때문에 절대 나례는 폐할 수 없으며 미리 세심하게 준비하라는 내용이다. 즉, 중국 대륙의 사정이 변하여 조사가 아닌 칙사가 조선을 방문하게 된 상황에서도 조선은 이전에 명나라의 조사를 영접하던 의식인 나례를 지속적으로 시행해야 할 것으로 정한 것이다.

이 나례의 공연 내용 중 음악 외에 광대와 여기에 의한 재기는 연향에서도 본래는 편성되지 않아야 하고, 영접하는 <의례>에도 영인의 음악만 있고 창기의 재기는 없으므로 우리나라의 것들도 폐기해야 한다는 내용은 조선 후기 『성호사설』에도 재수록 되었다.

이익, 『성호사설』, 「헌선도」: 이 태조가 위화도에서 회군한 후에, 조준(趙浚)이 시무소(時務疏)를 올렸으니, "본조(本朝)의 풍악에는, 손님을 대접[宴饗賓客]할 때 반드시 당악(唐樂)을 먼저 아뢰고, 다음에는 향악과 창우(倡優)의 가무(歌舞)로 계속하는데, 이는 중정(中正)과 화평의 뜻에 어긋나 예악(禮樂)의 근본을 잃은 것이다. 중국의 ≪의례≫를 상고하건대, 다만 영인(伶人 음악을 맡은 관리)을 시켜 풍악을 아뢰게 하고 창기(倡妓)는 참여하지 않았으니, 원컨대 그 법을 실행하여 궁중

---

224) 『광해군일기』 11년(1619) 6월 30일.

의 잔치에 창기를 가까이하지 말아야 한다."고 하였다. 이 말이 지극히
정대(正大)하니 이를 시행함이 옳았을 것이다.[225]

즉, 태조 때에 창기의 가무가 시행되었던 것에 대해서 당시 신하였던
조준이 반대했던 것을 예로 들어 이익도 이에 동조해 적은 글이다. 비
록 산대와 나례를 반대하는 의견도 있었으나 오히려 태조 때부터 이미
영인의 음악과 창기의 가무가 우리나라의 독자적 공연문화였으므로
지속해야 한다는 것이다. 즉 좌변의 잡상(산대)과 병연된 각종 잡희는
우리나라의 고유한 전통을 반영한 것으로 고유성을 강조한 것이라고
할 수 있다.[226] 이처럼 우리나라의 손님맞이 의식의 특징은 '정성'으로
요약될 수 있는데, 이 '정성'은 '나례'로 구현되었던 것이다.

반면 우변의 헌가(산대)가 상징하는 바는 좌변과는 당연히 다른 의미
를 지녔다. 우변의 헌가는 편종과 편경 같은 중국에서 특히 명나라에서
전래된 아악기를 포함하여 우리나라의 풍물 악기를 합하여 편성하고
가동과 무동의 노래와 춤으로 구성된 것이었다. 우변의 헌가는 중국의
궁정 음악 전통을 조선국에서 이어받아 연주하던 공연 양식으로, 세종
이 새롭게 재창조한 헌가악을 내보인 것으로 영접의식의 중요한 한 축
이었다.

그런데 이처럼 명나라의 전통을 존중하는 의미로 펼쳐지던 헌가는

---

225) 이익(李瀷, 1681(숙종7)~1763(영조39)), 인사문(人事門)「헌선도(獻仙桃)」,『성호
　　 사설(星湖僿說)』.

226) 윤아영,「영조의(迎詔儀)시 도상나례(途上 儺禮) 첨입과정 및 성격에 관한 연구」,
　　 『한국음악연구』 50, 2011, 173~198쪽. "영접의식(迎接儀式)으로서 행했던 나례
　　 라고 하는 것은 중국에서 요구했던 '번국영조의(藩國迎詔儀)'의 양식대로 행한 것
　　 이 아닌 우리나라의 고유한 것이다."

대륙의 주인이 바뀌면서 외교적 마찰의 빌미가 되기도 했다. 청나라가 들어서고 청사가 조선에 입경시 목격하게 되는 헌가는 명나라 전통 음악을 올린 것이었기 때문이다. 따라서 청사는 이를 방해하고자 하는 의중이 있었고, 트집을 잡아 나례 전체를 무산시키고자 한 것으로 조선은 파악했다. 다음은 이와 관계된 효종 때의 기사이다.

> 효종 즉위년(인조 27년) 기축(1649) 9월 21일(음): 비변사 낭청이 3공의 뜻으로 아뢰기를, "원접사 이하가 칙사와 접견할 때의 복색(服色)에 대한 재결과 헌가(軒架) 및 능소에 곧장 도착하여 제(祭)를 행하는 일 등을 이해시켜 저지하는 문제에 관한 신들의 장계에 대하여, 전교하시기를 '명나라의 조사(詔使)가 행했던 예를 들어 설득한다면 사리는 매우 타당하나, 저 사람들이 듣기 싫어하는 바이므로 반드시 우기려 할 것이다. 이렇게 이해시킨다는 것은 한갓 그들의 기분만 상할 뿐 받아들일 리가 없을 듯하니, 한천사(漢天使 : 명사(明使))의 예는 원용할 것이 없다' 하셨고 또 말씀하시기를 '「이 백의(白衣) 등의 예는 명조를 위하여 베푼 것도 아니오, 또 한사(漢使)가 시작한 일도 아니다. 우리 조종조에서 이 예를 정하여 행한 것이며 뒷 자손에 이어져 3백 년이나 된 일이므로, 하루 아침에 갑자기 변천한다는 것은 진정 차마 할 수 없는 일이다」라는 등의 말로 이해시키는 것이 좋을 듯하다. 이러한 뜻을 다시 대신들과 상의하여 옳다고 하면 다시 아뢸 것 없이 곧 회보하라'고 하교하셨습니다. 성상의 전교는 마땅하므로 마땅히 곧 회보해야 하나, 처음에 복색문제를 강력히 주장한 것은 나례(儺禮)의 시행을 저지하려는 것입니다. 지금 저들이 고집하는 바는 우선 복색에 있습니다."[227]

위 기사는 효종 때 조선을 방문한 청의 사신이 복식을 트집 잡았는

227) 『비변사등록』 효종 즉위년(1649) 9월 21일(음).

데, 조선국의 비변사는, '실은 복식이 아니라 나례를 저지하려는 것'이라고 파악한 내용이다. 나례는 우리나라의 고유한 전통이 담긴 좌변과 함께 중국 명나라에서 전래한 음악 전통의 헌가악를 베푸는 것인데, 위 내용에 의하면 좌변을 문제 삼은 것이 아닌, 우변의 명과 관련된 것을 트집을 잡은 것으로 파악된다.228) 결과적으로 효종 때 나례는 베풀지 못하였고, 현종 이후로도 헌가는 정폐하고 잡상(산대)만 설치한 영접의식 나례가 숙종과 영조 때를 거쳐 정조 때까지 지속되었다.

　모화관 영접의식 나례의 좌변 잡물(산대)과 우변 헌가(산대)는 우리나라 고유한 전통 공연과 명나라에서 전래된 음악양식을 동시에 내보이고자 했던 절차였다. 청나라가 들어서고 대외관계가 변하게 됨에 따라 중국 명나라의 전통을 이어받은 헌가는 물리력의 역부족229)과 정치적 복잡성230) 등의 이유로 정폐되었으나, 모화관 나례의식의 양변 구성은 조선시대 명청전환기 대외 의전의 성격을 상징적으로 보여주는 좋은 사례로 간주 될 수 있을 것이다.

　전란 이후 악사 악공 등을 구할 수 없었던 물리력 부족 등의 이유로 우변의 헌가는 정폐되었고, 이후로도 정치적인 이유나 칙사의 의향에 따라 정지된 경우가 대부분이었다. 영조 때에도 칙사의 배려로 헌가는

---

228) 『승정원일기』 인조 26년(1648) 3월 4일. "영접도감이 아뢰기를, "(중략) 또 아뢰기를, "칙사가 차비 역관(差備譯官)을 시켜 전언(傳言)하기를, '정재잡희(呈才雜戱)를 다시 보고 싶으니 상색 재인(上色才人)은 내보내지 말고 솟대 놀이〔嘯竿〕, 마목(馬木)을 하는 사람들도 대기시키시오.' 하였습니다. 그러니 재인 40명을 남겨 두고 그 나머지는 모두 내보내겠습니다. 감히 아룁니다."하니, 알았다고 전교하였다." 이처럼 청의 칙사는 좌변의 정재와 잡회에 대해서는 재관람 하는 등 호감을 표시한 사례가 나타난다.

229) 『승정원일기』 인조 15년(1637) 6월 22일; 6월 24일; 7월 16일; 8월 6일.

230) 『승정원일기』 인조 21년(1643) 9월 23일.

빠지고 산대만 설치하게 되었고, 이와 같은 연행양상이 <봉사도>의 그림으로 남게 된 것이다. 이후 정조 때 장악원의 참여여부를 재검토할 기회가 있었으나, 이미 장악원은 적어도 100년 이상 참여하지 않았던 탓에 헌가는 부활 될 수 없었다.

궁궐 밖의 영접의식 나례의 좌변 잡물(산대)과 우변 헌가(산대)는 우리나라 고유한 전통 공연과 중국 전래 음악을 동시에 내보이고자 했다는 점에서, 조선국과 상대국의 문화를 함께 보려주려는 결과물이었다. 청나라가 들어서고 대외관계가 변하게 됨에 따라 중국 명나라의 전통을 이어받아 만든 조선식 헌가는 정치적 복잡성과 물리력의 역부족 등의 이유로 정폐되었으나 모화관 나례의식의 양변 구성은 조선시대 대외 의전의 성격을 상징적으로 보여주는 좋은 사례로 간주 될 수 있을 것이다.

4장

중국의 연말 문화

1. 중국의 나문화(儺文化)와 궁중백희(宮中百戲)

1) 궁중 구나의식(驅儺儀式)

(1) 구나의식(驅儺儀式)의 기록

중국의 구나의식은 주(周, BC 1046~BC 771)나라 때부터 기록이 보인다.『주례(周禮)』에 의하면 이때에 방상시가 곰가죽을 입고 황금색의 4개의 눈을 달고 붉은 치마에 검정 겉옷을 입고, 손에는 창과 방패를 들고 백명의 노예를 거느리고 궁전의 곳곳에서 역귀를 쫓았다고 기록되어 있다.[1] 구나의식은 궁정뿐 아니라 민간에서도 풍습이 있었는데, 따라서 민간의 구나의식인 향나(鄕儺)와 구별하여 이를 궁나(宮儺)로도 불렀다. 즉, 중국에서도 일찍부터 시끄러운 소리로 상징적인 역귀를 쫓아내는 연극적 의식과 쫓아낸 역귀를 구덩이에 묻고 제사 지내는 계동

---

[1]『주례(周禮)』, 卷31, 夏官司馬 第4.

대나의가 이미 존재했다.

주나라 이후 궁나의 기록이 다시 보이는 것은『수서』에 소개된 전국시대 제(齊, BC 1046~BC 221)나라 대나의식(大儺儀式)2)이다. 제나라에서는 악인(樂人)의 자제 중 10세 이상 12세 이하의 아이들 240인을 진자로 삼아 이끌고 역귀를 쫓았다. 이후 한나라(漢, BC 206~AD 220) 때에도 역시 궁나가 존재했다.『후한서(後漢書)』3)에 의하면 방상시(方相氏)가 내시의 자제 중 10세 이상 12세 이하의 120인을 진자(侲子)로 삼아 이끌고 궁중에서 축역의식을 행했다. 당나라 때에도 이 궁나는 여전히 지속되었는데,『신당서(新唐書)』의 대나지례(大儺之禮)4)와『문헌통고(文獻通考)』의 대나지례(大儺之禮)5)에 소개된 당(唐, 618~907)나라의 의식에 의하면 12세 이상 16세 이하의 아이들을 진자로 삼고 240인이 각 한무리를 이루되 2대(隊)가 되게 하여 궁정의 안팎으로 역귀 쫓는 의식을 행했다. 송대(宋代) 이후 궁나는 거의 사라졌으며, 궁나(宮儺)까지도 훨씬 민속화되어 이때부터는 더 이상 이전 시대의 궁나와는 비교가 불가한 것으로 알려져 왔다.6) 따라서 이후 요(遼), 금(金), 원(元), 명(明), 청(淸)의 사서에서도 궁나의 기사는 발견되지 않고,7) 연말의 왕

---

2) 『수서(隋書)』, 卷8, 志, 第3, 禮儀3.

3) 『후한서(後漢書)』, 卷15, 禮儀誌, 第5,「大儺」.

4) 『신당서(新唐書)』, 禮樂志, 卷6, 大儺之禮.

5) 『문헌통고(文獻通考)』, 卷88에 通制之屬. '대나지례(大儺之禮)'의 내용이 수록되어 있으나, 이는『신당서』의 내용과 대동소이하다. 다만 책양제의 축문의 내용이 수록되어 있다.

6) 김학주, 1994, 12쪽에서 인용한 오자목(吳自牧, 1270 전후)의『몽양록(夢梁錄)』卷6, 除夜의 기록은 남송의 기록이다.; 안상복, 2002b. 69~86쪽.

7) 김학주, 1994, 14쪽에서 언급한『欽定續通志』卷117, 時儺의 나관련 기록 역시 남송의 기록이다.

실 축역의식이라고 하면 당대에 가장 큰 규모로 정립된 이후 송대 이후로 점차 사라진 것으로 판단된다.

중국 문헌에 소개된 이 구나의식의 절차는 크게 세부분으로 되어 있다. 축역을 준비하는 과정에서부터 당일 축역을 진행하는 절차 및 역귀를 궁성문 밖으로 몰아낸 후의 책양의식(축문을 읽고 제물들을 궁성 밖 구덩이에 묻는 제사)인데, 이는 우리나라의 구나의식의 절차와 대동소이하다. 다만, 축역의식을 행하던 이들의 출신이나, 축역 절차, 역할 및 인원수 등의 세부적인 면에서는 조금씩 차이가 있다.

(2) 제(齊)나라의 대나(大儺)

먼저 가장 오래된 주나라의 대나의식은 참여자에 대한 소개만 있고 축역절차에 대한 기록은 없으므로 복원도를 그려보는 것은 불가능하다. 그러나 전국시대 제나라 대나의식[8]의 내용은 매우 자세하여 가시화가 가능하다. 먼저 축역의식은 황제의 명에 의해 시작되는 것으로서 황제는 평상복을 입고 참여하였다고 하는 것으로 보아 엄격한 예식은 아니지만, 구나의식에 참관한 이들이 왕, 공, 집사관 중 1품 이하 종 6품 이상이었다고 하니, 왕실의 큰 행사였음은 분명하다.

참관자들 외에 대나의식에 직접 참여했던 인원은 대략 254명 정도로, 이 중 아이들로 구성된 진자(侲子)의 수가 240인으로 대부분을 차지했다. 진자는 이전과는 달리 악인(樂人)의 자제들 중에서 선발하였는데, 역시 10세에서 12세 사이의 어린아이들로 뽑았고, 이 중 120인에게는 붉은 머리띠를 두르게하고 하인들이 입는 옷을 입히고, 도(흔들어

---

8) 『위서(隋書)』, 卷8, 志 第3. 禮儀3.

치는 방울달린 북)를 잡게 하였으며, 나머지 120인은 붉은 옷과 주름진 바지를 입히고, 마상(馬上)에서 연주하는 북[鼓]과 뿔나팔[角]을 들게 했다. 또한 이 아이들을 인솔하는 이로서 고취령과 방상시(方相氏)가 있었다. 다만 주나라의 예에는 없었던 12수(獸)가 추가되었는데, 이 12수는 열두 동물을 상징하는 뿔이나 털로 장식했다.

제나라의 대나의식에는 궁성안에서의 축역시 대를 구성하는 방법도 기록되어 있다. 이 대의 구성을 언급하기에 앞서 먼저, 축역하는 궁전(宮殿)의 명칭을 이해하고 넘어갈 필요가 있다. 궁성은 크게 궁(宮)과 전(殿)으로 구성되어 있고, 궁은 말 그대로 성문안에 해당하는 포괄적인 공간을 말하고, 전이라 함은 궁 안에 있는 각종 집들을 이야기 하는 것으로 궁안에 전이 포함되므로 궁이 전보다 큰 개념이다.

먼저 축역의식은 왕이 머무는 가장 안쪽 대전에서부터 시작하는데, 이후 이 대전문(大殿門)을 나오면 대형을 바꿔서 궁문(宮門)에 다다르기까지 한 번 더 축역하는 총 두 번 축역절차를 진행한다. 즉, 좁은 중앙의 공간에서부터 외부로 축역해 나가는 순서로 마무리하는 것이다. 다만, 대전 안에서는 2대로 나뉘어 축역하고, 대전 밖에서부터 궁문까지는 다시 헤쳐 모여 6갈래로 재편하여 축역한다는 점이 다르다.

전안에서의 축역 동선은 먼저 전의 서문(西門)으로 들어가서 두루 돌아서 2갈래로 축역한 후에, 남문(南門)으로 나오는 것이었다. 이후 축역이 끝나면 전을 나와 전과 궁 안 사이에서 축역을 하게 되는데, 이때에는 6갈래로 나뉘어져 두루 축역한 후에 6개의 궁(성)문 밖으로 나가는 것으로 마무리한다. 당시 축역의 절차는 대강 이와 같았으나, 각 편대를 이룬 이들이 정확하게 배수로 떨어졌는지는 미상이다. 또한 당시의 의상이나 악기 등으로 미루어 보았을 때 축역자들과 가상의 역귀들이 구분되어 있는지는 알 수 없지만, 참여인원의 수는 명시되어 있으므로, 동선을 고려해서 각 인원들의 대형을 조직하고 배치해보면 다음 <그림 1>과 같았을 것이다.9)

---

9) 제시된 각각의 도설은 각각의 원전에 근거하여, 해당 참여 인원을 궁안과 궁밖에 맞게 필자가 재구성한 것이다. 편대를 약자로 표기하기 위해 필자는 사백(寺伯, 환관)의 은 '伯'으로, 진자(侲 子)는 '子'로 표기하였다. 다만, 진자 중에 악기를 지참했던 이들은 악기명에 따라 각각 도(鼗)를 들은 진자는 '鼗', 고(鼓)를 들은 진자는 '鼓', 각(角)을 들은 진자는 '角'으로 표기하였다. 서운관(書雲觀)의 관원(官員)은 '官'으로, 횃불을 든 지거(持炬)는 '炬'로, 방상시(方相氏)는 '方', 창수(唱帥)는 '唱'으로 표기하였다. 악공들 중 북을 치는 이들인 집고(執鼓)는 '鼓', 쟁을 연주하는 이들인 집쟁(執錚)은 '錚', 적을 연주하는 이들인 취적(吹笛)은 '笛'으로 표기하였다. 예감은 성문 밖으로 나와서 양물 등을 묻는 구덩이, 혹은 구덩이에 수탉과 술 등을 묻는 것을 말한다.

〈그림 1〉『수서(隋書)』제나라의 '대나(大儺)' 복원도

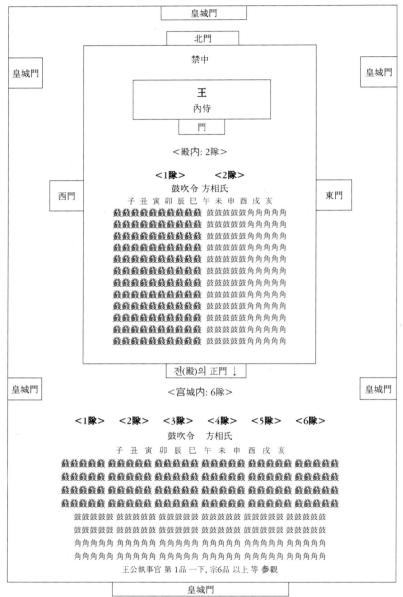

(3) 한(漢)나라의 대나(大儺)

『후한서』에 전하는 한나라의 대나(大儺)[10]의식이 이전과 달라진 점이 있다면, 노예나 악인의 자제가 아닌, 내시(중황문)의 자제들 중 10세에서 12세의 아이들 120명으로 하여금 도(鞉)를 잡고 축역하게 한 점이다.

『후한서』에도 축역의 절차가 기록되어 있는데, 비록 전안에서의 축역절차는 기록되어 있지는 않으나, 전을 나와 궁 밖으로 나갈 때는 이전처럼 6갈래로 나누어진 것으로 보인다. 이는 각 대를 이끄는 집사자가 6명(시중(侍中)·상서(尙書)·어사(御史)·알자(謁者)·호분(虎賁)·우림랑(羽林郞))으로 구성되어 있기 때문이다. 다만, 가상의 역귀 역할을 맡은 이들이 명시되어 있지 않으므로 역귀 역할자를 지정하지는 않았을 것으로 생각된다.

궁 안을 두루 돌아 축역을 한 후에 성문을 나와 수리부엉이[낙(雒)]를 물에 버리는 것으로 역귀를 완전히 몰아냈다는 상징적인 행위를 하였고, 중앙이 아닌 각 지방의 역귀는 참여한 제후들에게 갈대창[위극(葦戟)]과 복숭아가지대[도장(桃杖)]를 하사함으로써 쫓을 수 있도록 하였다. 위와 같은 내용을 바탕으로 참여자들을 가시화하면 다음 <그림 2>와 같다.

---

10)『후한서(後漢書)』, 卷15, 禮儀志, 第5, 大儺.

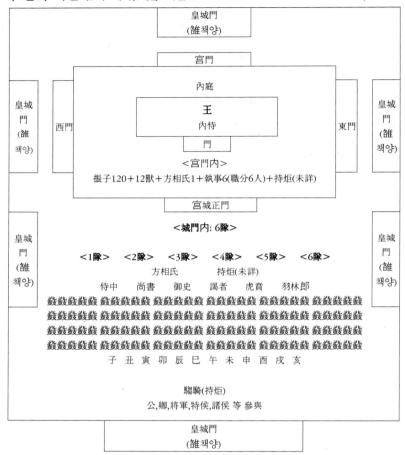

(4) 당(唐)나라의 대나지례(大儺之禮)

왕실 구나의식이 더욱 구체화 및 의례화 된 때는 당나라 때이다.11) 이전까지는 진자가 악공을 겸하여 도(鞉) 등의 악기를 치면서 동시에

---

11) 『신당서(新唐書)』, 禮樂志, 卷6, 大儺之禮.

시끄러운 소리를 내며 축역하였으나, 당나라 때부터 진자는 큰 소리를 지르기만 하고, 악기의 연주는 고각군(鼓角軍)을 따로 편입하여 역할을 분담했다. 또한 진자의 의상도 좀 바뀌게 되는데, 이전까지는 붉은 옷을 입었다고 하였으나, 당대부터는 가면을 쓰고 축역도구는 들지 않았다는 것으로 미루어 역할도 축역자에서 역귀자로 바뀐 것으로도 보인다. 또한 사백이라고 불리던 관리들이 각각 대를 이끌었으며, 궁성밖에 나가서는 제사까지 주관하는 것으로 궁나는 더욱 체계화되었다.

축역의 동선에 대해서는 전안에서는 어떻게 대오(隊伍)를 이루었는지는 기록되어 있지 않지만, 장락문(長樂門)과 영안문(永安門)으로 나누어 들어간다고 했으므로, 전안에서는 2대로 나누어 움직였음을 알 수 있다. 전을 나와 궁안에서는 사백 6인 각 대를 이끌었다고 하므로 6대를 나뉘어 축역한 것으로 보인다. 궁성문을 빠져나와서는 역시 이전과 마찬가지로 책양의식을 행했는데, 달라진 점이 있다면 제물로서 수리부엉이가 아닌 수탉을 쓰기 시작했다는 것이다.

중국의 당나라의 대나의식은 제나라, 한나라 때와는 달리 몇가지 변화양상이 나타났다. 먼저 그 명칭에 있어서도 이전에는 '대나'나 '대나의식'으로 부르던 것이 당나라 때부터는 예식의 하나라는 의미로서 '대나지례'가 되었다. 또한 진자의 역할을 달리하여 역귀를 시각화하고, 축역의 동선에 맞게 각 편대를 재편하였으며, 책양의식도 이전에 부엉이를 물에 버리거나 생닭을 찢어서 묻는 등의 비교적 원시적인 방법과는 달리 술과 닭으로써 제사를 지내주는 방법으로 대체되었다. 이와 같은 변화는 당나라 때의 대나의식이 당제도화에 맞게 변화된 것이다. 원전에 수록된 내용을 바탕으로 당대의 '대나지례'를 가시화 하면 다음 <그림 3>과 같다.12)

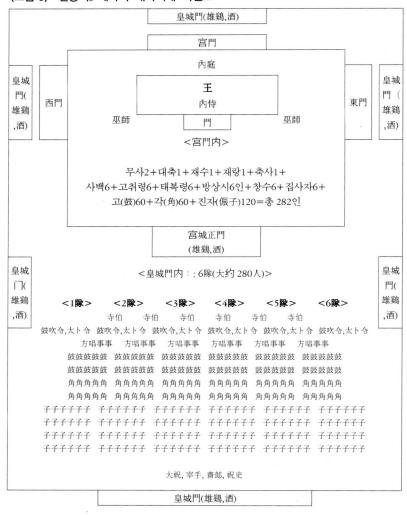

---

12) 역시 여기에서도 집사자는 事로, 이 외에 방상시나, 창수, 집고, 집각군을 비롯해
    진자 등은 모두 앞의 그림과 같이 각각 方, 唱, 角 鼓, 角, 子로 표기하였다. 환관이
    맡은 사백(寺伯)은 온전한 글자로 표기하였다.

대부분의 문물이 당나라 때에 정비되었던 점을 고려해 보면, 역시 이 구나의식도 당나라 때에 체계적으로 정비된 것을 일견 확인할 수 있다. 당나라의 대나의식을 마지막으로 중국 문헌에서는 이와 같은 궁나의 기록은 보이지 않는다. 따라서 당나라가 망한 약 907년 이후로는 이 구나의식, 즉 궁나는 사라졌을 것으로 추정된다. 비록 미신과 같았던 의식이었다고는 하나, 이것도 엄연한 중국 왕실의 연말 문화 중 하나였다.

이후 송나라 때의 구나의식에 관해서는 앞에서도 언급한 것처럼 대부분 세속화되어 없어진 것으로 보는 견해가 일반적이다. 송나라 때 궁나에 관한 기록은 찾을 수 없으나 지방 관나(官儺)와 관련된 기록은 만당(晚唐) 때 <아랑위> 기록에서 볼 수 있다. 송대 달야호(達夜胡) 곧, 타야호(打野狐)의 전신에 해당하는 민간의 구나의식이 있었는데, 이 구나는 크게 관부(官府)의 나대와 민간(民間)의 나대로 대분(大分) 되었다.[13] 궁나가 사라지게 된 후 오히려 송대 이후에는 각종 나희에 해당하는 민간 잡희가 발달하였는데, 당시 송의 전반적인 문화적 경향과 궤를 같이 하는 현상이었다. 또한 우리나라 나희의 향유층이 조선 전후기를 기점으로 왕실에서 지역부호들로 이동한 것도 연상되는 것이다. 중국과 우리나라의 궁정나의식를 비교하면 다음 <표 1>과 같다.

〈표 1〉 중국과 우리나라의 구나의식 비교

	중국 제나라의 大儺儀式	중국 한나라의 '大儺'儀式	중국 당나라의 '大儺之禮'	『고려사』 '季冬大儺儀'	『세종실록』 오례의 '季冬大儺儀'	『용재총화』 '驅儺之事'
나자(儺者)	고취령1 방상시1	집사6 (직분6) 횃불	사백6, 고취령6,	관원3 기4,	관원4 횃불[持炬]	조왕신4 판관5

---

13) 안상복, 2002b. 69~86쪽.

	도(鞾)120 고(鼓)60 각(角)60 12수(獸)	(미상) 방상시1 도(鞾)120 12수(獸)	태복령6 집사자6 방상시6인 창수6 진자120 고(鼓)60 각(角)60	위3 집사자12 방상시1 창수1 진자24 고(鼓)12 각(角)4	40 방상시4 창수4 진자48 (24+24) 고(鼓)12 적(笛)12 쟁(錚)12	지군5 방상시4 창수1 진자 수십명 12수(獸)
축역 장소	금중 서문→금중(궁안)→궁의 상합→성문안→성문밖	미상	궁문안과 금중→궁문 정문과 황성 4문	궁문안과 내정→광화문과 궁궐 4문	경복궁 문안→내정→광화문~4대문	창경궁과 창덕궁의 뜰
축역 절차 / 내정(금중)	서문→남문	미상	무사(巫師)2인	없음	진자2대 중 1대, 공인1대 중 일부로 추정	미상
축역 절차 / 궁문안	2갈래	미상	미상	2갈래	진자 2대 중 1대, 공인 1대 중 일부	미상
축역 절차 / 궁문밖~성곽외	6갈래	6갈래	6갈래	4갈래로 추정	4갈래 (정확한 4배수 편성)	없음
책양 의식	미상	성문 밖에 수리부엉이를 성 밖 물에 던져 버리는 의식과 복숭아가지, 울뢰, 그물로 역귀 잡는 의식	궁문과 황성4문에서 축문을 읽고 축판(祝板), 웅계(雄鷄), 주(酒)를 구덩이에 묻는 의식	궁문과 궁궐 4문에서 축문을 읽고 축판과 웅계와 주를 구덩이에 묻는 의식	궁문과 성 4대문에서 축문을 읽고 축판과 웅계와 주를 구덩이에 묻는 의식	없음

2) 궁중백희(宮中百戲)

(1) 백희(百戲)의 개념(槪念)과 계정(界定)

중국의 각종 광대회에 해당하는 용어는 다양하게 나타난다.[14] 일반적으로는 백희(百戲) 혹은 잡기(雜技), 각저(角觝), 각저희(角抵戲), 대각저(大角抵), 각저지희(角抵之戲), 산악(散樂) 등이고,[15] 역사적으로 가장 오래된 백희 관련 용어로는 선진시대(先秦時代) '기기(奇技)' 혹은 '기위희(奇偉戲)'를 꼽고 있다.[16]

중국에서는 백희를 나희(儺戲)라고 지칭한 경우는 보이지 않는 반면, 유독 우리나라에서는 나희라고 하는 용어가 백희와 혼용되어 자주 쓰였다. 이는 백희의 시행 시기와 관련 깊다. 중국의 궁정백희는 세말뿐 아니라 신년, 원소절과 각종 세시를 비롯해 심지어는 궁정내에 상설로 설치되었을 만큼 성행한 반면, 우리나라에서는 오직 세말에 한정된 며칠동안 시행되었기 때문이다.

중국에서 백희는 『중국궁정문화대사전』[17]에 의하면 한 대 이후 가무, 잡기, 환술, 무술, 예술 등의 계통을 모두 칭하는 것이라 한다. 구체적으로는 "백희는 진한나라 때 시작되어 만연하였고, '고환(高絙, 줄타기)', '탄검[吞刀, 칼삼키기]', '복화(履火, 불밟기)', '심동(尋橦, 장대타기)' 등의 잡희를 칭한다."고 하며, 더불어 "각기(角技, 겨루기)로 의를

---

14) 백희에 관해서는 전경욱, 2014, 『한국전통연회사전』에 총망라되어 있다.

15) 안상복, 2006, 『중국의 전통잡기』, 안상복은 백희와 잡기의 구분에 있어서, 백희를 넓은 의미로 보고 잡기가 이에 속하는 것으로 간주하였으며, 초기에는 백희와 잡기의 구분이 명확하지 않았던 것으로 보았다.

16) 李呂婷, 2007, 『魏晉南北朝百戲硏究』; 吳蓓蓓, 2008, 「浅析汉唐间百戏的沿革」, 『安徽文学 : 评论研究)』, 115~117.

17) 陈有和 외, 2006, 『中國宮廷文化大辞典』, 672~673.

삼아, 겸하여 여러 기예를 지칭하는 것"이고, 이와 같은 종류와 절목을 모두 한데 묶어 대형으로 연출하는 현대의 종합문예공연과 같은 것도 백희로 보고 있다. 즉 기본적으로 경쟁을 통해 기예를 겨루는 것으로, 여러 가지 다양한 기예를 총칭하는 것으로 이해된다.

백희의 여러 용어 중 각저(角觝)는 두 가지로 해석될 여지가 있는데, 안상복은 각저는 진(秦)나라 때 구체화된 것으로 역사적으로 협의와 광의의 두 가지 의미를 지닌다고 풀이하였다. 협의의 각저는 각력(角力), 상박(相撲), 쟁교(爭交), 솔교(摔交) 등과 같은 의미로 현대의 씨름 혹은 레슬링류의 투기성 기예를 의미하고, 광의의 각저는 경기성(競技性) 기예류를 포괄하는 총칭적 개념으로 백희와 통용되는 것으로 간주 한 바 있다. 백희는 또한 중국 고대 민간음악과 기예가 발전한 다양한 오락표현종목을 범칭하는 것이기도 하여, 가무, 악기, 각저, 무술, 잡기, 마술 등을 모두 포괄하는 개념이기도 하다. 표현 장소는 선진시대에는 궁정이 중심이 되었고, 남북조 때에는 확대되어 사묘(寺廟, 절의 사당)에서도 전개되었으며, 송대에는 진일보하여 시장의 점포에까지도 이르렀다고 한다.[18]

백희의 기원에 관해서는 여러 가지 설이 있다. 전해오는 설에 의하면 하나라 걸왕시대에 이미 창우(倡優, 광대)와 주유(侏儒, 난쟁이)의 기(技)예가 있었다고도 하지만, 사료상으로는 주(周)나라 때부터 산발적인 기록들이 보인다. 『주례』에 부노(扶盧, 攀緣矛柄, 창타기)와 농환(弄丸, 공던지기)이 있었으며, 동서에 '산악(散樂)'과 관련된 상술도 있어 이들이 백희의 기원과 관련된 가장 오래된 단서로 제시된다.[19] 또한 『주

---

18) 馮文慈, 1993, 『中國大百科全書 音樂 舞蹈』.
19) 周侃, 李楠, 2009, 「唐代百戏的源流及影响考论」, 『求索』, 155~157. '춘관상백(周

례』에는 백희 관련 간접적인 내용도 더불어 보이는데, 역시 동서 「정인(旌人)」에 "정인은 산악(散樂)과 이악(夷樂)을 담당하여 가르치는 사람이다[旌人掌敎舞散樂, 舞夷樂]."라는 구절과, 이에 한나라 정현(鄭玄)이 단 주에 의하면 "산악은 야인으로서 악을 잘하는 자이며, 지금의 황문에 있는 광대와 같은 것이다[散樂, 野人爲樂之善者, 若今黃門倡矣]."로 기록하고 있다. 따라서 주대에는 이미 광대들이 산악(민간음악)과 이악(외래음악)을 행했다는 것을 알 수 있다.

이후 각저희라는 명칭은 진(秦)나라 때부터 등장한다. 이세황제(二世皇帝, BC. 209~207)는 감천궁(甘泉宮)[20]에서 "작각저우배지관(作角抵優俳之觀)"하였으며, 이때 사용하기 시작한 각저희라는 명칭은 서한 때까지 사용되었다. 정식으로 "백희"라는 명칭이 등장한 것은 동한 이후이며, 백희라는 용어의 등장 이후로는 각저희라는 명칭보다는 백희가 일반화 되었다. 백희의 용어는 백희의 양상이 완전히 달라진 원(元)대 이전까지는 우세하게 사용되었다. 원대 이후로는 각종 악무잡기를 부르는 독립된 명칭이 구분되어 쓰이게 되고, 공연 방식이 변화하며 잡기(雜技)나 마희(馬戲) 등의 용어가 백희를 대체하였다. 따라서 궁정 백희에 관한 용례를 살펴보고자 한다면, 최하로는 송나라 이전이 될 것이나, 송대는 민간백희가 성행한 시대이기에 그 이전시기인 당대를 최고점으로 잡을 만하다. 즉, 백희 명칭의 정착과정은 '기기(奇技)'에서 '산악(散樂)'을 거쳐 '각저(角觝)'에서 '백희(百戲)'로 이행되었으며, 원대 이후 백희는 산악류와 기예류는 분리되기 시작하였다. 부가하여 원대

禮·春官宗伯' 권 24에 지효야인민지악무(指郊野人民之樂舞).

20) 진시황(秦始皇)이 함양의 북서(北西)쪽에 있는 감천산(甘泉山)에 세운 궁전(宮殿)으로 한(漢)나라 무제(武帝)가 기원전(紀元前) 138년에 확장(擴張)한 궁을 지칭한다.

의 산악류는 종합 '잡극'으로 변한 반면, 기예류는 원대에는 몽고족의 특성에 맞게 각종 마장 마술이 지배층사이에서 성행하게 됨에 따라 '마희(馬戲)'라는 용어도 '잡기'와 동등한 것으로 간주되었다. 이후 명청 시기부터는 원대의 용어가 답습되었다.

중국에서도 연말 문화를 논할 때 이 백희잡기를 빼고 논할 수는 없는데, 다만 중국 연말은 그 시기를 좀 달리 잡아야 한다. 왜냐하면, 중국에서는 새해가 시작되기 전 마지막날을 당연히 제석으로 간주하기는 하나, 실제로 한해의 본격적인 시작을 정월 초하루를 지나, 원소절(元宵節), 즉 정월 15일로 보기 때문이다. 따라서 중국의 연말 문화를 우리나라의 연말 문화와 비교해서 이야기 한다면 원소절을 중심으로 논하는 것이 더욱 합당하다. 이는 북송말의 문인인 맹원로(孟元老)가 지은『동경몽화록』에도 "원소는 정월 15일인데, 이미 궁전에서는 세말에 동지 무렵부터 원소를 위해 산붕을 설치하고 가무백희를 준비하였다."[21]고 하여 중국 연말의 원소절까지의 지속성을 짐작할 수 있기 때문이다. 이 외에도 중국『명대사회생활사(明代社會生活史)』[22]에 "12월의 제석 행사는 24일부터 다음해인 1월 17일까지 불꽃놀이와 함께 지속된다."고 하여 중국의 세말은 원소절까지 지속됨을 알 수 있다.

그런데, 한편으로 백희는 말 뜻 그대로 '온갖 잡희'라는 뜻을 갖고 있기 때문에 그 계정을 어디까지 한정해야 할지 혼란스럽다. 모든 것을 다 백희라고 치부할 수는 없는 것이고, 또한 계정을 확정해야만 이에 대한 분석과 분류를 진행할 수 있기 때문이다. 따라서 먼저 중국의 백희사에서 다루고 있는 백희의 범주를 살펴 계정할 필요가 있다.

---

21) 맹원로(孟元老),『동경몽화록(東京夢華錄)』卷6, '원소(元宵)'.
22) 陳宝良 외, 2004,『明代社會生活史』.

『중국고대음악사고(中國古代音樂史稿)(1981)』[23]에 의하면 명확하게
산악은 백희라고 하고 있고,『중국고대잡기(中國古代雜技)(1991)』[24]에
의하면, 발하, 축국, 타구 등의 체육항목과 잡기, 환술 등이 백희의 절목
에 모두 언급되고 있는 것으로 보아, 당대 이후 신흥 체육활동도 또한
백희의 범주에 들기 시작한 것을 알 수 있다. 이 외에도『수당오대사회
생활사(隋唐五代社会生活史)(1998)』[25]에 의하면, 백희를 가무희와 잡
기로 양대 분류하고, 희극이 백희의 중요한 부분으로 등장했음을 언급
하고 있다.『고대백희(古代百戏)(1999)』[26]에는 타구와 축구도 공히 구
희로서, 응당 백희 중 하나로 간주되었고, 발하와 경도도 무난히 백희
의 범주에 포함되었다.『중국무도발전사(中國舞蹈發展史)(2003)』[27]에
의하면, 당대 이후 백희는 산악 외에도 잡기, 환술 등 기예를 범칭하게
되었다고 한다.『중국잡기사(中國雜技史)(2004)』[28]에 의하면 백희는
잡기, 환술 등의 기예뿐 아니라 괴뢰희, 참군희 등의 잡극까지 그 범주
에 포함한다.『도설중국고대백희잡기(圖說中國古代百戲雜技)(2007)』[29]
에 의하면, 첩치기(疊置技, 물건이나 사람을 쌓아 올리는 기예)와 형체
기(形體技, 모양을 상형하여 나타내는 기예), 공중기(空中技, 공중에서
벌이는 기예)와 정력기(精力技, 힘을 써 겨루는 기예), 기교요롱, 호선승
무, 무류성, 무마(舞馬), 훈수(訓獸), 오방사자(五方獅子), 환술(幻術) 등

23) 杨荫浏, 1981,『中國古代音樂史稿』.
24) 刘荫柏, 1991,『中國古代雜技表演』.
25) 李斌成, 1998,『隋唐五代社会生活史』.
26) 耿占军, 1999,『古代百戏』,『文博』.
27) 王克芬, 2003,『中國舞蹈發展史』.
28) 傅起凤, 傅騰龙, 2004,『中國雜技史』.
29) 崔樂泉, 2007,『圖說中國古代百戲雜技』.

을 백희잡기로 보고 있다.『중국예술사(中国艺术史)(2011)』[30]에 의하면 백희는 참여성 유희뿐 아니라, 마구, 마술, 발하 등도 유행했던 종목으로 포함하고 있으며, 골계해학극, 목우희 등도 범주에 속한다.

이처럼 백희의 범주를 정하는 것은 고대부터 가장 번영한 당대까지 각 시대마다 다르기 때문에 매우 혼란스럽다. 다만 정리하자면, 산악류를 비롯해, 잡기, 환술, 무희, 훈수희, 교장동물희는 대체로 공통된 백희의 범주로 포함되었고, 희극과 타구, 경도, 발하 등의 신흥 희극과 체육항목들은 부분적으로 이견이 있는 편이라고 하겠다. 이처럼 백희의 계정이 혼란스러운 것은 백희가 오랜 역사적 변화를 거치기도 했으며, 여러 민족과 교류하면서 그 범위도 광대해졌기 때문이다. 따라서 어느 시대를 대상으로 백희의 범주를 이야기 하느냐에 따라 그 계정은 달라질 것이다.

본고에서는 왕실문화로서 백희에 관심을 갖고 있기 때문에 궁나와 백희가 집약되어 가장 성행했던 때인 당대를 중심으로 백희의 계정을 논하겠다. 따라서『수당오대사회생활사』에서 구분하고 있는 백희를 대표적인 예로 들어 소개하면 다음 <표 2>와 같다.[31]

---

30) 史仲文, 2011,『中国艺术史』.
31) 중국의 백희를 분류하는 다른 방법으로 吳蓓蓓(2008)는 백희를 잡기와 환술로 이분하기도 하였으며, 李呂婷(2007)은 전체를 산악은 제외하고 잡기만을 대상으로 8종으로 나누기도 하였다. 이보다 더욱 자세하고 총망라한 분류법으로는 안상복(2006)이 중국의 잡기를 다룬 것이 있는데, 잡기를 각저, 신체교예, 놀리기묘기, 공중·수상·빙상곡예, 상형기(象形技), 구기(口技), 환술(幻術), 동물놀음 등으로 나누고 있기도 하다. 그러나 이와 같은 분류들은 산악보다는 주로 잡기적 측면에 치중한 면이 없지 않아서, 여기서 언급하고자 하는 궁정백희를 총망라하기에는 부족함이 있다.

	가무희(歌舞戱)	잡기(雜技)
종목	대면(大面, 난능왕 용·맹극), 발두(鉢斗, 맹수 복수극), 답요랑(踏搖娘, 부부간 희극), 굴뇌자(窟礧子, 목우 인형극), 참군희(參軍戱, 남녀 음악극)	심동(尋橦, 장대타기), 승기(繩技, 줄밟기), 약구(躍球, 공밟고 재주부리기), 각저(角觝, 힘겨루기), 무마(舞馬, 마장마술), 무상서(舞象犀, 물소춤), 환술(幻術, 마술), 어룡·만연희(魚龍漫衍戱, 수상종합공연), 요배선(腰背船, 배모형끼고 춤추기)

위의 <표 2>에서도 알 수 있듯이 백희를 가무희와 잡기로 나누고 있는데, 이는 쉽게 말해 스토리가 있는 것과 그렇지 않은 것, 즉 현대의 시각으로 이야기 하면 뮤지컬형태와 서커스형태로 분류된다는 것이다. 즉, 가무희에 해당하는 것은 스토리가 있는 극 종류이며, 잡기에 해당 하는 것은 스토리보다는 볼거리 위주의 전시성 기예들이다.

(2) 궁중백희(宮中百戱)의 역사

① 진(秦, BC. 221~206)의 백희용(百戱俑)과 각저희(角觝戱)

진나라 이전 춘추전국시대는 "무(武)로써 예(禮)를 베풀고, 잡희악무[戱樂]로써 과시하였다."는 말로 대표되듯이, 백희는 상무적인 성격을 띠면서 발달 하였던 것으로 추측된다. 이와 같은 성격은 진나라 때에도 계속 이어졌으며 이를 증명하는 것이 바로 진시황릉에서 출토된 백희용(百戱俑)[32]이라고 하겠다.

진시황릉에서 대량의 병마용이 발견된 이후, 20세기 90년대 말 진시 황릉 동남부 모퉁이에 위치한 내외성 사이에서 또 하나의 백희용 무덤

---

32) 진대에는 아직 백희라는 명칭은 사용되지 않은 것으로 알려져 있고, 각저, 혹은 각 저희가 한 대에 백희라는 용어로 정착되었다. 다만, 진대의 무대에서 출토된 인형 들을 지칭할 때에는 한 대 이후의 일반 명칭을 따서 백희용으로 칭하고 있다.

[坑]이 발견되었는데, 이 무덤은 약 팔백 평방미터에 이르는 무덤으로, 동서 70미터, 남서 17미터로 되어 있는 장방형이다. 이 백희용은 반나체에 채색용으로 건장한 신체를 가진 이들로서, 사서에 소개된 것들에 비추어 백희용으로 밝혀졌다.33) 즉, 이 능은 진나라 때 설치된 대규모의 국가 음악기관인 '악부(樂府)'에서 다루었던 악기를 비롯해 백희용이 소장된 능이었던 것이다. 다음 <그림 4>34)는 진능에서 출토된 백희용들이다.

〈그림 4〉 진능(秦陵) 출토(出土) 백희용(百戱俑)

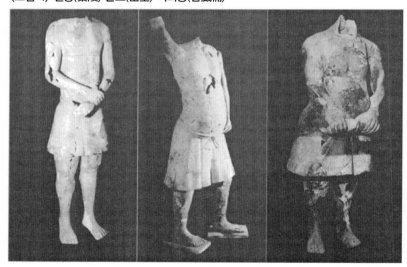

진대의 백희와 관련된 문헌으로는, 『문헌통고』 권 149에 '병(兵)'조에 의하면, "진시황(秦始皇, BC. 259~210)이 천하를 아우르고, 무(武)

---

33) 陈四海, 2005, 「秦始皇陵园出土的樂器·百戱俑」, 『音樂硏究』.
34) 刘占成, 2000, 「秦陵出土的百戱俑」, 『東南文化』.

의 예를 시행하였으며, 각저희를 베풀었다."고 하여 다분히 각저희가 상무적인 성향을 띠었던 것을 알 수 있다. 또한 『사기』 이사열전(李斯列傳)에 의하면, 진(秦) 이세황제는 감천궁에서 각저배우지희를 관람하였다[觳抵优俳之觀]고 한다. 이로써 '각저'라고 하는 명칭이 진대에 생겨났음을 알 수 있고, 또한 여기서 각(角, 觳)이라고 하는 것이 교량(較量, 양을 비교하다)의 뜻을 갖고 있으므로, 각저(角抵)는 즉, 두 힘이 서로 겨루는 기예를 의미하는 것임을 알 수 있다. 이 외에도 진시황은 6국을 통일하면서 각 국의 기예 문화를 양궁(陽宮)안에 집중시켰는데, 당시의 연기는 상당히 수준 높았던 것으로 전한다. 이 덕분에 후대인 한(漢)대 종합백희(잡기, 무술, 환술, 골계표현, 음악, 무용, 연창 등 각종 기예의 연출을 포괄하는 것)의 전신이 될 수 있었던 것으로 평가되고 있다.

② 한(漢, AD. 206~220) 백희(百戲)의 확립(確立)

ㄱ. 한(漢)대 국가 주도 백희(百戲)의 시작

한대에는 지도계급의 포상 중 하나로서 백희가 중요한 작용을 했다. 이때부터는 외국 사절단과 주변 소수민족인사들을 초청하여 성대하게 백희를 연출하는 것이 일반화 되었다. 궁중의 이 유풍은 민간에까지 퍼져서, 심지어는 부유한 서민의 집에서도 "창우기변지악(倡優奇變之樂, 광대의 기이한 악)"이 연출되었다고 전한다.[35]

동한시기의 예를 들면, 백희는 "태여악소부 관리가 획기적으로 황문고취 백희사 27인을 관장하였다."고 하여 가히 국가 차원에서 주도적

---

35) 馮文慈, 1993, 561.

으로 백희기구를 설치하고 운영하기 시작한 것을 알 수 있다. 이에 따라 "매년 정월 초일일에 조정의 조례가 덕양전에서 봉행되었는데, 백관과 외신들을 위한 잔치와 포상이 있었고, 이어서 통치계급이 창우희(광대회)를 벌여주었다"고 한다.

백희의 연출시기와 관련하여서는 『사기(史記)』의 대원열전(大宛列傳)에 의하면 한무제 때에는 창우(광대)가 주관하여 궁정악부36)가 매년 1회 백희를 연출하였으며, 이후 동한시기까지 연례풍습으로 지속되었다. 또한 백희는 앞서 언급한 것처럼 조정에서 외국 사신들을 접견할 때 중요한 수단이 되었다. 당시 펼쳐졌던 잡기는 칠반(七盘, 7개 쟁반을 두고 추는 춤)과 어룡만연(魚龍曼衍, 종합수상잡극)을 비롯해 사자를 잡거나[戲獅], 금수를 때려잡는[搏兽] 등의 수희(獸戲)도 있었다.

이 외에도 한나라 때에는 외국의 백희가 다량으로 유입된 시기이기도 하다. 『후한서』에 의하면, 연평(延平) 원년(元年, AD 106) 12월 을유(乙酉) "파어룡만연백희(罷魚龍蔓延百戲)" 기록에, 백희는 후한시대에 서역(西域)에서 대량으로 중원(中原)에 유입되었으며,37) 이후 이와 같은 배우(俳優(戲)), 요잡(耍雜), 환술 등의 잡희가 삼국, 위진남북조 시기에 십분 성행하였다고 한다. 한무제(BC 141~AD 87) 때에는 안식국(安息, 古波斯, Iran) 국왕의 사자(使者)가 요술사들을 데려 왔는데, 이들은 탄도(呑刀, 칼삼키기), 토화(吐火, 불토하기), 도인(屠人, 신체가르기),

---

36) 吳蓓蓓, 2008, 115~117. 한 대 악부는 백희의 중요 관리 기구로서 한 대의 전국 각지의 민가를 수집하는 것과 더불어 개편, 창작, 편곡 및 악기의 배합이었다. 각 지역의 민가는 속악 항목에 속하는 것으로 오락 성질의 악무를 말한다. 당시 백희의 반주악은 만악(縵樂)이라고도 불렀는데 즉, 잡악(雜樂)으로 이는 이후 당나라 때의 산악(散樂)에 해당한다.

37) 『후한서(後漢書)』, 연평(延平) 원년(元年) 12월 乙酉.

절마(截馬, 말베기) 등의 마술을 펼쳤다고 전한다.

ㄴ. 한(漢)대 궁중백희(宮中百戲)의 유형

한나라 장형(張衡)이 편찬한 『서경부(西京賦)』는 약 4가지 종류의 백희가 전한다. 첫째는 가무주악(歌舞奏樂)과 분장한 이들의 무대인데, 연회에서의 신선(神仙) 분장을 한 광대[총회선창(总会仙倡)]를 비롯해, 재주부리는 표범과 춤추는 곰[희표무비(戲豹舞罴)], 타악기 및 현악기의 연주에 맞춰 등장하는 흰 호랑이[백호고슬(白虎鼓瑟)], 호를 부는 장면에서 등장하는 푸른 용[창룡취지(苍龍吹篪)]을 비롯해, 나비로 분장한 여인이 길고 맑고 음역이 넓은 노래를 부르면서 등장[女蛾坐而长歌, 声清畅而委蛇]하는 산악(散樂) 백희가 펼쳐졌다고 한다. 두 번째는 각저희에 고사(古事)가 반영된 것으로서 ≪동해황공(東海黄公)≫이라고 하는 것인데, 종합환술극의 형태였다고 한다. 세 번째는 잡기로서, "심동(尋橦"(竿戲), 장대타기), "충협(沖狹(鉆圈, 둥글게 꽂은 창사이 통과하기)", "연악(燕濯(跳越水盘, 물쟁반 뛰어넘기)", "도환검(跳丸劍, 검밟기)", "주색(走索, 줄타기)", "탄검(呑刀, 검삼키기)", "토화(吐火, 불토하기)"와 같은 것들이며, 네 번째는 무술로서 "강정(扛鼎(用手擧鼎), 솥들기)", "흉돌섬봉(胸突銛鋒, 창 사이 통과하기)", "근두(筋斗, 땅재주넘기)", "궁전(弓箭, 활쏘기)"부터 "마희(馬戲, 말재주부리기)", "훈수(訓獸, 짐승다루기)", "마술(魔术, 요술)" 등과 같은 것들이었다. 이와 같은 내용을 정리하면 다음 <표 3>과 같다.

<표 3> 『서경부』에 등장하는 한 대 한나라 궁정백희의 유형

순서	절차	등장인물	내용	성격
1	가무주악(歌舞奏樂)과 분장(扮裝)	악사(슬(瑟))과 호(箎))와 분장한 광대(신선(神仙), 표범, 곰, 백호(白虎), 창용(蒼龍, 푸른용), 여아(女蛾, 나비여인))	타악기(호(箎)), 현악기(슬(瑟)) 연주에 맞춰 나비여인이 노래하거나 표범과 곰이 춤추는 형태	산악백희(散樂百戲), 가무주악과 분장한 이들의 무대)
2	동해황공(東海黃公)	잡기인, 환술인	환술(幻術)	고사(古事)를 반영한 각저희(角抵戲)
3	잡기(雜技)	잡기인	심동(尋橦(竿戲)장대타기), 충협(沖狹(钻圈)), 창사이통과하기), 연약(燕濯(跳越水盘), 물위걷기), 도환검(跳丸劍, 칼밟기), 주색(走索, 줄타기), 탄검(吞刀, 칼삼키기), 토화(吐火, 불토하기)	각저희(角抵戲)
4	무술(武术)	무술인	강정(扛鼎(用手举鼎, 솥들기), 흉돌섬봉(胸突铦锋, 창사이통과하기), 근두(筋斗, 땅재주넘기), 궁전(弓箭, 활쏘기), 마희(馬戲, 말다루기), 훈수(訓獸, 짐승훈련)", "마술(魔术, 요술)"	무희(武戲), 마희(馬戲), 훈수희(訓獸戲), 마술(魔術)

위의 4가지 대 분류 외에도 『한대잡기고술』[38]에 의하면 다양한 한 대의 잡기가 있었음을 알 수 있다. 조수강정(鳥獸扛鼎, 솥들기)[39]을 비 롯해, 도호심동 희거고동(都戶尋橦 戲車高橦, 수레 위 장대타기), 충협

---

38) 锥启坤, 1993, 「汉代杂技考述」, 『传统文化与现代化』, 65~71.
39) 장형(張衡), 『서경부(西京賦)』, 烏獲扛鼎, 都盧尋橦.

연익 흉돌섬봉(冲狹燕濯 胸突銛鋒, 둥글게 꽂은 창 사이 날아서 가슴으로 통과하기), 도환검(跳丸劍, 칼 위에서 춤추기), 주색(走索, 줄타기), 무윤도립(舞輪倒立, 수레바퀴 위에서 춤이나 물구나무서기), 마희(馬戲, 마장마술), 희거(戲車, 수레 위에서 펼치는 잡희), 근두(筋斗, 땅재주 부리기), 농사(弄蛇, 뱀 부리기), 전석(轉石, 돌쌓기), 백상행잉(白象行孕, 코끼리 가장연희), 요호(要壺, 호리병 쌓기), 첩안(疊案, 책상 쌓기), 선반(旋盤, 쟁반 돌리기), 유술(柔術, 꺾기 등의 신체 교예), 환술(幻術, 마술)이 그것이다. 즉 한 대 잡기 연출의 특징은 한마디로 종목과 종목이 서로 교류하며 결합되어 연출되는 현상이 나타났다. 예를 들면 도립과 첩안, 희거, 주색, 도호 심동 등이 결합한다든가, 요호와 무검, 도환이 결합하는 등의 창의적인 형태들이 등장했다는 것이다. 요즘 말하는 융합이 이루어진 때라고 할 수 있다. 이로써 한 대 잡기 종목들은 더욱 풍부해졌으며, 후대 잡기 종목의 기초가 형성될 수 있었다고 평가되고 있다.

한 대의 산악과 관련된 백희는 반주악도 포함하는 의미로서 속악(俗樂)이라고 했으며, 궁정악의 반대되는 개념이자 비교적 급이 낮은 것으로 간주되었다. 예를 들면 『후한서』의 중장통열전(仲長統列傳)에 "눈으로는 각저희를 한껏 감상하고[目极角抵之觀], 귀로는 곤궁한 정위의 소리를 들으니[耳窮精衛之聲]"로 백희(百戲)의 음악(音樂)은 음악(淫樂)으로 취급되었던 정나라와 위나라의 음악(音樂)에 비견되었던 것이다.

그렇다면 이처럼 천박한 음악으로 여겨졌던 백희의 반주악은 어떤 형태였을까? 『한관전직의식선용(漢官典职仪式选用)』에 의하면 동한 시기에 "종경병갈(鐘磬幷喝)" 및 "황문고취삼통(黃門鼓吹三通)"과 같은 기록이 있어,[40] 편종과 편경을 갖춘 악대가 고취악을 세 번 연주했다는 사실은 알려져 있다.

이상과 같은 내용은 각종 백희 화상석이나 도용(陶俑, 도자기 인형) 등을 통해서 더욱 구체적으로 확인된다. 예를 들면 산동기남한묘실(혹은 위진) 벽화에[41] 백희화상석에는 반주악대의 그림이 있는데, 약 15인이 한 조가 되어 수적(竪笛, 피리형태악기), 배소(排簫, 팬플룻형태의 악기), 우(竽, 생황형태 악기), 훈(壎, 흙으로 만든 애호박형 악기), 슬(瑟, 가로누운 현악기), 도(鼗, 흔들어 치는 북), 소고(小鼓, 작은 북), 탁(鐸, 방울), 편종(編鐘, 종을 엮은 악기), 편경(編磬, 돌을 엮은 악기), 건고(建鼓, 큰북) 등으로 반주하고 있다. 아마도 황문고취(黃門鼓吹), 즉 황실전용 백희에 쓰였던 가무반주악의 편성은 이와 같았을 것이다. 이 화상석은 기원전 108년 한무제(漢武帝)가 장안성에서 백희(百戲)를 거행했을 때를 기록한 것이다. 당시 백희의 장면은 주위 300리(현재 대략 반경 118km)의 백성들이 모두 와서 구경할 정도로, 당시 경성의 가장 성대했던 행사였다. 이 당시의 상황을 묘사한 화상석에는 한 대의 백희 및 가무주악과 분장한 이들이 총체적으로 묘사되어 있어서 당시 백희의 모습을 잘 나타내주는 귀중한 자료로 간주된다.[42] 다음 <그림 5>[43]는 산동 기남 한묘 화상석 벽화의 수록본이다.

---

40) 蔡质, 1985, 『汉官典职仪式选用』. 황문(黃門)은 관직명 혹은 황실을 지칭하는 것이다. 관직명으로 쓰일 때에는 주로 황문시랑(黃门侍郎)을 의미하는 간칭(簡稱)으로 쓰였다. 한나라 때 황문령, 소황문, 중황문 등의 관직명이 있었는데, 이들은 황제와 그 가족들을 모시는 임무를 담당했으며, 모두 내시로 충원했다. 따라서 후세에는 환관을 모두 이 황문이라 칭하게 되었다. 음악사적으로 위에서 언급한 것은 황실의 범위를 지칭한다. 따라서 황문고취라고 하면 황실에 전용으로 소속된 소규모의 치고 부는 악기와 일부 현악기로 구성된 악대를 의미한다.

41) 王永红, 2012, 『文物里的古代中國』.

42) 崔忠清, 2001, 『山東沂南漢墓画像石』.

<그림 5> 산동기남한묘화상석(山東沂南漢墓画像石)

이 한 대 화상석의 면면을 자세히 살펴보면, 먼저 왼쪽에는 앞서 설명한 황문고취의 반주악기가 표현되어 있는 것으로 보인다. 북통 위에 화려한 장식이 된 건고(建鼓)를 비롯해 바로 오른쪽에 2종이 달린 편종, 4개의 돌이 달린 편경이 보이고, 그 아래에는 3열로 악사들이 한쪽방향을 보고 제일 앞에부터 5인, 5인, 4인의 3열을 이루며 앉아 있고, 맨 뒤에는 지휘자 격의 악사에 해당하는 이가 한명 서 있는 모습을 볼 수 있다. 앉아 있는 악사들이 연주하고 있는 악기는 흐릿하여 정확하지는 않으나, 제1열은 세로로 부는 관악기 1, 작은북 4이고, 제2열은 채로 치는 악기 1과 배소 3, 훈 1, 마지막 제3열은 슬 1, 훈1, 노래 1, 우 1로 구성되어 있음을 알 수 있다. 즉, 이와 같은 편성은 동한의 다른 화상석에서도 자주 나타나는 편성으로 당시 산악을 연주했던 백희의 일반적인 반주악대 편성으로 보인다.

산악 외에 잡기로는, 먼저 환술은 현대의 마술과 같은 것으로서, 한대에 이미 서역을 비롯해 서방 국가들과 교류 했다. 당시 중국 본토의 환술은 주로 황가와 귀족들을 위해 펼쳐졌는데, 크게 두 가지 유형이 있었다. 첫 번째는 유명한 환술사에 의해 펼쳐진 환술 공연이고, 두 번째는 첫 번째보다는 좀 더 종합적인 형태로서 다수의 연출인들이 거대

---

43) 见吴山 主编, 1999, 『中國工艺美术大辞典』.

한 도구와 장치를 사용하여 표현하는 형태였다. 예를 들면 한무제 때 '각저대회' 중 "어룡만연(魚龍曼衍)"과 같은 것인데, 실제로는 두 가지 이상이 서로 연접되어 있는 대형 환술이었다고 한다.

한 말기에 조조(曹操)는 북방을 통일하고, 각종 인재를 모으는 것에 특별히 주의를 기울였으며, 방사술(方士術)을 하는 인물을 신변에 두었다. 이는 저런 인물들이 환술을 이용하여 미혹하거나, 광대들이 조작하여 대적하는 것을 두려워하였기 때문이라고 한다. 따라서 조조는 기이한 환술을 하는 자가 있다고 들으면 그 신변의 농락을 없애기 위해 반드시 불러들였는데, 이 때문에 누강(廬江)의 좌자(左慈), 감능(甘陵)의 감시(甘始), 양성(陽城)의 극검(隙儉) 등 저명한 방사술사들의 이름이 전하고 있다. 이와 같은 배경은 환술자들로 하여금 서로 교류하며 더욱 환술을 발전시킬 수 있는 환경을 제공하였다.

환술사 중 유명한 이로서는 『후한서(後漢書)』 좌자전(左慈傳)에 등장하는 좌자인데, 그는 스스로 자신의 환술이 이미 당대 가장 높은 수준이라고 평했다고 한다. 또한 『삼국연의(三國演義)』 제68권에도 "좌자가 술잔을 던져 조작하는 것은 너무 오묘하여 생동감이 돌 정도다."라는 평가로 보아 좌자의 자평이 허세만은 아니었던 것 같다. 이와 관련된 또 다른 내용은 건안(建安) 21년(서기216년)에 좌자가 보인 삼종의 술법과 관련된 것이 있다. 그 첫 번째는 큰 꽃 쟁반을 궁전의 앞에 두고, 물을 가득 담은 후에 기울여 목단꽃 한 그루를 두 개로 피어나게 하는 마술이었으며, 두 번째는 물고기 낚는 것을 보여준 후, 전의 아래 연못에서 그것을 낚아 올려, 기울인 후에 수십 마리의 큰 농어를 낚아 올려 궁전에 진상하는 마술이었다. 마지막은 술잔을 공중에 던져 한 마리의 비둘기로 변화시킨 후 대전에서 날게 하는 것이다. 이 세 가지 종류의 환술은 변화(變花), 변어(變魚), 변조(變鳥)로서, 현재에도 중국 마술의 가장 대표적인 것이다.

궁정 환술의 대표작인 <동해황공>은 서한시대 각저희 중 한 종목으로 민간 고사에서 내용을 따 만든 환술의 하나이다.『서경잡기』에 동해에 사는 황공이란 인물은 어려서부터 법술을 연마하여 능히 뱀, 호랑이 등으로 변할 수 있게 되었다고 전한다. 대략의 줄거리는 다음과 같다. 황공은 종종 붉은 칼을 차고 붉은 머리띠를 두르고 나타나, 술법으로 구름과 안개를 만들어서 이름을 널리 알렸는데, 늙어서는 기력이 쇠잔해지고 음주를 지나치게 하여 그 영험함을 잃게 되었다가, 진나라 말년에 흰 호랑이가 나타나자 황공은 이를 물리치러 갔다가 오히려 잡혀 먹힌다는 내용이다. 이를 한무제가 각저희로 만든 것이 바로 <동해황공>이다. 다른 백희와는 달리 종합 예술에 속하는 것으로서, 고사에서 내용을 취하여 일련의 스토리가 있고, 중간중간 환술을 보여주면서도, 호랑이의 분장과 두 인물이 경합을 통해 승부를 겨루는 각저희도 녹아 있는 최초의 융합 공연 예술이었다. 이 내용은 산동 기남지방 화상석의 중앙 하부에 표현되어 있다.

각저 외에 기교희로는 심동이 있는데, 이는 장대타기로 고대부터 내려오는 백희의 하나이다. 동(橦)은 즉 간(竿)인데, 한나라 때의 그림에 의하면, 한 사람이 손이나 머리에 장간(長竿)을 세우고, 그 위에 여러 명이 올라서는 표현예술이다. 중국의 장대곡예는 한 대부터 전개되었다고 하며, 무격의 종교의식이나, 전투기술적 필요성, 생업으로서의 필요성에 의해 발생된 것으로 추정되기도 하고, 한편으로는 한나라 장형이 심동을『서경부』에 "도로심동(都卢尋橦)"이라 하고 있어서 미얀마에서 유입되었다는 설도 있다.[44] 산동(山東) 안구한묘(安丘漢墓) 백희도

(百戲圖)에도 한 사람이 간(竿)을 붙들고 위에는 10명이 재주를 부리는 어려운 고공기예를 묘사한 재간(載竿)이 보인다. 다음 <그림 6>45)에서 확인할 수 있다.

〈그림 6〉 산동(山東) 안구한묘(安丘漢墓) 백희도(百戲圖) 중 재간(載竿) 모사도

충협(沖狹)은 찬환(鑽鐶)이라고도 하는 것으로서, 고리를 통과하는 잡희를 말하며, 고대 잡기명 중 하나이다. 후대에 찬도환(鑽刀圈)과 유사한 것으로서, 문선(文选)과 장형(張衡)이 저술한 『서경부(西京賦)』에 의하면 "제비가 나는 것 같이 좁은 곳을 통과하고, 뾰족한 부분을 뚫고 가슴을 내밀어 나오는구나[충협연익, 흉돌섬봉(沖狹燕濯, 胸突銛鋒)]"

---

44) 안상복, 2006, 「중국의 전통 장대곡예(竿技) 그 기원과 역사 전개」, 『중국문학』47, 63~81쪽.

45) 산동(山東) 안구한묘(安丘漢墓) 백희도(百戲圖) 중 재간(載竿) 모사도.

라고 되어 있다. 설종(薛綜)의 주석, "대자리를 말아, 그 가운데에 창을 꽂고, 기인이 자신의 몸을 던져 그 중간을 지나가는 것[卷簟席, 以矛插 其中, 伎人以身投, 從中过]"과 장선(张铣)의 주석 "초목으로 둥글게 엮 어 네 귀퉁이에 칼을 꽂고, 기인이 그 중간을 뛰어 들어가면서, 가슴을 칼 위로 내미는 것이 마치 연기가 피어오르는 것과 같다[狭以草爲環, 插刀四邊, 伎人跃入其中, 胸突刀上, 如烟之飛]."와 같은 내용들을 종합 해보면 칼이 달린 둥근 고리 중앙을 가슴부터 몸을 던져 통과하는 잡기 였음을 알 수 있다.

도환검(跳丸劍)은 환검이라고도 하는데, 역시 고대의 잡기 중 하나로 방울(鈴)과 검(劍)을 가지고 연출한다. 역시 『서경부』에 "도환검지혼곽 (跳丸劍之挥霍), 주색상이상봉(走索上而相逢)"으로 표현되어 있는데, 장선이 단 주석에 의하면, "환(丸)은 방울(鈴)이고, 혼곽(挥霍)은 방울과 검을 상하로 움직이는 모양[鈴劍上下貌]을 말한다."는 것으로 방울과 검을 던지고 받는 묘기였을 것으로 상상된다.

한 대에는 사실 "도환농검(跳丸弄劍)"이라고 하거나, "무윤(舞輪)"이 라고도 하였는데, 이와 같은 명칭은 사천성에서 출토된 한나라 화상전 에 나타난 유명한 그림인 "환검악무연음도(丸劍樂舞宴飲圖)"를 통해 보충된다. 동한 시기에는 실크로드를 경유해 로마제국의 영향을 받아 도환이 매우 발달하였다고 하며, 9환을 던지는 것 외에 11환을 던지는 기예도 나타났으며, 동시에 3개의 검을 던지기도 하였다고 한다.

주색은 고환(高繯)이라고도 하는 것으로서 높은 줄을 매놓는다는 뜻 이므로, 승기(绳技, 줄묘기)라고도 한다. 중국에서의 승기는 서역에서 유래한 것으로 알려져 있는데, 중국에 들어온 인도인 사리(舍利)는 마 술의 전수자였을 뿐 아니라, 승기 전파의 조상과 같은 존재였다고 한다. 『진서(晉書)』악지(樂志)편에, 사리의 승기에 대한 기록이 실려 있는데, "후한의 천자가 조하를 받을 때에 사리가 서방에서 들어와 전전(殿前)에서 잡희를 벌렸는데, 양쪽 기둥머리에 큰 줄을 묶고, 각각 긴 장대 두 개를 들고 마주보는 두 명의 창녀가 대무하는데, 줄의 윗부분에서 서로 진행하다, 서로 만났을 때에는 어깨를 부딪치지 않으면서 기울이지도 않았다."고 묘사되어 있는 것으로 보아 매우 균형잡힌 기예를 선보였던 모양이다.

위 주색을 비롯해 상당기(像撞技, 고공기예류)와 희거(수레 위 잡기) 같은 것도 모두 연간지기(缘竿之技, 장대를 이어 연출하는 기예)의 하나로서 주색의 발전된 형태로 한대에는 매우 성행하였다고 한다. 기본적인 종류는 크게 두 가지였는데, 하나는 평지에서 연출되는 것이고, 다른 하나는 수레 위에서 연출되는 형태였다. 이 중 아래 "평색희거거기출행화상전(平索戱車車騎出行畵像塼)"에는 후자가 잘 표현되어 있는데, 두 대의 희거 위에 봉이 세워져 줄로 연결되어 있고, 소년들이 이에 매달려 기예를 펼쳐 보이는 것으로서, 오늘날 "근두과거(跟斗過車, 수레를 옮겨 다니며 재주를 부리는 것)"와 같은 종류로 간주된다.

한 대의 백희는 화상전에서도 부조되어 있는데, 다음 <그림 7>[46]은 1984년 하남(河南)에서 발견된 한(漢)의 묘실내 장식도상의 백희도이다.

---

46) 陈成军 撰文, 漢 墓室內裝飾圖像 1984. 하남(河南) 新野樊集村征集, 높이 35.6cm, 넓이 105.5cm, 중국국가박물관소장(中國國家博物館所藏)

위 <그림 7>의 화상전 중앙에는 다리가 하나 있는데, 다리의 아래에는 한 사람이 배를 타고 있고, 수중에는 물고기와 거북이가 노닐고 있다. 다리 위에는 두 대의 수레가 보이는데, 조정자는 오른편을 향해 달려가고, 두 사람이 모두 나란히 다리의 오른쪽 끝에서 공손히 서서 수레를 맞이하고 있다. 화상전 중앙의 윗부분에는 한 명의 사냥꾼이 수렵하는 모습이, 오른쪽 윗부분에는 두 명의 무사가 격투하는 모습이 그려져 있다.

화상전 왼쪽의 끝부분에는 한 대 평색희거(平索戱車)의 잡기 장면을 생동감 있게 표현하고 있다. 이 평색희거는 한 대에 유행했던 일종의 잡기로서, 가장 최고 난도의 잡기였다. 두 대의 질주하는 마차가 있는데 각 마차 위에는 장대가 세워져있다. 앞 수레의 장대 꼭대기에는 쭈그리고 앉은 기예인이 올라 있는데, 기예인의 오른손으로는 뒷 수레의 장대 꼭대기와 연결된 줄을 잡고 있고, 왼손으로는 허공에 떠있는 광대의 발을 잡고 있다. 또 다른 광대는 다른 수레의 장대를 옆에서 두 손으로 잡고, 신체는 공중에 매달려 수평 상태를 유지하고 있다. 뒷 수레의 장대와 앞 수레는 줄로 연결되어 있는데, 여기에는 또 다른 광대가 거꾸로 매달려 발을 걸고 있는 동작을 하고 있다. 이와 유사한 화상전은 하남(河南) 남양(南陽) 지구에서 많이 나타나는 것으로 보아 이 지역에서 더욱 유행했던 잡기가 아니었을까 한다.

탄검(呑劍)은 말 그대로 칼삼키기로서 오히려 탄도(呑刀)로 더욱 잘 알려져 있다. 대부분 토화(吐火)와 함께 연출되는 잡희였으며, 크게는 환술, 즉 마술의 범주에 속하는 것이다. 한나라 장형의『서경부』에 의하면 "탄도토화로 구름과 안개가 묘연하게 인다[呑刀吐火, 云雾杳冥]." 로 신비롭게 연출되었음을 짐작하게 한다.

특히 한 대의 각저희는 잡희의 대표되는 것으로 여겨지기도 하였는데, 각력(角力)이라고 하였으며, 주로 힘을 겨루는 것으로서 절목을 삼은 것을 말한다. 한 대 각저희는 지속적으로 발달하여 여러 종류가 나타났으며, 기예 수준이 높아지다가 마침내 동한시기에는 하나의 잡기에서 종합 기예로 새롭게 태어났다고 한다.

한 대 화상석 중에 사람과 사람이, 사람과 짐승이, 혹은 짐승과 짐승이 각저희를 겨루는 도상이 자주 나타난다. 하남 남양에서 출토된 한 대의 묘실 화상석 중에서는 20여 명이 "소와 겨루는 사람(象人斗牛)", "호랑이와 겨루는 사람(象人斗虎)", "코뿔소와 겨루는 사람(象人斗犀)" 등의 각저희가 묘사된 회화가 보인다.

각저에는 앞서 말한바와 같은 강정을 비롯해 여러 가지가 있는데, 형체기교가 주를 이루는 것이 많다. 예를 들면, 한 대 초기에는 "정공(頂功, 정수리 기술)"이 형체기교의 중심이었다. 정공은 강한 요공(腰功, 허리 기술), 퇴공(腿功, 허벅지 기술), 도립(倒立, 물구나무 서기)과 근두(跟斗, 땅재주)와 같은 기본적인 공력을 요구하는 것이며, 이와 같은 정공이 표현된 화상석 중 산동(山東) 가상무씨사(嘉祥武氏祠)의 그림에 전형적인 형태가 보인다. 다음 <그림 8>47)은 산동 무씨사 화상전의 도립이다.

<그림 8> 산동(山東) 무씨사(武氏祠) 화상전(畵像砖) 도립(倒立)

또한 한 대에는 마희(馬戲)라는 용어도 최초로 등장하고,[48] 기남(沂南)의 백희도(百戲圖) 중에는 3종만의 마희가 표현되어 있다. 그 중 하나를 소개하면, 장수의 말을 장식하여 용의 형상으로 바꾸는 잡희로 환술이 접목된 형태가 아니었을까 싶다. 한 대의 마희는 말을 부리고 거느리는 것 외에도, 무예나 무도 등 각종 민족기예를 연출하기도 하였는데, 그 중 백희도에 나타난 마희는 창을 들고 춤을 추는 훈련을 하거나, 깃발을 들고 춤을 추는 등의 형태를 갖춘 것이었다.

당시 마희의 각종 기술은 다음 <그림 9>[49]의 산동 하남 기산 하남(河南) 숭산(嵩山) 삼궐(三闕) 중 하나인 등봉(登封) 소실(少室)의 석굴

47) 중국한화상석망(中國漢画像石网)에서 재인용.
48) 한대(漢代) 환관(桓寬)의 ≪염철론(盐铁论)·산부족(散不足)≫.
49) 见吴山 외, 1999.

〈그림 9〉산동 기남지방 묘 화상석(山東沂南漢墓畵像石)에 각인된 마술 모사도

(石闕) 화상석(画像上)에도 잘 나타나 있다. 여기에는 두 명의 마희 기예자가 재주를 부리는데, 한명은 말 위에서 거꾸로 서 있고, 한 사람은 춤을 추고 있는 모습이다.

이 외에도 집단으로 마희를 연출하는 장면은 산동(山東) 임순문(临淄文) 묘 중 한 대의 화상석에 잘 나타나 있다. 이 마희도는 기남(沂南) 백희도에 나타난 희거(戲車)와 더불어 눈에 띄는 그림이라 하겠다.

〈그림 10〉기남백희도희거(沂南百戲圖戲車)

위 <그림 10>에는 2마리의 말이 있는데, 앞의 말에 탄 한 사람은 손을 들어 뒤에 있는 마치 날고 있는 것 같은 사람을 잡고 있다. 또 앞에서는 손으로 말을 끄는 줄을 당기고 있으며, 다른 한명은 몸을 일으켜 말꼬리를 당기려고 하는 것으로 묘사되어 있다. 뒤에 있는 말은 수레를 끌고 있는 상태에서 수레의 전방에 위치한 한사람은 공중으로 날아오르고 있고, 수레 위의 제어자 외에 기타 인물들도 모두 동작을 행하고

있으며, 수레의 뒷부분의 인물도 역시 몸을 솟구쳐 위로 날아오르는 동작을 하고 있다.

〈그림 11〉 절강(浙江) 海宁東漢墓画像中的"마수도사도(馴兽斗蛇圖)"

마희 외에도 기타 짐승을 훈련시키는 잡희도 또한 한 대 화상전에 각종 형태로 반영되어있다. 예를 들면 순호(馴虎, 호랑이 조련), 순상(馴象, 코끼리 조련), 순록(馴鹿, 사슴 조련), 순사(馴蛇, 뱀 조려) 등과 같은 것이다. 위 <그림 11>의 절강(浙江) 해저(海宁) 동한묘(東漢墓) 화상전 중 "훈수두사도(馴兽斗蛇圖)"를 비롯해 다음 <그림 12>의 무씨사(武氏祠)의 "수인농사도(水人弄蛇圖)"에서 분명하게 보인다.

산동 요녕 동한묘 화상석의 윗부분에는 순조도(馴鳥圖)가, 아랫부분에는 순상도(馴象圖)가 표현되어 있다. 코끼리의 뒷부분에는 6명이 앉아 있고, 한 명이 코끼리 코의 앞부분에 서있다. 이 외에도 원숭이를 훈련시키는 순후(馴猴)나, 학을 다루는 순학(馴鶴), 꿩을 놀리는 농작(弄雀) 등의 형상도 볼 수 있다. 즉 한 대에 이르러서는 마희나 순금수(馴禽獸) 등의 절목들은 이미 높은 수준을 갖췄던 것으로 평가된다.

〈그림 12〉 무씨사(武氏祠)의 "수인농사도(水人弄蛇圖)"

괴뢰희도 기록은 미약하나 한나라 때에는 또 일종의 백희의 하나로서 '작괴뢰(作魁儡)'의 기록이 『후한서』와 『오행지』에 보이고 있으므로 괴뢰희는 이시기에는 이미 발달되었을 것으로 추측된다.

이처럼 한 대에 백희가 번영했던 원인은 몇가지로 추정된다. 일단 사회적 배경이 거론된다. 한나라는 전대의 짧은 왕조기를 교훈삼아 폐단을 개혁하고, 정치를 쇄신한 시기였고, 따라서 제후국과 서역제국들이 강성해진 것을 통합하기 위해서는 동방 문명의 중심을 자처하며 문화적 통합의 중요성이 강조되었으므로 이를 조성하려는 목적으로 가무백희의 대화합을 통해 유도했던 것이 제 1원인으로 꼽히고 있다. 또 다른 원인으로 제시되고 있는 것은 유가와 도가의 성행으로 다양한 사상이 변통하고 사회적으로 자유로운 분위기가 형성되었다는 것이다. 즉, 한 대의 유교적 봉건 정치사상의 일환으로 포용성이 나타나고, 도가의 자연친화적 사상이 유행함에 따라 가무백희환술 등이 자연스럽게 허용되는 분위기가 조성되었다는 것이 일반적인 평가이다.

③ 위진남북조(魏晉南北朝, AD. 221~589) 백희(百戲)의 교류(交流)

먼저 위진남북조는 한나라와 수나라 사이 혼란 시기를 말하는데, 혼란 시기이니 만큼 어느 정도 당시 상황 배경에 대한 이해가 필요하다. 우선, 정치적으로는 분열시기이기는 하나, 문화적으로는 다양하면서도 통일성이 형성된 시대였다. 위(魏)는 촉(蜀)·오(吳)와 더불어 삼국이라 하며, 진은 낙양(洛陽)에 도읍을 한 서진(西晉)과, 5호16국(五胡十六國)의 난으로 중원을 잃고 건강(建康, 지금의 남경(南京))에 도읍을 한 동진(東晉)으로 나뉜다. 그 뒤 송(宋)·남제(南齊)·양(梁)·진(陳) 등 4국의 남조(南朝)가 건강에 도읍했으며, 이들 남조와 오(吳)·동진(東晉)을 합하여 육조(六朝)라 하는데, 이 시대 전체를 지칭하기도 한다.

비록 혼란스러운 시기이기는 하지만 육조의 백희는 기본적으로 한대의 백희 내용을 답습한 것으로 알려져 있다.[50] 다만 주목할 점은 남북조시기 최초로 "잡기(雜技)"라는 용어가 사용되기 시작했다는 것이다.

이 외에도 위진 남북조 시기 백희의 가장 큰 특징은 약 세 가지로 정리된다.[51] 첫째, 백희 관리 기구로서 태상사(太常寺) 아래에 고취서(鼓吹署)가 설립되어, 전문적으로 고취령이 백희와 고취악인들을 다스렸다는 것이다. 이 과정에서 백희는 통치계급의 지배방식과 관련 있다는 것이 증명되기도 하였다. 둘째, 이어지는 수당대 궁정의식의 음악에 이 시기의 백희가 영향을 끼쳤을 뿐 아니라, 중국 서방 백희 예술과 활발하게 교류하여 희곡예술의 태동에 영향을 줬다는 것이다. 이는 수당대에 단순히 전조의 백희 예술의 전문적 궁정음악기구의 설립에 영향을 준 것 외에도, 백희예술의 각종 형식 응용에서부터 당대 궁정 대형 의식음악, 연향 음악, 민간음악 및 후세에 새롭게 형성되는 예술 형식의 생산에까지 영향을 끼친 것으로 평가된다. 셋째, 희곡의 기원은 고대 배우지희(俳優之戲)로까지 올라가지만, 성숙한 희곡의 형태는 송원대에 비로소 나타나게 된다. 그런데 이 과정에서 위진남북조 시대의 백희 중 가무희가 그 탄생에 중요한 공헌을 했다는 것이다. 이에 근거가 되는 것으로 중국에서 삼국(220~265년)시대 이후 한나라 때 것을 모방하여 백희잡기 중 괴뢰희가 시작되었다는 사실을 들고 있다.[52] 따라서

---

50) 吳蓓蓓, 2008.

51) 李呂婷, 2007.

52) 안상복, 2003, 131~173쪽. 이 괴뢰희의 발달사에 관해서 안상복은 북제(550~577년) 때에 나무틀 속에 입이 움직이는 나무인형을 넣고 연출하였던 것으로 '궤소목인(机笑木人)'이라는 것이 있는데, 이것의 기예가 점차 발달하여 '곽독(郭禿)'의 고

비록 그 사료가 소략하기는 하나, 중국예술사에서는 이때를 바로 중국 꼭두각시 인형극이 형성된 시기로 보고 있기도 하다.

또한 이 시대에는 백희 관련 유물 및 유적이 다수 발견된다. 먼저 삼국시대 것으로 알려진 오청유잡기용(채색된 오나라 도자기 잡기 인형)인 <그림 13>[53]은 우한(武漢) 시박물관 소장으로, 근두(땅재주) 잡기의 자세를 취하고 있다.

<그림 13> 삼국(三國) 오청유(吳靑釉) 잡기용(雜技俑)

이 외에도 산서 박물관에 소장된 북위(386~534)의 잡기용과 무희용도 그 보존 상태가 좋은 편이다. 먼저 잡기용부터 살펴보면, 아래 사진에서 확인할 수 있듯이 장간기 잡기용은 9명이 하나의 잡희를 연출하

사를 주제로 한 괴뢰(傀儡)인형극이 출현하였다고 보고 있다.

53) 우한시박물관(武漢市博物馆) 소장(三國) 삼국 오청유(吳靑釉) 잡기용(雜技俑).

고 있는 것으로 구성되어 있는데, 중앙에 장간기를 직접 연출하는 세 사람이 있다. 이 중 성인 한 사람은 이마에 장간을 세우고, 그 위에 두 명의 아이들이 올라가서 기예를 펼치고 있다. 이 주위를 기악인으로 보이는 이들이 빙 둘러 싸고 있으며, 이들은 박수 등으로 장단을 맞추고 있는 것으로 보여 진다. 이 모습은 다음 <그림 14>[54)에서 확인 할 수 있다.

〈그림 14〉 북위(北魏) 잡기용(雜技俑)

북위 중 기악과 관련된 유적으로는 중요한 고분 벽화가 있는데, <그림 15>의 1977년 주천정가갑(酒泉丁家閘) 16국묘(十六國墓)[55) 중 제5호묘(五号墓)가 그것이다. 이 제5호묘는 당시 발견된 여러 묘실 중 고고학적 가치가 높은 벽화를 소장한 것으로 평가되는 묘이다. 묘실은 12

---

54) 산서박물원(山西博物院) 소장(所藏) 북위(北魏) 잡기용(雜技俑), 북위(386~534) 5세기, 산서 대동 출토, 최대 높이 26cm.

55) http://www.douban.com/note/228928001/

미터, 묘실까지의 전면 통로는 33미터이고, 묘실의 앞뒤에는 두 개의
방이 있는데, 부장품은 일찍이 도굴되었으나, 벽화는 온전히 보존되어
있다.

〈그림 15〉 간소주천정가갑(甘肅酒泉丁家閘) 제5호묘(第五号墓) 서측 상부 서황
모 벽화

이 묘가 만들어질 당시의 사회 배경에 대해 간략히 언급하자면, 서진
은 장기간의 삼국항쟁의 국면을 끝내고 통일하였으나, 얼마 후에 8왕
이 분립하여 혼란스러운 시기를 겪었다. 이 시기를 오호십육국(五胡十
六國) 시기라고 하며, 이 시기 중원 지역은 계속되는 혼전을 겪고 있었
으므로, 경제는 파탄 났고, 문화 또한 쇠잔해졌다. 그러나 서북의 일부
분은 상대적으로 안정적이었고, 경제 및 문화적으로는 번영하여 오량
(五涼)56) 시기(BC 301~439)에는 최고조에 이르렀다고 한다. 다음 <그

---

56) 오량은 전량(前涼), 후량(后涼), 북량(北涼), 남량(南涼), 서량(西涼)의 5호 16국 시대

림 16>의 주천정가갑(酒泉丁家閘) 5호묘57)는 바로 이 시기의 묘인 것이다. 묘실의 서쪽 벽에는 인간계를 그려놓았는데, 서벽(정벽)에는 거운도(車运圖)와 묘주인 연거의 행락도(行樂圖)와 출유도(出游圖)가 그려져 있다.

〈그림 16〉간소성주천정정가갑(甘肅酒泉丁家閘) 제5호묘(第五号墓) 연거행락도 (燕居行樂圖)

의 다섯 개의 정권을 가리킨다. 주로 하서(河西)와 청해하황(靑海河湟) 지역에서 활동한 정권이다.

57) 내용이나 주제를 비롯해 회화의 기법에 있어서도, 주천정가갑 5호묘의 벽화는 위진시대의 벽화를 답습하였는데, 생산과 생활 활동이 주 내용이며, 이 외에도 신화나 고사와 같은 것들도 포함되어 있다. 머리 윗부분에 중앙에는 연꽃을 그려놓았으며, 그 아래는 전체 5층으로 되어 있는데, 아래 2층에는 천상계를 그 아래 2층에는 인간계를, 마지막 아래 1층에는 지하계의 내용을 포괄하고 있다. 먼저 천상계의 신화와 고사를 그린 부분은 서쪽에는 서황모(西王母)를 동쪽에는 동왕공(東王公)을 북쪽에는 날아오르는 신마(神馬)를 남쪽에는 흰 사슴(白鹿)과 우인(羽人)을 그려놓고 있다.

특히 정거묘실(整个墓室) 중 "연거행락도(燕居行樂圖)"는 가히 전체 묘실 벽화 중 대표되는 것이라고 할 수 있는데, 전실의 서벽의 중간부분에 위치해 있으며, 묘문의 중앙 벽 한가운데를 향해 있다. 이 그림은 좌우 양쪽으로 나뉘는데, 묘주인 연거의 생활을 그린 것이다. 그림의 오른편 묘주는 집의 중앙에 비교적 낮은 침상에 단정히 앉아 있고, 황색의 붉은 무늬가 있는 옷을 입고 있으며, 오른손으로는 사슴꼬리털[麈尾]을 잡고 있으며, 왼손은 기대고 기악을 감상하고 있다. 묘주의 뒤에는 시중을 드는 여자와 남자가 각 한명씩 있는데, 시녀는 화장을 하여 붉은 입술을 띠고 있고, 긴 치마를 땅에 끌리고 있고, 손에는 화개(华盖: 왕후를 위한 양산)를 잡고 있다. 남자 시종은 두 손으로 합(盒)을 받들고 있으며, 수염을 위로 말아 올리고 있다. 두 여인은 부채를 들고 춤을 추고 있으며, 악기(樂伎) 네 명은 쟁(箏)을 연주하고, 비파(琵琶)를 타고, 수적(竪笛)을 불고, 요고(腰鼓)를 치고 있다. 아래 두 명의 여인은 백희를 표현하고 있다. 위 전체 그림 중 왼편만은 아래 <그림 17>[58]인데, 이는 오른편 묘주 부인의 생활도와 대비를 이루는 악무도(樂舞圖)이다.

〈그림 17〉 간소성주천정정가갑(甘肅酒泉丁家閘) 제5호묘(第五号墓)의 악무도(樂舞圖)

---

58) 『中國美术馆藏樂舞伎与雜技圖』.

통로의 문 벽화의 중앙부에, 한 여성과 남자 하인으로 보이는 이가 있고, 상의 앞에는 남자 무용수가 있는데, 한손으로는 북채를 잡고, 한 손으로는 도고(鼗鼓)를 흔들고 있다. 상의 근처에는 여자 아이가 있고, 남자 시종은 북을 들고 춤을 추는 이와 함께 좌우로 돌아보며 호응하고 있다. 양쪽에는 연향과 기악이 연접되어 있다.

위 벽화 중 일부분은 훼손되었으나, 악사들의 연주에 맞추어서 땅재주를 넘는 백희자들은 비교적 잘 보존되어 있다. 구체적으로는 왼편 하단부에 가로로 놓여있는 줄 사다리에 양손으로 짚고 거꾸로 몸을 뒤집는 "척도(擲倒)"잡희가 확대된 다음 <그림 18>에 잘 나타나 있다.

〈그림 18〉 간소주천정가갑(甘肅酒泉丁家閘) 제5호묘(第五號墓) 중 백희 부분도

이 간소성의 벽화가 역사상 예술적 가치가 매우 높은 것으로 평가되는 것은, 앞에서도 언급했듯이 16국은 위로는 한나라 위나라를 계승하고, 아래로는 수나라 당나라에까지 영향을 미쳤기 때문이다. 벽화에는

전통 신화 고사와 현실적 생활 내용이 담겨있으며, 그림의 기법은 매우 수준 높은 것으로서, 중국 벽화 회화사에서도 걸작으로 꼽히는 것으로 평가된다.

즉, 위진남북조 시기의 백희는 기본적으로 한 대의 백희를 계승하였으며, 한 대에 확대되고 교차편성되기 시작했던 경향이 지속되었고, 후대 백희의 발전에 다리 역할을 하였다.

④ 수(隋, AD.581~618) 백희(百戲)의 침부(沈浮)

수나라 때의 산악백희는 수문제(隋文帝 楊堅, 541~604) 때 백희의 채집을 금지하였던 탓에 쇠락하였고, 수양제(隋煬帝 楊廣, 604~618)가 즉위한 이후부터 복원을 위해 많은 노력을 기울인 후에야 비로소 번영을 되찾았다.[59]

먼저, 수문제는 악부(樂部)내 속악(俗樂, 산악(散樂))을 파면하고, 백희 악공을 백성들을 위해 방면하였는데, 그 목적은 국가의 인자함과 관용을 나타내기 위해서 백성들의 부담을 경감하기 위한 것이었다. 이것은 당시 백희에 드는 비용과 노력이 비교적 커서 백성들에게는 부담으로 작용했던 것으로 추측되기도 하는 부분이다.

이후, 수양제가 들어선 때에는 이와 정반대의 변화가 나타났다. 바로 백희를 다시 중요하게 쓰기 시작했다는 것이다. 구체적으로는 태상사에서 백희를 관장했는데, 창우와 기예를 장려 하는 등, 역사상 백희에 관해 가장 관대했던 때였다고 할 수 있다. 또한 동시에 수양제 때인 대업 2년(606) 정월 15일 낙양에서 연출된 백희의 무대는 진주, 비취, 금,

---

59) 陈婧雅, 2013, 「论隋代百戲由衰到盛的转变」, 『唐史论丛』, 74~88.

은, 비단 등으로 꾸며져 화려함이 극에 달해, 그 사치정도는 사람들을 놀라게 할 정도였다. 따라서 이처럼 수양제 때 이룩된 태상사 내의 백희는 이후 당대(唐代) 연향악 중 중요한 위치를 차지 할 수 있게 되는 근거가 되었다.

이처럼 수양제의 백희 중흥 정책을 이야기할 때 거론되는 중요한 인물이 있으니, 바로 북제, 수, 당나라 삼왕조에 걸쳐 벼슬을 한 배구(裴矩)이다. 배구는 대업 3년(607) 겨울, 수양제에게 백희의 진흥을 간하고 이후로 상세하고 구체적인 계획도 마련해 올렸다. 그의 첫 번째 계획은 천하의 예인 3만여 명을 동도 낙양에 모아 모두 태상사에 배치하는 것이었고, 두 번째 계획은 악공 음악교육제도방면에서도 기악을 아악무와 같은 것으로 그 급을 높이는 것이었다. 이와 같은 계획은 당시까지도 이질적이거나 음란한 것으로 간주되던 기예를 담당하던 이들에게까지도 아악무(궁정 정악)의 연주자들과 같이 "박사자제(博士子弟)"로서 교습 기회를 마련해 줌으로써 그 급을 높이는 결과를 낳게 하였다.

수양제의 중흥 노력은 배구에 의해서만 추진된 것은 아니었다. 수양제는 대업 6년에 더욱 악공제도와 규모를 확대 발전시켰다. 음악기관으로 '방(坊)'을 추가로 설치하였는데, 이것이 바로 후세 당대 사신(史臣)에 의해 "교방(教坊)"이라는 이름으로 기록된 것이고 우리나라의 연향악과 관련된 명칭인 교방의 성립에도 영향을 준 것이었다. 이 교방의 기능은 교습제도와 악적제도의 두 가지로서, 교육과 연주의 역할을 체계적으로 갖추기 시작함을 의미하는 것이었다. 그 명칭에서도 알 수 있듯이 "교방(教坊)"의 "교(教)"는 백희 기예자들이 궁정에서 체계적인 교육을 통해 기틀을 마련하기 시작한 것을 의미한다. 즉, 당대 교방의 초기 형태가 이미 수대에 싹을 틔운 것이다.

그러나 수양제의 사치와 폭정, 민정의 무시로 수대 악공의 교육 및 공연 제도인 '방'은 더욱 발전되지는 못하였고 결과적으로 폐망하였다. 이처럼 정치적으로는 폐망하였으나, 이때에 형성된 수대의 '방'은 속악, 창우백희 등을 아악과 함께 태상사에 병립할 수 있도록 정비 수용하는 역할을 했다. 이 덕분에 당나라 현종 개원 2년 좌우교방의 건립에도 영향을 줄 수 있었던 것으로 평가된다. 즉, 중국 고대음악사상 태상사악공제도의 발전에 있어서 수대 백희의 격상과 흥성은 하나의 중요한 동기이자, 후대의 백희발전에 영향을 끼친 것으로 가치가 있다.

사실 수나라 때 일련의 백희 중흥 정책 및 대규모의 발전은 수양제와 배구(裴矩)의 서역 수요에 대한 경영에서 나온 의도적인 결과였다. 이 정치적 배경에 따른 육성계획은 이후 배온(裴蘊)에게까지 이어졌고, 그 결과로 이후 당나라 교방제도 건립의 배아를 산출하게 할 수 있었다. 특히 수양제는 여러 백희 중에서도 사방의 산악을 소집할 때에 서역에서 유입된 환술(幻術)을 선호하였다. 당시 환술의 내용은 환인이 등장하여 불을 토하며 천변만화(千變萬化)하는 '어룡만연희'였다고 하고, 수양제는 중대한 절기 때나 외래에서 귀한 손님이 올 경우에는 특별히 이 잡기를 연출시키곤 하였다고 전한다.

즉, 국가 정치, 경제 이익이 예술의 발전과 진보를 촉진하였고, 수양제 시기 백희의 번성은 필연적으로 수 왕조의 태상사 악공의 확대를 촉진시켰으며, 더불어 그에 상응하는 악공의 교육과 악무 관리 등의 방면과 제도에서 중대한 개혁도 추진했다. 또한 수대 이후 악공제도의 점진적 성숙은 당대 악무예술의 발달을 촉진시켰다. 안변성웅(岸边成雄)은 이에 대해 "양제 대업 2년 태상 소경 배온은 양제의 명을 받들어 국도(國都) 장안에 '방'을 세웠으며, 남북조의 악공을 모두 수용하여 태상사에 집중적으로 소속시킨 것은 모두 배온이 처리하여 설치한 것으로서, 비록 수양제가 음란한 음악을 좋아하였으나, 때로는 내조(来朝)한 돌궐족을 계도하기 위한 목적으로 음악을 준비하거나 혹은 대규모 산악을 공연했던 것이 결과적으로는 모두, 이와 같은 악공통일의 동기가 되었다."고 평가하고 있다. 즉, 수당시기에 산악백희의 범위는 더욱 광대해져서 새로운 가무백희가 나타났고, 구자악과 하서호악 등이 성행하게 된 것이다.[60]

⑤ 당(唐, AD. 618~907) 백희(百戲)의 융성(隆盛)

ㄱ. 당(唐) 백희(百戲)의 장려

당대에는 백희가 가장 융성하였던 때라고 할 수 있다.[61] 이 시기에 위로는 제왕, 귀족, 관리 등을 비롯해 아래로는 민간 평민 백성에 이르기까지 남녀노소를 가리지 않고 백희를 즐겼다. 이와 같은 상황은『구당서(舊唐書)』「목종본기(穆宗本紀)」에 황제가 인덕전(麟德殿)에서 잡기를 관람했다는 기록이나,『신당서(新唐書)』「경종본기(敬宗本紀)」에 상이 선화전(宣和殿)에서 백희를 3일 동안 관람하고 파했다는 기록을 통해 엿볼 수 있다. 이 외에도『신당서』「예악지(禮樂志)」에도 선종은 매일 군신을 위한 연회에 백희를 갖추었으며,『당회요(唐會要)』「잡록(雜錄)」에는 산악이 촌에까지 돌았다고도 기록되어 있을 정도이다.

당 궁정백희의 전통은 매년 양경(동경과 서경)에서 재상과 백관을 위해 필수로, 전문(殿門)에서 백희를 삼일동안 연출하는 것이었다. 고조

---

60) 馮文慈, 1993, 561.
61) 周侃, 李楠, 2009, 155~157; 张天民, 1996, 99~104.

(高祖) 이연(李淵)은 낙양뿐 아니라 더욱 중대된 기예를 장안 진왕부에도 설치하였으며, 현문문에는 상설로 "창우난만지기(倡優爛漫之伎, 광대들의 다양한 기예)"를 진설하기도 하였다. 이후 정관년(貞觀, 627년~649년)간에 태종(太宗)은 현무문, 상사전 등 각 곳에서 창우백희를 빈번하게 연출하였으며, 현종(玄宗, 712~756)은 평소에도 흥경궁 근정전루 혹은 화억루 등 궁전에서뿐 아니라 각 군현의 교방에서도 산거를 크게 설치하고, 한선(旱船, 배모양 틀을 이용해 추는 춤), 심동, 주색, 환검, 각저, 희마, 두계(斗鷄, 닭싸움) 등의 백희를 펼쳐 크게 성행하였다.[62]

당대에는 백희기구인 이원(梨園)[63]을 중요하게 거론할 만하다. 좌한림[64]의 「당이원제자고변(唐梨園弟子考辨)」에 의하면 이원은 개원 2년(현종 3, 714)에 설치되었다고 하는데, 이로부터 9년 후인 개원 11년(723)에는 홍성기를 맞았다. 특히 이원과 관련하여 '이원제자(梨園弟子)'[65]는 우리나라에서도 거론된 바 있다. 고려말 이색이 지은 시 '환궁악(還宮樂)'[66]에 의하면 "왕의 환궁시에 이원의 제자들은 재주를 바치

---

62) 張永祿 主編, 1990, 『唐代长安詞典』.

63) 이원(梨園)이란 당의 현종(玄宗)이 장안의 금원(禁苑) 안에 영인(伶人)들을 모아 음악을 가르치던 곳이다. 이후 뜻이 변하여 연극계, 극단, 기방(妓坊)을 뜻하게 되었는데, 따라서 여기서 이원의 제자들이라 함은 배우, 광대, 여기, 악공을 총칭하는 것으로 보아도 무방하다.

64) 左漢林, 2010, 「唐梨園弟子考辨」, 『樂府學』第五辑, 67~81.

65) 이원제자(梨園弟子)라고 하는 이들은 처음에는 악기연주자들이었지, 희곡을 연출하던 광대류를 가리키는 것은 아니었다고도 한다. 원말 명초 고측성(高則成)의 저명한 희곡인 『비파기』에 "금일 이원제자, 연기하고 창하고 비파 타는 것을 기록한다."는 것에서부터 잡희를 담당했던 이들을 가리키는 것으로 굳어졌다는 것이 오늘날의 해석이다.

66) 이색, 「환궁악(還宮樂)」, 『목은시고(牧隱詩藁)』卷之五, "군왕이 밤중에 절집에서 돌아오매(君王夜自蓮房回), 이원 제자들이 다투어 재주를 바치어라(梨園弟子爭効才), 예상우의곡 곡조는 성월을 진동시키고(霓裳羽衣振星月), 푸른 머리 미인들은

고 기녀들은 생소 병주를 연주했다."고 하여 당시 궁정의 연주자들을 당 현종의 이원제자에 비유하고 있다.

이원이 만들어지게 된 배경은 당현종의 음악 애호와 관련 깊다. 양귀비와의 일화로도 매우 잘 알려진 중국의 제6대 황제인 현종은 음악 인재를 키우기 위해 전국에서 300여 명의 청년제자를 뽑아 장안성(長安城) 안의 광화문 북쪽에 위치한 이원(梨園)에 머물게 하고, 또 궁녀 중 기백명을 뽑아 호화로운 의춘(宜春)의 북원(北院)에 살게 하고 교육시켰다. 현종 자신이 음악에 조예가 깊었으므로 직접 갈고(羯鼓, 작은 장고)를 들고 희곡의 반주악을 연주하고 가르치기도 했다. 따라서 이원에 소속된 이들을 이원제자로 부르게 된 것이다. 당현종은 이원제자들을 기르면서, 일 년에 한번씩 시험을 보고, 못 미치는 이들은 탈락시켰다. 아이러니하게도 이때 탈락된 이들은 다시 민간에 돌아가 궁중음악을 전파하여 당대의 민간예술도 발달시켜, 결과적으로는 궁중과 민간 모두에서 백희가 발달하게 되었다.[67]

무더기를 이루었네(雲鬢綠鬢成一堆), 생소 소리는 난봉의 울음처럼 청아한데(笙簫縹渺鸞鳳音), 오방 임금들은 중천의 대에서 연회하누나(群帝酣宴中天臺), 진 시황과 한 무제는 욕심이 너무 많아(秦皇漢武多欲心), 하늘을 날아 곧장 봉래를 찾으려 했건만(駕空直欲尋蓬萊), 우리 황상은 백성 걱정이 골수에 사무쳐(我皇憂民入骨髓), 사기를 꺾어서 태평성대로 회전시켰네(幹廻太和邪氣摧), 다만 바라는 것은 백년 삼만 육천 일에(但願三萬六千日), 날마다 신선이 와서 신선주를 바침일세(神仙來獻流霞杯)"

67) 张舟, 2010,「唐代梨园弟子来源及命运考」,『音樂探索』, 32~36. 张舟에 의하면, 여기에 소속된 제자들은 대략 3종류가 있었다고 하는데, 복합적인 신분을 가진 이들부터, 평민, 궁정의 궁녀를 비롯해 관노비까지 다양했다고 한다. 또한 이원제자들은 당 현종의 총애를 받았던 이들도 있으나, 범죄를 저질러 친국을 당한 이들을 비롯해 무고하게 죄를 받은 이들도 있었다고 한다. 안사의 난(755~763년) 이후 현종이 데리고 갔던 소수의 인원을 제외하고는 연기처럼 사라졌다고 하는데, 이들 중 일부는 민간에 흘러들어갔다고도 한다.

또한 당대에는 현종의 배우 육성에 힘입어 백희 중 희곡이 전성시대를 맞는다. 당나라 『통전(通典)』에 의하면 당대 희곡은 역시 백희 중 음악을 동반한 산악(散樂)에 해당하는 것으로, 간단하게는 횡적1(대금류), 박판1(박), 요고3(장구)의 반주음악이 곁들여져 있는 것이었다.[68] 이 외에도 『악부잡록(樂府雜錄)』의 고가부(鼓架部)에 의하면 가무희와 기타 산악백희에 사용되었던 악기로는 적(笛, 피리), 박판(拍板, 박), 답고(答鼓(即 요고(腰鼓)), 양장고(兩杖鼓, 갈고)가 있었다고 한다.[69]

특히 당대에는 다양한 백희 관리 기구가 체계적으로 설립된 시기이기도 하다. 크게는 태악서, 내교방, 외교방(좌교방, 우교방이 소속)이 그것이다. 먼저 태악서는 태상사에 속하는 것으로 그 임무는 음율을 고르고, 악무예술인들을 훈련시키고 시험을 통해 선발함으로써 제사, 연향 등에 쓰이는 아악(雅樂), 연악(宴樂)과 산악백희(散樂百戲)을 제공하는 것이었다. 당대 내교방은 둘로 나뉘는데, 하나는 무덕년간에 태상사에 속하였던 것이고, 다른 하나는 개원2년 설치된 내교방으로 궁정에 직속된, 즉 봉래궁에 속한 것이었다. 당 현종 때 내교방의 주요 책무는 속악과 산악백희를 훈련하고 연출하는 것으로서, 무덕년간에 아악의 훈련 및 연출과는 현격히 다른 것이었다. 외교방은 좌교방과 우교방이 있었으며, 양 교방은 균등하게 궁정에 속한 것이었다. 속악, 산악백희를 주로 연습하고 연출하는 것이 주요 임무였다.

당대 백희의 연출 장소는 전대의 전당(殿堂), 정원(庭院), 광장(廣場)을 이은 곳은 물론, 더욱 발전되어 상설 백희 극장이 생기기도 했다. 이 상설 백희 극장은 주로 사원(寺院) 안에 생겼는데, 이전 북위 때부터 악

---

68) 통전(通典), 卷146, 樂6載, "散樂, 用橫笛一, 拍板一, 腰鼓三."
69) 馮文慈, 1993, 561.

무백희를 표현하던 낙양사원이 당대에 이르러서는 사회의 개방과 종교 신앙의 자유 확대 및 불교 성행, 사원에 침투된 문인들의 분위기 등으로 인해 더욱 중요한 역할을 하게 되었다.

당대의 잡희가 번영했던 원인으로는, 성대한 예술 발전을 뒷받침할 만한 환경의 조성이 제일 요인으로 꼽힌다. 또한 통치자들이 백희를 중시하고 애호하여 음악기구를 설치한 것 또한 중요한 동기가 되었다. 이외에도 당대에는 예악, 문학, 민속 등 모두 문화가 밀접하게 관련을 맺게 되면서, 백희도 널리 퍼져 궁정은 물론 부호 귀족들의 가정에서도 성행한 것이 원인이자 결과로 제시된다.

ㄴ. 당(唐) 백희(百戲)의 유형

당대의 백희는 그 종류가 매우 다양하다. 이처럼 다양해진 것은 이전 시대인 위진남북조와 수대를 거쳐 서역으로부터 들어온 각종 잡희가 혼용 및 발전되었기 때문이다.

『구당서』권29에 수록된 백희를 살펴 보면, 배우가무잡주(俳優歌舞雜奏)라 하여 다양한 백희 종목이 전한다. 도령(跳鈴, 공위 재주 부리기), 척검(擲劍, 칼던지기), 투제(透梯, 사다리 통과하기), 희승(戲繩, 줄타기), 연간(緣竿, 장대이어타기), 농침주(弄枕珠, 구슬놀리기), 대면(大面, 가면극), 발두(拔頭, 잡극), 굴뢰자(窟礧子, 괴뢰희 혹은 목우희) 및 환기격수화어룡(幻伎激水化魚龍, 변환술), 진왕권의(秦王倦衣, 잡극)[70] 등이 그것이다.

당대 백희를 이빈성 등이 편찬한 『수당오대사회생활사』에는 크게

---

70) 진옥경, 노경희, 2014,『고풍악부가음: 이백의 시 정화』. 진왕(秦王)이 옷을 개어 성은을 입은 여인에게 주었다는 내용의 잡곡이다.

가무희와 잡기로 구분하고 있다. 먼저 가무희(산악)에 해당하는 것 중 대면은 대면(代面)이라고도 불리는 것으로서, 북제(北齊)의 난릉왕(蘭陵王)의 용맹한 모양을 상징한 것으로 알려져 있다. 가면을 쓰고 전쟁하는 모습을 상상의 형태로 나타낸 것으로『통전』의「산악」에 전하는 <난능왕입진전(蘭陵王入鎭田)>을 일컬어 이것이라 한다.

두 번째 발두는 발두(鉢斗)라고도 하는 것이며 서역에서 유래한 것이다. 어떤 이의 아비가 호랑이에게 상처를 입자, 산으로 아비의 주검을 찾으러 갔다고도 하고, 호인(胡人)이 맹수에게 먹히자, 그 아들이 맹수를 죽였다고도 하는 이야기이다. 표현하는 이는 머리에 가면을 쓰고, 짧은 몽둥이를 들고 금수로 변한 사람의 머리를 뽑는다.

세 번째 답요랑(踏搖娘)은 수나라 말기에 생긴 산악극으로, 하내(河內) 사람으로 용모가 무섭게 생기고 술을 좋아하는 이가 있었는데, 취해서 그 아내를 죽였다는 내용이다. 본래 그 아내는 아름답고 노래를 잘해서, 생전에 원망하고 괴로워하는 가사를 지어 불렀던 것을 나중에 관현반주를 붙여서 노래극으로 만들었다고 한다. 이 답요랑에 대해 주간과 이남71)은『구당서』에 <대면(大面)>, <발두(拨头)>, <답요랑(踏搖娘)>, <굴뇌자(窟鑼子)>와 같은 초보적 희극이 존재하였는데, 이 중 답요랑이 가장 희극의 형태를 띠었던 것이라고 평가했다. 답요랑은 또한 담용랑(談容娘)이라고도 하는데,『교방기』에 나타난 표현 방식에 의하면, 남자 배우가 화장을 하고, 낭중(郎中)의 처 주변에서 연기하며 노래를 부르는 형식이었다. 이후 이 <답요랑>은 그 표현과 형식에서 많은 변화를 거치게 되었는데, 부부간에 서로 조롱, 지적하고 변호

---

71) 周侃, 李楠, 2009.

하는 류로 굳어졌고 이후에도 지속적으로 이 형식이 유행하게 되었다. 이 내용 형식은 소희(小戱)의 하나로 극 중간에 관중들도 참여하는데, "불자(佛子), 불자"로 호응했다는 기록이 있다. <답요랑>은 현재 중국에서 가장 오래된 소극본(小劇本)의 하나이다. 당나라 때에는 이와 같은 가무희가 성립되어 이후 송금원잡극에 영향을 준 것으로 평가된다.

다음 <굴뇌자(窟礧子)>는 끈을 묶어 막 아래서 나무인형을 이용해 가무를 하는 것인데, 반주음악이 따르는 것으로 현재의 목우희로 전승되었다. 역시 『구당서』와 『음악지2』에 전하는 것으로 괴뢰자라고도 한다. 본래는 상가(喪家)에서 시작된 우인희(偶人戱)로서, 인형의 가무 수준이 매우 높았던 것으로 알려져 있다. 쾌소목인이 술을 마시거나 노래를 부르거나, 생황을 부는 등 정교하게 표현하기 때문인 것 같다. 당태종은 굴뢰희를 싫어해서, 음교(淫巧)로 취급하였고, 정관 7년(633)에는 금지하고 공장을 정폐하기도 하였다. 이 때문에 음란한 것들은 정제되어 공연되면서 오히려 더 사람들에게 환영받게 되었다고 한다. 돈황의 막고굴(莫高窟) 중 제31굴의 벽화에는 당나라 때의 "반령괴뢰(盤鈴傀儡)" 등의 나무 인형을 위한 거푸집이 발견된 바 있으며, 동서 열전[72]에 의하면 천여명으로 이루어진 달사구(達泗口)의 무리는 매번 군현(郡縣)을 지날 때마다, 우두머리 광대가 괴뢰희로 희롱하며 사람들의 열렬한 반응을 받은 것으로 알려져 있다. 주목할 것은 당시 한반도의 고려국(高麗國)에서도 이와 같은 것이 있었다는 기록이다. 중국은 외래 연희가 중국 대륙에 들어온 후로는 모두 자국의 것으로 간주하고 그 원산지에 관해서는 존재여부에 대한 언급을 해주는 서술 경향에 비추어, 한

---

72) 『구당서(舊唐書)』, 열전(列傳) 卷177 第127.

반도에도 목우희 고형이 있었고 이것이 중국에 영향을 주었을 가능성을 엿볼 수 있다.[73]

마지막 산악 중 <참군희(參軍戱)>는 음악반주가 따르는 남녀연기극이다. 당대 유명한 5가지 우희(優戱)인 농참군(弄參軍), 농가관(弄假官(가리(假吏)), 농공자(弄孔子), 농가부인(弄假妇人), 농파라문(弄婆羅門) 중 하나이다. 그 중 특히 농참군은 당대 가장 많이 보급된 것 중 하나였다. 이상은(李商隐)의 「교인시(娇人詩)」에 이르길, <참군희>는 당대 부녀자와 젖먹이까지도 알 정도라고 했으며, 심지어 아동도 또한 <참군희>의 주연 두 배우를 알 정도라고 했다. 이때를 당대 희곡사(戱曲史) 상 당희곡의 위치가 중요해지는 시점이라고 평가하고 있다. 이 시기는 각 극에 상응하는 형상과 비교적 긴장을 요하는 복식과 분장을 갖추게 되었고, 이것이 전통 희곡의 고정각색으로 형성되었다. 『몽양록(夢梁錄)』의 기악(妓樂)조에 "산악(散樂)은 교방 13부에서 전문적으로 교육되었는데, 그 중 '잡극'이 유일하게 정색(正色)으로 취급된다."고 기록된 것으로 보아 잡극이 이미 당대에 우세한 지위를 차지했음을 알 수 있다.

다음 잡기에 해당하는 것으로 약 9종이 보이는데, 가장 먼저 심동(尋橦)이 언급되고 있다. 심동은 앞서 한나라 때에도 자세히 설명한 바 있는데, 당나라 왕건(王建)의 <심동가(尋橦歌)>에 의하면 "인간들의 백희는 모두 가히 배워 익힐 수 있으나, 심동은 다른 모든 오락에 비할 수 없다(人間百戱皆可學, 尋橦不比諸餘樂)"고까지 표현된 바 있어서 가장 높은 기예로 간주되었음을 알 수 있다. 이 심동, 즉 장대곡에는 당대 가

---

73) 이에 대해 안상복은 이 괴뢰희의 시작을 우리나라 신라시대부터로 보고 있다.

장 성행하였으며 이후 높은 곳에서 기예를 펼치다가 죽는 이가 많아지면서 송대부터는 짧은 길이의 장대곡예로 변하였으며, 이후 명청대까지도 지속되면서 레파토리도 더욱 다양해졌다고 한다.

특히 장간기에 관해서는 여러 가지 기록이 존재한다. 『명황잡록(明皇雜錄)』에 의하면, 현종(玄宗)이 근정루(勤政樓)에 이르렀을 때, 마침 교방(教坊)에 왕대랑(王大娘)이란 이가 백척간(百尺竿)을 잘하였는데, 간 위에는 목산(木山)이 설치되어 있고, 대양이 펼쳐지는 것으로 꾸며져 있었으며, 어린아이들이 오르내리며 끊임없이 가무를 펼쳤다고 한다. 또한 이항(李亢)의 『독이지(獨異志)』에도 간을 쌓는 이로 왕대랑(王大娘)이란 이가 덕종(德宗) 때에도 활동하였다고 하며, 머리 위에 18명까지 올렸다고 한다. 『두양잡편(杜陽雜編)』에는 경종이 궁전의 앞에서 크게 백희를 벌여주었는데, 기녀 석화호(石火胡)가 백척 되는 간(竿) 위에 8, 9세 되는 강녀(姜女) 오인(五人)과 함께 오르내렸다고 한다. 이들은 각각 오색의 옷을 입고 활, 궁, 방패와 창을 들게 하고 <파진악(破陣樂)>을 추었다고 전한다. 이때 오르내리는 모습을 본 사람들은 무서워 가슴을 졸였다고도 기록되어 있다. 이후 문종이 즉위하면서부터는 이 위험한 기악을 엄히 금하였다.

이 외에도 돈황 막고굴167굴 북벽에 전하는 <송국부인출행도(宋國夫人出行圖)>에 역시 장간기가 묘사되어 있다. 정간(頂竿) 예인은 짧은 치마에 중간 소매에 허리에는 띠를 두르고, 신체는 비스듬히 하고 한 발로 서있는 형태로 묘사되어 있다. 10자형 장간의 위에는 4명의 예인이 올라가 수평을 유지하거나, 한쪽팔로 장간을 잡고 있거나 등의 기교를 펼치고 있다.

이와 같은 장간기는 독자적으로 연출되었을 뿐 아니라 종합편성되기도 하였다. 당 태종(太宗) 이세민(李世民)이 재편한 <진왕파진악(秦王破陣樂)>은 앞부분에 전차(戰車)가 있고, 뒤에는 전진(戰陣)이 있으며, 그 중간에 무기(武技)와 마술(馬術) 즉, 잡기(雜技) 등이 서로 상통하고 있는 종합백희 형태의 공연이었다.

다음 거론되는 승기(繩技)는 익거색(溺巨索), 주색(走索)이라고도 하는 것으로서, 현재 중국에 남아있는 강사(鋼絲, 쇠줄타기)가 그것이다. 당 명황제는 이 승기를 좋아해서, 개원 24년(736) 생일을 맞아 특별히 어루(御樓)에서 승기를 벌렀다. 주로 황가에서 연출되던 승기는 안사의 난(현종 43년~51년, 755~763) 이후로는 민간에 전승되어 지방의 성대한 연회에서 흥을 돋우는 기교 중 하나가 되었다. 승기는 양쪽에 둥글게 검을 꽂아 두고, 점점 다가오면 찔려 죽을 수 있는 형태이므로 연기자는 몸을 측면으로 피해가며 걷는데, 동시에 낙하할 위험도 있으므로 보는 관중들은 두려움에 털이 솟을 정도였다고 한다. 「관승기(觀繩技)」나 「승기부(繩技賦)」, 「두양잡편(杜陽雜編)」 등의 기록을 보면 당대 승기의 수준은 확실히 높았던 것으로 평가된다. 이후 당 문종은 고공 승기의 위험성을 방지하고자 금지하기도 했다.

세 번째 약구(躍球)는 특별히 제작된 공 위에서 연기를 펼치는 것을 말한다. 『봉씨문견기』에 의하면 공은 목공을 썼다고 하는데, 공에는 그림이 그려져 있고 높이는 1, 2장(丈) 정도였다고 한다. 이 약구는 주로 궁정에서 빈기(嬪伎, 궁실의 첩으로서 가무를 잘한 예인)[74]들이 했던 기교로 기록되어 있다.

협의의 각저(角觝)는 또한 각력(角力), 교력(校力), 관교(貫交), 쟁교

---

74) 한유(韓愈, 당 ??~??), 『봉릉행(奉陵行)』, "設官置卫鎖嬪妓. 供養朝夕象平居".

(爭交), 상박(相撲) 등으로 불렸으며, 진(秦) 이세 황제 때 감천궁에서 시작된 것으로 알려졌다. 한무제도 이를 애호하였으며, 『구당서』에 의하면 수 양제는 낙읍에서 각저희를 한달 동안이나 베풀었다고 전한다. 또한 당대 황제 중 현(玄), 헌(憲), 목(穆), 경(敬), 문(文), 무(武), 의(懿), 희(僖), 소(昭)종 등 모두 이 각저희 관람을 즐겼다. 이 외에도 각저희는 군대에서도 성행하였으며, 지방에서는 황제나 귀족 관료 등의 환심을 사기 위해 역사(力士)까지 바치는 정도에 이르렀다고 한다.

다음 무마(舞馬)는 당대 개원 천보 때에 가장 성행하였다고 전한다. 당 현종은 말 백필을 장식하고, 좌우로 나누어 무도를 가르쳐, 생일과 천추절(千秋節), 그리고 조정(朝庭) 연회(宴會) 때 선보이게 하고 조흥하게 했다.

무상서(舞象犀) 역시 당현종 때 코끼리나 물소를 훈련하고, 말을 춤추게 하던 것으로 천추절에 무마와 함께 진상된 오락종목 중 하나였다. 연회가 열리면, 코끼리나 물소를 입장시켜 절을 하게 하거나 춤을 추게 하였다고 한다. 이 동물들은 음율에 맞추어 북을 치며 움직이게끔 조련하였다. 코끼리만 단독으로 공연 할 때에는 두상(斗象)이라고 하였는데, 당 중종(中宗)이 낙성 남문에서 이 두상을 관람하였다는 기록도 전한다.

잡기 중 환술은 본래 서역에서 기원한 것으로 알려져 왔다. 당 이전부터 성행했으나 당 고종 때의 환술은 사람들을 놀라게 하여, 서역의 환술이 더 이상 유입되는 것을 금지하기도 하였지만, 한편으로는 태상서에서 악을 준비할 때에는 어룡만연희를 연달아 삼일간 베푼 후에야 파하는 것이 상식이었다고 할 정도로 여전히 대형 환술은 인기가 지속되었던 것 같다.

요배선(腰背船)은 당(唐) 말에 배를 만들고 12명을 태워 <하전(河

傳)> 곡을 춤추게 하는 것을 말한다. 오늘날 이와 비슷한 것으로는 중국의 민간 예술인 한선이 전한다. 역시 배모양의 의상을 허리에 끼고 행진하는 것으로, 표현형식은 단순하여 마치 꽃으로 장식한 배 안에 여인이 앉아 있는 것처럼 모형배를 허리에 끼고 행진한다. 본래는 바닷가촌 어민들의 물고기 잡는 생활을 묘사한 민간예술이라고 하며, 현재에도 이 한선 퍼레이드를 하는 풍습이 남아 있다. 다음 <그림 19>는 돈황 막고굴의 백희도와 모사한 그림이다.

〈그림 19〉 돈황(敦煌) 막고굴(莫高窟) 제61굴 백희도와 모사도[75)]

⑥ 송(宋, AD. 960~1279) 백희(百戲)의 분화와 잡극(雜劇)의 성행

오대십국기를 거치면서 당송대에 이르면, 산악과 백희의 두 개념은

---

75) 막고굴(莫高窟) 第61窟,五代˚ 李金梅, 李重申, 路志峻, 2001, 「敦煌古代百戲考述」,
   敦煌研究 1, 105~114.

점차 분리되기 시작한다. 산악은 일반적으로 음악, 가무와 잡극 등을 지칭하고, 백희는 각저와 잡기 등을 지칭하게 된다. 예를 들면 "산악전학교방13부(散樂傳學敎坊十三部, 산악을 전문으로 익히는 교방 13부)" 중 10부(部)는 악기와 가창을 지칭하는 것이고, 그 외 3부는 무선색(舞旋色, 무용극), 잡극색(雜劇色, 연극)과 참군색(參軍色, 대화극)으로 잡극을 일컫는다. 따라서 송대의 산악은 백희 중 각저와 잡기 등은 포괄하지 않는 개념이 된다. 남송(南宋)의 『도성기성(都城記胜)』에 실린 내용에 의하면 "산악을 전문으로 익히는 교방 13부 중에서 오직 잡극만이 정색이다[散樂傳學敎坊十三部, 唯以雜劇爲正色]."라고 할 정도로 위 3부 중 잡극색이 가장 중요한 위치를 차지하였으며, 따라서 때로는 산악이라 하면 잡극을 하는 예술인을 지칭하는 것으로 대표되기도 하였다.76)

왕실의 연말 문화와 관련된 기록으로는 『송사』77)에 실린 것을 주목할 만하다. 이에 의하면 세말에 잠을 자지 않고 해가 넘어가는 것을 지키면서,78) 다섯 가지 술을 오행으로 여기고 마시며, 괴뢰로서 잡극을 하였다고 한다. 이는 세말의 도교풍습과 축역의식, 관나와 모두 연관된 것인데, 이때 잡극이 실시되었음을 알게 해준다.

또한 남송 때의 사람인 유당(劉鏜, 1219~?)이 지은 <관나(觀儺)> 시에도 송대 연말 의식과 잡희의 모습이 보인다. 시는 크게는 두 부분

---

76) 馮文慈, 1993, 561.
77) 『송사(宋史)』, 志, 卷119, 志第72 / 禮22 賓禮4. "...中酒果, 風藥, 花餳, 赴守歲夜筵, 酒五行, 用傀儡° 正月朔旦, 朝賀禮畢, 上遣大臣就驛賜御筵..."; 宋史／ 志 卷142 志第95／ 樂17／ 雲韶部..[底本 : 元至正本配補明成化本] , "..., 笛, 方響, 杖鼓, 羯鼓, 大鼓, 拍板° 雜劇用傀儡, 後不復補° ..."; 列傳 卷474 列傳第233／ 姦臣四／ 賈似道..[底本 : 元至正本配補明成化本], "...爲監司, 郡守° 作芙蓉閣, 香蘭亭宮中, 進倡優傀儡, 以奉帝爲遊燕° 竊弄權柄° 臺臣有言之者, ..."
78) 동경몽화록에는 수세(守歲)로 기록되어 있다.

으로 총 7언 48구로 되어 있다. 이 중 제17구부터 20구까지 네구는 귀신들과 역귀가 등장하므로 구나의식과 관계된 것이고, 이후 21구부터 28구까지 8구는 병연된 나희에 관한 설명이다. 원문과 역문을 소개하면 다음과 같다.

(전략)

제17구	夜叉蓬頭鐵骨朵,	봉두난발에 철골타를 손에 든 야차는,
제18구	赭衣藍面眼迸火.	붉은 옷 푸른 얼굴에 눈이 불을 뿜네.
제19구	魃蜮网象初俙伶,	홀역과 망상같은 귀신들 위태로워지고,
제20구	跪羊立豕相嚶嚶.	꿇거나 선 양귀신 돼지귀신 서로 우네.
제21구	紅裳妊女掩蕉扇,	붉은 치마의 미녀 파초선으로 가렸고,
제22구	綠鬢髮翁握蒲劍.	녹색 인수의 수염 노인 포검을 쥐었네.
제23구	翻筋踢斗臂膊寬,	공중제비 도는 팔뚝 두터운데,
제24구	張頤吐吞唇吻乾.	턱 벌려 혀 내밀고 마른 입술 핥네.
제25구	搖頭四顧百距躍,	사방을 두리번거리며 백방으로 뛰다가,
제26구	斂身千態萬罍索.	갖가지 자태 추스르고 온갖 술잔 찾네.
제27구	青衫舞蹈忽屏營,	청삼 입고 춤추다가 홀연 배회하고,
제28구	彩雲揭帳森摩旌.	채운 장막 펼쳐지고 깃발 가득하네.[79]

(중략)

송대에는 또한 원소절에 펼쳐진 백희도 유명한데, 석무량이 쓴 소설에 오산(鰲山), 교방(教坊)(樂), 백희(百戲), 경룡(景龍), 등화(燈火) 등의 악이 전한다.[80] 진양이 쓴 『악서』, 「악도론」[81]에는 더욱 자세한 원소

---

79) 안상복, 2002a, 78~79쪽.

80) 석무량(石茂良, 北宋, ?~?), 「명려씨사십가소설본(明黎氏四十家小説本)」, 『피융야화(避戎夜話)』卷下, "正月十五日, 淵聖在虜營, 是日陰雲四垂, 家家愁苦, 向之鰲山,教坊,百戲,景龍,燈火之樂, 不可同年想也." 士大夫憂慎, 作歌行者甚衆, 獨胡處

절의 절차가 소개되어 있는데, 이때에도 역시 궁정에서는 술잔을 올리는 절차에 맞추어서 교방악을 비롯해 각종 백희잡기가 병연된다. 이 외에도 동서의 '상원일(上元日)의 관등(觀燈)'에는 백희의 절차가 더 자세히 묘사되어 있는데, 먼저 궐의 앞에는 노대(露臺)가 설치되고, 교방악(敎坊樂)이 연주되면, 소아(小兒, 어린아이)와 무녀(舞女)가 잡기(雜技)를 아뢰는 것으로 시작한다. 또한 주변에는 등산(燈山)이 설치되는데, 등산의 아래에서 백희(百戲)가 베풀어지고, 여무기(女舞技)는 기예를 진상하고, 각 부에서는 악(樂)을 연주한다. 더불어 곡연(曲宴)이나, 상화(賞花, 꽃을 내려주는 절차), 관가(觀稼, 농작상황을 시찰하는 절차) 및 기타 유행(遊幸, 순회)이 따른다. 여타 백희가 베풀어졌으나, 단지 술잔이 오갈 때에는 오직 잡극(雜劇)만이 펼쳐졌다.

상원관등(上元觀燈)의 때와 장소에 따라 예와 규모는 차이가 있었던 것으로 보인다. 동서에 의하면,[82] 때에 따라 등산을 설치하는 것은 동일하나, 어떤 때는 노대(露臺) 대신에 영대(靈臺)를 세우고, 음악(音樂)과 백희(百戲)를 명덕문(明德門) 앞에서 펼친다고 되어 있기 때문이다.

백희의 세부적 연출에 관해서는 남송의 『몽양록』과 북송의 『동경몽화록』을 통해 내용이 좀 더 보강된다. 먼저 『동경몽화록』에는 임금이

晦上元行膾炙人口. 今附於左：上元愁雲在九重. 哀茄落日吹腥風° 六龍駐驆在草莽, 孽胡歌舞蒲萄官° 抽釵脫釧到編戶. 竭澤枯魚充寶賂……"

81) 진양(陳暘, 北宋, 1064~1128), 1101, 「악도론(樂圖論)」, 『악서(樂書)』卷一百九十九, 淸文淵閣四庫全書本, "上元觀燈. 闕前設露臺. 奏敎坊樂. 進小兒伎, 舞伎. 放燈山, 下設百戲. 集府縣樂. 進女舞伎. 其餘曲宴, 賞花, 觀稼, 及他遊幸, 但奏樂行酒, 惟進雜劇°"

82) 진양, 앞의 책, 1101, "上元觀燈, 設燈山, 靈臺, 音樂, 百戲於明德門前. 召三公, 僕射, 尙書, 丞郎, 東宮三師, 三少, 賓客, 太常, 宗正卿, 大兩省, 御史大夫, 中丞, 知雜, 御史. 中元, 下元, 升東華門, 唯近臣預焉."

보진루에 정좌하면 치사(致詞) 하는 것을 시작으로 제군(諸群)의 백희가 벌어진다. 여기에 소개된 각종 백희는 잡기류(雜技類)를 비롯해, 귀신희(鬼神戲), 잡극(雜劇), 마술(馬術), 마희(馬戲), 타구희(打毬戲, 공치기)와 같은 것들이 있었으며 크게 다섯 단락으로 구분하고 있다.

첫 단락의 시작은 북과 피리가 울리면 붉은 기를 든 이가 '농대기(弄大旗, 큰 깃발 놀음)'를 하는데 이때 '사표(獅豹, 사자와 표범)'가 진퇴하며 이끈다. 다시 붉은기를 든 이와 양손에 흰기를 든 이가 도약하며 춤을 추는데, 이를 박기자(撲旗子)라 한다. 상간기와 근두와 같은 잡희류가 끝나면 악부의 반주가 따르는 백희가 이어진다. 이 백희의 마지막은 창대검(槍對檢, 창과 검 겨루기), 검대패(檢對牌, 검과 방패 겨루기) 등의 '격자지상(擊刺之狀, 부딪히고 찌르는 류의 잡희)'류의 투기성 기예였다. 두 번째 단락은 폭장(爆仗)을 신호로 여러 차례 장면이 전환되면서 펼쳐지는 각종 귀신희(鬼神戲)이다. 세 번째 단락은 촌부부의 싸움 그리고 무선(舞旋)이 연출되는데, 무선은 연극과 밀접한 관련이 있는 두단의 잡극 후에 이어지는 춤을 말한다. 네 번째 단락은 갖가지 형태의 마술(馬術), 곧 마희(馬戲)이며, 마무리로 다섯 번째 단락은 소타(小打), 대타(大打) 등의 타구희(打毬戲)가 펼쳐진다.[83] 이를 정리하면 다음 <표 4>와 같다.

---

83) 안상복, 2002b. 75~78쪽.

절차	종목	세부 내용	성격
1	격자지상 (擊刺之狀)	박기자(撲旗子)와 상간기(上干技), 근두(筋斗) 등 잡기, 창대검(槍對檢), 검대패(檢對牌) 등 열무(閱武)와 무희	박기자(撲旗子), 잡기(雜技) 및 무희(武戲)
2	귀신희 (鬼神戲)	폭장을 기준으로 각종 귀신 장면전환	변환술(變幻術)
3	잡극(雜劇)과 무선(舞旋)	촌부부의 싸움, 두 단의 잡극과 춤	잡극(雜劇)
4	마술(馬術)	마희(馬戲)	마장마술(馬場馬術)
5	타구희 (打毬戲)	소타(小打), 대타(大打)	체육활동

제1단락에서 언급한 각종 백희 중 특히 심동, 즉 장대타기는 매우 높이 평가되었다. 저자인 맹원로(孟元老) 역시 "당대에 보유한 잡기 중 제1항목에 해당한다(仍保留此一節目)"고 평가할 정도였다. 송대 벽화에는 이와 같은 장대타기 중 머리에 장대를 올리고 연기하는 모습이 새겨져 있기도 하다. 백희는 『송사』 운소부(雲韶部)에 의하면 적(笛, 피리), 방향(方響, 16철판악기), 장고(杖鼓), 갈고(羯鼓, 양장고), 대고(大鼓, 큰북), 박판(拍板, 박)으로 반주했다.[84] 다음 <그림 20>은 돈황 벽화 중 정간도를 모사한 것이다.

〈그림 20〉 돈황(敦煌)벽화 중 정간도(頂竿圖) 모사도

제2단락의 괴뢰희는 동서에 괴뢰희를 조정하는 세 가지 방법이 기록되어 있다. "장두괴뢰(杖頭傀儡, 장대위에 인형을 만든 형태), 현사괴뢰(縣絲傀儡, 줄

---

84) 李金梅, 李重申, 路志峻, 2001, 111.

로 인형을 조종하는 형태), 약발괴뢰(籍發傀儡, 대나무에 이어 조종하는 형태)"가 그것이다. 또한 괴뢰희의 극연출 방식은 오자목(吳自牧)이 쓴『몽양록(1274)』[85])의 의하면 괴뢰(희)는 연출 범위가 넓은데, 사서에 나타난 역대 군신, 장상들의 고사를 인용하여, 혹은 역사대로 이야기를 진행하거나(강사(講史)), 혹은 잡극, 애사(崖詞, 7언 설창) 등이었다. 이 외에도 괴뢰희가 수백희(水百戲)를 겸할 때에는 물고기가 용으로 변화하는 기술도 있었는데, 이는 거의 신기에 가까웠다고 한다. 이 괴뢰희는『송사』열전에도 관련 내용이 전하는데, 간신이 부용합(芙蓉閣)을 짓고, 향난정(香蘭亭)을 궁중(宮中)에 만들고 창우괴뢰(倡優傀儡)희를 올림으로써 황제를 즐겁게 하였다고 하는 것으로 보아 비판의 대상이 되기도 했음을 알 수 있다.

제3단락에서 펼쳐졌던 잡극은 괴뢰를 사용하였다고 하며, 또한 동서 142권에 의하면, 북송(北宋) 궁정 교방악의 고적부(鼓笛部)에는 삼색적(三色笛, 삼색 피리)을 비롯해, 박판(拍板)과 장고(杖鼓) 3종(种)의 악기로 잡극의 효과 음악을 연주했던 것으로 기록되어 있다.

제4단락의 마희는 이후 원나라 때에 더욱 발전하는데, 송대에도 자주굴(磁州窑) 마희표현와침(馬戲表演瓷枕, 마희를 표현한 도자기 베개)이 발견되어 이미 원대 이전부터 마희가 성행했을 가능성도 보여준다. 다음 <그림 21>이 바로 송대 마희표현와침(馬戲表演瓷枕)이다.

---

85) 오자목(吳自牧, 南宋, ?~?),『몽양록(夢粱錄)』"凡傀儡, 敷演烟粉, 灵怪, 铁骑, 公案, 史书历代君臣将相故事话本, 或讲史, 或作雜剧, 或如崖詞° 如悬线傀儡者, 起于陈平六奇解围故事也, 今有金线卢大夫, 陈中喜等, 弄得如真无二, 兼之走线者尤佳° 更有杖头傀儡, 最是刘小仆射家数果奇, 其水傀儡者, 有姚遇仙, 赛宝哥, 王吉, 金时好等, 弄得百伶百悼° 兼之水百戲, 往来出入之势, 规模舞走, 鱼龙变化夺真, 功艺如神° "

이 밖에 민간에서도 성시의 상점을 중심으로 백희가 성행하였는데, 송대 민간예술로는 영희(影戲, 그림자극)뿐 아니라, 잡극(雜劇, 음악극) 을 비롯해 심지어는 설경(說經, 유가경전낭독)과 연사(演史, 고사를 연 기조로 읊는 것)87) 등도 발달하였다. 세부적으로는 거의 백여종에 달했 다고 한다. 더욱이 이 시기의 특징은 북송잡극(北宋雜劇)을 비롯해 금 원본(金院本),88) 괴뢰희(傀儡戲)의 희곡 등이 싹트고 형식이 갖추어졌 고, 이로 인해 잡극이 크게 성행했다는 것이다. 일례로, 북송시기 변량

---

86) 冯国超, 2006, 「馬戲表演瓷枕」, 『中國傳統体育』.

87) ≪演史≫는 송대 시인 석보제(釋普济)가 지은 시 중 하나이다. 석보제는 송대 고승 (高僧)이고, 옹주(雍州) 북산호인(北山互人)이다. 처음 출가한 이후 원선사(圓禅师) 에 의탁하였으며, 홀로 임야에서 지낸 후 인간 세상에는 거하지 않았다. 앉아서 선 을 수행하다가 치아가 다 빠질 지경에까지 이르렀다고 하고, 험지에서 거하면서 승 냥이나 호랑이도 피하지 아니하였다. 비록 이처럼 유랑하는 사람이었으나 책을 손 에서 놓지 않았다고 한다.

88) 남송과 북송의 희극(戲劇)을 지칭하는 것으로 균위(均謂)는 잡극(朶劇)이라고 하였 다. 금(金)나라 때에 이르러 시작된 원본(院本)이라는 뜻의 이름이다.

(汴梁) 지역에서 연출된 잡극 <목연구모(目蓮救母)>는 7월 7일(칠석날)부터 시작하여 15일(中元節)까지 줄곧 지속될 정도였다.[89]

⑦ 원(元, 1271~1368) 잡기(雜技)의 확대와 극희(劇戲)의 성행

원나라 때에는 『원사』[90]에 의하면 세말에는 궁정에서 일련의 재해, 구사를 탈피하고, 신년 복을 기원하는 활동이 있었다. 12월 16일 이후 세말전 하루 날을 잡아 백흑양털로 이어서 끈을 만들어 제후와 태자의 정수리부터 손발에 이르기까지 모두 묶는다. 이들이 침전(寢殿)에 앉으면, 무당이 악귀를 쫓고 복을 비는 말로 시작하는 의식을 행했다고 한다.

몽고인은 또한 음악가무를 무척 즐겨서, 연회나 중대사에서 반드시 주악무도(奏樂舞蹈)하였으며 군대도 출정 시에도 예인들이 수행했을 정도였다. 국왕의 행차 시에도 17~18인의 미녀가 수행하며 이중 14명은 현악기로 대궁악(大宮樂) 등의 곡을 연주하였고, 나머지는 박수를 치거나 춤을 추는 등의 여악(女樂)이 반드시 뒤따랐다. 잘 알려져 있다시피 이들 민족의 이와 같은 음악과 무용을 한족들은 호악(胡樂)과 호무(胡無)라 하였다.

원나라 때에는 중서성 예부 아래에 의풍사(儀風司) 및 교방사(教坊司)를 설치하여 악공과 악기 등을 관장하였다. 다시 의풍사 아래에는 운화서(雲和署), 안화서(安和署), 상화서(常和署), 천악서(天樂署)의 소속관부가 있었다. 이 중 운화서와 안화서는 악공(樂工)을 관장하고 음율의 조절 및 서적 등의 일을 맡았으며, 상화서는 회회악인(回回樂人,

---

89) 朱瑞熙, 张邦炜, 1998,『宋辽西夏金社会生活史』.
90)『원사(元史)』, 卷77, <제사지육(祭祀志六)>

서역인(西域人))을 전담하여 관장하였고, 천악서는 하서악인(河西樂人, 당인(唐人))을 담당하였다고 한다. 각 사는 또 하부 조직으로 홍화서(興和署)와 상화서(祥和署)를 두어 악기 등의 물건을 관장하게 하였다. 이중 천악서가 바로 기악(妓樂), 동가(動駕)의 앞에서 연출되던 잡희(雜戲), 비간(飛竿, 장대타기), 주색(走索, 줄타기), 축농(蹴弄, 발재주), 장상(藏箱, 상자마술) 등의 기악(伎樂), 즉 백희(百戲)를 담당한 기구였다.

이 외에도 특별히 각저(角觝)를 번성케 했던 일들이 있다. 먼저 원 인종(仁宗, 1285년~1320년)은 1219년 6월에 각저희만을 전문적으로 담당하는 기구를 만들었는데 그것이 바로 용교서(勇校署)였다. 또한 원나라 때에는 특히 각저자에게 후하게 상을 주는 풍습이 있어서, 각저희가 더욱 풍부해지게 되었다. 예를 들면, 원말 순제(順帝, 1320년~1370년)는 1320년 6월에 각저인 210명에게 돈을 각 일천(一千) 관(貫)씩 후하게 준 일이 있었는데, 이를 본 일부 한족 관원들은 이에 불만을 품었다고 전한다. 이후에도 순제는 각저자에게 일만(一萬) 관의 돈을 상으로 내리고자 하니, 중서성(中書省)에서는 이에 대해 "역사(力士)가 무슨 공이 있어, 이리 획득한 상이 많은 것입니까?"하고 지적하였다고 전한다. 그러나 당시 몽고족의 풍속이 그런 것을 허용하였으며, 당시 상대적으로 소수인들, 즉 한족은 대놓고 이와 같은 몽고인들의 솔교(摔跤, 각저희) 흥취를 저하시킬 수 없었다고 한다.[91]

원대에는 또한 희곡이 극희의 하나로서 원문화에서 중요한 위치를 차지해다. 희곡은 궁정에서는 교방사에 속해 있었고, 주로 궁정에서 표현되었으며, 민간에서도 일종의 연극 공연장인 구란(句欄)이나 와사(瓦

---

91) 史衛民, 1996, 『元代社會生活史』, 368~375.

肆)에서 매우 홍행하였다. 당시에 잡극, 즉 희곡의 작가들은 약 600작품을 창작하였으며, 현재에도 남아 전하는 것으로는 약 150여종이나 된다. 잡극 작가를 흔히 "재인(才人)"이라고 불렀으며, 이들은 주로 단체를 이루며, 대도시 등의 성시에는 모두 있었던 "서회(書會)"에서 활동했다.

원대 대표적인 산악백희의 유적인 산서(山西) 명응왕전(明應王殿) 원잡극(元雜劇) 벽화(壁畵)에는 산악백희의 반주 악기로 횡적, 박판과 대고의 3종(種)이 묘사되어 있다. 당대, 송대, 원대를 거쳐 약 5종의 사료를 통해 본 산악백희의 반주악기는 이것과 대체로 비슷하기에, 당대 산악에서부터 송금잡극을 비롯해 원대잡극이 이어져 내려온 것으로 보인다.[92] 이 벽화에는 또한 "대행산악충도수재차작장(大行散樂忠都秀在此作場)"이라고 길게 가로로 적혀있는데, 이 중 '충도수(忠都秀)'는 당시 주된 예인의 이름이라고 한다.

원나라 때에는 민간 백희와 관련하여서는 유훈(劉壎)[93]이 지은 「관나(觀儺)」[94] 시를 언급할 만하다. 이 시의 작자인 유훈은 강서성(江西) 남풍인(南丰人)으로 저명한 문인은사인데, 연말 나문화를 다음과 같은 시로 지었다.

---

92) 馮文慈, 1993, 561.

93) 유훈은 송말원초 학자이자, 시인이며 평론가인데, 자(字)는 기잠(起潜)이며, 호(号)는 수운촌(水云村)이다. 학자들은 수촌선생(水村先生)이라고도 한다.

94) 유훈(劉壎, 元, 1240~1319), 「관나(觀儺)」, 『은거통의(隱居通議)』, 卷8 詩歌3, 清海山仙館叢書本, 秋麓山雞愛景集. "余初著通議時, 嘗載吾叔父秋麓先生鏊, 高年著作不倦, 而余自覺江淹才盡不能逮, 以爲媿° 今先生謝世倏閱八期, 追懷悽愴, 學者曾元伯褒金刻其遺吟而以絶句爲之首, 蓋其古律體多而絶句獨少, 自成一家, 不數宗唐也, 摘其尤者如左° "

寒雲岑岑天四陰, 畫堂燭影紅簾深. 찬 구름이 잠들어 하늘은 사방이
　　　　　　　　　　　　　음침한데, 그림 속 집의 촛불은
　　　　　　　　　　　　　붉은 주렴을 비춘다.

鼓聲淵淵管聲脆, 鬼神變化供劇戲. 북소리는 깊고, 관악기 소리는 가
　　　　　　　　　　　　　볍게 들리는데, 귀신의 변화는 희
　　　　　　　　　　　　　극으로 나타나네(극희(劇戲))

金窪玉注始淙潺, 眼前倏已非人間. 금과 옥으로 만든 물웅덩이에는
　　　　　　　　　　　　　물이 흐르고, 눈앞에 빠르게 나
　　　　　　　　　　　　　타난 것은 이미 인간이 아니네.

夜乂蓬頭鐵骨朶, 赭衣藍面眼迸火. 밤이 깊었는데, 싹둑 자른 머리
　　　　　　　　　　　　　는 철골처럼 늘어지고, 붉은 옷
　　　　　　　　　　　　　에 남색 얼굴의 이는 눈에서 불
　　　　　　　　　　　　　을 뿜는 구나.

魖蜮罔象初俳伶, 跪羊立豕相嚶嚶. 갑자기 나타난 여우와, 그물에
　　　　　　　　　　　　　걸린 코끼리는 사령을 물리치
　　　　　　　　　　　　　고, 꿇어 앉은 양은 일어나 돼
　　　　　　　　　　　　　지와 서로 앵앵대는 구나(수희
　　　　　　　　　　　　　(獸戲))

紅裳妖女掩蕉扇, 綠綬髯翁握蒲劍. 붉은 치마를 입은 아가씨는 부채
　　　　　　　　　　　　　로 가리고, 푸른 끈으로 수염을
　　　　　　　　　　　　　묶은 노인은 포검을 쥐고 있네.

翻筋踢斗臂膊寬, 張頤吐舌脣吻乾. 땅재주하는 이의 팔뚝은 건장하
　　　　　　　　　　　　　고, 턱과 혀를 내두르는 것이 하
　　　　　　　　　　　　　늘에 닿을 정도구나.(근두(筋斗))

搖頭四顧百距躍, 斂身千態萬睪索. 머리를 흔들고 사방을 둘러보더
　　　　　　　　　　　　　니 백리를 뛰고, 몸을 추슬러 천
　　　　　　　　　　　　　가지로 변하고 만 가지의 끈이 술
　　　　　　　　　　　　　잔을 잇는구나.(환술(幻術))

青衫舞蹈忽屏營, 彩雲揭帳森摩旌. 푸른 저고리를 입고 추는 춤들은
　　　　　　　　　　　　　병풍을 이루고, 고운빛깔 장막을

거두니 깃발이 숲을 이루고 있네.

紫衣金章獨據案, 馬鬐牛權兩披判. 황금색 글이 써진 자주 옷을 입은
이가 책상에 앉아 말의 귀와 소의
추를 가지고 판단하는 구나.

能言禍福不由天, 躬履率越分愚賢. 능히 말로 화복을 부르는 것은 하
늘에서 말미암은 것은 아니나, 몸
을 굴려 어리석은 이와 현인을 구
분하는 구나.

蒺藜奮威小田服(田, 數勿切, 鬼頭也), 鼇綟揚聲大鬟哭.
명아주로 엮은 머리털은 위엄이
있고, 귀신의 용모를 갖춘 이는
갈기달린 깃발을 날리며 큰소리
를 내는구나. (구나(驅儺))

白面使者竹筴鎗, 自誇搜捕無遺藏. 흰 얼굴의 사신은 솥을 대나무채
로 두드리며, 스스로 자랑하면서
도 거리낌이 없구나.

牛冠箝卷試閱檢, 虎冐肩戟光晈閃. 관을 씌운 소는 재갈을 물려 그
힘을 시험하고, 모자 씌운 호랑
이의 어깨의 창은 빛이 번쩍이
네. (각저(角觝))

五方點隊亂紛紜, 何物老嫗繝猶熏. 오방으로 펼쳐진 대는 어지럽게
섞여 있으니, 어떤 물건이 늙은
이를 위한 연기인지 알 수 있겠
는가.

終南進士破韃絝, 嗜酒不悟鬼看覰. 마침내 남쪽으로 나아간 선비는
신과 바지를 찢으니, 마신 술로
귀신이 쳐다보는 것도 깨닫지
못하는 구나.

奮髥瞱目起婆娑, 衆邪一正將那何. 흔들리는 검붉은 눈동자로 일어
나 춤추니, 취한 무리 중에 홀로

바른들 어찌하겠는가!

披髮將畢飛一映, 風捲雲收鼓簫歇. 장차 멈추려 하니 휘파람소리 짧게 나고, 바람이 멈추고 구름이 걷히니 북과 퉁소소리도 쉬는구나.

夜闌四坐慘不怡, 主人送客客盡悲. 밤에 난간의 귀퉁이에 앉아 기뻐하지 않으며, 주인은 손님마다 극진히 송별하네.

歸來桃茢坐深藺, 翠鴉黃狐猶在眼. 돌아오는 길에 복숭아가지에 앉으니 난초향기가 깊은데, 물총새와 부엉이와 누런 여우가 오히려 눈에 들어오는구나.

自歌楚些大小招, 坐久魂魄游消遙. 혼자 흥얼거리니 여기저기서 부르며 손짓하고, 오래 앉아 넋 놓고 있으니 유유히 사라지네.

會稽山中禹非死, 鑄鼎息壤乃若此. 회계산 중 하우씨는 죽지 않았다는 것이나, 주물로 만든 솥의 혹을 식히는 것이 이것과 같구나.

又聞鬼姦多馮人, 人姦馮鬼姦入神. 또 듣자하니, 간사한 귀신은 사람들을 수도 없이 넘보기도 하고, 인간이 간사하게 귀신을 이용해 신의 경지에 감히 들고자 하기도 한다.

明日冠裳好妝束, 白晝通都人面目. 다음날 관을 쓰고 치마를 걸치므로 다시 속박되면서, 백주 대낮에 성시 사람들의 면목 사이를 지나는구나.

此篇筆力奇甚, 可以補缺古人也. 이 글의 필력이 깊어 능히 옛사람들의 어지러움을 보충하는 구나.

위 시는 관나 때 펼쳐졌던 극희, 수희, 근두, 환술, 각저희 등 당시 성행했던 백희와 주연의 흥청거림을 묘사하고 있다. 이전 시기와 크게 다르지는 않으나 수희가 중요하게 묘사되고 있는 점이 주목된다.

수희는 『원사』[95]에 의하면 동물을 이용한 희롱이 성행하였다고 하며, 이때 행해진 희롱이라고 하는 것은 금사(禽蛇, 날짐승과 배의 잡희), 장엽별발(藏擫撒鈸, 동발치기), 도화전(倒花錢, 돈 바꿔치기), 격어고(擊魚鼓, 물고기 모양의 북치기)와 같은 것들이었다. 수희는 사람들을 미혹하는 것으로 간주되어 일시적으로 금지되기도 했다.

원대에는 몽고족의 지배하에 한족의 중앙 진출이 제한된 상황이었기에, 한족의 문인들은 은거하며 희곡 집필 등에 집중하며 활동할 수밖에 없었다. 아이러니하게도 원대는 한족 문인들에 의한 희곡 창작물의 생산이 풍부해지는 결과가 나타났다. 이것은 다음 시대에 백희가 다양화되고 저변이 넓어질 수 있는 원동력이 되었다.

⑧ 명(明)나라(AD. 1368~1644) 궁정잡기의 위축

명나라 때의 궁정잡기는 이전시기에 비해 매우 위축되었다. 명 태조 주원장(朱元璋, 1328년~1398년)은 1389년 3월 "수도 안에서 군인으로서 잡희를 하는 자는 그 혀뿌리를 뽑아버리고, 바둑이나 쌍육 등을 하는 이는 손을 자를 것이다."라고 명하였을 정도로 엄하게 잡희를 금지했다. 이후로 이와 같은 분위기는 제3대 황제인 영락제(永樂帝, 1360년~1424년) 때에도 이어져서, 19년(1411) 7월 백희를 준비하던 관리

---

95) 『원사(元史)』, 志, 卷105, 志第53, 刑法4, 禁令. " ...教習雜戱, 聚眾淫謔, 並禁治之°諸弄禽蛇, 傀儡, 藏擫撒鈸, 倒花錢, 擊魚鼓, 惑人集眾, 以... "

는 미리부터 원대부터 유행하던 창우의 잡극 등 법규에 어긋나는 것들
은 모두 제거하고 군주의 격에 맞는 사곡(詞曲), 잡극, 전통(악) 등만으로
축소해서 올렸다. 그럼에도 불구하고 영락제는 단 한곡만 감상한 후 "이
와 같은 곡들은 단지 5일만 허락하며, 만약 관리 중 더욱 향유하고 수장
(收藏)하는 자가 있거든, 그와 그 일가를 몰살하겠다."고 했다. 명초기
백희에 대한 정책은 이전과는 달리 매우 엄격해졌음을 알 수 있다.

그러나 초기에는 이처럼 이전시기에 대한 반발이 있었다고는 하지
만 이 엄금 정책이 지속될 수 있었던 것은 아니었다. 명나라 문신 류략우
(刘若愚)의 『작중지(酌中志)』96)에 의하면, 홍무(洪武)년간(1368~1398)
궁정에서 유행했던 타도지희(打稻之戲, 벼타작을 배경으로 한 잡극),
과금지희(過錦之戲, 옴니버스극),97) 수괴뢰희(水傀儡戲, 수상인형극)의
내용이 묘사되어 있는 것으로 보아, 이전부터 유행했던 잡극류가 궁정
에서 완전히 없어지지는 않았음을 알 수 있다. 이 외에도 송무징(宋懋
澄)의 『구약집(九籥集)』98)에 의하면, 궁정 내부에서 산예무(狻猊舞, 사
자무), 척색(擲索, 줄타기), 첩칠초(疊七草, 쌓아올리기), 치도판(齒跳板,
이로 널빤지 받기), 잡기 등이 연출된 사실이 있다. 기타 『속문헌통고
(續文獻通考)』에 의하면 정덕(正德) 3년(1508) 무종(武宗) 때 궁정에서
는 근두와 같은 백희가 펼쳐졌다고 한다. 다음 <그림 22>는 명대 연
말 연초의 궁정의 잡기인을 묘사한 것이다.

---

96) 류약우(刘若愚, 1584~?), 『작중지(酌中志)』.
97) 안상복, 2006b. "과금희는 대무(隊舞)·잡극·잡기 등과 같은 짤막짤막한 레퍼토리
　　를 옴니버스 형식으로 모아서 연출하던 프로그램이었다."
98) 송무징(宋懋澄, 明, 1572~1622), 『구약집(九籥集)』.

<그림 22> 명 궁정(宮庭) 과년(過年)시 잡기인(雜技人)(中國古代服飾研究) 모사도[99]

明富廷过年时的杂技人(选自沈从文《中國古代服飾研究》)

　『명사』[100]에 의하면 궁정 연회에서도 괴뢰희가 연출되었는데, 황제에 배례할 때에 먼저 홍려(鴻臚)곡으로 연주를 시작하면 꿇어앉아 절하고, 일어나서 서면 이미 괴뢰가 등장해 있어서 제신들은 황제와 함께이 잡희를 관람했다고 한다. 특히 수괴뢰희(水傀儡戲, 수상인형극)는사해와 주변의 여러 민족들, 장군, 사졸, 남녀 등을 표현한 2척 높이의신선산을 세워 놓고, 주변에는 연못을 파고, 물 안에는 각종 어류들을

---

　99) 郭沫若 외, 1981, 『中國古代服飾研究』; 陳宝良, 2004, 『明代社會生活史』.
100) 『명사(明史)』, 列傳, 卷251, 列傳, 第139; 列傳, 卷301, 第189.

풀어 놓거나 띄워놓은 형태로 화려하게 꾸민 무대를 갖췄다. 형식은 설치물의 주변에 선 한사람이 제목 하나를 내어 읊으면 주변의 괴뢰들이 돌아가며 답하는 식이었으며, 내용은 주로 서양이나 중국의 오랜 고사와 관련된 것이었다.[101)

그밖에 명나라 <선종행락도(宣宗行樂圖)>와 <신년원소경도(新年元宵景圖)>의 두 그림에서는 명대 궁정 생활을 대략적으로 볼 수 있는데, 이 두 그림을 통해 사전(射箭, 활쏘기), 격구, 투호, 찬권, 등간, 사자무를 비롯해 환술과 같은 것들이 명황실에서 펼쳐졌음을 알 수 있다. 다음 <그림 23>은 명 헌종당시 원소절의 행락도 중 일부이다.

〈그림 23〉 명(明) 헌종(憲宗) 원소(元宵) 행락도(行樂圖) 중 일부

---

101) 邹代兰, 郑莉, 2010.

그러나 그나마도 면면히 이어져오던 궁정잡기는 명중기 이후부터는 유명무실해졌고, 오히려 사대부를 비롯한 민간의 잡기가 성행하게 되었다. 먼저 사대부들은 교화 가치가 있는 희곡과 수양으로서의 가내악(家內樂)을 즐겼으므로 이와 같은 것들이 우선적으로 발달하였고, 민간에서는 희곡자제, 즉 희곡을 담당하는 연기자들이 활발히 활동하며 세태를 반영하는 희곡이 유행했다. 명 13대황제 신종(神宗)의 재위당시인 만력(萬曆)년간(1573~1619)에는 황제의 생활을 극본으로 한 <정덕표원(定德嫖院)>이라는 희곡이 민간에서 유행하기도 했다.

이후 세말 혼란기인 명 16대 황제이자 마지막 황제인 숭정(崇禎, 1627~1644)의 통치기에도 평화시에는 일시적으로 백희가 시행되었다. 청나라 말기의 사람 왕로선(王露湑)『숭정궁사(崇禎宮詞)』의 주석에 의하면 수희(水戱)와 과금제희(過錦諸戱) 등이 연출되자 숭정 황제가 좋아하며 웃었다고 한다.

명대 궁정의 잡희는 엄금정책으로 인해 대부분 축소되어 격국, 용선표기(龍船驃騎), 전류(翦柳), 타도지희(打稻之戱), 과금지희(過錦之戱), 괴뢰희 정도가 거론될 만한 것들이다.[102] 당시 명대의 명궁정에서 유행했던 잡희를 정리하면 다음 <표 5>와 같다.

〈표 5〉『명대사회생활사』에 수록된 명궁정 유행 잡희

	내용	성격
격국(擊鞠)	말을 타고 공을 치는 것	체육오락희
용선표기(龍船驃騎)	용모양의 배로 경주하는 것	"
전류(翦柳)	활쏘기	"
타도지희(打稻之戱)	벼타작하는 놀이를 재현한 것	잡극

---

102) 陳宝良, 2004.

| 과금지희(過錦之戲) | 해학이나 재담의 형식의 극에 잡기가 결합된 것 | 〃 |
| 괴뢰희(傀儡戲) | 가무를 겸비한 인형극 | 〃 |

잡극은 오히려 명대에 이전시기의 풍부한 희극본을 바탕으로 유행하였는데, 이 중 특히 옴니버스 형식의 과금지희가 가장 유명하다. 과금희는 골계(滑稽) 형식으로 사회의 각종 풍속 정황을 나타내어 여러 사람들로부터 웃음을 자아내게 하고, 중간에 있는 창우는 희롱과 잡희를 섞어서 하나로 엮어 사람들로 하여금 큰 웃음을 주었는데, 현대의 소위 "소품(小品)"에 해당하는 것이다. 여비(呂毖)가 지은 『명궁사(明宮史)』에 의하면, 과금희는 대략 매회 십여 명이 나와 아속(雅俗)을 아우르며 해학이나 재담과 같은 종류의 극을 했다고 한다. 잡극의 내용은 주로 깃발을 중심으로 징과 북을 치면 각 배역을 맡은 이들이 모여들면서 세간의 각종 추태를 회화하며 드러내는 것이었다. 중간에는 일종의 잡기나 마술 같은 것들도 섞여있었다.[103]

⑨ 청(淸)나라(AD. 1616~1912) 궁중백희의 쇠락(衰落)

청대황제들은 이전에는 볼 수 없을 정도로 매우 엄격하게 백희를 금지했다. 특히 민간에서 백희가 연출되는 것을 사교(邪敎)가 전파되고, 저속한 내용이나 추태 등이 퍼져나가는 것으로 여겼다.[104]

청 3대 황제 순치제(順治帝, 1638년~1661년)는 재위 10년(1657)에 협서(陝西)에서 잡극(雜劇)이 연출되는 틈에 도둑질이 성행한다는 보고를 받자, 이와 같은 연희오신(演戲娛神)하는 행위를 금지하도록 했으

---

103) 劉蔭柏, 1991.
104) 邹代兰, 郑莉, 2010.

며, 제4대 황제 강희제(康熙帝, 1654년~1722년)는 재위 12년(1673)에 복건(福建)에서 원소절의 조흥하는 풍습 중 종고(鐘鼓, 종과 북)를 연주하는 것은 허락하였으나, 도창희(刀槍戲, 칼과 검을 이용한 잡희)는 사람들로 하여금 공포를 조장하므로 모두 금지시켰다. 역시 동 24년(1685), 절강(浙江)에서 민간 연회 중 괴뢰희(傀儡戲, 인형극)가 연출될 때 경쟁적으로 사치스러웠으며, 남녀가 혼잡스럽게 섞이고, 도둑질이 성행하였으므로 강희제는 더욱 엄히 금하였다. 이후 동 27년(1688)에는 지방 율법에 연희(演戲)를 철저히 금지시킬 것을 명하였으며, 더 나아가 재위 56년(1717) 12월 초 10일에는 등붕(燈棚, 등을 장식한 산모양 무대)과 대희(臺戲, 무대위 잡희연출) 및 마등(馬燈, 등불 장식한 마회)으로 장식하고 나뉘어 앙가(秧歌, 부녀자가 나뉘어 모심는 내기 등의 놀이)를 연출하던 연말과 원소절의 오랜 전통도 금지시켰다.

그러나 강희제가 무조건적으로 백희를 금지시키기만 한 것은 아니었다. 강희제의 육순 수연(壽宴) 때에는 대대적으로 백희를 펼치기도 하였는데, 그때의 장면이 <강희만수도(康熙萬壽圖)(1714)>에 남아있다. 이 그림은 강희제의 육순을 축하하는 축제를 그린 것인데, 자금성 신무문(神武門) 몇십리에 뻗쳐 길가에는 등이 달리고, 결채하고, 백희가 연출되었던 상황이 세밀하게 묘사되어 있다. 당시 40여좌가 넘는 백희가 동시에 연출되었다는데, 다음 <그림 24>에서 볼 수 있다.

〈그림 24〉 강희만수도(康熙萬壽圖)

위에서 연출된 백희 중 하나만 거론하자면, 최우측 상단에 그려진 '서상기(西廂記)'의 무대로 중국 원대 발생한 잡극 중 명작으로 꼽히는 것이다. 그림에 표현된 것은 백면서생 장생이 재상의 딸 최앵앵과 홍랑을 우연히 만나는 대목이다.

비록 강희제의 육순을 기점으로 한때 백희가 크게 진설되기는 하였으나, 백희잡기가 벌어지는 곳의 범죄발생은 지속되었으므로 다시 제제가 가해졌다. 강희제의 아들이자 제5대 황제인 옹정제(雍正帝, 1678년~1735년)는 재위 6년(1728) 2월에 하남(河南) 지방에서는 괴뢰희나 설창 등의 잡희가 있는 곳에 많은 사람들이 모여들었는데, 이때 사람을 죽이거나 상하게 하는 일들이 빈번하였으므로, 아예 괴뢰희를 행하는 이는 타지역으로 추방했다고 한다.

제6대 황제인 건륭제(乾隆帝, 1735년~1795년) 때에도 잡기로 인한 폐단들이 지속적으로 보고되었다. 당시 강소(江蘇)지방에서는 상장례(喪葬禮)에 연희와 불가의 곡으로 하는 창을 비롯해 백희의 풍습이 있었는데, 건륭(乾隆) 24년(1759) 3월 어느 부호의 집에서 이 상장례가 벌어지는 중에 도적질과 같은 범죄가 횡행하였으므로 이후로 아예 백희 자체가 금지되기도 했다.

그러나 건륭제 역시 무조건 백희잡기를 타파하기만 한 것은 아니었다. 건륭제는 재위 기간 중 궁정내에 문예오락 전문기구로 백희잡기를 전문적으로 맡아 보는 기구인 도색학(跳索學)을 설립하기도 하였기 때문이다. 다만, 이 도색학은 그 존속기간이 길지 않아 청대 후기에는 이미 사라졌으나, 청조의 거의 유일한 잡기를 위한 전문 기구였다.

이밖에 건륭제는 외교 사절을 맞이하여 함께 잡기를 관람하기도 하였는데, 건륭 58년(1793)에 청나라 강희제를 만난 영국인 사절 조지 맥카트니(George Macartney)는 황제와 함께 열하지방에서 본 잡기를 자신의 저서 『건륭영사관견기(乾隆英使觀見記)』(1916)에 기록하였다. 당시 맥카트니가 본 잡기로는 권술(拳術, 주먹다짐 겨루기), 무도(舞蹈, 각종무용), 주승(走繩, 줄타기), 도검(刀劍, 검술) 등과 같은 무예들과 마기(馬技)였다.

제8대 황제인 도광제(道光帝)는 재위 15년(1835) 8월 갑자(甲子)에, 외지에서 온 유랑민들이 섞인다는 이유로 연창(演唱, 창으로 하는 공연), 고교(高跷, 장간기), 근두(筋斗, 땅재주), 파간(爬竿, 장대타기), 려색(麗索, 줄타기)을 금지하였으며, 제11대 황제 광시제(光緒帝, 1871~1908)는 재위 32년(1906)에 각종 잡희가 펼쳐지는 과회(過會)를 금지하였다.

청대 후기 연말 궁정에서는 산악백희에 부분적으로 잡기를 더하여 진설되었다. 구체적으로는 태평궁(太平弓)의 동편문에 새해가 되기 3일전부터 백희가 경쟁적으로 펼쳐졌으며, 태화헌(泰華軒), 경태헌(景泰軒), 지안문(地安門)의 낙춘방(樂春芳)에 모두 잡찬(雜爨), 즉 송칭 잡사(雜耍)라고 하는, 어룡만연(魚龍漫衍, 환술과 잡극의 종합공연), 토화탄도(吐火呑刀, 불토하기 칼삼키기), 표창(嘌唱, 사설노래극)과 같은 백희들이 진설됐다.

청대의 백희는 점차 쇠락하게 되었는데, 이는 이전시대인 명 말기에 활동하던 예술인들이 의군에 들어가거나 흩어졌고, 궁정내에 전문적인 잡기조직이 거의 사라졌기 때문이었다. 다만, 청인들은 말타기와 활쏘기, 각력(角力) 등에 능했기 때문에, 마술과 더불어 씨름 등의 잡기에서는 큰 발전이 있었다. 지역적으로는 소주(蘇州) 지방의 충주당부(冲州撞府)는 예술적으로 성행했다.105)

이처럼 청대에 백희를 금지했던 이유는 비교적 복잡하다. 한대(漢代)부터 백희는 한편으로는 국가 통치 수단의 하나로 중요하게 사용되면서 통치자들은 백희를 이용해서, 민심을 바르게 하고, 풍속을 두텁게 하여 생업에 힘쓰게 하고, 사교에 물들지 않게 하는 수단으로도 썼지만, 반면 집단적 조직이 가능한 백희의 오락성으로 인해 오히려 봉건 국가의 통치 권력에 위협이 생기기도 했기 때문에 이것은 허용되기 어려웠다. 따라서 통치 질서를 위해서, 혹은 민간 풍속의 정돈과 순화 및 일시적인 오락성의 금지 등의 이유를 내세워 청대에는 백희를 강력하게 금지하거나 관리하는 등의 조치가 자주 취해졌다.

3) 백희(百戲)에서 서커스로

청황실의 몰락 이후 민국시기가 도래하면서 백희잡기는 새로운 형태로 변화하였다. 즉, 서양식 서커스의 출현이 그것이다.

먼저 민국시기는 사회적으로 1911년 신해혁명 이후 1949년 신 중국이 성립되기까지 이전의 전통적인 세상과는 달라진 30여 년 동안의 시기를 말한다. 봉건국가가 와해되면서, 불평등 21조약이 체결된 이후, 5·4운동이 일어나 8년간의 항쟁을 거쳐, 국내해방 전쟁 등을 겪었던 대격변의 시기라고 할 수 있다. 이 시기에는 더 이상 백희라는 용어는 쓰이지 않게 되었고, 이를 대체하는 용어로 잡기(雜技), 혹은 마희(馬戲)가 일반화되었다. 특히 중국에서 마희라고 하면, 서양의 서커스와 같은 형식의 잡기를 의미하는데, 이것은 곧 이 당시의 공연 연출 방식이 이전과는 완전히 달라진 것을 의미하는 것이었다.

---

105) 고록(顾祿(淸, ?~?)), 『청가록(淸嘉錄)』.

이 시기 잡기의 변화는 크게 두 가지였다. 첫 번째는 부분적이지만 우세한 예인들이 집단화되었으며, 두 번째는 연출 장소가 규범화되었다는 것이다.106) 세계 1차 대전 이후 외국 서커스의 경영 방식이 유입됨에 따라 잡기는 더욱 집단화되었다. 당대 비교적 유명한 예인으로는 "목가반(穆家班)", "장소반(長泰班)", "이가반(李家班)", "반가반(潘家班)", "양가반(楊家班)" 등등이 있었으며, 이들은 고용주와 예인들이 전통적으로 우피지(牛皮紙, 소가죽)에 계약서를 쓰던 방식에서 벗어나 현대식 계약 방법으로 고용 계약을 맺는 것으로 변화하였다. 특히 당시 유명한 예인들의 특장 예능 및 대표 작품들은 국가와 지역의 대형 연예 공사에 의해 상해, 홍콩, 대만, 유럽, 미주, 남양 등에까지 공연되는 쾌거를 이루었다고 한다. 그 당시의 대표적인 단체로는 손복유(孫福有)가 만든 "중화국술마희단(中華國術馬戲團)"을 들 수 있으며, 이 마희단은 장강 이하 지방에서 두루 명성을 얻었다고 한다. 이후 1929년에는 "남양정무체육회(南洋精武體育會)"가 명성을 얻어 남양군도 각 국에서 순회공연을 하였고, 중국에 돌아와서는 "중화홍십자회(中華紅十字會)"로 다시 명성을 얻어 하남 수재현장 등에서 공연하였다. 이 외에도 당시 마희단 중 중화국술마희단은 큰 코끼리를 비롯해, 사자, 호랑이 등의 맹수들을 거느렸던 것으로 유명했는데, 이들이 움직일 때에는 30대의 차량이 필요할 정도여서 이미 민국시기에는 신형이자 대형, 대역량을 갖춘 초기의 마희단(서커스단)이 형성되기 시작했음을 알 수 있다.

연출 장소는 크게 둘로 나뉘어졌는데 고정장소와 유동장소가 그것이었다. 먼저 고정 장소는 이전 명청대에 부유한 이들의 사가 안에 존

---

106) 祖丽英, 2014. 「谈民國时期雜技的演出形式」, 『青年文学家』, 177.

재했던 당회(堂會)와 대도시에서 잡기를 위한 전용 무대로 만들어진 전문 종합극원(종합극장)이었다. 대표적인 전문 종합극원으로는 "상해대세계(上海大世界)"를 들 수 있는데, 이 극장은 1917년 건립되었으며 내부는 4층으로 구성된 총 14,000평방미터 넓이의 말굽형[馬蹄形] 극장이었다.

잡기 공연의 유동 장소 중 대표적인 지역은 하남, 하북, 산동 등인데, 1930년대부터는 이 지역 예인들이 주가 되어 강호를 돌며 잡기를 공연하였다고 한다. 이 유동극단에 영향을 준 것은 청대부터 들어온 외래 잡기단인데, 외래 잡기단으로는 청조 말년 영국의 "차려니마희단(車丽妮馬戲團)"을 비롯해 러시아, 프랑스 등 허다한 서커스단들이었다. 이를 계기로 중국내에서도 새로운 무대형태가 등장하였는데, 그 중 하나가 바로 '봉권(蓬圈)'이라고 하는 공연장 형태였다. 이것은 간단한 간이의자를 갖춘 무대와 말굽형 공연장을 말한다. 이 외에도 유랑 예인들도 다수 존재했는데, 이들이 공연한 장소는 시장입구나, 번화가나, 묘회, 정류장 입구 등이었고, 공연하고 공연비를 받는 형식이었다고 한다.

중국의 전통적 잡기 예인들은 신 중국 성립 이후부터는 국가가 창건한 전문 단체에 유입되거나 전국 각지 잡기 단체에서 활동하기도 하였다. 특히 상해 등의 개항도시를 배경으로 전통 잡기인들은 무난하게 현대 서커스단체에 소속되어 전통 기예가 현대시스템에 수용될 수 있었으며, 이로 인해 전국으로 정제된 잡기 예술이 퍼질 수 있었다고 한다.

남아있는 나례(儺禮)의 전통

1. 나희(儺戲)와 서커스

광대 백희에서 서커스로의 이행을 직접적으로 증명할 만한 자료들이 부족하여 명쾌한 설명은 이루어지지 않고 있다. 당시 일제 강점기를 거친 사회상황 등과 기록의 부재 등으로 인한 때문이다. 그럼에도 불구하고 각 지역 유랑 연희패의 활동이나 곡마단의 등장 과정을 살펴보면 어느 정도 선이 그어진다.

일부 전통유랑예인 집단의 변신 과정을 살펴보면 1930년대 조선음악을 연주하는 조선구악동우회와 조선곡예단이 함경도 원산에서 함께 공연을 가졌으며, 이들의 정체는 불분명하지만, 조선의 전통적 연희 집단이었을 것으로 추정된다.[1] 즉, 조선 구악동우회는 이름에서 보이듯 판소리 명창들이 속한 단체로서, 여기에 옛날 협률사나 광무대의 창극

---

1) 신근영, 2014, 「일제 강점기 곡마단 연구」, 132쪽.

공연과 같이 전통적 곡예를 담당하는 연희자들이 합세해 만든 것이다. 전통 유랑예인 집단으로는 전통적인 남사당패, 솟대쟁이패, 대광대패, 초라니패 등이 소속되었다. 이들이 벌였던 재주로는 살판이라고 불리는 땅 재주와 줄타기, 솟대타기, 방울받기 등의 한마디로 광대들의 백희에 해당하는 것들이 연출됐다고 전한다.

이에 대해 추가로 조선 곡예단의 경우 연희자의 복식이나 종목에서 외래의 것을 삽입시켰을 것이나 음악만큼은 전통적인 것을 고수했을 것으로 추정된 바 있다. 이름이나 기예는 비록 달라졌지만, 음악은 종래의 것을 사용함으로써 자신들의 정체성을 지키려고 했다는 것이다. 당시 지방에서 활동하던 솟대쟁이패가 서울의 근대 연극기관인 광무대 공연에 나서기도 하였고, 굿중패, 남사당패, 솟대쟁이패 등 여러 집단이 만나 기예에 뛰어난 연희자만으로 구성해서 공연에 나서기도 하였다고 한다. 구체적으로는 솟대쟁이패 출신으로 땅재주꾼이었던 송순갑의 증언을 제시하고 있는데, 그에 따르면 솟대쟁이패에서 땅재주 기예가 출중하면 남사당패에 불려가기도 했다고 하며, 이후 솟대쟁이패는 사라져 버렸는데, 자연스럽게 비슷한 연희집단끼리 합종에 따라 사멸된 것이라고 한다.

나희에서 서커스로 이행되는 과정에서 곡마단의 출현역사 또한 주목하지 않을 수 없다. 먼저 우리나라의 근대적 형태의 서커스가 최초로 등장한 때는 대략 1800년대 후반에서 1900년 초로서, 일본 곡예단의 영향을 받아 탄생된 것이 최초라고 한다. 일본식 서빈만치(西濱萬治) 곡예단과 오전사중(奧田社中) 곡예단이 일본의 대중오락으로 가건물이나 작은 방의 무대 위에서 갖가지 기예나 묘기를 연행하는 미세모노[見世物]와 서양식 아크로바틱을 결합한 공연과 마술 및 동물 재주부리기 같은 서커스 공연을 한 것이 시초라는 것이다.[2] 더욱 구체적인 예로는 1896년 9월 하라 공사의 일본 공사관 만찬에 일본에서 마술단을 데려와 공연한 것을 들 수 있다. 왕실에서는 순종이 고종을 모시고 중화전에서 마술사 교쿠쿠사이 덴이치의 수양딸인 덴카츠의 마술을 관람하였으며 덴카츠는 순종으로부터 어사금을 받기도 하였다. 또한 조선에서 최초로 곡마단 공연을 한 러시아의 바로프스키(Barovsky) 곡마단은 당시 일본에서 유명한 곡마단으로 1910년 9월 만주에서 일본으로 향하던 중 조선에 들러 공연했다고 전해진다.[3]

이후로 여러 외국의 곡마단이 들어와서 공연을 한 기록들이 있지만, 곡마단의 주인이 우리나라 사람이었던 것은 1920년대에 들어와서였다. 이와 관련해 최초로 우리나라 사람에 의해 민간 서커스단이 시작된 것은 바로 동춘(東春) 박동수에 의해서이며, 1925년 30여 명을 모아 창단했다는 것이 바로 현재도 유일하게 남아 있는 동춘 서커스인 것이다.[4]

이 외에도 김영아는 우리나라의 전통연희 또는 산악백희(散樂百戲), 가무백희(歌舞百戲) 등이 서커스와 관계된 것이며,[5] 또한 이 서커스를

---

2) 김영아, 2014, 「태양서커스(Cirque du soleil)의 성공 요인과 동춘서커스의 미래 전략에 관한 연구: 동춘서커스의 공연 구성을 중심으로」, 『세계문학비교연구(世界文學比較研究)』 46, 311쪽.

3) 신근영, 「일제 강점 초기 곡마단의 연행 양상」, 『남도민속연구』 27, 2013, 115~146쪽.

4) 동춘서커스단, www.circus.co.kr

5) 김영아, 앞의 글, 2014. 26쪽. "이전 시대 우리나라 서커스의 역사를 거슬러 올라가면 과거 가무백희, 산악백희, 백희가무 등으로 불렸던 예술에서 그 형태를 엿볼 수 있으며, 고구려의 고분벽화 속에서도 흔적을 찾을 수 있다. 조선시대 아극돈(阿克敦)의 <봉사도>와 우리나라 최초의 연극 상설극장인 동양(東洋劇場)의 연보에서도 기록을 살펴볼 수 있으며, 남사당놀이의 버나(대접돌리기), 살판(땅재주), 어름(줄타기) 등도 서커스와 유사하다."

통해 영화배우 허장강, 코미디언 서영춘을 비롯해 배삼룡, 백금녀, 남철, 남성남, 장항선, 가수 정훈희에 이르기까지 수많은 스타를 배출했다고 주장한다. 백희의 전통은 서커스를 거쳐 대중문화의 현장으로 이어지며 근현대 오락 연예 문화 플랫폼의 시초로 보고 있기도 하다.

그러나 더 이상 서커스에 대한 주목할 만한 내용들은 1960년대까지도 거의 나타나지 않는다. 1960년 9월 4일 서울시청 앞 광장에서 시연된 일부 서커스를 들 수 있는데, 이때에는 공중묘기를 비롯해 오토바이 외줄타기도 진행되었다고 하는 정도의 기사가 나올 뿐이다.[6] 현재 서커스단체라고 할 만한 것은 앞에서 언급한 동춘 서커스단이 남아있기는 하나, 그 공연 성과나 인지도는 크지 않으며, 오히려 전통문화를 다시 살려내고자 하는 다양한 노력으로 광대들에 대한 연구[7]와 광대백희의 복원 노력[8]이나 현대화[9]가 진행 중이다. 실제로 조선시대 나례를 통해 궁중과 서민 문화가 만나게 되고 이후 정제화 되는 과정에서 융합이 일어났다. 이처럼 나례의 속성은 어쩌면 융합이라고 할 수 있을 것이다. 따라서 전통문화를 그대로 보존하는 것에 치중할 것이 아니라, 실제로 우리나라 전통 문화가 시대에 따라 새로운 융합을 통해 장르를 형성해

---

6) 고설봉 증언, 장운재 정리, 『증언연극사』, 1990, 168쪽. 김영아(2014)에서 재인용.

7) 손태도, 1998, 『광대 집단의 가창 문화 연구』; 2003, 『광대의 가창 문화』; 전경욱, 2016; 심희철, 2016, 『광대 제도의 전승과 케이팝 계승에 관한 연구』.

8) 솟대쟁이패 복원 행사, 2013. 10. 12. 남산 한옥마을; 손태도, 2011, 「'국립 기예단' 창단을 통한 전통 기예들의 복원과 전승」, 『역사민속학』 36, 279~323쪽; 최락용, 2014, 「남사당패의 어릿광대들 연구」, 『한국극예술연구』 43, 13~61쪽 등.

9) 서연호, 2016, 「현대 풍자극과 마당놀음의 원류, 광대재담극」, 『연극평론』 81, 160~172쪽; 김기형, 2004, 「또랑광대의 성격과 현대적 변모」, 『판소리연구』 18, 7~23쪽; 박흥주, 2006, 「전통 판소리의 현대적 재현; 또랑광대를 중심으로」, 『구비문학연구』 22, 101~166쪽.

온 본질을 이해하고 현대화에 적극적인 태도를 취해야 할 것이다.

2. 무형문화재의 원형, 나희(儺戲)

현재 우리나라에는 중요 무형문화재를 지정하는 제도가 있다. 이것은 1962년 「문화재보호법」이 제정, 공포되면서 이 법에 의하여 처음으로 중요무형문화재를 지정, 보호하는 규정이 마련된 것이다. 이후 1964년부터 처음으로 중요무형문화재가 지정되기 시작하였다. 중요 무형문화재로 지정된 것들은 오랜 전통을 가진 것으로서 지정 당시까지도 문화적 기반을 가지고 연행되어야 한다는 조건이 있었다. 비록 이 제도와 지정과정에 대해 현재로서는 이견이 있기도 하지만, 오랜 전통을 가진 우리 고유의 문화임은 부정할 수 없는 유산이다.

이 중요무형문화재는 백여종에 달하지만, 이들 중 장인, 즉 유형의 문화유산을 만드는 대목장이나 유기장 등의 기술 약 60여 종과 종묘제례악, 문묘제례악, 사직대제 등의 궁중의례 및 마을 굿과 같은 행사 약 15종을 제외하면 나머지는 오로지 나희 내지는 광대와 관련된 문화유산이라고 할 수 있다. 즉 나례와 관련된 것들이 여전히 중요한 우리나라의 전통 무형문화유산의 한 부분을 차지하고 있다는 것이다.

먼저 나례에서 거의 유일한 궁중정재인 학연화대처용무도 그 독립된 정재인 처용무와 학연화대무가 각각 제29호와 제30호로 지정되어 있다. 여타 수많은 궁중정재가 있음에도 불구하고 이 두 정재가 중요무형문화재로 지정된 것은 남다른 의미가 있어 보인다. 정재 외에 중요무형문화재 중 민속 탈놀음들은 대체로 광대들, 혹은 남사당에 의해 전승된 것들이다. 다양한 광대들의 집단인 남사당들의 놀이를 넓게 보아 지정한 제3호 남사당놀이를 비롯해, 각 지방의 탈놀음들도 모두 광대와 관계된다. 양주 별산대놀이(楊州別山臺놀이), 통영오광대(統營五廣大), 고성오광대(固城五廣大), 북청사자놀음(北靑獅子놀음), 동래야류(東萊野遊), 강령탈춤(康翎탈춤), 수영야류(水營野遊), 송파산대놀이(松坡山臺놀이), 은율탈춤(殷栗탈춤), 하회별신굿탈놀이(河回別神굿탈놀이), 가산오광대(駕山五廣大), 발탈 등이 모두 나희, 즉 광대희의 유산이다.

또한 광대들의 고공기예에 해당하는 줄타기 중 연희자 김대균의 줄타기는 무형문화제 제58호로 지정되었을 뿐 아니라 유네스코 세계 무형문화유산이기도 하다. 줄타기 연희는 줄타기 자체뿐 아니라 극적 긴장을 조흥하기 위한 민속기악 반주 음악으로 해금, 대금, 피리 2, 장구의 반주음악을 동반하는데, 이 음악들까지 모두 줄타기 공연의 일부로 보아야 할 것이다. 이전 광대들의 민속성악과 기악인 판소리나 산조 등의 음악이 현대에는 민속 예술음악으로 승화되어 무대화 된 이후에는 광대의 예술이라고 하는 느낌은 많이 사라진 편이지만, 이들의 음악 역시 넓은 의미의 광대희 중 하나라 할 수 있다. 즉 중요 무형문화재는 물질과 의식을 위한 무형의 작업을 제외하면 거의 대부분 광대와 관련된 것이라고 해도 과언이 아닐 것 같다.

실제로 식민지배기나 해방과 전쟁의 시기를 거쳐 광대들의 무형 문화 유산이 보존되기는 쉽지 않았을 것이다. 그럼에도 불구하고 이처럼 중요무형문화재로 지정되고 보존되고 있다는 것은 이미 오랜 전통을 가진 저변이 있었기에 가능했다. 이와 같은 자생력은 경쟁을 통해서 더욱 선순환 되었을 텐데, 이를 더욱 고무시킨 것은 바로 왕실의 연말 문화이다. 즉, 우리나라의 중요 무형문화재의 일정 부분은 소위 나희로도 불린 광대희와 관련된 것이므로, 나례와 나희는 우리 문화유산의 원형이라고도 할 수 있다.

그러나 한편으로는 이 무형문화 지정제도에 대한 비판도 현재에 와서는 제기되고 있는 형편이다. 제3자로서 일부 외국인은 무형문화재 지정 제도는 보호하고 있는 원형이 보존이라는 현대적 의미와 공연예술사적 가치를 가지고 있는지에 의문을 제기하고 있다. 보호받고 있는 소위 원형(wŏnhyŏng)이라고 하는 것이 한국의 공연예술을 박제화 하고, 본래 갖고 있던 문화와 교감하며, 현상학적 중요성으로부터 생겨난 생기와 활력을 없애고 있는 것 같다는 취지이다.10) 이와 같은 견해는 국내 학자들에 의해서도 어느 정도는 인정되고 있다. 앞에서 살펴본 많은 광대희들의 전통 잡기 종목들이 비록 남사당패들에 의해 일부 전승되고는 있으나 유명무실해진 것들도 많으며, 비록 존재한다고 하더라도 공연문화상품으로 크게 성공하지는 못하고 있는 현재의 상황을 인지하고, 새로운 돌파구를 모색해야 한다는 반성의 목소리가 나오고 있다.11)

---

10) Saeji CedarBough T. 2012, *"CHUSHYEOYO/GOOD PAN"*, Asian Theatre Journal Vol. 29, Iss. 1, pp. 291~301. "The wŏnhyŏng has a distinctly taxidermizing impact on Korean performing arts, causing some performances to seem more like reenactments, sapping them of the vitality and power to communicate the cultural and phenomenological significance that they once possessed."

11) 김기형, 2004, 「또랑광대의 성격과 현대적 변모」, 『판소리연구』 18, 7~23쪽.; 박홍주, 2006, 「전통 판소리의 현대적 재현; 또랑광대를 중심으로」, 『구비문학연구』 22, 101~166쪽; 이호승, 2007, 『한국 줄타기의 역사와 연행 양상』; 이지영, 2009, 『한국 농환 유형 연희의 역사와 연행양상』; 최보현, 2013, 『동아시아 장애물 통과하기의 역사와 연행양상』; 전경욱, 2016, 「창작 연희의 양식과 창작 방향」, 『한중 창작연희워크숍 자료집』; 서연호, 2016, 「현대 풍자극과 마당놀음의 원류, 광대재담극」, 『연극평론』 81.

3. 산악(散樂) 중심의 관광문화상품

　광대 잡기의 전통계승 양상이 미미한 반면 민속악 중심, 즉 백희 중 산악분야를 중심으로 만든 관광문화상품은 어느 정도 성공을 거둔 것으로 평가되고 있다. 대표적인 공연은 서울 정동극장에서 최근까지 선보인 관광문화상품 '미소'[12]와 서울을 비롯해 지방 및 해외에 까지 전용극장을 갖추고 공연하고 있는 '난타'[13]이다.

　미소는 고전 '춘향전'이나 '배비장전'과 같은 전통 소설의 내용을 충실히 재현하고 있고 극의 구성도 이에 따라 전개된다. 미소의 음악은 모두 직접 연주하는 라이브 뮤직으로 구성되었다는 점이 장점으로 꼽히고 있는데, 국악 연주자들은 무대 하수 2층에 자리를 잡고 있다. 가야금, 피리, 아쟁, 해금을 중심으로 여러 전통악기를 이용하여 극의 음악을 담당하고 극의 효과음도 서양악기인 심벌즈나 드럼, 하프 등 여러 악기를 동원하여 직접 연주한다. 또한 전통 노래로는 우리나라의 잘 알

---

12) 이송, 「공연관광활성화를 위한 연구－＜미소＞를 중심으로」, 『무용역사기록학』 23, 2011, 65~83쪽. '미소MISO(美笑)'는 우리의 고전 대표 러브스토리인 '춘향전'에 아름다운 한국 춤, 국악, 풍물이 어울려 한 무대에서 펼쳐지는 한국 전통 뮤지컬이다. 정동극장에서 1997년부터 '전통예술무대'로 옴니버스식으로 구성하여 몇 번의 변화를 거쳐 지금과 같은 형태로 공연하고 있다. 2012년 문화관광부가 실시한 상설공연 평가에서 난타를 제치고 제1위에 랭크되었다. 2012년 한국관광공사 조사 상설전통뮤지컬 중 1위를 차지했고, 2016년 3월 이후 정동극장은 '가온' 공연으로 테마를 바꾸어 상설공연을 이어 나가고 있다.

13) 강은해, 「비언어(NonVerbal) 퍼포먼스와 두드림의 언어 : 「난타」와 「도깨비스톰」과 한국 두드림의 문화론」, 『현대문학이론학회』 22, 2004, 61~86쪽; 박영정, 「우리나라 공연관광의 시장 동향과 지원 정책의 방향」, 『예술경영연구』 16, 2010, 77~98쪽. 매년 우리나라를 찾는 관광객 중 35만명 이상이 꾸준히 관람하고 있는 것으로 집계되고 있고, 1999년 스코틀랜드 프린지 페스티벌에서 최고 평점을 수상했고, 2003년 브로드웨이 뉴빅토리극장에서 공연을 이어갔으며, 2004년부터 1년 6개월간 뉴욕 오프브로드웨이 뉴빅토리웨이 전용극장에서 공연을 가졌다.

려진 도라지와 같은 민요라든가, 판소리 중 사랑가나 이별가를 삽입하기도 하는데, 이처럼 가사가 있는 경우에는 자막을 약 5개국어로 번역하여 자막을 띠워준다. 이 외에도 가야금 산조를 비롯해, 오고무, 그리고 장구를 축소 시켜 만든 경고를 들고 여자 무용수들이 빠르게 추는 경고무, 우리나라 가락 중 가장 대표적인 가락으로 멋을 낸 장고춤, 남자무용수들의 자반뒤집기의 기교를 돋보이게 해주는 북춤 등이 사물놀이팀에 의해 펼쳐진다. 특히 사물놀이팀은 무대에서 상모를 돌리며 기교를 뽐내기도 한다.14) 즉 미소의 공연은 전통음악을 이용한 종합가무극이고, 대부분은 민속악무로 구성되어 있다.15)

미소는 2011년 집계 한해 106,000여 명의 관객을 기록한 후 계속적으로 관객이 늘었으며, 그 중 외국인이 85%에 이르는 공연으로 성장한 점, 또한 공연전체에 대한 만족도를 묻는 질문에 86%의 응답자가 만족한다고 답한 점, 그리고 관광콘텐츠로서 전용관이 있고, 상설공연이 이루어지고 있으며 무엇보다 전문인력확보를 통한 우수한 출연진 등을 볼 때 공연이 성공적이었다고 평가되고 있다.16)

난타전용극장의 '난타'는 요리사들이 요리도구로 한국 전통 풍물 장단 내지는 사물놀이 장단을 표현하는 퍼포먼스이다.17) 난타는 90년대 초 기획단계에서부터 세계무대를 염두에 두고 제작되었기 때문에 넌

---

14) 박소니아, 백현순, 2014, 「정동극장의 무용극 「미소-춘향연가」 작품분석」, 『한국무용연구』 32(2), 77~102쪽.
15) 예외적으로 배비장전의 경우 배비장이 잔치를 벌이는 장면에서는 정악 타령이 삽입된 부분이 있다.
16) 최석열, 2012, 『정동극장 상설공연 "미소"에 대한 성공요인분석』; 박병조, 2013, 『전통공연예술 관광 콘텐츠 성공사례연구 : 정동극장 '미소' 공연 중심으로』.
17) 난타전용극장의 난타 역시 상황설정에서는 조금씩 변화되기도 하였으나, 기본적으로는 풍물내지는 사물놀이 장단을 주요 콘텐츠로 다루고 있다.

버벌형식과 전통음악인 사물놀이와 마당극를 응용하여 만들어졌다.[18] 세계무대를 위한 한국적 요소는 무엇일까에 대한 고민을 하던 제작자는 당시 가장 신명나고 유행하던 장르로 사물놀이와 극적요소로 마당극을 꼽았으며,[19] 이처럼 두드리는 장면은 어릴적 부엌을 연상시키는 것이었으므로 이 상황을 접목해서 제작했다는 것이다. 코미디적 요소를 위해 마술이나 묘기 등은 차후 외국 전문가를 초빙하여 보강하였지만,[20] 당시 제작자는 한국의 대표적인 전통문화 중 흥이 나면서도 전통적인 공연으로 사물놀이를 제일로 꼽았다.

난타의 줄거리는 간단하다. 대형 주방을 무대로 주방장을 포함한 네 명의 요리사와 한 명의 매니저가 등장하여 결혼 피로연을 위한 요리를 준비한다. 이 과정에서 요리사들은 냄비, 프라이팬, 칼과 도마 등 각종 주방 기구를 두드리며 소리를 낸다. 그들은 음식을 준비해가며 온갖 실수를 하고 접시 던지기 등 묘기를 보여줌으로써 흥을 돋운다. 지배인이 데려온 말썽꾸러기 조카로 난장판이 되고, 마침내 요리사들은 결혼피로연과 결혼파티를 맞이한다는 내용이다.

난타는 1998년 10월 브로드웨이에서 전세계 MOU를 체결한 이후 2012년 연매출 450억, 1백억의 수익을 창출하는 것으로 집계되고 있다. 난타 이전에 한국은 분단국가로만 알려져 있던 것이 난타의 성공과 한류의 대 유행이 시작된 지금 국가 브랜드 가치는 상상할 수 없을 정도로 상승된 것으로 평가되고 있다.

---

18) 송승환, 2012, 「난타 기획에서 세계진출까지」, 『경향계』, 34~37쪽.
19) 전연희, 2012, 「상업화와 소통—비 언어극 <난타>의 극적 전략」, 『비교한국학』 20, 533~557쪽.
20) 현택수, 2004, 「문화의 세계화와 한국문화의 정체성」, 『한국학연구』 20, 175~199쪽.

즉, 한국의 공연문화상품은 전통적인 소설이나 현대에 있을법한 상황에 민속악무를 결합하여 만든 형태이다. 특히 민속악무중에서는 민요, 풍물놀이나 사물놀이가 중요하게 사용되었고, 무용 역시 민속악무 위주로 구성되어 있다.

그런데 백희라고 하는 공통된 문화를 갖고 있던 중국의 공연문화상품의 내용과 비교해 보면 차이점이 분명하게 드러난다. 중국의 대도시인 북경과 상해에서 상설로 공연되고 있는 '금면왕조'와 '시공지려'가 대표적인 국가 관광문화상품인데[21] 이를 예로 들어 비교해보면 그 차이는 더욱 명확해진다.

먼저 국제적인 수상작이며, 가장 많은 자본이 투입된 것으로 알려진 환락곡(歡樂谷) 공연장의 상설공연 '금면왕조'는 2008년 IAAPA(세계 테마파크 총회) 최우수상을 수상하였으며, 중국의 전설을 기초로 하여 재구성한 대규모 무용서사극이다. 화교성그룹[华侨城集团]이 2억여위안[22]을 들여 360도 회전하는 무대설비 및 조명, 장식 등을 마련하였고, 중국의 전통미가 살아있는 줄거리에 화려한 미국 라스베가스 쇼의 형식을 결합해 고전적 제재와 현대적 형식이 조화를 이루고 있는 뮤지컬이다. 특히 중국에서는 유일하게 무대에 500톤에 달하는 물이 솟아올라 홍수가 나는 장면을 재현함으로써 더욱 실감나는 공연을 만들어 준다

내용은 황금 가면 여왕과 남색 가면 왕이 전쟁을 하면서 사랑에 빠지게 되는데 예기치 못한 홍수에 황금 가면 여왕이 스스로를 하늘의 제물

---

21) 중국은 큰 대륙이므로 각 도시별로 그 도시의 역사와 문화를 상징하는 공연들이 있으나, 이 중에서도 북경과 상해라고 하는 정치 경제를 대표하는 도시의 공연만을 대상으로 언급하고자 한다.

22) 현재(2018년) 한화로 약 340억원에 해당되는 금액이다.

로 바치면서 이별하게 된다는 것이다. 고대 삼성퇴(三星堆; 고대 은나라의 유적지) 문명을 배경으로 전쟁(戰爭), 상전(桑田), 단조(鍛造) 경전(慶典), 월하(月下), 홍수(洪水), 제천(祭天), 환화(幻化)의 8개 장으로 구성되어 있다.23)

특히 금면왕조에는 다양한 중국의 전통기예가 등장하는데, 첩치기(사람이 층층히 올라가 쌓이는 기교)를 비롯해 예전 땅재주에 해당하는 덤블링, 그림자극, 장대타기, 줄타기 등의 온갖 잡기가 곳곳에 삽입되어 있고, 나타났다 사라지는 등의 전통 환술에 해당하는 마술적 효과는 매우 빈번하게 삽입된다. 특히 중국 전통 잡기 중 하나인 동물들의 수희도 공작새 등을 이용해 정교하게 연출되고 있다. 즉, 금면왕조는 중국의 전통 잡기에 해당하는 다양한 기예들이 녹아 있는 가무쇼라고 정의된다.

상해의 대표적인 관광문화상품은 마시청(馬戲廳)의 '시공지려'24)이며, 이 시공지려는 전 중국에서도 가장 대표적인 서커스 공연인 것으로 평가되고 있다.25) 상해 시공지려는 영문명 'era'로, 2005년 '상해시공지려문화발전유산공사'가 설립된 이후 여러 합작회사와 함께 제작하여 2011년 2월 첫 공연을 시작하였다. 당시의 작품명은 경계(境界)였으며, 2005년 9월 27일 이후 시공지려라는 이름으로 재탄생되었다. 시공지려는 한마디로 전통 서커스가 현대화된 것인데, 제작 초기부터 중국의

---

23) 금면왕조 공식 웹사이트 www.jinmianwangchao.com 금면왕조는 고대의 낭만적 전설을 모티브로 삼아 사랑과 화해를 주제로 한 중화 문명의 광활한 기세를 재현하는 의도로 제작된 픽션이다.

24) 상해 '시공지려' 공식 웹사이트 www.era-shanghai.com 혹은 www.shanghaimaxicheng.com

25) 상하이의 서커스와 유사한 형태의 공연은 송백란 서커스나 해피 서커스(www.happycircus.cn)가 있으나 영세한 편이다.

전통문화적 요소를 담을 수 있도록 의도된 것으로 알려져 있으며 이는 "중국원소(中國元素), 국제강술(國際講述)"로 요약된다.[26]

내용은 과거와 현재, 미래의 시간이 순차적으로 전개되는데, 중국 잡기사(雜技士)가 주인공이 되어 주인공의 사랑이야기를 비롯해 미래에 펼쳐질 세계를 잡기로 표현한 것이 주 내용이다. 공연 내용에 있어서는 전통적인 기예와 현대적인 효과가 적절히 어우러져 있는데, 조명이 완전히 꺼진 실내에서 형광 물질을 사용한 신체기예를 비롯해, 남녀간의 애정을 뮤지컬에 접목시킨 외줄 타기 묘기, 그리고 중국 전통의 그림자 연극을 현대적으로 재해석한 공연 등으로 구성된다. 이 외에도 중간 중간에는 중국의 잡기라 할 수 있는 거의 모든 종목들을 선보이고 있으며, 특히 큰 쳇바퀴 안에 들어가 오토바이 여러 대가 한꺼번에 도는 위험한 현대적인 기교까지도 표현되어 있다. 무대는 서커스를 위한 전용 홀로 총 1,638석의 좌석과 2차원 입체 음향을 갖추고 있어서 캐나다에서 시작된 태양의 서커스를 연상 시킨다. 공연장은 무대 중앙에 있고, 주변 높은 곳에 라이브 음악을 연주하는 그룹이 공연 내내 음악을 들려준다. 전자 기타, 신디사이저 등을 이용한 음악은 공연 내용에 긴장감을 불어넣거나 즐거움을 선사하는 등의 중요한 역할을 담당한다. 즉, 상해 서커스의 현대화된 형태인 시공지려는 북경의 금면왕조처럼 전통 잡기에 대규모 자본과 전문인력이 결합되어 만들어진 현대적인 형태의 가무기예쇼로서 축적된 중국의 전통 잡기를 십분 활용한 관광문

---

26) 신화통신(2013년 9월 29일)에 의하면 장우(张宇) 창작집단 총경리는 창작이념으로 "중국원소(中国元素) 국제제작(国际制作)"을 표방하고 있으며, 이는 곧 중국고사(中国故事) 국제표술(国际表述)로 해석된다고 적고 있다. 또한 상해 잡기단 단장이자 상해시공지려문화발전유한공사 부동사장이자 마시청 단장도 시공지려는 반드시 이와 같은 의제를 기억하고 있다고 전한다.

화상품이다.

즉, 한국과 중국 양국 대도시의 대표적인 관광문화상품의 내용을 비교해 보면 한국의 공연문화는 백희 중 산악(散樂)에 해당하는 민속음악과 무용을 중심으로 현대화 한 것이며, 중국의 해당공연은 백희 중 잡기(雜技)를 중심으로 현대화한 것으로 대비됨을 알 수 있다.

4. 음악 중시 사상과 교육

공히 백희라고 하는 고대부터 공통된 문화를 소유했던 양국이 현대 각 나라를 대표하는 관광문화상품이 이처럼 대비를 이루는 것은 역사적 및 사회적 배경과 관계가 깊다.

먼저 한국은 광대들의 잡기를 잡기보다는 (음)악을 중시하는 위정자들의 정치 사상이 조선시대에 주류를 이뤘다.[27] 따라서 신라시대 국가 음악기관으로 음성서가 세워진 이후로 대부분의 국가 음악 기관은 잡기를 제외한 악의 공연에 중점을 두었다. 산대색이나 나례도감 등의 기구가 한때 설립되기도 하였으나 이는 의식에 당면하여 임시로 설치되었을 뿐이다. 궁정의 연향 등에서도 연말 나례 때를 제외하고는 잡기를 전담하여 관리하는 조직은 없었으며, 민속악도 조선 후기 영조 무렵 겨우 궁중내 내연에서 연주되기 시작했기 때문이다.[28]

이와는 반대로 중국 궁중에서는 음악뿐 아니라 광대들의 잡기 또한

---

27) 윤아영, 2017, 「한·중 관광문화상품 형성에 대한 추론―대도시 전통공연상품을 중심으로―」, 『동양예술』 34, 239~271쪽.

28) 윤아영, 2017, 「조선시대 현수(絃首)의 신분과 음악활동에 관한 연구」, 『역사민속학』 53, 129~157쪽.

정치적 혹은 외교적 목적으로 중요한 도구로 사용되었다. 주변국들로 하여금 통일국가의 위엄을 나타내기 위해, 혹은 이민족들도 하나의 중화민족임을 문화를 통해 강조하기 위한 목적 등으로 잡기를 관리할 필요가 있었다. 따라서 국가는 잡기를 전문적으로 관리하고 교육하는 기구들을 적극적으로 설립하고 운영했다. 백희용이 발견된 진나라(BCE 221~BCE 206) 때에는 시황제 때 이를 담당했던 악부(樂府)가 만들어졌고, 이것이 중국 역사상 최초로 백희를 관장했던 기구가 되었다. 이후 동한(88~220) 시대에도 역시 악부가 백희를 관장했는데, 이전 진나라 때의 그것과 구분하기 위해 한악부로 불렀으며, 역시 목적은 전중국의 백희와 악을 중앙에서 채집하고 개량하고 새로운 악을 만드는 것이었다. 이후 위진남북조시기(221~589)에도 한나라의 악부를 이어받아 백희를 담당하는 국가 기구로 고취서(鼓吹署)가 이었으며, 당나라 때에는 앞서 말한 것처럼 이원이 있어 이원에서 백희뿐 아니라 극을 위한 배우들도 전문적으로 교육시켰다. 원나라 때에는 특히 백희가 중시되었으므로 천악서(天樂署)를 두고 백희 종목을 개발하게 하였다. 청나라 때에도 비록 짧은 기간 동안 지속되었으나 백희잡기를 담당했던 전문기구로 건륭제 때 도색학(跳索學)이 설립된 적이 있다.

이와 같은 사정은 현대에도 크게 다르지 않다. 공연상품을 만들 때 동원되는 인력은 하루아침에 충원될 수 있는 것이 아니어서 중고등학교 및 대학교에서 오랜 시간 교육을 받은 풍부한 인적 자원이 기반이 되어야 한다. 따라서 전통문화예술 교육의 저변이 얼마나 구축되어 있느냐에 따라 그 나라 공연문화예술의 형성에 큰 영향을 미치기도 하고 오히려 그 반대의 결과로 교육기관이 생기기도 한다.

한국에서는 이를 위해 전통연희의 전승을 위해 무형문화재 전수 제도라고 하는 것이 존재하는데, 이 제도는 일종의 교육기관의 역할을 대신한다. 그러나 워낙 이 도제식 교육시스템은 소규모이고 내재적 폐쇄성이 있기 때문에 양적 생산이나 저변의 확대에는 어느 정도 한계가 있을 수밖에 없다.29)

공인 교육기관차원에서 잡기 교육은 1982년에 시작된 부산전자공업고등학교의 지역 전통광대회의 교육을 들 수 있다. 부산에는 동래 야류, 동래 학춤, 동래 지신밟기 등을 전수하도록 지정한 이래 부산 농악, 수영 야류, 좌수영 어방놀이, 수영 농청 놀이, 다대포 후리 소리, 가야금 산조, 동래 고무, 충렬사 제향, 부산 고분도리 걸립 등 총 12개의 무형문화재에 대한 전수를 담당한 학교가 있을 뿐이다. 이 외에도 각 지역별로 무형문화재전수회관에서 일부 강습 등의 교육을 담당하고 있으나 체계적이지 않거나 일회성 교육에 속한다.

전문 예술 교육 중고등학교의 경우에도 국립국악중고등학교30)와 전통예술중고등학교31)를 비롯해 선화예중고, 서울예중고 등의 서울시내 예술계 학교에서 국악전공자를 양성하고 있고 지방에도 대도시별로 각 중고등예술학교에서는 전통음악을 전공자를 두고 교육하고 있지만, 이들 예술계 학교의 특징은 모두 음악분야에 집중되어 있다는 점이다. 즉, 전통예술의 범위에서 음악만을 중점적으로 다루고 있다는 것이다.

대학교의 사정도 이와 비슷하다. 연희종목이 광범위하고 다양함에도 불구하고 대학교에서 개설하고 있는 연희 종목은 총7.92%에 불과

29) 윤아영, 2017, 「韓·中旅游文化产品形成的推论－以大都市传统演出产品为中心－」, 『北方音樂』第19期(总第331期).
30) 국립국악중고등학교 www.gukak.ms.kr, www.gukak.hs.kr
31) 국립전통예술중고등학교, www.kugak－am.hs.kr

하여 대학에서의 연희교육은 미미한 것으로 평가된다.[32] 한마디로 한국에서의 전통예술교육은 다분히 전통음악분야에 치우쳐있다. 따라서 이에 대한 대안으로 문화관광체육부는 연희관련 중고등학교를 비롯해 연희전문대학과 국립전통연희단의 설립 추진을 체계적으로 제시하기도 했다.[33] 그럼에도 불구하고 현재까지도 상황은 크게 달라지지 않은 편이다.

이에 비해 중국에서는 전통음악을 중점 가르치는 중고등학교를 비롯해 전통음악을 가르치는 음악대학[34]들도 설립되어 있으나, 잡기를 중점적으로 가르치는 특수 교육기관도 존재한다. 1990년대부터 본격적으로 잡기 교육을 하는 전문 학교들이 등장하게 되는데, 하북성(河北省)에 위치한 중국오교국제잡기예술학교(中国吴桥国际杂技艺术学校)[35]

---

32) 여유정, 2007, 『전통연희의 교육실태에 관한 연구 : 대학교육을 중심으로』. "첫째, 입학시험(전공실기)종목의 분석결과, 22개 대학에서 판소리는 21개 대학(95.45%), 풍물과 굿은 각3개 대학(13.63%), 연희는 2개 대학(9.09%), 정재와 가면극은 각1개 대학(4.54%)이며, 인형극, 광대극, 산악·백희는 단 한 대학에서도 나타나지 않았다. 22개 대학의 입시종목(전공실기)은 306종이고, 그중 전통연희 종목은 35종이다. 따라서 입시종목 대비 연희종목의 비율은 11.43% 이다. 둘째, 교과과정 종목의 분석결과, 22개 대학에서 판소리 10개 대학(45.45%), 풍물과 가면극 각 1개 대학(4.54%), 굿 3개 대학(13.63%), 기타(연희)는 14개 대학(63.63%)으로 나타나며, 정재와 인형극, 광대와 산악·백희는 나타나지 않는다."

33) 문화관광부, 2007, 『전통연희 산업화와 세계화 및 인력양성 방안』.

34) 북경의 경우 대표적으로는 중앙음악학원(中央音乐学院, www.ccom.edu.cn)을 비롯해 중국음악학원(中国音乐学院)과, 상해에는 상해음악학원(上海音乐学院, www.shcmusic.edu.cn)을 비롯해 각 대도시별 음악학원들이 유명하다. 서안에는 서안음악학원(西安音乐学院)이, 우한에는 우한음악학원(武汉音乐学院), 천진의 천진음악학원(天津音乐学院), 사천의 사천음악학원(四川音乐学院), 심양의 심양음악학원(沈阳音乐学院), 성해의 성해음악학원(星海音乐学院) 등이 있다.

35) 오교국제잡기예술학교(www.wqzjysxx.com), 1985년부터 개교준비를 시작으로 1991년에 처음 신입생을 받기 시작하였다.

은 음악, 무용을 비롯해 잡기기본공(杂技基本功)이라고 하는 잡기와 무대실습을 위주로 교육하고 있다. 최근에는 북경에도 잡기 학교가 설립되었는데, 북경시잡기학교(北京市杂技学校, 혹은 북경시국제예술학교(北京市国际艺术学校)로도 불림)36)가 1998년 12월 7일부터 개교하여 학생들을 교육하고 있다. 이 학교에서는 잡기(杂技)를 비롯해 마술(魔术)과 마희(马戏, 서커스) 과목을 중심으로 교육하고 있다. 이 외에도 소규모이긴 하나 하남성(河南省) 복양시(濮阳市)에 위치한 복양시잡기예술학교(濮阳市杂技艺术学校)를 비롯해 사설학교 등 크고 작은 잡기전문학교가 설립된 상황이다.

전문공연단체로는 대표적으로 1951년에 설립된 단체인 상해잡기단(上海杂技团)이 있으며, 상해잡기단은 학교교육을 시키는 곳은 아니지만, 잡기교육을 받은 이들이 입단하여 교육연계가 가능하도록 운영되고 있다.

이와 같이 현대에 관광공연문화상품이 양국에서 차이가 벌어지게 된 것은 오랜 세월동안 축적된 문화적 차이 때문이다. 고대부터 한국에는 백희 중 산악류와 잡기류가 고루 존재하기는 하였으나 비교적 광대와 잡기에 대해서는 금기시했던 위정자층의 인식과 사회적 반감이 지배적이었다. 반면, 중국에서는 산악뿐 아니라 잡기도 문화통치의 중요한 도구로 사용되었으므로 이를 위해 전담 기구가 구성되었다. 또 다른 원인이자 결과이기도 한 요인은 교육기관의 유무와 저변화이다. 한국에서는 음악을 위주로 한 교육기관이 주를 이루고, 잡기에 해당하는 연희전공자를 키우기 위한 교육기관이나 전문 직업단체는 거의 찾아 볼

---

36) 북경시국제예술학교 www.11467.com/bjtongzhou/co/52961.htm

수 없다. 반면 중국에서는 음악교육기관뿐 아니라 잡기를 위한 교육기관이 따로 설립되어 있으며, 여기를 졸업한 이들이 곧바로 수용될 수 있는 연행단체도 존재한다는 점에서 차이가 있다.

이와 같이 백희라고 하는 역사적 공통된 문화적 특질을 공유하고 교류했던 양국의 역사적 상황을 고려해 보았을 때, 양국의 공연 문화 상품이 이처럼 차이가 난다는 것은 시사점이 크다고 할 수 있다.

5. 궁중(宮中) 광대희(廣大戲)의 재현

현재 대한민국에서는 왕실이 존재하지 않는다. 따라서 왕실에서 진행했던 세말 행사였던 나례도 현재는 사라진 전통이다.

그러나 나례의 성격과 유사한 전통의 재현은 여전히 시도되고 있다. 대표적인 것이 문화재청 산하 한국문화재보호재단에서 2011년부터 진행하고 있는 「창덕궁 달빛기행」 프로그램[37]이다. 비록 이 행사가 실시되는 때는 4월부터 10월까지 밤 8시부터 10시까지로 계절상의 차이는 있다. 그럼에도 불구하고 이 행사가 나례와 유사한 점은 바로 공연 장소가 창덕궁이라는 점과 공연의 내용에 있어서도 나례가 정통 궁중 의식음악인 정악과는 다른 서민들의 음악, 즉 광대악을 수용했다는 점이다. 즉, 예를 들면 산조나 판소리, 탈춤을 비롯해 심지어는 드라마 주제

---

37) 2012년 이 행사가 시작되었을 때의 공연은 내국인과 외국인을 구분하여 진행하였는데, 1회당 참여 인원은 100명으로 한정되었고, 관람을 위한 동선은 먼저 돈화문에서 집결해서 진선문을 통과하고, 인정전을 거쳐 낙선재에서 달빛을 감상한 후에 부용지로 이동해 다시 한 번 달빛을 감상하고 불로문을 거쳐 연경당에 이른다는 것이다. 여기에 이르러서는 비로소 다과와 함께 전통공연 감상이 이루어진다. 공연을 다 마치면 후원숲길을 거쳐 다시 돈화문에 이르러 해산하는 코스이다.

곡 '오나라'와 같은 퓨전국악 공연들이 창덕궁에서 공연되기 때문이다.

또한 나례가 당대 민간에서 활동하던 광대들의 참여로 이루어졌던 점에서도 공통된다. 창덕궁달빛기행에 참여한 이들도 산조를 연주하는 '줄광대'와 판소리를 하는 '소리광대'를 비롯해 '광대의 대표 종목'으로 여겨지는 탈패 및 현대 한국의 퓨전 국악을 이끌어 가는 젊은 예인들, 즉 '이 시대의 광대'로 자처하는 이들이 참여하고 있기 때문이다. 이들 당대의 유명 광대들이 창덕궁에 입궐하여 공연할 수 있는 기회는 나례 때를 제외하고는 불가능했다는 점을 상기해보면, 바로 이 행사는 나례 전통의 계승으로도 간주될 수 있을 것 같다.

〈그림 1〉 창덕궁 주합루(宙合樓)ⓒ문화재청

왕실이 존재하던 고궁의 아름다움과 수준 높은 광대백희가 만났으니 가장 높은 문화적 호사임에는 틀림없고, 따라서 참가자들의 반응도 매우 좋았던 것으로 평가된다. 다만, 아쉬운 점은 관람객들을 위한 계

절적 배려이기는 하겠지만, 분명한 세말 나례라고 하는 문화적 근거가 있음에도 불구하고 이를 살리지 못하고 있다는 것이다. 즉, 창덕궁에서 이처럼 광대들이 공연을 한다면, 그 시기는 연말이 되어야 할 것이다. 또한 비록 약식화 하더라도 귀신 쫓는 구나의식을 비롯해서, 각종 불꽃놀이와 이 시대 광대들의 공연 등을 엮어서 기획했더라면 어땠을까? 이것이야말로 진정한 전통문화에 뿌리를 둔「창덕궁 나례(儺禮) 체험」이 되지 않았을까? 관람객들은 왕실가족들이 위치했던 곳에서 궁중의상을 입고 공연을 관람하는 것도 색다른 경험이 될 수 있을 것이다. 계절적 추위는 현대 기기의 힘으로 극복 가능한 점을 고려해보면, 더욱 아늑하고 낭만적인 전통문화의 재현이 가능하지 않을까?

〈원전사료〉

『경국대전(經國大典)』

『계산기정(薊山紀程)』

『고려사(高麗史)』

『고려사절요(高麗史節要)』

『구오대사(舊五代史)』

『구약집(九籥集)』

『구조편년비요(九朝編年備要)』

『동경몽화록(東京夢華録)』

『동국이상국후집(東國李相國後集)』

『명회전(明會典)』

『목은시고(牧隱詩稿)』

『몽양록(夢粱録)』

『무예도보통지(武藝圖譜通志)』

『문헌통고(文獻通考)』

『비변사등록(備邊司謄録)』

『빈례총람(賓禮總覽)』

『사가시집(四佳詩集)』

『삼국지(三國志)』

『서경부(西京賦)』

『서량기(西凉伎)』

『성호사설(星湖僿說)』

『소릉선생문집(少陵先生文集)』

『송사(宋史)』

『수서(隋書)』

『승정원일기(承政院日記)』

『신당서(新唐書)』

『심전고(心田稿)』

『악서(樂書)』

『오례통고(五禮通考)』

『용비어천가(龍飛御天歌)』

『용재총화(慵齋叢話)』

『원명사류초(元明事類鈔)』

『원사(元史)』

『은거통의(隱居通議)』

『일성록(日省錄)』

『작중지(酌中志)』

『조선부(朝鮮賦)』

『조선사략(朝鮮史畧)』

『조선왕조실록(朝鮮王朝實錄)』

『주례(周禮)』

『증보문헌비고(增補文獻備考)』

『진연도감(進宴都監)』

『진연의궤(進宴儀軌)』(영조 갑자년)

『청가록(淸嘉錄)』

『충재선생문집(沖齋先生文集)』

『통전(通典)』

『피융야화(避戎夜話)』

『한서(漢書)』

『해동역사(海東繹史)』

『허백당집(虛白堂集)』

『후한서(後漢書)』

〈단행본〉

─한국

고설봉 증언, 장운재 정리, 1990,『증언연극사』, 진양.

국립민속박물관, 2001,『한국세시풍속사전』, 민속원.

국사편찬위원회, 2002,『신편한국사』35권, 국사편찬위원회.

김은영, 2011,『한국의 국왕행차와 전통연희』, 고려대학교 박사학위논문.

김종수, 2001,『조선시대 궁중연향(宴饗)과 여악(女樂)연구』, 민속원.

김학주, 1994,『한중 두 나라의 가무와 잡희』, 서울대학교출판부.

김영국 역, 2000,『국역조선부(國譯朝鮮賦)』, 심미안.

박문영, 2001,『조선 초기 왕실의 체육활동 연구 : 격구와 격봉놀이를 중심
　　　　으로』, 관동대학교 석사학위논문.

박병조, 2013,『전통공연예술 관광 콘텐츠 성공사례연구 : 정동극장 '미소'
　　　　공연 중심으로』, 성균관대학교 석사학위논문.

방병선, 2013,『중국도자사 연구』, 경인문화사.

사진실, 2017,『봉래산 솟았으니 해와 달이 한가롭네 : 왕실의 연희축제』,

태학사.

손태도, 2002,『광대 집단의 가창 문화 연구』, 집문당.

_____, 2003,『광대의 가창 문화』, 집문당.

신명호, 2002,『조선 왕실의 의례와 생활』, 돌베게.

심희철, 2016,『광대 제도의 전승과 케이팝 계승에 관한 연구』, 건국대학
　　　교 문화콘텐츠학과·커뮤니케이션(학과간)학과 엔터테인먼트경영
　　　박사학위논문.

안상복, 2006b,『중국의 전통 잡기』, 서울대학교 출판부.

여유정, 2007,『전통연희의 교육실태에 관한 연구 : 대학교육을 중심으로』,
　　　중앙대학교 석사학위논문.

윤아영, 2009b,『고려말 조선초 궁정나례의 변천양상과 공연사적 의의』,
　　　서울대학교 박사학위논문.

_____, 2012b,『궁정나례의 변천양상과 공연사적 의의』, 민속원.

_____, 2013a,『왕의 서커스 : 고려와 조선 왕들의 오락과 공연 문화』, 민
　　　속원.

윤호진 역, 1994,『조선부(朝鮮賦)』, 도서출판 까치.

이지영, 2009,『한국 농환 유형 연희의 역사와 연행양상』, 고려대학교 석
　　　사학위논문.

이혜구 역주, 2000,『국악 악학궤범』, 국립국악원.

장사훈, 1984,『국악대사전』, 세광음악출판사.

전경욱, 1998,『한국 가면극의 역사와 원리』, 열화당.

_____, 2004,『한국의 전통연희』, 학고재.

_____, 2014,『한국전통연희 대사전』, 민속원.

진옥경, 노경희, 2014,『고풍악부가음: 이백의 시 정화』, 역락.

최미향, 1989,『朝鮮初期 世宗朝의 女樂研究』, 영남대학교, 박사학위논문.

최보현, 2013,『동아시아 장애물 통과하기의 역사와 연행양상』, 고려대학
　　　교 문화유산학협동과정 민속학전공 석사학위논문.

최석열, 2012,『정동극장 상설공연 "미소"에 대한 성공요인분석』, 단국대학교 석사학위논문.

한국정신문화연구원, 1991,『한국민족문화대백과사전』. 한국학중앙연구원.

황경숙, 2000,『한국의 벽사의례와 연희 문화』, 월인.

－중국

见吴山 主编, 1999,『中國工艺美术大辞典』, 南京: 江苏美术出版社.

郭沫若 外, 1981,『中國古代服飾研究)』, 中国文学家沈从文, 香港: 商务印书馆香港分馆出版.

陈有和, 何本方, 岳庆平, 朱诚如 主编, 2006.『中國宮廷文化大辞典)』, 昆明: 云南人民出版社.

刘荫柏, 1997,『中國古代雜技』, 中国文化小百科 第074册, 北京: 商务印书馆.

白居易, 2007,『龟兹古國』, 重庆: 重庆出版社.

傅起凤, 傅腾龙, 2004,『中國雜技史』, 上海: 上海人民出版社出版.

馮文慈, 1993,『中國大百科全書, 音樂·舞蹈』, 北京: 中國大百科全書出版社.

史衛民, 1996,『元代社會生活史』, 北京: 中國社會科學出版社.

史仲文, 2011,『中国艺术史』, 北京: 中国书籍.

阿克敦, 2013,『奉使圖』中國文化交流史料叢書1, 辽宁: 辽宁民族出版社, 中國民族圖書館所藏.

杨荫浏, 1981,『中國古代音樂史稿』, 北京: 人民音乐出版社出版.

王克芬, 2003,『中國舞蹈發展史』, 增補修整本, 上海: 上海人民出版社出版.

王永红, 2012,『文物里的古代中國)』, 北京: 国社会科学出版社.

李呂婷, 2007,『魏晉南北朝百戲研究』, 武漢: 武漢音樂學院 碩士學位論文.

李斌成 外, 1998,『隋唐五代社会生活史』, 中國古代社會生活史系列叢書, 北京: 中国社会科学出版社出.

人民教育出版社, 2006,『中国美术馆馆藏作品集』, 北京: 人民教育出版社.

张永禄 主编, 1990,『唐代长安詞典』. 西安: 陕西人民出版社.

陳宝良, 2004,『明代社會生活史』, 北京: 中國社會科學出版社.

蔡质, 1985,『汉官典职仪式选用』, 北京: 中华书局.

崔樂泉, 2007,『圖說中國古代百戲雜技』, 西安: 世界图书出版西安公司.

崔忠清, 2001,『山東沂南漢墓画像石』, 济南: 齐鲁书社.

－영국

George Macartney(马戞尔尼), 1916,『乾隆英使觀見記』, 中華書局.

〈논문〉

－한국

김기형, 2004,「또랑광대의 성격과 현대적 변모」,『판소리연구』18, 판소
　　리학회.

김수경, 2005,「고려처용가의 전승과정연구」,『처용연구전집IV』종합.

김순희, 2011,「명대 궁정 연향(宴饗) 중 백희(百)에 관한 연구－<헌종행
　　락도(憲宗行樂圖)>(1485)를 중심으로」,『중국문학연구』44, 한국
　　중문학회.

김영아, 2014,「태양서커스(Cirque du soleil)의 성공 요인과 동춘서커스의
　　미래 전략에 관한 연구: 동춘서커스의 공연 구성을 중심으로」,『세
　　계문학비교연구』46, 한국세계문학비교학회.

김은영, 2003, "산대와 채붕",『생활문물연구』10, 국립민속박물관.

＿＿＿＿, 2010,「일반논문 : 고려,조선전기 거가환궁 영접행사 연구－기로,
　　유생,교방 삼가요(三歌謠)의 성립을 중심으로」,『공연문화연구』

21, 한국공연문화학회.

김종수, 2002, 「外宴과 內宴의 의례구성과 특징－19세기~20세기 초 의궤를 중심으로－(I)」, 『한국음악사학보』 29, 한국음악사학회.

_____, 2003, 「外宴과 內宴의 의례구성과 특징－19세기~20세기 초 의궤를 중심으로－(II)」, 『한국음악사학보』 30, 한국음악사학회, 2003.

김택규, 1985, 「한국농경세기의 연구」, 『영남대학교논문집』, 영남대학교 출판부.

김학주, 1965, 「종규의 변화 발전과 처용」, 『아세아연구』 8(9), 고려대학교 출판부.

나현성, 1969, 「한국축국격구고(韓國蹴鞠·擊毬考)」, 『민족문화연구』 3, 고려대학교 민족문화연구원.

박건병, 1995, 「擊毬에 관한 小考」, 『공주대학교 산업개발연구』 2, 공주대학교 산업개발연구소.

박소니아, 백현순, 2014, 「정동극장의 무용극 「미소－춘향연가」 작품분석」, 『한국무용연구』 32(2), 한국무용연구학회.

박홍주, 2006, 「전통 판소리의 현대적 재현; 또랑광대를 중심으로」, 『구비문학연구』 22, 한국구비문학회.

배영동, 2007, 「궁중 내농작과 농가 내농작의 의미와 기능 －궁중풍속과 민속의 관계를 생각하며－」, 『한국민속학』 45, 한국민속학회.

사진실, 1996, 「나례의 변별양상에 관한연구」, 『구비문학연구』 3, 한국구비문학회.

_____, 1998, 「산대의 무대양식적 특성과 공연 방식」, 『구비문학연구』 7, 한국구비문학회.

_____, 2006, 「동아시아의 "신성한 산" 설행에 나타난 욕망과 이념」, 『공연문화연구』 12, 한국공연문화학회.

서연호, 2016, 「현대 풍자극과 마당놀음의 원류, 광대재담극」, 『연극평론』 81, 한국연극평론가협회.

손태도, 2011, 「'국립 기예단' 창단을 통한 전통 기예들의 복원과 전승」, 『역사민속학』 36, 한국민속학회.

송승환, 2012, 「난타 기획에서 세계진출까지」, 『경향계』.

송지원, 2007, 「조선시대 궁중학무(鶴舞)의 연행 양상 연구」, 『공연문화연구』 15, 한국공연문화학회.

_____, 2018, 「조선시대 산대(山臺)의 역사적 전개」, 『한국문학과 예술』 28, 한국문학과 예술 학회.

송혜진, 2014, 「조선 전기 왕실 불사(佛事)의 전승과 음악문화 연구」, 『한국음악연구』 56, 한국국악학회.

신근영, 2013, 「일제 강점 초기 곡마단의 연행 양상」, 『남도민속연구』 27, 남도민속학회.

_____, 2014, 「일제 강점기 곡마단 연구」, 고려대학교 박사학위논문.

안상복, 2001, 「『향악잡영』과 산대놀이의 전통」, 『한국민속학』 34, 한국민속학회.

_____, 2002a, 「[구나행]의 나희와 산대놀이」, 『중국중문학』 30, 한국중어중문학회.

_____, 2002b, 「唐宋 儺禮, 儺戲와 <驅儺行>의 儺戲 그리고 산대놀이」, 『중국문학』 37, 한국중국어문학회.

_____, 2003, 「중국 괴뢰희(傀儡戲)의 기원과 전개」, 『민속학연구』 13, 국립민속박물관.

_____, 2005, 「동아시아의 郭禿戲와 新羅高麗의 無㝵之戲」, 『중국문학』 43, 한국중국어문학회.

_____, 2006a, 「중국의 전통 장대곡예(竿技) 그 기원과 역사 전개」, 『중국문학』 47, 한국중국어문학회.

_____, 2016b, 「오산(鰲山)과 산대(山臺)의 명칭·유형과 역사전개상의 특징」, 『중국문학』 86, 한국중국어문학회.

유승훈, 2002, 「산악백희(散樂百戲)중 불토하기(吐火)의 전개양상」, 『한국민속학』35, 한국민속학회.

윤아영, 2005, 「燃燈會 小會日과 大會日의 의식형태 및 백희잡기에 관한
　　　연구―『高麗史』禮志의 上元燃燈會 기록에 의하여―」,『온지논총』
　　　11, 온지학회.

＿＿＿, 2008, 「觀火의 연행양상 및 변천에 관한 연구」,『온지논총』20, 온
　　　지학회.

＿＿＿, 2009a, 「고려시대 儺戲 담당자에 관한 再考」,『온지논총』21, 온지
　　　학회.

＿＿＿, 2011, 「영조의(迎詔儀)시 도상나례(途上 儺禮) 첨입과정 및 성격에
　　　관한 연구」,『한국음악연구』50, 한국국악학회.

＿＿＿, 2012a, 「성종조 궁정나례 중 관나의 현대적 재현을 위한 3D제작」,
　　　『음악과 문화』26, 세계음악학회.

＿＿＿, 2012c, 「나례(儺禮) 준비 기관의 변천과 양변(兩邊)의 전통」,『국악
　　　원논문집』26, 국립국악원.

＿＿＿, 2012d, 「궁정 나례(宮庭 儺禮)의 지속성에 관한 궁구(窮究)―내농
　　　작(內農作)과의 비교를 중심으로」,『한국음악연구』52, 한국국악
　　　학회.

＿＿＿, 2013b, 「조선 환궁의식(還宮儀式)과 중국 환궁의식(還宮儀式)의
　　　변별에 관한 연구」,『한국음악연구』54, 한국국악학회.

＿＿＿, 2017a, 「한·중 관광문화상품 형성에 대한 추론―대도시 전통공연
　　　상품을 중심으로―」,『동양예술』34, 한국동양예술학회.

＿＿＿, 2017b, 「韓·中旅游文化产品形成的推论―以大都市传统演出产品
　　　为中心―」,『北方音樂』2017년 第19期 (总第331期), 北方音樂學
　　　會, 227－228.

＿＿＿, 2017c, 「조선시대 현수(絃首)의 신분과 음악활동에 관한 연구」,『역
　　　사민속학』53, 한국역사민속학회.

＿＿＿, 2019, "모화관 영접의식 '헌가'의 양식과 의미",『한국음악연구』

65, 한국국악학회.

이송, 2011, 「공연관광활성화를 위한 연구 - <미소>를 중심으로」, 『무용역사기록학』 23, 무용역사기록학회.

이호승, 2006, 「동아시아 줄타기의 역사와 연희 양상」, 『비교민속학』 제32, 비교민속학회.

_____, 2007, 「한국 줄타기의 역사와 연행 양상」, 고려대학교 국어국문학과 고전문학전공 박사학위논문.

전경욱, 2016, 「창작 연희의 양식과 창작 방향」, 『한중창작연희워크숍 자료집』.

전연희, 2012, 「상업화와 소통-비 언어극 <난타>의 극적 전략」, 『비교한국학』 20, 국제비교한국학회.

정형호, 1999, 「한국 격구(擊毬)의 역사적 전승과 변모 양상」, 『제3회 국제아세아민속학회 국제학술대회 발표논문집』, 국제아세아민속학회.

_____, 2010, 「동아시아 격구의 전승 양상과 비교 연구」, 『비교민속학』 41, 비교민속학회.

조성환, 1989, 「조선 전기 궁중놀이에 관한 연구: 격구놀이의 변화과정을 중심으로」, 『한국문화연구원논총』 55, 이화여자대학교.

최길성, 1968, 「이조 가농작고」, 『육사논문집』 6, 육군사관학교.

최락용, 2014, 「남사당패의 어릿광대들 연구」, 『한국극예술연구』 43, 한국극예술학회.

한문종, 2010, 「조선전기 倭使의 宴享接待와 女樂」, 『한일관계사연구』 36, 한일관계사학회.

허용호, 2003, 「조선시대 제의적 연행인형 연구」, 『한국민속학』 37, 한국민속학회.

홍미라, 1997, 「조선시대 궁중(宮中) 내농작(內農作)의 연극성에 대하여」, 『한국연극학』 9, 한국연극학회.

〈논문〉

—중국

耿占军, 1999, 「汉唐时期乐舞与百戏管理机构的设置」, 『唐都学刊』 4, 31~
　　34.

陈四海, 2005, 「秦始皇陵园出土的樂器·百戲俑」, 『音樂研究』 3, 4.

刘占成, 2000, 「秦陵出土的百戲俑」, 『東南文化』 10, 105~106.

吴蓓蓓, 2008, 「浅析汉唐间百戏的沿革」, 『安徽文学 : 评论研究』 10, 115~
　　117.

李金梅, 李重申, 路志峻, 2001, 「敦煌古代百戲考述」, 『敦煌研究』 1, 105~
　　114.

张舟, 2010, 「唐代梨园弟子来源及命运考」, 『音樂探索』 3, 32~34.

张天民, 1996, 「漫话唐代的"杂技"」, 『文史知识』 4, 99~104.

祖丽英, 2014, 「谈民國時期雜技的演出形式」, 『青年文学家』 14, 1.

左漢林, 2010, 「唐梨园弟子考辨」, 『樂府學』 5, 67~81.

周侃, 李楠, 2009, 「唐代百戏的源流及影响考论」, 『求索』 1, 155~157.

陈婧雅, 2013, 「论隋代百戲由衰到盛的转变」, 『唐史论丛』 2, 74~88.

锥启坤, 1993, 「汉代杂技考述」, 『传统文化与现代化』 6, 65~71.

邹代兰, 郑莉, 2010, 「明清時期百戲的演出與禁毁」, 『古典戏曲今论』, 3, 34~
　　38.

| ㄱ |

격구(擊毬) 13, 73, 109, 110, 111, 112, 113, 114, 115, 116, 118, 119, 120, 121, 122, 123, 124, 125, 126, 127, 128, 129, 130, 131, 132, 133, 135, 136, 137, 138, 139, 140, 141, 142, 144, 145, 146, 147, 148, 182, 375,

격구희(擊毬戲) 23, 28, 109

격봉(擊棒) 28, 34, 53, 131, 135, 136, 171, 182

계동나례(季冬儺禮) 24, 216, 218

계동대나의(季冬大儺儀) 18, 21, 22, 30, 88, 89, 92, 93, 94, 100, 102, 105, 106, 300

곡연(曲宴) 67, 69, 71, 78, 79, 80, 82, 83, 84, 85, 87, 217, 361

관나례(觀儺禮) 23

관나희사(觀儺戲事) 23

관처용(觀處容) 15, 17, 21, 22, 26, 27, 29, 30, 31, 33, 34, 39, 40, 44, 45, 46, 48, 49, 52, 67, 68, 69, 78, 80, 89, 156, 157, 168, 171, 181, 182, 211, 231

관처용무(觀處容舞) 48

관처용희(觀處容戲) 48

관화(觀火) 13, 15, 18, 21, 22, 24, 25, 29, 31, 33, 89, 153, 156, 157, 158, 159, 160, 162, 163, 165, 167, 168, 169, 181, 182,

199

관화산대(觀火山臺) 24, 154

광대(廣大) 13, 16, 23, 29, 33, 34,
57, 59, 61, 63, 69, 70, 71, 150,
151, 154, 160, 162, 163, 171,
180, 182, 183, 185, 186, 188,
190, 191, 199, 200, 202, 204,
205, 207, 219, 220, 221, 222,
225, 229, 230, 235, 242, 247,
249, 250, 255, 256, 257, 265,
281, 293, 312, 313, 320, 321,
326, 331, 348, 353, 385, 386,
388, 389, 390, 392, 398, 402,
403, 404, 405

괴뢰희(傀儡戲) 192, 208, 209,
237, 315, 336, 337, 351, 353,
363, 364, 365, 374, 376, 378,
379

교방소아(敎坊小娥) 23

구나(驅儺) 15, 16, 18, 21, 22, 24,
25, 26, 29, 30, 33, 88, 89, 91,
103, 156, 168, 169, 181, 182,
187, 191, 245

구나의(驅儺儀) 22, 88, 89

구나의식(驅儺儀式) 22, 23, 25,
26, 30, 31, 70, 88, 89, 90, 91,

92, 93, 97, 102, 103, 104, 105,
106, 107, 187, 206, 219, 224,
244, 299, 301, 306, 309, 360,
405

┃ ㄴ ┃

나(儺) 14, 15, 17, 18, 89

나례(儺禮) 13, 14, 15, 16, 17, 18,
21, 22, 23, 24, 25, 26, 27, 28,
29, 30, 31, 33, 34, 56, 57, 58,
59, 60, 61, 64, 69, 70, 71, 88,
89, 107, 135, 149, 156, 157,
181, 187, 188, 189, 190, 191,
194, 195, 206, 214, 220, 221,
223, 224, 225, 230, 231, 235,
238, 239, 245, 247, 256, 257,
261, 262, 264, 267, 272, 273,
274, 275, 282, 283, 284, 285,
286, 287, 289, 290, 291, 292,
293, 294, 295, 296, 297, 388,
389, 390, 398, 403, 404, 405

나인(儺人) 70

나자(儺者) 89, 100, 106

나희(儺戲) 13, 22, 23, 27, 28,

186, 189, 190, 191, 192, 195,
203, 208, 218, 219, 223, 238,
242, 243, 245, 247, 249, 258,
309, 311, 360, 386, 389, 390
납나(臘儺) 88, 89, 91
내농작(內農作) 13, 34, 219, 220,
221, 222, 223, 224, 225, 226,
227, 228, 229, 230, 231, 232,
233, 245, 247, 265, 274

| ㄷ |

대나(大儺) 71, 89, 96, 305, 307
대나지례(大儺之禮) 106, 300, 307
대나지사(大儺之事) 88
도상나례(途上儺禮) 7, 15, 61, 63,
203, 213, 233, 234, 235, 239,
241, 242, 243, 245, 247, 253,
260, 261

| ㅂ |

방포(放砲) 24, 29, 106, 154, 156,
157, 167

백수희(百獸戱) 192, 203
백희(百戱) 14, 162, 163, 223,
241, 249, 253, 254, 255, 256,
311, 312, 313, 314, 315, 316,
317, 319, 320, 321, 323, 324,
325, 327, 330, 336, 337, 338,
342, 344, 345, 346, 347, 348,
349, 350, 351, 354, 355, 358,
359, 360, 361, 362, 363, 365,
367, 368, 372, 373, 376, 377,
378, 379, 380, 381, 385, 386,
388, 392, 395, 398, 399, 402,
403
부묘(祔廟) 16, 234, 235, 243,
249, 250, 258, 260, 261
부묘의(祔廟儀) 15, 234

| ㅅ |

산대(山臺) 24, 154, 160, 163,
240, 241, 242, 243, 253, 255,
258, 263, 264, 265, 266, 268,
271, 272, 273, 274, 275, 278,
279, 280, 281, 283, 286, 287,
294, 296, 297

삼가요(三歌謠)　235, 236, 237, 249, 256, 258, 260, 261

설화산(設火山)　150, 151, 152, 154, 155, 168

설화산대(設火山臺)　24, 150, 151, 152, 153, 154, 155, 156, 167

설화산대희(設火山臺戲)　24, 29, 168

세나(歲儺)　88, 89, 91

수경신(守庚申)　52, 53, 54, 56, 132

| ㅇ |

양재지사(禳災之事)　69

양재처용(禳災處容)　63, 64, 66, 67, 68, 69

여기(女妓)　23, 40, 49, 50, 59, 68, 69, 70, 78, 79, 80, 84, 86, 87, 191, 213, 236, 237, 249, 250, 256, 257, 265, 266, 293

연등회(燃燈會)　22, 24, 150, 151, 152, 154, 167, 199, 244

연화대(蓮花臺)　23, 24, 26, 40, 43, 51, 181, 212, 214, 215, 216, 218, 257, 260

연화대동녀(蓮花臺童女)　43

연화대무(蓮花臺舞)　21, 40, 44, 211, 212, 216, 260, 261

연화대인(蓮花臺人)　23

연화대희(蓮花臺戲)　23, 24, 212, 213, 215, 216, 256, 257

영인(伶人)　204, 293, 294

영조의(迎詔儀)　16, 240, 292

오방처용무(五方處容舞)　30, 39, 40, 44, 45, 218, 219

외관유기(外官遊技)　22

우인(優人)　235, 236

우희(優戲)　26, 354

| ㅈ |

자지무(柘枝舞)　24, 51, 215, 260

작시(作詩)　23, 28, 34, 53, 171

잡기(雜技)　22, 207, 244, 311, 312, 313, 314, 315, 316, 317, 319, 320, 321, 322, 323, 325, 328, 329, 330, 331, 332, 337, 338, 346, 347, 352, 354, 356, 357, 359, 361, 363, 373, 376,

377, 379, 380, 381, 382, 383,
391, 392, 396, 397, 398, 399,
400, 401, 402

잡상(雜像)   151, 235, 240, 241,
263, 264, 265, 266, 269, 271,
272, 274, 275, 278, 279, 281,
283, 286, 287, 294, 296

잡희(雜戲)   16, 23, 26, 29, 30,
33, 34, 44, 45, 48, 151, 152,
181, 185, 190, 191, 195, 196,
198, 199, 201, 202, 203, 204,
205, 208, 210, 211, 212, 213,
214, 215, 216, 219, 225, 234,
235, 244, 246, 253, 254, 255,
256, 257, 258, 260, 262, 263,
264, 265, 266, 287, 309, 311,
314, 320, 323, 328, 330, 332,
333, 335, 338, 343, 351, 359,
362, 367, 372, 374, 376, 377,
378, 379, 380

장화희(張火戲)   154, 157, 167

재기(才技)   22, 23, 150, 225, 244,
250, 293

제석나(除夕儺)   88

진화희(進火戲)   154, 167

| ㅊ |

창경궁관처용(昌慶宮觀處容)   27,
39, 40, 41, 44, 68

창덕궁관처용(昌德宮觀處容)   27,
39, 40, 41, 42, 68

창우(倡優)   22, 237, 244, 312,
320, 344, 373, 377

채붕(綵棚)   5, 84, 234, 239, 243,
244, 255, 256, 262, 264, 266,
280, 289, 290

처용(處容)   39, 43, 44, 64

처용무(處容舞)   21, 22, 26, 30,
40, 45, 49, 68, 149, 191, 194,
202, 211, 216, 217, 218, 389

처용지희(處容之戲)   45, 46, 48,
49, 214, 215, 217, 231

처용희(處容戲)   30, 34, 39, 44,
45, 68, 154, 192, 202, 211, 213,
216, 217, 218, 219

척윤목희(擲輪木戲)   13, 23, 28,
34, 171, 172, 173, 176, 178,
180, 183, 184

척투자희(擲骰子戲)   23, 172

축역(逐疫)   16, 24, 26, 71, 88, 89,
93, 96, 100, 102, 104, 105, 106,

149, 182, 187, 301, 302, 305, 307

축역의식(逐疫儀式) 16, 88, 102, 191, 300, 301, 302, 359

현수(絃首, 絃手) 57, 58, 59, 60, 61, 62, 63, 69

화산대(火山臺) 5, 24, 150, 151, 153, 154, 155, 156, 167, 182

화희(火戲) 5, 24, 106, 149, 150, 151, 154, 155, 156, 157, 160, 162, 163, 168, 169, 198, 199

| ㅍ |

폭화(爆火) 24, 29, 150, 153, 154, 155, 167

| ㅎ |

학무(鶴舞) 44, 195, 211, 212, 213, 214, 216, 260, 261

학연화대처용무합설(鶴蓮花臺處容舞合設) 21, 26, 30, 31, 40, 45, 46, 48, 49, 50, 211

학희(鶴戲) 49, 212, 213, 214, 235, 256, 257

헌가(軒架) 263, 264, 265, 266, 267, 268, 269, 271, 272, 273, 274, 275, 279, 280, 281, 283, 284, 285, 286, 287, 288, 294, 295, 296, 297

윤아영

현) 백석예술대학교 교수
서울대학교 협동과정 박사(Ph.D)
중국 북경 인민대학교 역사학계 초청교수
서울대학교, 한국예술종합학교 등 강의
『궁정나례의 변천양상과 공연사적 의의』, 『왕의 서커스―고려와 조선왕
들의 오락과 공연문화』등 저술

■ 이 총서는 조선시대 왕실문화가 제도화하는 양상을 고찰하여 그 전반을 종합적으로 구명하는 데에 목적을 두었다. 제도화 양상은 유교적 제도화와 비유교적 제도화 그리고 이 두 방면에 서로 걸치는 형태로 진행되었다고 보았다. 연구 결과, 전반적으로 조선 왕실에 대해서도 유교문화의 지배력이 강화되어 가는 추세 속에, 부문에 따라 종래의 왕실문화 전통과 연결되거나 사회 구성원 대다수가 향유하는 속성의 문화 요소가 예상보다 강력하게 유지되었음을 확인할 수 있었다. 요컨대 조선왕실의 문화는 왕실문화로서의 정체성을 확보하려는 의지, 양반 사족의 기대에 부응하려는 노력 및 알게 모르게 서민들과 정서를 소통하는 양상이 공존하였던 것이다.

[조선 왕실 문화의
제도화 양상 연구
5]

왕실의 연말 문화, 나례(儺禮)

| 초판 1쇄 인쇄일 | | 2022년 4월 14일 |
| 초판 1쇄 발행일 | | 2022년 4월 22일 |

지은이		윤아영
펴낸이		한선희
편집/디자인		우정민 우민지 김보선
마케팅		정찬용 정구형
영업관리		한선희 정진이
책임편집		김보선
인쇄처		으뜸사
펴낸곳		국학자료원 새미(주)
		등록일 2005 03 15 제25100-2005-000008호
		경기도 고양시 일산동구 중앙로 1261번길 79 하이베라스 405호
		Tel 442-4623 Fax 6499-3082
		www.kookhak.co.kr
		kookhak2001@hanmail.net

| ISBN | | 979-11-6797-049-7 *93910 |
| 가격 | | 32,000원 |